EL GRAN LIBRO DE

InDesign

EDUARDO GUARNIZ IZQUIERDO

orem
ipsum

quod
niſi pennatis
ſerpentibus iſſet
in auras,/ non
exempta foret
pœnæ; fugit, alta
ſuperque/ Pelion
umbroſum, Philyreia tecta;
ſuperque/ Othryn, & eventu
veteris loca nota Cerambi:
hic, ope Nympharum ſublatus,
in aera pennis/ cum gravis infuſo
tellus foret obruta ponto,/ Deuca-
lioneas effugit, inobrutus, undas.
Æoliam Pitanen a læva parte
relinquit / factaque de ſaxo longi

Su nido es el mundo

EL GRAN LIBRO DE
InDesign

EDUARDO GUARNIZ IZQUIERDO

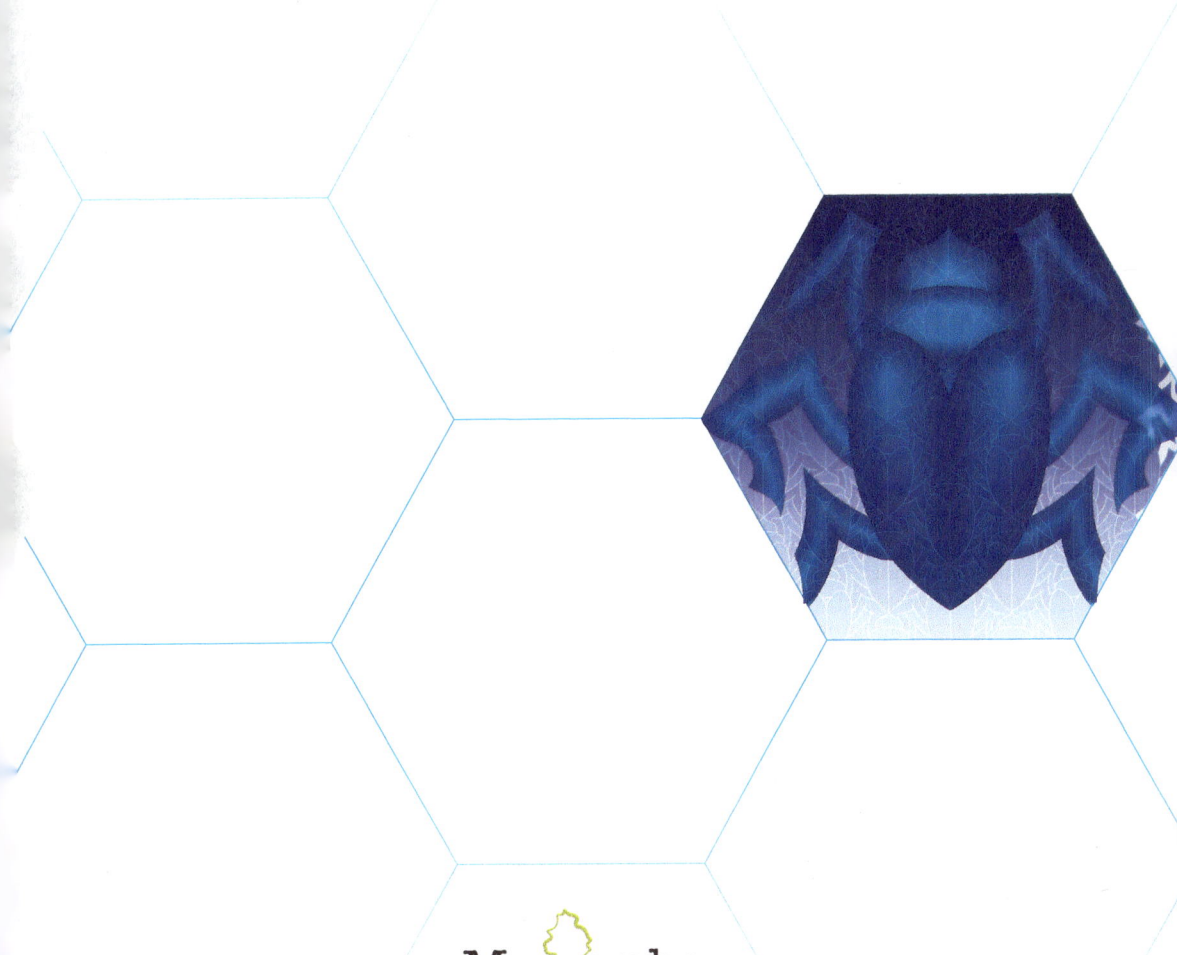

Marcombo

El gran libro de InDesign
Primera edición, 2024

©2024 Eduardo Guarniz Izquierdo

©2024 MARCOMBO, S. L.
www.marcombo.com

Cubierta, diseño y composición de página:
Eduardo Guarniz Izquierdo

Correctora: Mónica Muñoz Marinero
Directora de producción: M.ª Rosa Castillo Hidalgo

ISBN: 978-84-267-3745-8
D.L.: B 6832-2024

Impreso en Ulzama
Printed in Spain

*T*he most covetous, griping miser in the world would have been cured of the vice of covetousness, if he had been in my case; for I possessed infinitely more than I knew what to do with. [...] there the nasty, sorry, useless stuff lay; I had no manner of business for it; and I often thought with myself, that I would have given a handful of it for a gross of tobacco-pipes; or for a hand-mill to grind my corn; nay, I would have given it all for sixpennyworth of turnip and carrot seed out of England, or for a handful of peas and beans, **and a bottle of ink** (Robinson Crusoe, *1719: 99*)

*E*l más miserable tacaño, puño más cerrado en el mundo, se habría curado del pecado de avaricia en mis zapatos; pues yo poseía infinitamente más de lo que con ello sabía hacer. [...] allí yacían los despreciables, tristes e inútiles bienes; no tenía qué uso darles; y, en mi fuero íntimo, pensé repetidamente que habría dado un puñado de ellos por una *gruesa* de pipas; o por un molinillo de mano que triturara mi maíz; me quedo corto: lo habría dado todo por el equivalente a seis peniques de semillas inglesas de nabo y zanahoria, o un puñado de arvejas y frijoles, **y una botella de tinta** (Robinson Crusoe, *negrita agregada 1719: 99*)

He pecado contra el cielo y contra ti;
no soy digno de ser llamado hijo tuyo.
Pero, aunque mi hermano te lo reclamara
y —ciertamente— no lo merezca como él,
siento que siempre sería una fiesta para ti
verme regresar y así me tratarías.
Y no se puede pedir nada mejor a una madre.

Lo que el viento no se lleva

Una municipalidad, ayuntamiento, alcaldía o concejo no necesita ser nada especial para asumir que sus colectividades tendrán a disposición una biblioteca –en concepción clásica–, un espacio que ofrecerá libros y, en teoría, un ambiente apropiado en el cual leerlos, estudiarlos e, incluso, escribirlos. Sin que se trate de un vecindario sofisticado, será igualmente presumible una hemeroteca, esto es, colecciones de los periódicos y revistas que la comunidad considere principales. No será tan necesariamente esperable encontrar una mediateca, una sala más especializada en otros medios de comunicación, como podrían ser fotografías o películas.

Pero ya sería inesperado un espacio en que se coleccionen afiches, como la pionera pieza (al margen) que Alfons Mucha creó en 1899 para la ya entonces sesquicentenaria Moët & Chandon (la que bebe la *Reina asesina*). Como bien sentenciara Salvador Dalí, burlándose de *Avid-à-dollars*, su mote anagrámico, que grandes creadores diseñaran carteles no tenía por qué ser una degradación del arte, sino que bien podría representar un ennoblecimiento de la publicidad que, así, podía llevar los mayores talentos artísticos a los medios masivos de comunicación.[1]

¿Por qué, entonces, no se coleccionan estas piezas?

Una respuesta posible la ofrece la etimología, la *vocación* del afiche, que, emulando a una obra de arte (como lo hace un aviso publicitario), no está llamado a formar parte de una colección, sino a percibirse individualmente. Para un ave o un pez, el peligro puede venir de más arriba en el aire o de más abajo en el agua: sus ojos son redondos. El *Homo sapiens*, que no tiene predadores que vuelen ni que salgan del subsuelo, ha evolucionado a una mirada panorámica, *i. e.*, definidamente horizontal. El afiche (o *La Gioconda*), así, siendo vertical, no abarca todo el campo visual, ya que es una *hoja* que siempre se percibe junto con otros elementos, aunque reclame centrar la atención en él. Esa es su vocación.

Un libro, en cambio, reza el refrán, no se juzga por su portada, única instancia en la que la típica obra, cerrada, asume esa verticalidad/individualidad. Cerrado, como bien decía Jorge Luis Borges, el libro es literalmente un volumen, una cosa entre las cosas, y su vocación, desde luego, es abrirse, leerse, pues solo entonces ocurre –dice– la emoción singular llamada belleza (o, más generalmente, la comunicación), puede dar con su lector. Desplegado, el libro asume esta horizontalidad que corresponde a la percepción humana, presentando dos *páginas* (una, par, a la izquierda, enfrentada a otra, impar, a la derecha) que son la concreción de una

---

1   *Dalí aceptaba el suculento mecenazgo del dólar, como –comentaba– Miguel Ángel había aceptado el del papa Julio II (por lo que, además de capillas y tumbas…, había tenido que diseñarle las ligas o los trajes de la guardia vaticana). Ciertamente, no veía deshonor alguno en crear* El ojo del tiempo, *reloj de diamantes y rubíes con forma de ojo (¿relojo?) que se aprecia al margen.*

gran serie de reglas más o menos rígidas: áreas del mismo papel, iguales dimensiones, márgenes consistentes, número repetitivo de columnas, paleta de colores identificable, en las que las masas de texto suelen emplear una única familia tipográfica, de tamaño uniforme…, entre muchas otras.

Quizás nunca se agote la admiración que Leonardo inspira, el Genio Renacentista por excelencia, polímata, o sea, encarnación que ambuló con todo lo que se podía cargar de pintura, escultura, arquitectura, ingeniería y –principalmente– curiosidad (por anatomía, astronomía, botánica, cartografía, toda ciencia *y lo demás y lo demás*). Pero la más municipal de las bibliotecas recuerda que la Edad Media puede haber terminado más por la imprenta que por el Renacimiento, porque haber editado doscientos ejemplares de *Las metamorfosis* de Ovidio (como hizo Aldo Manucio, en 1516) significa que medio milenio después puede recibirse todo lo que Grecia y Roma supieron o imaginaron de transformación.

Conscientes del poder revolucionario del libro, le cedemos espacios privilegiados, pues hay más estrellas en el Cielo que las que imagina tu ciencia, Horacio, pero nadie puede considerar todas las anotadas por generaciones de navegantes guiados por ellas. Ni el más deslumbrante genio podría igualarse al invento renacentista que es el libro, con el caudal de conocimiento que fluye en él.

Así, el más artístico de los afiches no deja de ser una hoja, que –literalmente– el viento suele llevarse. Aunque solo fuere por estar replicadas en los millares que componen un tiraje, el viento no se lleva las páginas y, de hecho, solo el talento humano –tampoco el viento– las puede hacer volar, hacer que respondan a ese llamado de permanener, por siglos… y las haga verdaderamente *dignas* de permanecer. Es nuestro deber evolutivo intentar enriquecer ese patrimonio.

Del pliego a la publicación

Las metamorfosis se han escrito una sola vez y para alguien culto bastante desafío es leerlas (aunque la metáfora agrícola de "cultura" exige que el cultivo dé fruto). Por legítimo que sea el deseo de inmortalidad, que una obra se *intente leer* milenio y medio después de ser escrita y que, en el camino, inspire a Dante, Boccaccio, Tiziano, Shakespeare, Milton, Shaw y Borges —solo por mencionar genios de siglos diferentes— representa una escala de aspiraciones que escapa a toda imaginación.

Pero la razón para traer el ejemplo es que todavía es posible —asumiendo que se disponga de un par de miles de dólares para comprarlo— leer el mismo ejemplar que fue impreso en Venecia hace más de cinco siglos. Ciertamente, haberlo editado —haber hecho tan buen trabajo editándolo— es una forma de inmortalidad.

¿Es tan glorioso editar un libro?

Es una pregunta ahistórica. Como solía mencionar Steve Jobs, uno no ha inventado ni refinado el lenguaje que habla ni descubierto las matemáticas que emplea, perfeccionado las semillas de las que depende su alimento, las ropas que viste o las libertades de las que goza. Cada invento depende del aporte silencioso de todas las creaciones de nuestra especie. De modo que para llegar al libro no bastó inventar la imprenta (como hicieron los chinos), sino que hubo que desarrollarle la tecnología de los tipos móviles, aporte capital de Gutenberg que se hizo válido en un idioma (como el latín y las lenguas romances) que cuenta con un juego de unas *pocas decenas* de caracteres, no las *varias decenas de miles* que se requieren en el chino tradicional ("apenas" ocho mil en el chino simplificado).

Pero, fuera de desarrollos puramente técnicos (manufactura de papel, características de las tintas, reciclaje de los tipos...), fueron necesarias invenciones que pueden aplicarse al concepto actual de publicación. Así, mientras la Biblia de Gutenberg tenía más de mil páginas de 42 × 30 cm, letra gótica, en dos columnas, rubricadas y sin numeración, ya *Las metamorfosis* habían creado un formato portátil, con una letra *aldina* de 9 pt, dispuesta en unos cincuenta caracteres por línea y en páginas numeradas.

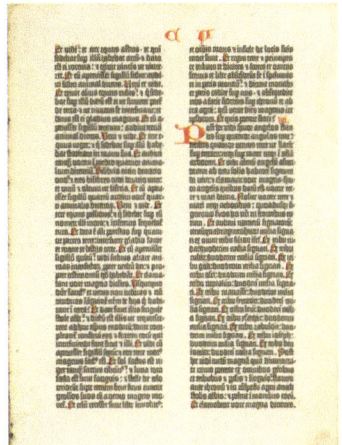

Todas esas diferencias señaladas se resumen en una palabra: legibilidad. Para un laico, es perfectamente posible decir que la Biblia no se *lee*, pues, fuera de un ámbito religioso, de nadie puede esperarse que abra la primera página del Génesis y recorra todas las líneas –y *meses de meses*– que requeriría llegar hasta la última página del Apocalipsis. La Biblia se *consulta*; esto es, se busca en ella la puntual referencia de los versículos en que Matusalén vive 969 años (Gen 5, 27) o se describen los caballos del Apocalipsis (Apoc 6, 1-8).

De hecho, ¿qué legibilidad puede tener un libro que pesaba treinta kilos? Apenas la que le ha de conceder un púlpito. Si publicar significara "llevar al público", un libro así... ni siquiera puede llevarlo uno consigo. Tentativamente, cabe decir que "publicar" significa que las ideas contenidas en un texto privado se hacen públicas en un documento masivo de múltiples páginas, ya sea impreso o electrónico. No se hablaría de "publicar" un contrato, del que, probablemente, existen dos copias, entre las partes contratantes, ni de "publicar" una tesis, de la que existirá un puñado de copias, destinadas para el jurado y para el archivo de la universidad. Por mera eficiencia de costos, publicar supone varias centenas de ejemplares la que, de hecho, aumenta cuando se habla de varios millares de ellos. La eficiencia es clave.

17	9	16	24
32	1	8	25
29	5	4	28
20	13	12	21
23	15	10	18
26	7	2	31
27	3	6	30
22	11	14	19

Empezando por el papel, si se imprimen centenas o miles de un documento de múltiples páginas, es *costoso* que la impresión se haga página por página (como se hace en un contrato o una tesis) por dos razones: primero el papel no se fabrica, digamos, en tamaño A4, sino que es recortado y empaquetado en ese formato por alguien que, obviamente, gana dinero por recortarlo y empaquetarlo; es, pues, mucho más eficiente imprimir en pliegos (treinta y dos, al margen), luego doblarlo y, finalmente, refilarlo, para dar a las páginas exactamente el mismo tamaño.

La segunda razón es que, dentro de la naturaleza repetitiva de una publicación, esta compaginación es la misma para, por ejemplo, todos los libros o todas las revistas del mismo formato. Así, si uno tiene un libro en el cual después de la página 64 aparece la página 129, considérese lo físicamente costoso que sería corregir ese descalabro; tan pronto se realiza una imposición de páginas, el riesgo de cometer semejante error de compaginación se ha reducido a una mínima fracción (en la muestra, a $\frac{1}{32}$), lo que, desde luego, es un factor de eficiencia.

De esa sola fuente surgen muchas pistas de la idea de publicación: es un conjunto de múltiples páginas, destinadas a difusión masiva que presenta características consistentes. Formalmente, las múltiples páginas tienen el mismo papel, porque *son* el mismo papel, plegado; presentan el mismo formato, porque ese doblado fue realizado simétricamente; tienen los mismos colores, pues el anverso del papel contiene páginas pares e impares, lo que hace imposible que, digamos, en el catálogo de un museo, las pares (con las pinturas) se impriman a color, y las impares (con la descripción de cada pintura), solo en blanco y negro. De hecho, la consistencia supone que, si la impresión de las pinturas del mencionado catálogo estuviera recargada al azul en una página, esa imperfección –por el lado negativo– esté presente en todas las demás del pliego…, con la ganancia potencial de que corregir el error de una página traslada el beneficio a todas las demás.

Ahora bien, nada de ello se aplica a una publicación electrónica, en la que el papel no existe, ni la restricción del color ni parte del formato, por lo que abrir un artículo puede tanto representar la lectura de un párrafo (por ejemplo, la noticia de un sismo leve) como de cincuenta (un cataclismo).

Pero la consistencia sigue siendo una exigencia tan prioritaria como cuando Manucio publicó *Las metamorfosis*. Es decir, el editor renacentista, desde luego, empleó un solo tipo de letra (diseñada por encargo para él), en un solo tamaño (disponer de dos era un lujo, considerando que cualquier página requiere decenas de veces una misma vocal), en líneas con similar separación entre ellas, con los mismos márgenes (rígidamente delimitados por cajas de madera), en un solo color, entre otras características que pueden percibirse de un vistazo.

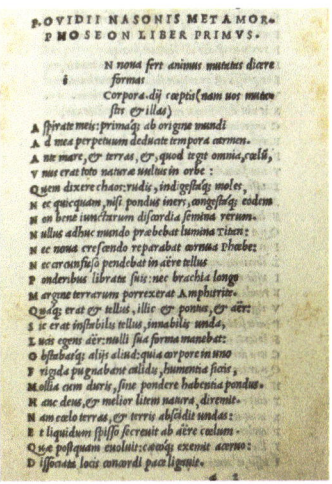

Pero disponer, actualmente, de *miles de miles* de tipografías, dotadas de *decenas de decenas* de estilos, no autoriza su empleo indiscriminado. Una publicación requiere el despliegue creativo de un número limitado de elementos (sin limitarse, le harían perder identidad), cuya selección y combinación creativa es la esencia del trabajo editorial; tal (auto)limitación garantiza consistencia y, por excelencia, la herramienta informática que mejor sirve a estos propósitos es Adobe InDesign.

El ámbito de InDesign

Cuando un banco nos presenta un documento de siete páginas A4 en el que el texto está dispuesto en una sola columna, digamos, para aceptar una tarjeta de crédito, lo que dice el formato de ese contrato es "no me leas", puesto que, con una tipografía ordinaria de 11 pt, el largo de línea es tal (cfr. cap. VII.4) que, con el interlineado predeterminado, se hace físicamente difícil pasar de una línea a otra. Justamente por eso, una monografía o tesis, que se presenta en el mismo formato, exige que se emplee un interlineado doble para recuperar la legibilidad, dando literal espacio a las correcciones de quienes califiquen dichos trabajos. Ni contratos ni tesis se ubican en el ámbito de InDesign, que no trata con documentos, sino con publicaciones.

Históricamente, las primeras y más importantes de ellas son los libros, pero, desde luego, en gran parte de estos, el número de elementos es extremadamente limitado (muchos apenas constan de cuerpo de texto y títulos) como para ser la mejor demostración de las posibilidades creativas de una publicación; el trabajo en libros estriba principalmente en darles una óptima legibilidad.

Así, el producto típico de InDesign son las revistas, por su empleo de fotografía e ilustración, organización en secciones y manejo del color, jerarquización de títulos y selección tipográfica, entre otros elementos que permiten que las páginas hagan el acto de equilibrismo en que, sin perder su identidad de conjunto, concreten composiciones originales.

Ahora bien, las revistas, en general, tienen varias decenas de páginas, pero, mientras que algunas pueden tener más de cien, otras pueden ser tan sencillas como la que se esquematiza al margen, y que explicará por qué una publicación no puede tener dieciocho páginas, dato individual cuya comprensión es simplemente esencial en el campo editorial. Digamos, pues, que un diario decide incluir un semanario cultural de ocho páginas (¿¡!?): una hoja A2 (420 × 594 mm) cuyo reverso contendría las páginas 2, 3, 6 y 7 (dispuestas como se observa arriba) y cuyo anverso tendría las páginas restantes (1, 4, 5 y 8, abajo). Tras ello, bastaría un primer doblez por la línea horizontal (haciendo coincidir los círculos azules con los cuadrados amarillos), para luego, en un segundo doblez, por la línea vertical, centrar las cruces verdes en las equis rojas. Ello daría el pliego de ocho que se observa en la página opuesta, al que bastaría refilarle una fracción de milímetro en la parte superior (la línea oscura) para quedar con el semanario paradigma perfectamente listo.

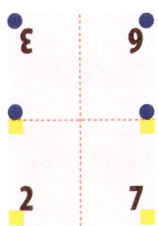

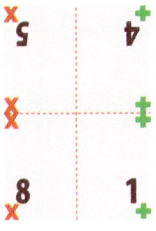

Pues bien, el dato capital es que, si los periodistas han escrito, en esa particular semana, notas interesantes para cubrir nueve páginas (que ocho ya es un *micro*semanario), es el corazón de la actividad editorial dominar los recursos suficientes para verter todo ese material reduciendo una: es imposible imprimir nueve (lo mínimo sería pasar a diez, pues esa novena página tiene un reverso).

Desde luego, el editor de la publicación puede eliminar los adjetivos, oraciones y párrafos necesarios para lograr el objetivo, pero esa posibilidad correspondería al área de prensa, no a la de diseño. Sería *concebible* imprimir medio pliego adicional y ampliar a doce…, pero es *inconcebible* que la composición de página asuma semejante aumento. Puesto en otras palabras, optimizar el empleo de los recursos requiere creatividad; consumir más recursos no requiere ninguna.

Así, las herramientas de InDesign se centran en el conjunto de las páginas y razonar, en este caso, que un ajuste del 12,5 % en ocho páginas equivale a incluir íntegramente una página más (algunas fotos podrían reducirse o encuadrarse mejor, algún título podría abreviarse o emplear puntaje diferente, el cuerpo de texto podría condensar su interletraje o disponerse más eficientemente…, solo por mencionar las estrategias más recurrentes). Podría decirse, pues, que InDesign es un Illustrator *con páginas* y sería mejor precisar que es un Illustrator *con múltiples páginas*,[1] ya que, en esa multiplicidad está el concepto de publicación; pero, históricamente, resulta óptimo definir a InDesign como un Illustrator *de páginas múltiplo*, en tanto ello ayude a entender que, por su relación con la impresión, el número de páginas no puede ser arbitrario, sino que debe invariablemente ser par y, de acuerdo con el formato final de la publicación y el original del papel en que se imprime, típicamente, será múltiplo de ocho (si el papel se dobla dos veces) o es un pliego de dieciséis (si son tres dobleces), etc.

Es mucho más claro en el papel, pues ya echó raíces una conciencia ecológica que nos hace pensar que no se puede estar imprimiendo, así como así, mensajes que podrían leerse en una pantalla. Pero ello ha originado el proceso perverso con el que un mensaje es tan banal que se envía sin que el propio autor lo lea por completo (como para detectarle las faltas ortográficas, siquiera) y sea entregado (✓) y acumulado por millares, apenas vistos (✔), sin leer. Alguien culto que escribía una carta, hace cien años, sentía el respeto de quien redacta parte de un epistolario.[2]

En todo caso, siendo los recursos, por definición, escasos y limitados, optimizarlos es una habilidad indispensable; el verbo "editar" (una de las acepciones de "publicar" en

---

1   *Illustrator no emplea el término "página" sino* artboard *(traducido como "mesa de trabajo") para el espacio en que crea los objetos; ello es razonable porque, al ser vectoriales, dichos objetos están definidos matemáticamente y no están capturados en ningún tamaño: el mismo icono de un avión (4 mm de ancho, ✈) podría emplearse, si fuera necesario, para imprimir los contornos de la propia nave en el hangar, aunque tenga 40 m de envergadura (u 80 m, como el AirBus A380).*

2   *En* Demonios *de Fiódor Dostoyevski, Varvara Petrovna Stavróguina reclama a Stepán Trofímovich Verjovenskii que sus cartas están* demasiado *bien escritas, que no se dedican a ella, "sino a la posteridad. Usted es un estilista, no un amigo".*

latín) no solo significa, como en la barra de Menú, "cortar", "copiar" y "pegar", sino "componer"; así como Illustrator es un graficador vectorial, InDesign es un programa de composición de página (llamada *maquetación* o *diagramación*).

Pero, haber definido InDesign a partir de Illustrator, por razones prácticas, no debe, en ningún caso, llevar a suponer que alguno de ellos puede reemplazar al otro. Con toda su potencia y sofisticación, InDesign requeriría muchos pasos adicionales, con posibilidades de error, incluso para gráficos sencillos (como el "Pensar antes de imprimir" en la página opuesta). Y el foco de Illustrator está en la pieza individual, sean infografías, iconos, logotipos, carteles, afiches, empaques, etiquetas, avisos, portadas o carátulas.

Así, podría uno imprimir una tarjeta de presentación en una cartulina bonita, empleando una cuchilla (*cutter*, [a] al margen). Pero, en esa cara cartulina, indudablemente pueden acomodarse (cfr. cap.III.3) diez tarjetas y, para que las tarjetas de presentación sean *presentables*, se necesitarían, al menos, una guillotina ([b]) y una mano experimentada. Para cortar cientos de hojas, la manualidad no basta, sino que sería necesario un equipo industrial de corte, capaz de, como acabado, recortar diezmilímetros y dar a todas el mismo tamaño.

Illustrator puede ser la tijera y la cuchilla, aceptables en la *hoja* suelta; InDesign está equipado para la regularidad de las decenas, centenas y miles de *páginas* que integran la publicación, sea esta de edición periódica (revistas, diarios, semanarios, memorias, etc.), o no periódica (libros, catálogos, folletos, *brochures*, guías, portafolios, etc.), y dar a cada ejemplar un acabado perfectamente uniforme y profesional.

El texto y el contexto

Cualquier hacer humano que se apoye en la tecnología está obligado a un proceso de actualización vertiginosa, que hace que escribir un libro como este –que guíe paso a paso a la obtención de un resultado empleando una herramienta informática– sea una pretensión mayor.

Resulta un atenuante que, aunque el modelo de negocios de Adobe (cfr. cap.I.2) hace que todas las semanas sus aplicaciones se estén modificando sutilmente, para la especializada en composición de páginas los cambios tienden a ser más graduales y, además, más gradualmente aceptados.

Esto se debe a que InDesign no se basa en el *eye candy*, en el atractivo visual justificado en sí mismo; por ello, si las creaciones de Photoshop pueden ser presentadas como "fotomontajes alucinantes" y las de Illustrator como "dibujos deslumbrantes", InDesign tiene que limitarse a un adjetivo de menos bombo y platillo…: "publicaciones elegantes", porque ni fotomontajes ni ilustraciones podrían destacar sin la consistencia, el valor esencial de las publicaciones.

Por estabilidad, incluso, era práctica común actualizarse una de cada dos versiones.

(De otro lado, cuando se hace uso en Photoshop o Illustrator para escritorio, digamos, de alguna característica que no está implementada en la versión de iPad, apenas es necesario prestar atención a lo que haya cambiado en el que bien podría ser un único lienzo o una única mesa de trabajo; cuando se abre la publicación en un dispositivo nuevo…, es imposible revisar decenas o centenas de páginas, por lo que es indispensable la confiabilidad y estabilidad del equipo.)

En cualquier caso, salvo el siguiente capítulo, este libro es para ser leído. No solo no es una perogrullada decirlo, sino que permite adelantar un concepto fundamental (cfr. cap.V.1). Según sus puntajes decrecientes, en efecto, un texto puede apenas recibir apenas un vistazo, como sucederá en noviembre de 2024, cuando millones de terrícolas nos

acerquemos o alejemos de
los diarios que, seguramen-
te a ocho columnas (como
el titular famosísimo, al
margen) informarán si Joe
Biden continúa o no. Tal
tamaño corresponde a una
función de guía, que puede

ceder algo de la legibilidad (digamos, al emplear únicamente
mayúsculas, un estilo condensado o un interletraje reducido)
porque ese mínimo esfuerzo adicional apenas se pide por la
fracción de segundo que toma leer tres palabras.

Inmediatamente encima de ese titular, la persona
curiosa podrá querer leer cuándo se publicó este periódico,
texto que, aunque sea obligatorio, se presenta en un tamaño
muy reducido… porque simplemente no es normal tomar
el periódico y leer "Chicago Daily Tribune" en primer lugar,
aunque lo esté. La fecha, así, no es para lectura, sino para
consulta, es decir, para *eventualmente* ser leída, en escala que
se mide en minutos.

Evidentemente, el texto en que se desarrolla cada
noticia, el cuerpo de texto, sí es para ser leído, de la primera
a la última letra y, ya que ello puede suponer una atención
sostenida de *considerable* tiempo, es prohibitivo recargar
dificultad alguna; en consecuencia, haciendo valer la redun-
dancia, la legibilidad del texto de lectura debe maximizarse:
negro sobre blanco, altas y bajas, puntaje apropiado, estilo re-
dondo y normal, interlineado e interletraje predeterminados.

Describir que el texto tiene funciones de guía, lectura
y consulta no corresponde a ningún comando de InDesign;
alguien observador podría percatarse de que algunas familias
tipográficas profesionales proveen de estilos llamados *display*
(presentación), *regular* (normal) y *caption* (leyenda); la mirada de mayor agudeza debería notar algo más (cfr. cap. v.4)

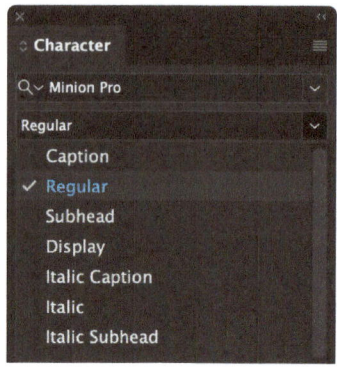

en la familia Minion Pro, predeterminada por InDesign (al margen). A pesar de ello, considero esencial incluir esa información, pese a ser este un libro técnico, centrado en InDesign y no un libro teórico, que pueda explayarse en cada concepto tipográfico. Pero es que el *eye candy* es fácil e inmediato, mientras que la elegancia, el hacer mucho con pocos elementos, definitivamente requiere más contexto y, sin duda, reflexión.

Si este libro se centra en las aplicaciones impresas, no es solamente porque ellas dan cabal sentido a algunas de las implementaciones de InDesign, sino que, hasta cierto punto, el espíritu de un programa de composición de página –el hecho de que los elementos estén dispuestos de una forma precisa, que haya una relación armoniosa entre ellos– casi solo puede materializarse en papel, en el que, por ejemplo, la letra en que está escrito este texto no puede ser cambiada ni su color ni puede reducirse el tamaño que ocupa entre las manos del lector. Lo que se diseña para una pantalla debe asumir que la posición predeterminada del dispositivo favorece una lectura de página individual, no la de páginas opuestas que es natural en una publicación… y que tal composición se alterará por completo con el simple arte de girar el dichoso aparato. Este libro solo puede ser tomado de una forma; la integridad de su diseño puede preverse.

Cuanto más frecuente el traslado de papel a pantalla, más indispensable *ser sensible* al contexto, entender que las mismas razones que orientan un paso (digamos, en papel) bien pueden justificar otro paso, o en otra dirección, si la situación es diferente (digamos, para una ePub). Tener esos criterios con los cuales responder a los cambios es especialmente importante conforme surgen nuevos dispositivos, nuevas plataformas o tecnologías. De hecho, si bastaron unos centímetros estáticos de lomo para la obra maestra

de diseño editorial en *la Historia de la decadencia y ruina del Imperio Romano* de Edward Gibbon (al margen)…, ¿cuánto más no podrá hacerse en los centímetros animados que ofrece un reloj inteligente? ¿O en el lienzo ilimitado de dispositivos de *realidades* virtual o mixta?

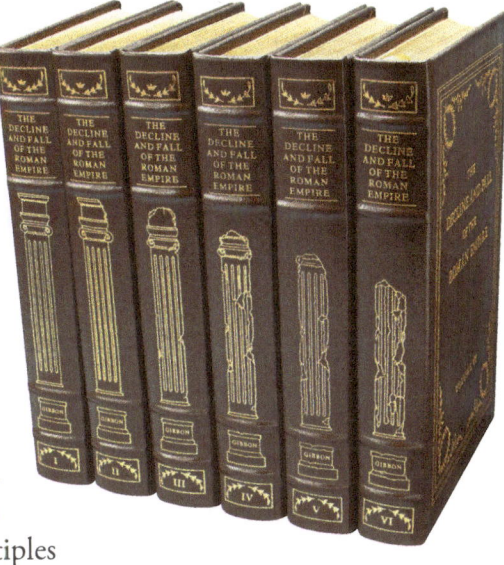

En particular, la inteligencia artificial –que, ahora, puede analizar los contenidos de un texto para proponer múltiples estructuras de estilos– puede servir para comparar, rápidamente, distintos puntos de partida. Eso no va a cambiar el hecho de que, pudiendo mantenerlos literalmente por décadas, una publicación refina sus estilos a lo largo de años: es ese refinamiento precisamente la elegancia de InDesign.

La principal compensación es que todo este contexto es la parte del presente libro que queda completamente al margen de los cambios en la versión 2035, año en que todavía será un lujo tener la edición de Easton Press de los volúmenes arriba mencionados, empastada en cuero legítimo e "impresa en papel sin ácido que dure por generaciones".

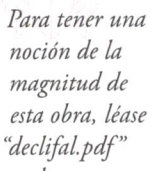

Para tener una noción de la magnitud de esta obra, léase "declifal.pdf" en la carpeta de descarga.

Así, incluso sin haber leído o tener interés en leer de la historia de Roma, se puede percibir lo que la maestría del diseño aporta a una publicación, cómo enriquece ese patrimonio y cómo, aún ahora, la promesa de perdurar sigue siendo exclusiva del papel. Cualquier saber que merezca ser aprendido debe tener esa vocación de permanencia, por lo que editar y publicar –y escribir y leer– significan participar de la ilusión, fundada, de que las mejores ideas de la especie humana merecen conservarse por los siglos de los siglos.

Índice

Id

Capítulo I
Para leerte mejor

Partiendo de la misma página

Dado que el garabatear y el dibujar se encuentran entre las primeras formas de expresión de la mano humana, llegar a Illustrator no es muy diferente a descubrir las témperas, cuando ya se pintaba con crayolas; esto es, se trata de un recurso diferente para satisfacer un deseo innato. Por ello, tal como sucede con Photoshop –programa que es básicamente imposible ignorar lo que hace–, se puede casi pasar directamente a la parte operativa, al cómo obtener los resultados.

Es muy distinto el caso de InDesign, cuyo producto típico, la publicación, es mucho más complejo y no solo no se puede percibir de un vistazo (a diferencia de los fotomontajes o las ilustraciones), sino que llegar a apreciarlo verdaderamente requiere apropiarse de diversas nociones que las páginas precedentes han presentado y que, a lo largo de los capítulos, se seguirán desarrollando, por medio de ejercicios.

Para poder seguir estas aplicaciones prácticas paso a paso, el libro adopta un "lenguaje", cuyos términos son perfectamente intuitivos o conocidos por quienes ya utilicen otros programas gráficos; antes de pasar a la parte operativa y, tratándose de un texto que no asume conocimiento previos, este capítulo, de referencia, hará explícitas todas sus convenciones para minimizar complicaciones previsibles y garantizar que se parta de la misma página.

1. El concepto de referencia

Todo autor aspira a que lo que escribe sea leído *de principio a fin, sin nada callar ni omitir*. Pero esa fantasía, ciertamente, nunca podría incluir el índice del texto que escriba, clarísimo ejemplo de un elemento indispensable que toda publicación incluye. Bien puede ser que dicho listado se recorra con la mirada, rápidamente, cuando se busca algo, pues no es un elemento de lectura sino de referencia.

El texto de consulta (ya brevemente mencionado, cfr. pág. xix) tiene la característica de ser *eventualmente* leído, pero, pese a esa condición, no puede prescindirse de él; es evidente que, después de leer la palabra "profesional" (la última del último párrafo de esta página), nadie va a leer el "28"; pese a ello, colocar el número de la página es imprescindible para poder ubicar el inicio de este subcapítulo, precisamente tras consultarlo en el índice.

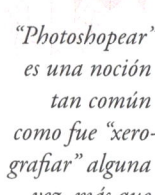

"Photoshopear" es una noción tan común como fue "xerografiar" alguna vez, más que "guglear" o "guatsapear".

Así, quienes se encuentren en el caso frecuente de ya manejar Photoshop, por ejemplo, podrían dar un vistazo rápido a *parte* de las páginas de este capítulo (o del siguiente, dedicado a la interfaz), pues, por diseño, InDesign fue creado por Adobe (1999) para que los usuarios de sus aplicaciones más populares (Illustrator, 1987; Photoshop, 1990) se sintieran inmediatamente ubicados: quien conozca Illustrator *casi* puede concluir ciertos proyectos de InDesign sin mayor guía.

Desde luego, eso deja sin definir *a qué parte* de las páginas se puede simplemente echar un vistazo, o cuán aceptable es *casi* concluir un proyecto. Cuando un conocimiento se adquiere en forma no sistemática, partes de él pueden ser demasiado sabidas por los <u>aficionados</u> (digamos, filtrar imágenes en Photoshop) y otras, potencialmente más importantes (el trabajo no destructivo, el empleo de capas o los formatos de compresión sin pérdida), pueden desconocerse, pese a que son claves para un trabajo que tenga la mínima aspiración <u>profesional</u>.

De manera que las páginas de este capítulo, aunque son tan indispensables como el índice, podrían ser, como él, recorridas rápidamente por quienes cuenten con conocimientos previos. Pero son un ejemplo de la forma en que está construido este libro, porque el concepto de "referencia" o "consulta" es esencial en las publicaciones y, si bien será desarrollado más adelante (cfr. cap.v.1), lo será de otro modo, en el contexto del capítulo respectivo.

El problema con decir que un dato es "básico" o "fundamental" es presuponer que este sea, precisamente, base o fundamento de algo y, de hecho, el espectro de trabajos que puede realizar InDesign es tan amplio (desde carátulas estructuradas de revistas[1] hasta complejos manuales técnicos, sin contar con obras menos comunes, de miles de páginas, como diccionarios o enciclopedias), que aun los fundamentos representan una cantidad abrumadora de información.

Si no es el programa más complejo de Adobe, sin duda InDesign lo es más que Illustrator y Photoshop, sus hermanos mayores que serán referencia constante por ser tanto los más conocidos como sus complementos más inmediatos dentro de la Nube Creativa. Es, por cierto, el más exigente y sofisticado del trío, en correspondencia a esa versatilidad de publicaciones que realiza.

Por ello, a pesar de que existe Premiere Rush ("solución completa para editar y compartir videos en línea", al margen) y de que ya han transcurrido cinco años desde

---

1   *Al incluir texto, la carátula es un producto típico de Illustrator, que mantendrá al máximo (vectorial) su definición; sin embargo, en la medida en que la pieza gráfica se base en fotos, la pérdida parcial de perfección en tal texto se da como aceptable y el proyecto puede pasar a Photoshop; lo que resulta extremadamente inusual —y, sin embargo, puede resultar conveniente— es elaborar una portada en InDesign ("grfc2000.jpg", en la carpeta de descarga, es un ejemplo de ello).*

el lanzamiento de Photoshop para iPad (2019) y cuatro de Illustrator para iPad (2020), no es realmente una sorpresa que no exista una *app* para composición de páginas que funcione en una tableta. Sería una indudable mezquindad decir que es el único, pero el mérito *más general* de esas aplicaciones móviles es permitir que un mismo archivo sea abierto de un dispositivo a otro, pues no son, ni por asomo, comparables con las versiones de escritorio.

("Más general" porque quienes explotan el potencial pictórico de Photoshop o un acabado más orgánico en sus dibujos vectoriales cabalmente han llevado su trabajo a otra dimensión con la sensibilidad del Apple Pencil, en formas que no son realmente posibles en las aplicaciones de escritorio, con un *mouse*; cuentan, así, con una gran alternativa todos aquellos que emplean tabletas de dibujo…, pero no son estas un dispositivo de uso precisamente extendido.)

En cualquier caso, toda idea importante exige cierta reiteración; de modo que, cuando se insista en alguna, bastará un "cfr." para sugerir que, líneas arriba o líneas abajo, se busque la misma idea en contextos diferentes.

Puesto de otra manera, pese a que, de hecho, se supone que es mala idea incluir texto en Photoshop —salvo que se trabaje un efecto con él—, dicho editor de píxeles está equipado, de fábrica, para corregir ortografía en más de cincuenta idiomas. El manual de Photoshop está obligado a describir cómo se hace uso de tan absurda función, justamente porque es una obra de referencia. Un libro de Photoshop (como el que, por cierto, me ha publicado esta misma casa editorial), que sí es para leer, nunca desperdiciaría una línea en ello…; línea que tampoco tiene lugar escribiendo sobre InDesign: no solo por cuán

discreta que es su implementación –inferior a la de simples procesadores de texto–, sino porque no es para eso este programa. Dedicar una línea a aquello en que el programa es mediocre es quitársela a funciones en las que es excelente, que son muchas. El manual de InDesign debe describirlo todo (excelente o no), porque su objetivo es ser consultado; un libro sobre el mismo tema puede y <u>debe</u> ser selectivo, centrarse en las excelencias… al menos si pretende ser leído.

Precisamente por ello, el manual de cualquier producto, editado por su fabricante, describe todas sus funciones como la máxima maravilla y no dirá de ninguna que es discreta o insuficiente. En particular, no es esperable que el manual del programa diga: "Esto no debe hacerse en InDesign, sino en Word"; en cambio, este libro dirá con la frecuencia necesaria: "Incluso si esta tarea *puede* hacerse bien en InDesign, *debería* hacerse (mejor) en Illustrator".

Así, es importante saber *cómo* emplear una herramienta, pero es igualmente importante saber *cuándo* emplearla y *cuándo no*; por suerte, no hay diferencia económicamente significativa entre suscribirse a un programa o suscribirse a "los tres" –Illustrator, Photoshop e InDesign, cabezas visibles del diseño gráfico–. Lo que deja una última invitación a la lectura de este capítulo, pues, así como saber Illustrator, según se ha puesto por ejemplo, significa ya tener nociones de InDesign…, aprender bien InDesign, desde sus fundamentos, significa reforzar lo que se sabe de los otros dos programas, la opción de recabar un dato que se había pasado por alto, repasar lo que no se tenía tan claro, adoptar

Photoshop

Create beautiful graphics, photos, and art on desktop and iPad. Comes with Adobe Fresco for drawing and painting.

Illustrator

Create precise designs, Illustrations, and vector graphics on desktop and iPad.

InDesign

Page design and layout for print and digital media.

alguna práctica recomendable común…, como válido es para los tres programas el bendito tema de las versiones, que se revisará a continuación.

2. ID CC 2024 (ID19.3)

Hasta 2003, Adobe publicaba sus programas en solitario, creando problemas de compatibilidad, pues un archivo de Photoshop 7 (marzo de 2002), digamos, podía ser interpretado incorrectamente por InDesign 2 (enero de 2002); de manera que, en lugar de seguir presentándose individualmente, cada uno en su propio disco compacto, los programas comenzaron a editarse como una *suite*, originalmente llamada *Creative Suite* (abreviada "CS", 2003), distribuida en discos de video digital (DVD).

Ese modelo se mantuvo por doce años (hasta la *suite* CS6, 2012; ID CS6 era la versión 8 del programa), en que la importancia de la nube hacía parecer obsoletos, estáticos y vulnerables a los 4,5 Gb de un DVD y –así como música o películas dejaron de comprarse en un soporte tangible y las computadoras dejaron de incorporar lectoras de discos– Adobe pasó a vender suscripciones, en la nueva iteración de la *suite*, ahora llamada "Nube Creativa" (*Creative Cloud*, 2013).

Desde entonces, a la manera de un *app*, el mismo archivo puede editarse en múltiples dispositivos, permitiendo empezar un proyecto en Photoshop para Mac de la oficina, seguirse con PS para iPad y concluirse con Photoshop para PC en casa (lo más significativo del trato es el acceso legal a los programas en dos computadoras de escritorio).

Desde luego, en el caso de la música, parece una gran desventaja no poseer permanente y físicamente, digamos, el último CD de Queen…, pero, en el caso del *software*, no sería realmente atractivo haberse quedado para siempre con ID CS6; de modo que la verdadera objeción al modelo CC no es que exija una suscripción mensual, sino que la constante actualización implica un cierto nivel de inestabilidad. Esto es, las capturas de pantalla en este libro podrían no corresponder al 100% a lo que se encuentre en InDesign, desde el momento mismo en que se abra el programa: el atractivo juego de formas que indicaba el inicio de la versión 18.5 fue *lamentablemente* cambiado en ID CC 2024 (19.0), en especial porque, en sus veinticinco años de historia, esta ha sido una de las pantallas *splash* más creativas y apropiadas –por el juego de estructuras geométricas– para representar composición (de páginas).

Con ella, otras modificaciones se introducen en el programa, de modo que alguna secuencia de pasos podría haberse modificado, como podría haber un botón más o un botón menos en un determinado cuadro de diálogo o panel. Debe aceptarse, pues, que la relativa inestabilidad del *software* es símbolo de constante evolución. Pero ello supone desafíos que es indispensable considerar antes, incluso, de dar el primer paso en los ejercicios que empezarán a realizarse en el capítulo inmediato: un archivo mal abierto puede causar problemas incorregibles en una publicación.

Como una comparación concreta, cabe decir que Illustrator 2024 (AI 28) no solo mantiene absoluta compatibilidad con Illustrator 2020 (AI 24), sino que puede grabar en PDF, formato de intercambio por excelencia; además, es posible convertir cualquier texto en un trazado, esto es, un dibujo que no se modificará si el archivo es abierto en un sistema que no cuente con la fuente tipográfica empleada. Photoshop, que emplea menos recursos tipográficos, tiene ambas posibilidades –compatibilidad y conversión a curvas–, sumadas a la de cuadricular todo en píxeles; de hecho, una capa de texto que emplee una fuente no instalada se podrá manipular sin problemas, siempre y cuando no se edite el texto. De otro lado, en lo que resultó extraordinariamente significativo para InDesign, Adobe asumió el licenciamiento y activación de miles de familias tipográficas; de modo que, de emplear una de las opciones del vasto catálogo de Adobe Fonts, esta se puede activar automáticamente al abrir el archivo que la emplee, lo que es un gran paso en la conciencia de que las fuentes <u>son</u> *software* y que hay que pagar por utilizarlas tal como se paga por cualquier programa.

El problema es que InDesign, que trabaja con publicaciones de múltiples páginas cuyo elemento dominante es, típicamente, el texto, no puede realizar conversión a trazados. Esto es, puede hacerla, sí, pero, si un texto tiene un subrayado (como el que cierra este párrafo), este se perderá, pues es un atributo de texto; si enlaza con una nota al pie (como la que complementa este texto),[1] esta desaparecerá: InDesign está forzado a trabajar con fuentes tipográficas.

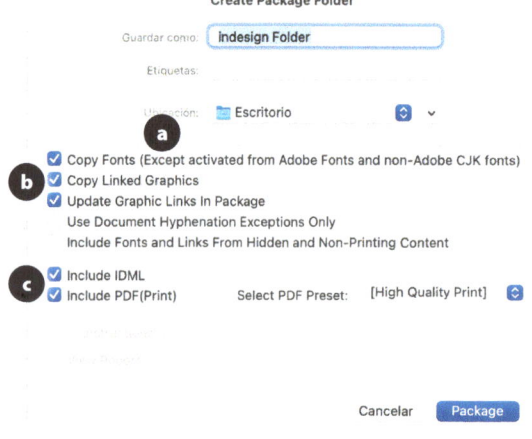

Por ello, hasta hace relativamente poco, aunque el formato PDF es un estándar de altísima confiabilidad para compartir la integridad del diseño –desde las imágenes y los colores que emplea hasta el texto y el número de líneas en que este está dispuesto–, la estrategia de InDesign era *empaquetar* el archivo, esto es, crear una copia del archivo en una carpeta en la que se incluyeran todos los vínculos de la publicación (imágenes e ilustraciones, [b] al margen) y todas las fuentes tipográficas empleadas. Excepto que, como indica el propio cuadro de diálogo ([a]), esto no incluye a las fuentes de

---

1   *El comando* Type > Insert footnote *(Texto > Insertar nota al pie de página) anida un bloque de texto en el extremo inferior de la caja en forma automática; por ello, si el texto desde el cual se hace la referencia a estas cinco líneas (al pie de la pág. 34) corriera a la página 35, el bloque se desplazaría al pie de ella, sin necesidad de ninguna acción adicional.*

Adobe Fonts ni las fuentes CJK (chino, japonés y coreano). Por ello, enviarle a alguien un archivo INDD empaquetado significa, oficialmente, el *acto de fe* de asumir que ese receptor tendrá el programa actualizado, que ya es la única forma de tenerlo legalmente.

Así, un InDesign pirata tendrá que utilizar fuentes distintas a las empleadas por quien envía el archivo. Como referencia, la generalidad de las páginas de este libro emplean unos dos mil caracteres; una fuente 99% fiel produciría un error de veinte letras que, con seguridad matemática, sumadas a cualquier página, bastarían y sobrarían para que algún párrafo ganara una línea…, con la que no solo quedaría *descompuesta* esa página, sino todas las siguientes del capítulo.

La precisa idea de fidelidad se expresa en que una letra podría bastar para sumarle al párrafo contiguo una línea.

Solo por el tema de las fuentes tipográficas, Adobe tiene un medio de establecer un control de la informalidad que, al mismo tiempo, es una garantía de calidad, una exigencia de trabajar con clientes y proveedores serios. Pero, considerando la sofisticación del control de pares especiales (cfr. cap. VI.5), no deja de ser un recordatorio de que las publicaciones son un producto colectivo, y que, por ejemplo, para producir miles de ejemplares de una revista, es más que esperable la participación de una decena de ojos –periodista, corrector, editor de página y editor general, por ejemplo–; no se diga cuando se trata de decenas de miles de ejemplares.

Por ello, aunque seguir una secuencia ordenada de pasos lo permita, un INDD no fue diseñado para compartirse, sino para redondear el flujo de trabajo en PDF (cfr. cap. XVI), recibiéndolos y produciéndolos. Se entiende así que, incluso al empaquetar ([c] en la página opuesta), se genere un PDF como referencia, tal como debe serlo, en caso de duda, al abrir cualquiera de los archivos de ejercicios de este libro.

Id

3. Plataformas de InDesign

Illustrator fue desarrollado con exclusividad para la plataforma Mac por haber Apple invertido en Adobe exorbitantes $2,5 millones (1984), ganando acceso a la tecnología que hizo exitosas a las impresoras láser, el PostScript. No era una restricción cabal para Adobe, pues la idea de trabajar en una aplicación gráfica indudablemente se beneficiaba de disponer de una interfaz también gráfica, como la que solo la Apple Macintosh podía ofrecer entonces.

Podría decirse que la versión de Illustrator para pc fue adaptada, pero eso sucedió hace literalmente décadas, y las diferencias entre una plataforma y otra son, actualmente, insignificantes; sin apenas exagerar, *respecto de InDesign*, decir que la tecla Comando en Mac ([⌘]) corresponde en todo a Control ([CTRL]) en pc, y que Opción ([⌥]) es [ALT] da cuenta del 50% de los problemas al pasar del macOS a Windows. De otro lado, como ya se ha dicho, es inusual que un principiante llegue a InDesign como primera aplicación, por lo que la experiencia en utilizar otros programas fácilmente se hará cargo del otro 50% (a pesar de lo cual, este libro detallará todos los que sean relevantes, según vayan apareciendo).

Ahora bien, "respecto de InDesign" fue escrito en cursivas porque entre los sistemas operativos de Mac y pc, desde luego, hay muchas otras diferencias, fuera del teclado, pero ellas no se reflejan en el manejo particular del *software*, sino en el control, general, del *hardware*. Así pues, por ejemplo, Mac nunca ha tenido un *mouse* con dos botones… y es improbable que lo tenga jamás. El que venía en la Mac de 1984 (al margen) solo tenía uno y ofrecía una función complementaria presionando la tecla Control, *i. e.*, [CTRL]+clic en Mac era y es equivalente a lo que en PC se llama clic secundario (esto era una muestra de consideración con los zurdos que en el mundo somos, pues el *mouse* podía ponerse a ambos lados del teclado).

Como Adobe hace uso intensivo del menú contextual, que se activa con clic secundario, el usuario de Mac deberá ir al menú Apple y buscar los ajustes (> Configuración del sistema). Al abrirse el cuadro de diálogo de las (antes llamadas) preferencias, en el buscador ([a] abajo) escribir

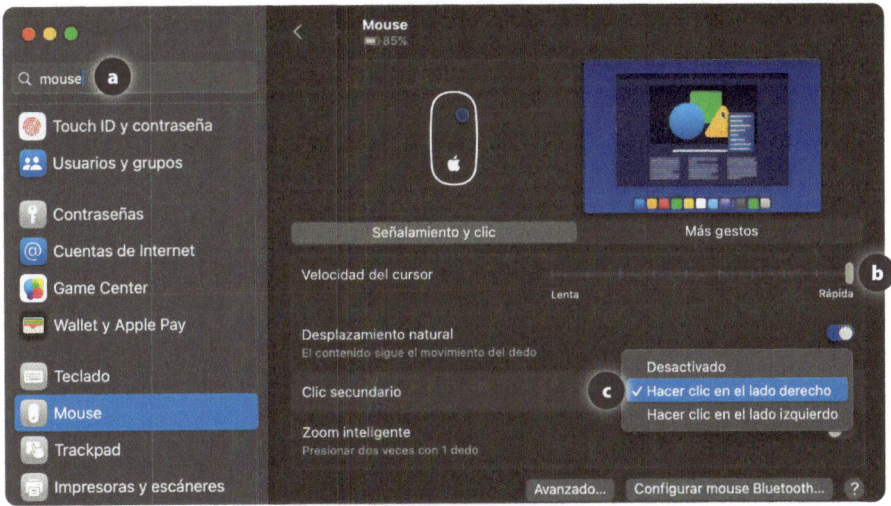

"mouse". Con ello, se podrá acceder a la activación del típico clic en el lado exterior ([c]), derecho para los diestros e izquierdo para quienes dominamos la mano siniestra. Debe admitirse, sin embargo, que la inmensa popularidad de los equipos portátiles ha reducido enormemente la de los ratones, considerando las dimensiones con las que cuentan los *trackpads* incorporados (de hecho, hay portátiles que tienen más de 6" en diagonal en este dispositivo, un área mayor que la de muchos teléfonos modernos). A diferencia de Illustrator y Photoshop, InDesign puede, en buena medida, prescindir del empleo del *mouse*, configurando el *trackpad* correctamente (velocidad de cursor, [b]); a los "hermanos mayores", para dibujar con la Pluma, el *trackpad* no basta.

Lo exactamente opuesto es cierto para el teclado.

En los modelos más populares de portátiles, usualmente de 13", el teclado compacto, con menos de ochenta teclas, prescinde de dos elementos que, en efecto, para la mayor parte de aplicaciones (incluidas Illustrator y Photoshop) son prescindibles: las teclas de navegación ([a] al margen) y el teclado numérico ([c]). El problema es que, entre las primeras, la de Retroceder página (típicamente abreviada como "Re Pág", *Page up*) y la de Avanzar página ("Av Pág", *Page down*) son, como es lógico, empleadas por InDesign para desplazarse como los nombres de las teclas sugieren.

Por ello, quien emplee InDesign en forma intensiva debería favorecer un teclado completo de más de cien teclas (que algunas portátiles de 15" o más poseen) o asegurarse de trabajar con un equipo que acceda al cursor ([b]) y al navegador con cierta facilidad. En Mac, por ejemplo, la tecla de Función ([*f*]), una de las más fácilmente ubicables en la computadora,[1] convierte al cursor en navegador, según el esquema indicado al margen. Ahora bien, los símbolos empleados en dicho esquema, estándares en Mac, son una de las principales razones para que este libro haya favorecido las capturas de pantalla en dicha plataforma. Una segunda razón es que el número reducido de modelos permite una explicación global, imposible en PC.

---

1   *En el teclado compacto de las portátiles, [f] ocupa la esquina inferior izquierda; en un teclado de escritorio, como se observa en [a], la esquina superior izquierda del grupo de navegación.*

Pero el hecho de permitir Adobe que una misma cuenta conecte dos computadoras de escritorio, que pueden ser de plataformas diferentes, es símbolo de la identidad del programa en independencia de estas.

Para finalizar con las diferencias a nivel físico, cabe mencionar el mítico odio que, aparentemente, Steve Jobs sentía por las teclas funcionales, guiado por el cual –se dice–, accedió excepcionalmente a autografiar un teclado, a condición de quitarle, con las llaves de su carro, la fila entera de efes. Menos anecdótico y más verificable es que la tecla [F1], en lugar de llamar a la ayuda (función de *software*), como hace en PC, reduce el brillo de la pantalla del mismo modo que [F2] lo aumenta y, así, todas las teclas funcionales controlan principalmente el *hardware*. Esto puede ser bueno en múltiples aplicaciones, pero las de Adobe utilizan hasta la última tecla disponible para los atajos y, en particular, hace a las funcionales interruptores para los paneles.

Así, para emplear los atajos de las Muestras ([F5]), Color ([F6]), Capas ([F7]),

> Usar teclas de función (F1, F2, etc.) como teclas de función estándar ⬤
> Cuando esta opción está seleccionada, puedes presionar la tecla Fn para usar las funciones especiales de cada tecla.

Información ([F8]), Estilos de párrafo (⌘+F11) y Páginas (⌘+F12) –por mencionar los de mayor utilidad en InDesign, varios comunes a los tres programas–, es muy importante asignar las teclas funcionales al *software*, lo que requiere una segunda visita a las preferencias –como se hizo para el clic secundario–, buscar "teclas de función" y, activar el interruptor que se observa al margen. En general, cuanto más relevantes las *app* móviles, menos lo serán las teclas funcionales. De hecho, el tema de Mac/PC es casi obsoleto; valdría comparar un futuro ID para iPad con ID para escritorio… si compitieran (en PS y en AI, complementan).

Más relevante, como se desarrollará de inmediato, es examinar por qué, habiendo ID en español, este libro favorece la versión en inglés.

4. La lógica del inglés

Si se escucha *Marina*, canción tan modesta que ocupaba el lado "B" del *sencillo* en que fue lanzada, podría sorprender que fuera n.º 1 en varios países del mundo, tuviera versiones en múltiples idiomas y bastara para que Rocco Granata, dando la vuelta al mundo, llegara al Carnegie Hall. Si se presta atención al segundo verso, incluso queda un sinsabor de lo que era aceptable en 1959 (*Mi sono innamorato di Marina, / una ragazza mora, ma carina*, Me he enamorado de Marina, / una muchacha morena, **pero** linda).

Desde luego, yo, que no sé italiano, no he llegado a saber esto por la sencilla versión de Luis Aguilé (que, al menos, corrige "una muchacha mora **muy** bonita"), sino por la que <u>recrea</u> Dalida en francés; en esa canción, tan cancioncita, introduce la estrofa más notable de la historia, *El amor no es siempre lo que se piensa / y, cuando uno tiene el corazón lleno de impaciencia, / se sabe muy bien, muy bien, cuando comienza…, / pero uno olvida cómo puede terminar* (la rima es más perfecta en francés).

Claro, bien puede decirse que eso no es una traducción, que es simplemente otra cosa, que las canciones deben poner aproximadamente el mismo número de sílabas, pues la música tiene el mismo número de compases. Pero al traducir un programa o un libro es más esperable que los adjetivos o frases difíciles sean simplemente mutilados, de modo que no solo es imposible que una versión en español de ningún programa sea mejor que el original: casi solo puede ser peor.

Lo que se observa al margen, abajo como está en el último lugar de las cajas de Herramientas de Illustrator, Photoshop e InDesign, es una lupa, objeto que no tiene otro nombre común en español (una lente, a secas, no tiene mango). En inglés, su nombre, como lo lleva en otros programas, es *magnifying glass*; aunque podría emplearse *loupe*, que se parece más al español, en inglés se aplica a las lupas utilizadas por joyeros o relojeros; algún programa utiliza esa alternativa. Sin embargo, en los programas de Adobe, el nombre de la herramienta es Zoom; esto es, el cilindro expandible que, desde un mínimo (cuando está contraído, [a] al margen) puede multiplicar su distancia focal al extenderse ([b]). Lo que no tiene, *aparentemente*, sentido alguno. Se podría, por tanto, creer que la traducción "Lupa" es una mejora respecto del término original.

Pero la traducción pierde la lógica del programa.

Si esta herramienta se llama *Zoom* no es porque nadie en Adobe, durante cinco décadas, haya sabido ese dato, sino porque el rápido acceso a las herramientas se da en sus programas a través de atajos de teclado, por lo que la "Z" activa el "Zoom"; de haberse llamado *Magnifying glass* o *Loupe*, habría causado conflicto con las más importantes herramientas de creación, Rectángulo ([M]) y Elipse ([L]).

La lógica del programa, que está en el inglés, no se traduce, y esa es exactamente la razón por la que, si se instala InDesign en español, pese a que el primer menú se llamará "Archivo" (y no *File*), los atajos para abrir, guardar e imprimir un documento o para salir del programa *son* la tecla de Comando ([⌘]) o Control en PC, más [O] de *Open*, [S] de *Save*, [P] de *Print* y [Q] de *Quit* y no, en ningún caso, [A] de "Abrir", [G] de "Guardar", [I] de "Imprimir" o [S] de "Salir"… aunque con esos nombres figuren en el menú. Algunos de esos atajos sí funcionan, digamos, en Word, que es un programa de uso mucho más general –léase "mucho menos profesional"– y trata de adaptar la lógica al español. De otro lado no solo

File	
New	⌘N
Open...	⌘O
Close	⌘W
Save	⌘S
Save As...	
Delete...	
Page Setup...	
Print...	⌘P
Quit	⌘Q

Id

"son" estos los atajos (por ello las cursivas), sino que *siempre han sido* estas combinaciones de teclas, pues la captura corresponde al sistema operativo de la Macintosh original, de 1984, cuyos atajos Illustrator adoptó íntegramente y hasta ahora funcionan en ese programa, en todos los de Adobe… y muchísimos otros que siguen un estándar tan tradicional.

Otro ejemplo rápido puede observarse en la siguiente tabla, en la que se muestran las herramientas que se activan con una sola letra; como se ve, buena parte de ellas son comunes con Illustrator y Photoshop (el asterisco indica que la función es comparable, pero no exacta, *v. gr.*, la [C] activa la herr. *Crop* en PS, para recortar), siendo que, con el primer programa, la identidad es siempre mayor.

herr.	atajo	nombre en inglés	nombre en español	compatibilidad
▶	[A]	direct selection (A̲rrow)	selección directa	AI, PS
✂	[C]	scissors (C̲-ssors]	tijeras	AI, PS*
▮	[G]	G̲radient swatch	muestra de degradado	AI, PS
✋	[H]	H̲and	mano	AI, PS
⚲	[I]	eyedropper (I̲-dropper)	cuentagotas (gotero)	AI, PS
⬭	[L]	ellipse (L̲-ipse)	elipse	AI
▢	[M]	Rectangle (M̲arquee)	rectángulo	AI, PS*
✒	[P]	P̲en	P̲luma	AI, PS
↺	[R]	R̲otate	R̲otar	AI, PS*
⬚	[S]	S̲cale	escala	AI
T	[T]	T̲ype	T̲exto	AI, PS
🔍	[Z]	Z̲oom	lupa	AI, PS

Ahora bien, el cuadro anterior apenas sirve para ilustrar el punto y <u>no</u> debe memorizarse. Todo aprendizaje basado en la memoria casi está condenado al fracaso o, al menos, a ser efímero. Illustrator tiene noventa herramientas, pero se puede trabajar perfectamente con doce…, tanto así que Illustrator para iPad no pasa de ese número; algo análogo

a lo que sucedió con Photoshop para iPad, con el agravante de que anteriores versiones empobrecidas del editor fueron llamadas "Photoshop Express", "Photoshop Mix", etc.[1] Con mayor razón puede decirse que el poder de InDesign no está en sus herramientas, ya que una sesión de trabajo en la que apenas se emplee un atajo ([↺]) es posible.

¿Por qué es importante la lógica?

Si se observa desplegado el menú de Archivo de InDesign, se contarán catorce atajos (los trece al margen, más el de *New > Document*, ⌘N): los seis que ya tenía la Mac en 1984 y otros seis, asignados a funciones asociadas. Así, si, como ya se dijo, ⌘S es el atajo de Guardar (*Save*), el importantísimo comando *Save as* (Guardar con otro nombre, otro formato u otra ubicación) tiene un atajo similar (⇧⌘S), como es similar la combinación de teclas para el menos importante comando *Save a copy*. La misma asociación de comandos y atajos se observa entre *Open* y *Browse in Bridge*, que son formas de abrir, y *Document setup*, *Adjust layout*, *Package* y *Print*, todos relacionados con la impresión y, por lo tanto, todos con teclas modificadoras añadidas al atajo básico (⌘P). La capacidad de aplicar la lógica supera a la memoria más fotográfica, desde luego, si se ha prestado atención al

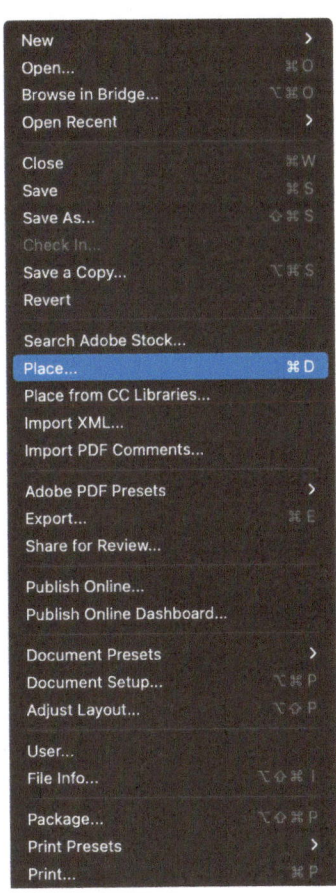

---

1   *Esto da a entender que la esencia de una versión móvil de Photoshop o Illustrator no está en que se pueda hacer lo mismo, con las mismas herramientas (lo que quizás no pase nunca), sino que lo que se avance en una plataforma pueda continuarse en la otra. En otras palabras, la esencia de esos programas está en el formato, en no tener que importar un archivo para trabajar con él, y luego exportar lo hecho, para retomarlo…; dos pasos que, además de tediosos, están sujetos a lo que se pierde, inevitablemente, al "traducir" de un formato a otro.*

dato elemental de que las teclas modificadoras modifican (excusando la obviedad) y se maneja un léxico mínimo de inglés. Pero este tema va bastante más lejos.

Primero, ya se ha destacado (cfr. cap.1.1) que el formato INDD no está diseñado para intercambio, lo que lo obliga a exportar; obviamente, esta debe ser una función importantísima y, si lo es, ¿cuál será su atajo? Evidentemente, ⌘E. Esa lógica impera en Adobe y todo el alfabeto está directamente asociado a funciones principales, en InDesign, seleccionar todo ([A] de *All*), copiar ([C] de *Copy*), exportar ([E] de *Export*), buscar ([F] de *Find*), agrupar ([G] de *Group*), ocultar en Mac ([H] de *Hide*), saltar a página ([J] de *Jump*), bloquear ([L] de *Lock*), minimizar en Mac ([M] de *Minimize*), nuevo, ([N] de *New*), abrir ([O] de *Open*), imprimir ([P] de *Print*), salir ([Q] de *Quit*), activar reglas ([R] de *Rulers*), guardar ([S] de *Save*) y cerrar ventana ([W] de *Window*). Debe repetirse que esta lista <u>no</u> es para memorizar, sino para demostrar que debe aprenderse de otro modo.

De las diez letras que no se mencionaron, cinco no pueden figurar, pues son atajos tomados por el sistema operativo o por Adobe; de un lado, Deshacer (⌘Z), Cortar (⌘X), Copiar (⌘C) y Pegar (⌘V) no tienen mnemotecnia: son convenciones (también establecidas en la Mac de 1984) que facilitaban que las operaciones más repetitivas, que pueden ejecutarse decenas de veces hasta en una breve sesión de trabajo, tomaran las teclas más próximas a la propia modificadora; de otro lado, ⌘K y ⌘T (de *Type*) son empleadas para las preferencias y el panel de Carácter en las tres aplicaciones.

En resumidas cuentas, basta aprender un atajo, que es ⌘D. Las cuatro letras pendientes activan funciones que

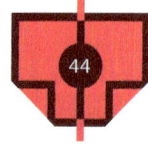

no son de uso tan frecuente (⌘B, ⌘U) o que son relativamente secundarias (⌘I, ⌘Y), pues, ¿para qué aprender a
hacer rápidamente, como indica la palabra "atajo", lo que
se hace poco? Bastará, en tales circunstancias, con recurrir al
comando en el menú respectivo. En cualquier caso, queda
claro que reducir todo el alfabeto, herramientas y comandos,
al aprendizaje de una lógica y de un atajo, es una ganancia
enorme. Podría parecer arbitraria la [D] para *File > Place*,
pero este comando es tan esencial que puede permitirse eso.

Se podría decir que es "D" de Deposit; pero este atajo viene de PageMaker, noble ancestro de InDesign.

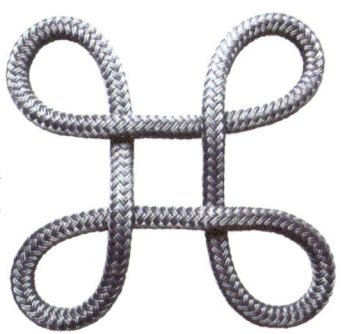

Captar la lógica descrita, de otro lado,
da incluso acceso a funciones útiles, de las
que este libro se valdrá. El heráldico nudo de
Bowen, "trébol de cuatro hojas", símbolo de
la tecla de Comando en Mac, es la modificadora
principal que, obviamente, activa los comandos de todos los programas (que también en
PC se llaman "comandos" aunque se activen
con la tecla de Control).

Así, ⌘N crea un documento nuevo en InDesign (o
Illustrator), en el que debe configurarse la publicación (o el
dibujo). Pero ¿qué tal si uno desea simplemente pegar un
texto, ya con formato, en un documento temporal (o hacer
un dibujo rápido, que siendo vectorial, luego puede tomar
su medida final)? Pues bastaría crear, rápidamente (como
se hará en diversas ocasiones) un documento cualquiera,
sin configurarlo. En ambos programas, así, ⌥⌘N crea
un documento predeterminado porque la tecla Opción
([⌥], [Alt] en PC) permite, precisa y lógicamente, *optar* a la
configuración, saltársela. Como solía ser el reinicio mismo
de InDesign (cfr. cap.II.5), múltiples funciones capitales solo
son accesibles captando su lógica, no a través de un menú ni
herramienta ni panel… ⌥⌘N no es, pues, cabalmente un
atajo (no hay forma más lenta de realizar la operación), sino
una *combinación de teclas* que demuestra la necesidad de conocer al programa de la forma correcta, no memorizándolo.

Id

5. Símbolos de teclado

Los metadatos empezaron a hacerse relevantes según las cámaras digitales se fueron popularizando y, junto con los píxeles ("los datos"), se hicieron capaces de dar información útil acerca de cómo esos píxeles habían sido capturados, con qué diafragma, velocidad de exposición, con qué lente (esto es, "datos sobre los datos", o metadatos). Para asignarlos, el manual de los programas de Adobe dirá que se debe *Presionar Ctrl+Alt+Mayúsculas+I en* PC *o Cmd+Opc+Mayúsculas+I en Mac*, cursivas que resaltan <u>sesenta y siete</u> caracteres y que, encima, se enfrentan al problema del idioma.

Este libro dirá en <u>cuatro</u> caracteres "⌥⇧⌘I".

De hecho, el problema principal de los sesenta y siete caracteres del manual es que buena parte de usuarios hispanohablantes mantienen *Shift* para la tecla de Mayúsculas, o *Enter* para la de Retorno; peor aún, hablar de "Mayúsculas" los lleva a presionar la tecla "Bloqueo de mayúsculas" ([⇪]), por lo que se pierde espacio y no se gana claridad.

No solo la plataforma de Apple dio a luz la interfaz gráfica, sino que las dos principales aplicaciones gráficas de Adobe nacieron exclusivamente para ella. En la actualidad, apenas queda la referencia histórica y, si alguien pretende que su trabajo es superior debido a la plataforma…, qué clase de trabajo será. Sin embargo, Apple hace un riguroso empleo de símbolos, convenciones que este libro adoptará. PageMaker, programa de composición de página comprado por Adobe en 1994, cuando creó una versión para Windows 1.0 (signo de su éxito), usó "^" para representar a la tecla de Control en PC (como lo hace en Mac) e introdujo abreviaturas (*Sh, Del, Ins*) y atajos peculiares. Pero tal propuesta no pasó de allí ni ha habido intento comparable digno de mención…, mientras que los símbolos aquí presentados,

Edit	Options	Page
Undo		Alt Bksp
Cut		Sh Del
Copy		^Ins
Paste		Sh Ins
Clear		Del
Select all		^A

además de estándares desde hace cuarenta años en Adobe y Mac, medran en el ecosistema entero de Apple, incluidas sus tabletas (que tienen teclados como accesorio) y otros dispositivos (con teclados virtuales).

Por ello, el único símbolo no enteramente estandarizado es el aquí asignado a la barra espaciadora y que, sin embargo, ya estaba presente en el Nokia 6110 (en 1998, al margen), últimamente adoptado en el Apple TV. Como decisión estética, se empleará el símbolo de función (*finite part integral*, [ƒ]) en lugar de su versión de texto "fn".

El énfasis en las teclas es porque –ya manos a la obra en dos páginas– los pasos de los ejercicios ofrecerán los atajos en primer lugar (digamos, ⌘D, el único mencionado que, realmente, debe aprenderse), la manera de trabajar rápido, pero siempre se añadirá el comando (en este caso, *File > Place*). En la primera aparición, se presentará el nombre en español del comando (*Archivo > Colocar*), salvo

Id

que sea suficientemente transparente (*v.gr. Export* significa "Exportar"). Para quien utilizó una máquina de escribir y, al concluir una línea, debía bajar y devolver ("retornar") el carro a su posición original, el nombre de la tecla *Enter* (Salto de línea y retorno manual del carro) es transparente…, pero, lo sea o no, nadie puede dar una lista de atajos importantes: uno los selecciona conforme le son útiles y, para ello, se les empezará a aplicar tan pronto se voltee la página del capítulo.

tecla	texto	símbolo	nombre
	[BARRA]	⎵	Barra espaciadora
caps lock	[BLOQ. MAYÚSC.]	⇪	Bloqueo de mayúsculas
command	[CMD]	⌘	Comando
control	[CONTROL]	⌃	Control ([CTRL])
esc	[ESC]	↺	Escape
fn	[FN]	*f*	Función
shift	[MAYÚSC.]	⇧	Mayúsculas ([SHIFT])
option	[OPC]	⌥	Opción ([ALT])
return	[RETORNO]	↵	Retorno ([ENTER])
delete	[RETROCEDER]	⌫	Retroceder ([BACKSPACE])
tab	[TAB]	⇥	Tabulación
home	[INICIO]	↖	Inicio ([HOME])
end	[FIN]	↘	Fin ([END])
page up	[RE PÁG]	⇞	Retroceder página ([PAGE UP])
page down	[AV PÁG]	⇟	Avanzar página ([PAGE DOWN])
▲	[ARRIBA]	▲	Flecha arriba
▼	[ABAJO]	▼	Flecha abajo
◀	[IZQUIERDA]	◀	Flecha izquierda
▶	[DERECHA]	▶	Flecha derecha

Capítulo II
Interfaz y navegación

El árbol y el bosque

Al diseñar un logotipo –en Illustrator–, se trabaja con un número reducido de caracteres (como los cinco de FedEx, al margen) y el espaciado entre ellos suele realizarse en forma  manual, prestándole atención a cada una de las formas de las letras y buscando su máxima armonía (o, como en el ejemplo, que las últimas dos letras formen, en negativo, la flecha que hace tan famoso a este logo y tan difícil imaginar que se cambie).

Una fotografía digital puede estar compuesta de millones de elementos pictóricos (en argot, "megapíxeles"), pero, con frecuencia, unas cuantas decenas de ellos, digamos, las que forman el brillo de los ojos o la definición de unas pestañas, son tan críticos que, en Photoshop, es indispensable la capacidad de desplazarse del conjunto al elemento y, fluidamente, de ver los píxeles al por mayor a examinar sus pormenores.

Componer páginas no suele requerir acercamientos tan extremos que, de hecho, podrían hacer perder de vista el conjunto, la proverbial pérdida del bosque que causan los árboles. En ese sentido, la navegación en InDesign se simplifica con respecto a la de sus hermanos mayores, con los que comparte técnicas…, pero, puesto que las publicaciones implican un número múltiple (múltiplo) de páginas, este capítulo devela sus particularidades y las alternativas para enfrentarse a ellas.

1. **Interfaz Adobe**

Fuera de la aplicación de color –no precisamente intensiva en InDesign (cfr. cap.ix)–, la principal operación que se realiza con la interfaz del programa es ocultarla para, así, apreciar la publicación en el máximo espacio disponible. Evidentemente, un programa con treinta y tantas herramientas, el doble de paneles y más de quinientos comandos se entiende que tiene todos esos elementos por buenas razones. Lo mejor será presentarlos paso a paso.

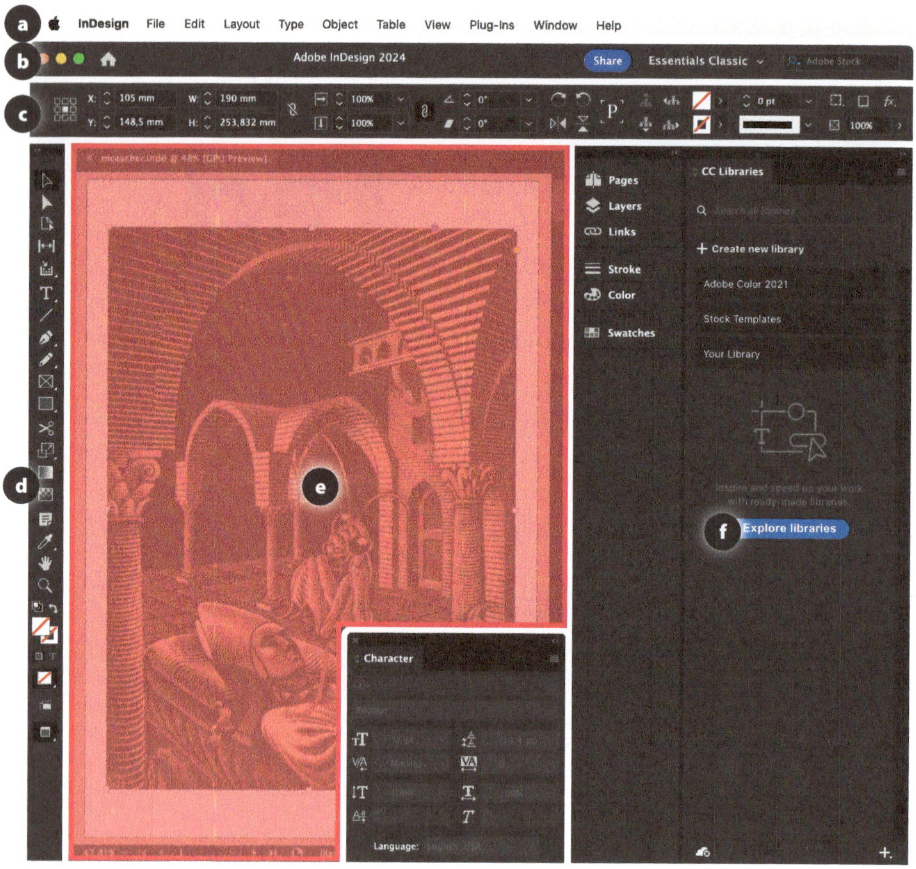

[1] Abrir InDesign. Al ejecutarse por primera vez, la interfaz debe estar compuesta por los siguientes seis elementos, según se observan, desagregados, arriba: [a] Barra de menú,

[b] Marco de aplicación (solo en Mac), [c] Panel de Control, [d] Caja de Herramientas, [e] Ventana de documento y [f] Paneles. De ellos, la única área que no debiera coincidir al abrir por primera vez InDesign es la resaltada que, al no haber documento abierto, será gris. Si no…

[2] *Window > Workspace > [Essentials classic].* Este comando de la barra de Menú ([a]) aplica la interfaz predeterminada, de aspectos esenciales clásicos.

[3] En el extremo superior derecho de la ventana (marco de aplicación en Mac, [b], barra de Título en PC), desplegar los Espacios de trabajo y activar *Reset Essentials Classic* (Restaurar Aspectos esenciales clásicos). Este comando está disponible en el menú del paso anterior, pero las tareas principales del programa pueden ejecutarse de más de un modo, en su gran mayoría. Así, alternar entre las opciones es juzgado una tarea importante, ¿por qué? Porque InDesign puede especializarse en muchas áreas, como se demuestra al alternar entre los espacios de trabajo y ver cuán diferente luce el programa en *Review* (Revisar, que activa dos paneles) y *Typography* (que activa quince). Al finalizar el proceso, repetir los pasos [2]-[3], para volver al aspecto de InDesign, salido de fábrica.

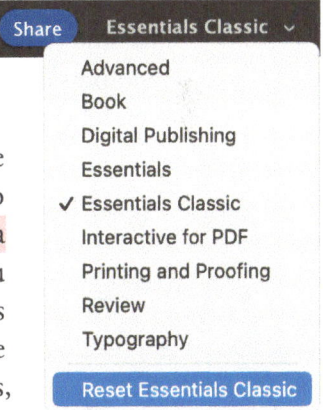

[4] Doble clic en el área gris en el centro de la interfaz, donde debería estar la ventana del documento ([e]). Esta acción equivale al atajo ⌘O o al comando *File > Open* como demostración de lo anterior (puede realizarse de múltiples maneras), pues, evidentemente, abrir un documento es una tarea importante y repetitiva.

[5] En la carpeta del segundo capítulo (entre los archivos de descarga adjuntos a este libro), ubicar la subcarpeta "mcescher" y abrir la publicación en formato INDD.

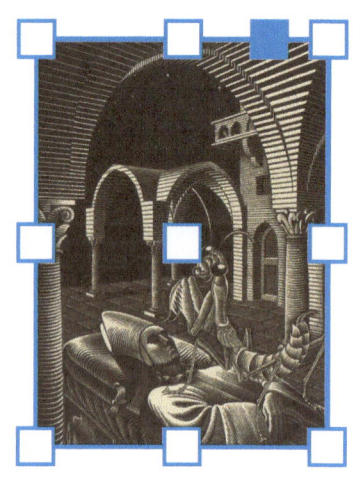

[6] [V]. Colocar el puntero sobre la flecha negra, en la primera casilla de la caja de Herramientas ([d], en la pág. 52). Al detenerse unos segundos, podrá verse aparecer la *pista* que recuerda que esta herramienta puede activarse con solo presionar su atajo, [V]. Debe también observarse que el extremo superior tiene una flecha doble hacia adentro (**»**), haciendo clic sobre la cual las Herramientas pueden *expandirse* a dos columnas; si se hace, las flechas se invertirán para *contraer* la caja a una columna. Finalmente, una serie de muescas (|||||||||||) permiten arrastrar este elemento, con lo que se vuelve *flotante, i. e.,* quedará sobre la publicación, podrá salir casi totalmente de la pantalla y aun disponerse en una tercera forma, horizontalmente.

[7] Con la flecha negra (oficialmente llamada "Herramienta de Selección"), clic sobre la imagen de la mantis religiosa. Esta corresponde a un grabado en madera realizado por el genio holandés M. C. Escher (citado en la portada de este libro) y este paso hará que el objeto quede *seleccionado* o *activo.* Esa condición se identificará por los ocho manipuladores que encierran a la imagen en un *marco (cuadro) delimitador* o *caja transformadora* ya que, a partir de estar seleccionado, el objeto puede desplazarse, ampliarse, reducirse, girarse, inclinarse y reflejarse, operaciones todas que se generalizan como "transformación" y que pueden realizarse al ojímetro, arrastrando con el *mouse*; sin embargo, en la estructura de una publicación, es preferible transformar con máximo control.

[8] Al tratarse de control, el más importante elemento de la interfaz (como en Illustrator, llamado *barra de Opciones* en Photoshop) es el panel de Control y, en su primer icono, la caja transformadora es representada por una matriz. En

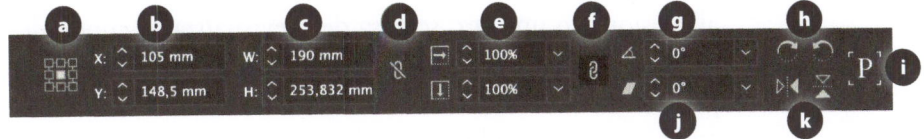

esta, clic en el punto central lo mostrará sólido (como en [a] arriba), mientras que los del contorno quedarán huecos. Ello marca el *eje de transformación* y el panel indicará la posición ([b], horizontal, x; vertical, y) del objeto, dimensiones ([c], w de *width*, ancho; h de *height*, alto), vínculo de las proporciones ([d] y [f]), cambio de escala ([e]), rotación ([g] y [h]), inclinación ([j]) y reflejo ([k]). Definido el centro del objeto como eje, clic en el primer icono de reflejo, *Flip horizontal*.[1] El panel de Control es central en la interfaz porque sus opciones cambian inteligentemente según la tarea en curso.

[9] ⌘Z (*Edit > Undo* / Edición > Deshacer). No son parte de la interfaz Adobe (ni Apple, por cierto) los típicos iconos de Guardar, Deshacer o Rehacer (al margen) si  bien, excepcionalmente, han estado presentes en hermanos menos profesionales de la *suite* (*v. gr.*, Photoshop Elements).

[10] ⌘T (*Type > Character* / Texto > Carácter). Con este atajo, aparecerá ([f], pág. 52) el último elemento de la interfaz, el panel. Muchos de ellos están *acoplados* al lado derecho, pero, el de Carácter, aquí, es flotante; todos pueden disponerse en formas realmente muy diversas. De momento, las opciones están atenuadas, pues no hay tipografía que pueda configurársele al objeto activo (una foto).

[11] [W] (*View > Screen mode > Normal* / Ver > Modo de pantalla > Normal). Este atajo es un *interruptor*; esto es que,

---

1   Si la "p" de la muestra ([i] arriba) fuera minúscula, indicaría, más precisamente, la aplicación de reflejos, pues la p reflejada horizontalmente es una q, verticalmente es una b, y ambos ejes de espejo dan una d. Que sea una mayúscula veneciana, sin embargo, marca la posición correcta del objeto pues una "P" mayúscula se parece a una "p" minúscula, pero q *no es* q, ni **b** es b, ni **d** es d.

al presionarlo una vez, se pasa de previsualizar al modo de trabajo (en que se observan elementos no imprimibles); al presionarlo una segunda vez, se volvería a la presentación anterior. En esta publicación, se revelará, fuera de la página, un pequeño bloque de texto, con los datos bibliográficos del libro del que se ha tomado la información de las obras.

[12] *Object > Select > Next object* (Objeto > Seleccionar > Objeto siguiente). Puesto que, excepcionalmente, esta página contiene apenas dos objetos cabales, este comando permite pasar de uno al otro; en cualquier otro contexto, sería más fácil hacer clic con la flecha negra.

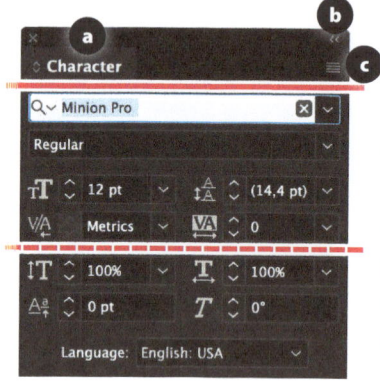

[13] Doble clic sobre la *ficha* del panel, es decir, el área que dice "Carácter" ([a] al margen). Esta primera acción puede realizarse con clic sobre la flecha de doble sentido, a la izquierda del nombre (⌄) y, al realizarla, lo que está debajo de la línea punteada quedará oculto, dejando solo las opciones principales; sin embargo, si se repite la acción, el panel quedará contraído a únicamente la ficha (hasta la línea continua); una nueva repetición circulará a las dimensiones originales. Los paneles tienen la ventaja de ser más predecibles, al presentar siempre la misma información (no son sensibles al contexto). Por cierto, la primera acción puede realizarse en el menú de Opciones ([c], ▤), con el comando *Hide options* (Ocultar opciones).

[14] Clic sobre la flecha doble («, [b]) para contraer horizontalmente el panel. Para ampliar el ancho, llevar el puntero al extremo y, con el puntero de doble sentido (←I→), arrastrar hacia fuera. Lo contrario es más interesante.

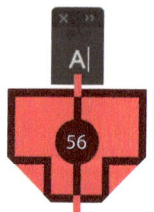

[15] Arrastrar el borde derecho hacia dentro. Respecto del tamaño inicial (el primero, al margen, los tres a escala),

esta acción reduce la medida a un ínfimo 3,6%…, a pesar de ofrecer, un clic de por medio, exactamente las mismas opciones. ¿Por qué toda esta configuración es tan importante?

[16] ⌘+F12 (*Window > Pages* / Ventana > Páginas). Abrir el panel de Páginas. Para que este panel tenga utilidad, incluso en una publicación de una veintena de páginas, debe cedérsele una porción considerable de la pantalla, hasta un 20% de ella. Y lo mismo sucede, por ejemplo, con el también esencial panel de Vínculos. Toda optimización es bienvenida.

[17] Recorrer el menú de Espacios de trabajo (paso [3]).

[18] Repetir los pasos [2] y [3], para volver al aspecto predeterminado del programa.

[19] [⇥]. Ocultar la interfaz. Presionar la tecla de Tabulación no es un atajo, pues no solo oculta todos los elementos de la interfaz, sino que, al ser un interruptor, basta presionar la tecla nuevamente para recuperar todo lo que era visible; es posible que sea esta tecla una de las que más veces presiona el considerable porcentaje de usuarios que posee un equipo portátil.

[20] ⌘W (*File > Close* / Archivo > Cerrar). Cerrar la publicación sin guardar los cambios.

InDesign, desde luego, realiza muchas tareas y siempre resulta sorprendente que la siguiente versión haga aún más; es curioso que lo "Esencial clásico" incluya un panel que no existía hasta… ID 2023. Para corregir esa arbitrariedad o, mejor, para usar el propio arbitrio, a los muchos detalles de interfaz que acaban de revisarse se añadirá una técnica que ayudará a definir un espacio de trabajo óptimo.

Los corchetes en los espacios predeterminados indican que con ellos se puede jugar libremente: siempre se les puede reiniciar.

2. **Espacio (realmente) esencial**

Comandos *interruptores*, *pistas* de herramientas, objetos *activos*, con *caja transformadora*, así como paneles con *fichas*, o *contraídos, acoplados/flotantes*, son algunos términos que el subcapítulo anterior puso en cursivas al presentarlos, como parte del vocabulario de Adobe (lo revisado allí y aquí puede aplicarse en forma idéntica a Illustrator, Photoshop e InDesign). Pero, donde hay *acoplado/flotante*, es porque existe *acoplar/desacoplar*, técnica de interfaz clave para ir perfeccionando un muy aconsejable espacio de trabajo propio.

[1] En el menú Espacios de trabajo, activar y reiniciar *[Essentials classic]*. Estas dos acciones (pasos [2] y [3] del ejercicio anterior) son muy frecuentes, pero Adobe promueve sus nuevos "refinamientos" en los espacios clásicos, como el panel Bibliotecas cc (cfr. cap. iii.1), lanzados con la penúltima versión, o el de Propiedades, lanzado con la antepenúltima y activo en el espacio *[Essentials]*… con el agravante de excluir al panel de Control, elemento que –cómo será de genuinamente clásico– es anterior a InDesign, Photoshop e Illustrator: era parte del venerable Aldus PageMaker.

[2] Clic sobre la ficha del panel Bibliotecas cc y arrastrarla hacia el interior de la ventana de InDesign. Con ello, el panel se *desacoplará* y, consecuentemente, podrá cerrarse.

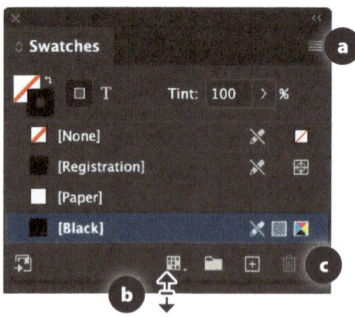

[3] Desacoplar el panel de Muestras (*Swatches*), sin cerrarlo. Como no hay documento abierto, se presentan solo las muestras predeterminadas que, en verdad, si se necesitaran, podrían volver a crearse.

[4] En las Opciones del panel de Muestras (, [a] al margen), activar el comando *Select all unused* para acceder a las muestras que no están utilizadas. Como no hay publicación abierta, se seleccionarán todas las que son prescindibles, dejando las

que, como indican los corchetes en sus nombres –igual que en los de los espacios de trabajo–, no pueden eliminarse.

[5] Clic en la papelera ([c], página opuesta) para eliminar lo seleccionado. Es ideal que las publicaciones futuras partan de las cuatro muestras esenciales y, ahora, así será.

[6] Llevar el puntero al extremo inferior del panel y, al hacerse el puntero una flecha de doble sentido (↕, [b]), reducir el panel al tamaño exacto para ver las cuatro muestras.

[7] Clic en la ficha del panel de Color y arrastrarla al área vacía a la derecha de la ficha del de Muestras. Como se aprecia al margen, las Muestras indicarán en un borde azul que se agruparán con el panel de Color y, así, podrán desplazarse, mostrar-

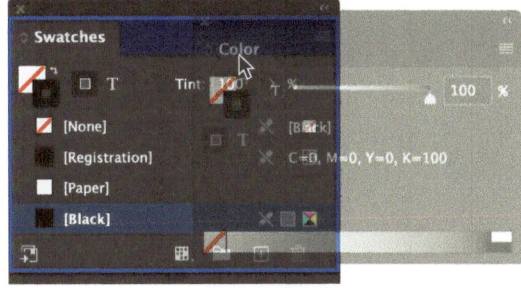

se u ocultarse como si fuesen uno. Dar el tamaño exacto es especialmente relevante en Alinear (*Align*), Ceñir texto (*Text wrap*), Información (*Info*), Párrafo (*Paragraph*) y Glifos o Pictogramas (*Glyphs*) que, como el de Carácter (mencionado en el ejercicio previo) pueden tener tres medidas.

[8] Agrupar el panel Trazo (*Stroke*) con el grupo creado; el resultado debe ser como se observa al margen y significa que, si se recuerda el atajo ⌘+F10, se podrá presentar (como en Illustrator) el panel de Trazo y, con él, Muestras y Color; también se llegará al mismo si se recuerda [F6] (de Illustrator o Photoshop) o si se aprende el atajo [F5], que es el atajo verdaderamente importante. Pero

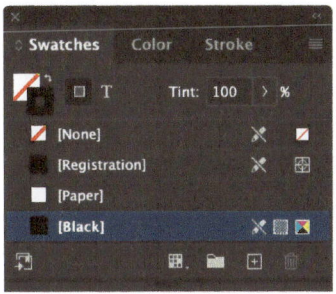

aquí hay dos temas vinculados con la creación de ese espacio de trabajo perfecto: basta con recordar uno de los atajos,

Id

aprendido en cualquiera de los programas, para traer todo el grupo y, en segundo y más importante lugar, si tienen el tamaño óptimo, no hace falta recordar nada, pues, contraído horizontalmente, el grupo entero quedaría reducido a una "columna" ([a] al margen). Pero hay una opción mejor.

[9] Doble clic sobre cualquiera de las fichas, de manera que el grupo se contraiga verticalmente, como una fila ([b]).

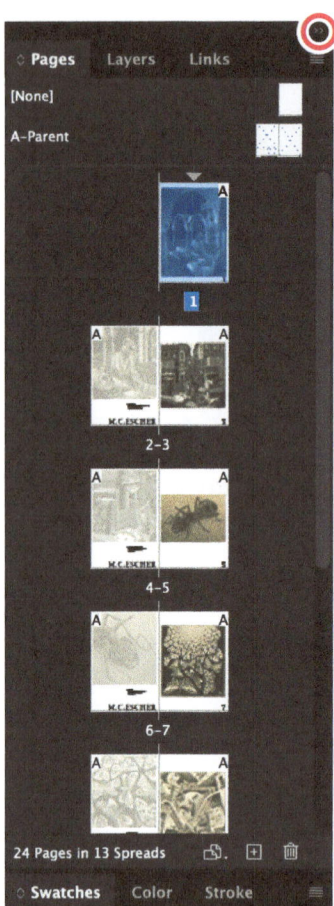

[10] Desplegar el grupo (acoplado) del panel Páginas (clic en **«**) y, luego, clic encima de las fichas del grupo (flotante) creado en el paso anterior y arrastrarlo hacia el extremo inferior de la ventana; así, como se ve al margen, una línea azul indicará que el grupo de paneles se acoplará, pero solo las fichas serán visibles. Con una configuración apropiada, un espacio de trabajo debe maximizar el lugar disponible para el panel de Páginas como aquí, que los simples cambios realizados permiten ver hasta diez miniaturas de tamaño extragrande, las que serán una enorme ayuda para desplazarse dentro de la publicación. ¿Es este un espacio ideal?

[11] Agrupar, a manera de práctica, los paneles Transformar, Alinear y Buscatrazos (*Pathfinder*). Estrictamente, esto se hará como ejercicio, pues ninguno de los tres paneles es esencial en InDesign (considerando que la transformación es la primera alternativa que ofrece el panel de Control, que las guías inteligentes simplifican la alineación y distribución de objetos y que no es, en verdad, recomendable hacer operaciones con trazados en InDesign)…, pero, ya que en Illustrator todos los espacios de

trabajo agrupan estas tres *paletas,*[1] parece lógico que también aquí estén unidas, si se conocen los atajos del graficador.

[12] En el menú de Espacios de trabajos, *New workspace*. Esta es la forma de guardar el espacio de trabajo creado.

[13] Cerrar el grupo creado de Transformar, Alinear y Buscatrazos. Puesto que no es "de primera necesidad", es mejor que esté oculto.

[14] Repetir el paso [12]. Modificar un espacio de trabajo y, al guardarlo, seleccionar el nombre con el que ya se había guardado es la forma (poco convencional) de actualizarlo…; operación que debe realizarse con frecuencia porque refinar un espacio de trabajo (realmente) esencial es un proceso continuo e individual.

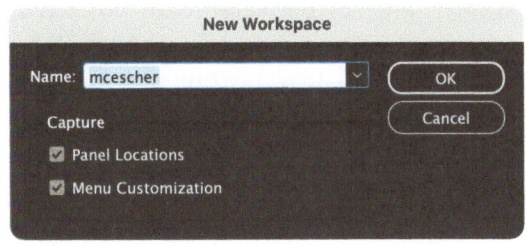

[15] En el menú Espacio de trabajo, *Delete workspace* (Eliminar espacio). Los espacios de trabajo predeterminados no aparecen en la lista de lo que puede eliminarse.

Lo último es genial, pues permite experimentar con libertad. Si el espacio de trabajo se personaliza continuamente, es porque tener una pantalla o más de una, el formato y el número de páginas de la publicación –factores esenciales– pueden hacer que una misma configuración sea perfecta o no; como decisiva será, para el necesario perfeccionamiento, la navegación en InDesign, tema que se verá de inmediato.

---

1   *Hasta 2001, la interfaz de Adobe tenía todos los elementos flotantes y eran llamados "paletas"; solo tras la adquisición de Macromedia, adoptaron la posibilidad de acoplarse a los márgenes y tomaron el nombre de "paneles"; bien podría decirse que eso es todo lo que queda de Flash, Fireworks o Dreamweaver, como el panel de Control el único vestigio (reliquia) de Aldus PageMaker.*

3. Navegar una publicación

Mientras que Illustrator puede examinar los detalles de un dibujo técnico a 64 000% y Photoshop refinar píxeles a 12 800%, el límite de InDesign es un 4000%, comparativamente "modesto", pero, al mismo tiempo, excesivo y, sobre todo, consistente. ¿Por qué excesivo y consistente? Porque, salvo que se editen publicaciones de formato A5 (como máximo), presentar páginas opuestas significa verlas reducidas en una pantalla típica. Por ello, mientras que múltiples procesos en Photoshop exigen presentación al 100%, es perfectamente posible componer decenas de páginas presentándolas al 50% (hasta 400% podría ser <u>excesivo</u>, ni hablar de 4000%). Y ello es totalmente <u>consistente</u> porque, al realizar composición, no se favorece la atención al detalle, sino al conjunto, página o *desplegado*, en su totalidad.

[1] ⌘O (*File > Open* / Archivo > Abrir). De la subcarpeta "mcescher", ubicada en la del capítulo, abrir nuevamente el archivo en formato INDD.

[2] [⇥]. Ocultar la interfaz. Para revisar la publicación, conviene tener todo el espacio de pantalla disponible… si se saben los atajos de navegación, claro.

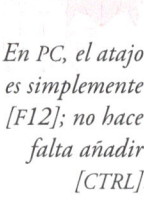

En PC, el atajo es simplemente [F12]; no hace falta añadir [CTRL].

[3] ⌘+F12 (*Window > Pages*). Ocultar todo y, a continuación, presentar el panel de Páginas es una forma típica de navegar a través de *miniaturas*, como las que tienen muchísimos programas; bastará hacer doble clic en ellas para trasladar la vista hasta ese desplegado particular, o arrastrar sobre ellas para ver más miniaturas hacia delante o hacia atrás. Pero, para configurar en forma óptima este panel (y acceder a perfeccionar un espacio de trabajo, como en el ejercicio previo), debe prestarse atención a los detalles de la ventana de documento que ofrecen opciones de navegación.

[4] En los controles de navegación (resaltados en [d], página opuesta), clic en ▶, botón sobre el que, si se mantiene

el puntero un instante, será importante observar la pista, *Next spread*. Es importante porque no se llama "Página siguiente" (*Next page*), sino que presenta el término *Spread* o "desplegado", que describe al par de páginas opuestas. En todos los casos, la composición de una página considera la opuesta, justamente porque se perciben en simultáneo, en cada paso de página como el que se acaba de realizar.

[5] Desplegar el menú de páginas (⌄, a la derecha del número) y seleccionar la página 1. A diferencia del botón anterior, este sí selecciona una página particular, descentrándola. Debe observarse la ficha del documento ([a]).

[6] Desplegar el cuadro de ampliación ([c]) y presentar la página al 200%. En una imagen de alta resolución, como la que se observa al margen, las curvas se ven como tales, esto es, perfectamente definidas. En la que está colocada en la primera página del documento abierto, acercarse a dichas curvas revela los bordes dentados de los píxeles (resaltados) que, cuando se distinguen individualmente, dan a la imagen la condición de *pixelada*.

[7] ⌥⌘0 (*View > Fit spread in window*). Además del comando y su importante atajo, esta acción puede ejecu-

tarse con doble clic en el icono de la Mano, en las Herramientas. Debe detallarse ahora que la ficha de documento ([a] en la página anterior) indica el nombre del archivo (mcescher.indd), la ampliación (más precisa en el cuadro de ampliación) y, deseablemente, el empleo de la unidad gráfica (*GPU preview*). Si con páginas opuestas la ampliación es menor que al presentar una página sola (paso [5]), un espacio de trabajo ideal debería procurar reducir el ancho de los paneles, ocultarlos o desacoplarlos, para acortar la diferencia.

[8] ⌥⇞ (*Layout > Next spread*). Por sí sola, la tecla [⇞] no es atajo de nada pues desplaza la publicación una *pantalla* hacia abajo, esto es, aproximadamente un par de páginas (equivale al descontrol que ofrece cualquier ventana al dar clic bajo el ascensor vertical, [b] en la página anterior). Combinadas con [⌥], las teclas Avanzar y Retroceder página son la manera lógica de desplazarse (cfr. cap. 1.3).

[9] ⌘J (*Layout > Go to page*). Si se conoce el número de página al que desea *saltarse* (el atajo usa la [J] de *Jump*), esta se puede especificar en un cuadro de diálogo. La litografía de la pág. 9 presenta una opción interesante de InDesign.

[10] ⌥⌘0 (*View > Fit spread in window*). Encajar el desplegado en la ventana.

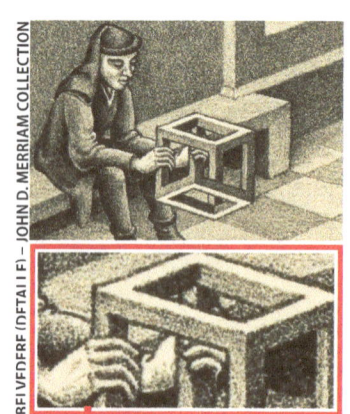

BELVEDERE (DETALLE) – JOHN D. MERRIAM COLLECTION

[11] *View > Rotate spread > 90° CW*. Girar la presentación del documento es equivalente a inclinar la cabeza o a darle la vuelta a la computadora; es decir, no produce cambios en el archivo (permitiría insertar una leyenda vertical, como la que se observa al margen, detalle de la litografía en la pág. 13).

[12] *View > Rotate spread > Clear rotation*. Como debería demostrar esta publicación, uno de los atractivos principales de Escher es que algunas de sus obras pueden ser válidamente examinadas en su posición normal (0°), de cabeza (180°), giradas 90° en sentido horario (*clockwise, CW*) o en contra de las agujas del reloj (*counterclockwise, CCW*). En detalles como el del *Belvedere*, se representa un objeto imposible que, por tanto, en contra de lo que se observa, es *insostenible*.

[13] ⌥␣. La barra espaciadora ([␣]), la tecla más fácil de ubicar, da acceso a dos funciones de navegación; por sí sola, activa temporalmente la herramienta Mano, <u>pero</u> a condición de no tener texto activo. Por tanto, la forma más segura de emplearla es añadir la tecla Opción ([⌥]) y asegurarse de soltar la barra antes que la tecla modificadora, para evitar un es␣pacio fuera de lugar. En la práctica, un *trackpad* asume todo el desplazamiento, sin riesgo de espacios equivocados.

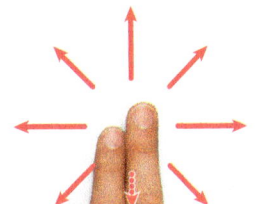

[14] ⌘␣. Con el Zoom activo, dar clic para aumentar un nivel (de 100 a 200%, 200 a 300%, etc.), o mantener el clic para acercarse dinámicamente al detalle elegido. Como en el caso anterior, el atajo pide soltar primero la barra y, asimismo, la acción puede reemplazarse separando los dedos (*pinch out*) en el *trackpad*.

[15] ⌘W (*File > Close*). Cerrar sin guardar los cambios.

Las técnicas de navegación en Illustrator y Photoshop, en su mayoría, se aplican a InDesign, aunque menos relevantes que los atajos esenciales de saltar (⌘J), encajar desplegado (⌥⌘0) y avanzar/retroceder de uno a otro (⌥⇞, ⌥⇟). Pero ¿y quien es curioso para examinar *rápidamente* por qué la tipografía Priori es tan apropiada, al presentar en simultáneo múltiples perspectivas de un solo objeto? No tendrá más remedio que desviarse un instante por las preferencias.

4. **Preferencias de rendimiento**

InDesign permite trabajar con nueve unidades distintas (puntos, picas, pulgadas, pulgadas decimales, milímetros, centímetros, cíceros, ágatas y píxeles), de las que este libro escoge trabajar con milímetros (para ahorrarse el problema de coma o punto decimal), pues contadas tareas requieren una precisión medida en fracciones de milímetro. Así, configurar la unidad es <u>una</u> preferencia de InDesign.

El programa tiene doscientas y explicarlas todas requeriría *decenas de decenas* de páginas (bien aburridas, por otra parte). Por tanto, los ejercicios de este libro se han ceñido a partir de las opciones predeterminadas –previo reinicio de InDesign, cfr. cap. II.5– y cambiar el absoluto mínimo posible, unas quince. De ellas, este ejercicio presentará las referidas a la más eficiente presentación del documento; las demás se mencionarán cuando la tarea en curso lo exija.

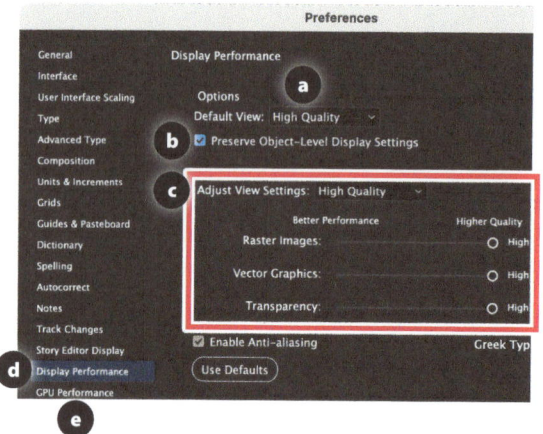

[1] ⌘K (*InDesign > Preferences*). Abrir las preferencias[1] y, en el cuadro de diálogo, clic en la sección de rendimiento de visualización (*Display performance*, [d] abajo).

[2] Según el perfil de la máquina con la que se trabaje, seleccionar una presentación predeterminada; si se cuenta con un equipo, digamos, de más de cinco años de antigüedad o en el límite de memoria RAM (menos de 8 Gb), o se emplea InDesign en simultáneo

---

1   *En PC, este comando se encuentra en el menú de Edición; sin embargo, el mismo atajo funciona en ambas plataformas, sirve en los tres programas, ha funcionado en las diecinueve versiones de InDesign y, sin duda, se aplica en los otros veinte idiomas en que corre el programa. Ciertamente, vale la pena aprenderlo.*

con otras aplicaciones exigentes, podría resultar apropiado pasar a una vista típica… como *penúltima* alternativa.

[3] Verificar la casilla *Preserve object-level* ([b]). Incluso si se tiene una máquina todopoderosa, recibir una imagen de altísima resolución, rotada, puede requerir un instante para redibujarse. Esta casilla permite que esos elementos individuales puedan verse en una calidad diferente a lo demás.

[4] Configurar valores por tipo de objeto. Esta sección del cuadro de diálogo (*Adjust view settings*, resaltada en [c]) ofrece deslizadores que van desde favorecer el rendimiento del equipo, en el extremo izquierdo, hasta maximizar la calidad, en el extremo derecho. Puede establecerse, así, que las imágenes empleen un valor intermedio, pero los gráficos vectoriales, *típicamente* más ligeros, se vean en alta resolución. Pero es importante entender qué significa "típicamente".

[5] Clic en rendimiento de la GPU ([e]) y quitar la verificación de Zoom animado (resaltada al margen). Hay circunstancias puntuales en las que la unidad de procesamiento gráfico (GPU) genera inconsistencias y es preferible desactivarla, pero, en general,

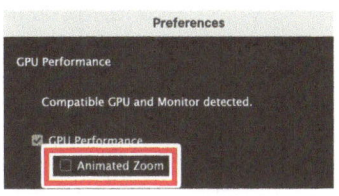

si hay una característica de la navegación de Adobe que califica como puro *eye candy* (esto es, atractivo visual sin ninguna utilidad real), es esta ampliación con la que, efectivamente, si se mantiene presionado el botón del *mouse* mientras está activa la Lupa, el acercamiento recordará a la impresión que causa el *zoom* de una cámara; la velocidad de este acercamiento puede controlarse si, mientras se presiona el botón, se arrastra hacia la derecha, del mismo modo que puede hacerse un alejamiento arrastrando hacia la izquierda. La utilidad del *zoom* animado es discutible en Illustrator y Photoshop; en InDesign, es absurdo y, además, lento en los tres programas. Un archivo puede demostrarlo y ayudar a configurar los valores óptimos de estas preferencias.

[6] ⌘O (*File > Open*). De la subcarpeta "robins21", ubicada en la del capítulo, abrir el archivo en formato INDD.

[7] *View > Zoom in* (Ver > Aumentar). Conforme se supera el umbral del 200%, la imagen de primera página (7,3 Mp) comenzará a mostrar los bordes dentados mencionados en el ejercicio anterior (paso [6]), disimulados por el formato JPEG, que crea ruido de color. InDesign no hará mayor esfuerzo para presentar esta imagen, considerando que casi todos los *teléfonos* comerciales capturan más de 8 Mp.

[8] ⌥⇞ (*Layout > Next spread*). Presentar la página 2 y repetir el paso anterior hasta, nuevamente, distinguir los píxeles individuales. Esta imagen es exactamente la misma que la colocada en la primera página, pero, para presentarse en su integridad, ha sido reducida casi a la mitad de su tamaño (56%), con lo que su resolución efectiva se duplica (530 dpi); será necesario, en consecuencia, duplicar el valor de ampliación del paso anterior para ver píxeles. Puede anotarse que 17 Mp son suficientes para una doble página central en cualquier publicación del mundo.

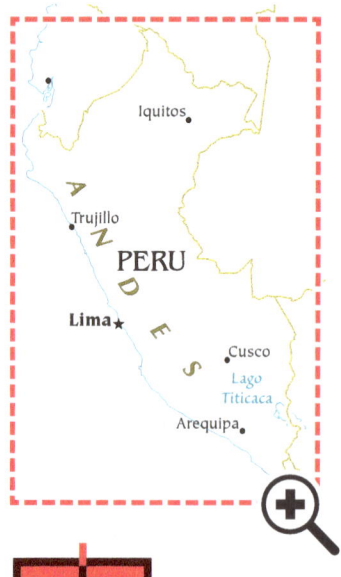

[9] ⌥⇞ (*Layout > Next spread*). Presentar la página 3 y repetir el paso [7]. Aunque aquí se presentan únicamente vectores, la cantidad de objetos contenidos es tan desmesurada (152 498 puntos de ancla… que serían más del doble si las etiquetas no fueran texto) que hasta pasar la página puede tomarle un instante al equipo.

[10] ⌘␣. Activar la Lupa y arrastrarla sobre el país favorito. Con buena puntería podría encerrarse en una marquesina, digamos, Suiza (admirable país… cuyo nombre completo en inglés excede su espacio en el mapa y se acorta a "Switz."), y presentarla en su integridad, en toda la pantalla; si la puntería no es tan buena, se requerirán dos arrastres, que dejan en claro la inferioridad del *zoom* animado, al que resultaría imposible una ampliación tan precisa en un paso (o dos).

[11] ⌥⌘0 (*View > Fit spread in window*). Encajar la página 3 en la ventana.

[12] ⌘J (*Layout > Go to page*). Saltar a la página 5. Aquí tanto los vectores como los píxeles comparten el espacio.

[13] Clic en el gráfico vectorial para activarlo. En el probable caso de resultar esta ilustración demasiado compleja para el gusto del

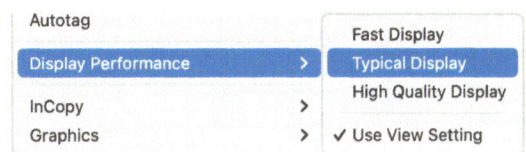

equipo que se emplea, clic secundario sobre ella –estando activa– bastará para buscar el menú *Display performance* y, en él, asignarle una presentación típica (*Typical display*); tal valor únicamente afecta a esta *instancia* del mapa (no afecta a las ubicadas en las otras páginas) y se guarda con el archivo.

[14] *Object > Show all on spread*. Al indicar, con este comando, que se muestren todos los objetos en el desplegado, se revelará una copia del mismo mapa, ubicada exactamente sobre la versión de píxeles y combinada con ella con un modo de fusión; es decir, poniendo a prueba, también, la presentación de la transparencia.

[15] ⌘W (*File > Close*). Cerrar sin guardar los cambios.

Si configurar la presentación no produce rendimiento aceptable, es improbable que sea cuestión de *hardware*; esto es, que las necesidades de impresión en alta resolución pueden ser cubiertas casi por cualquier equipo que sea capaz de correr ID 2024… a condición, claro, de emplear los recursos en forma más racional que la que mostró este ejemplo.

5. Reiniciar InDesign

Puesto que casi son doscientas, las preferencias tienen que aceptarse como son y modificar solo lo indispensable, como lo fue el rendimiento de visualización y de GPU en el ejercicio anterior. Excepto que aprender el programa significa experimentar con él, curiosear los cuadros de diálogo, personalizar espacios de trabajo… y cometer los inevitables (y educativos) errores. Esto es, siempre puede uno –o un colega que comparte equipo– haber hecho un cambio involuntario que haga al programa funcionar en forma inesperada y, justamente para eso, una técnica hace al programa volver al estado que tenía al ser instalado por primera vez.

[1] ⌘K (*InDesign > Preferences*, Edición > Preferencias en PC). En el extremo inferior del cuadro de diálogo, clic en *Reset preferences on quit,*[1] lo que significa que al cerrar la sesión, InDesign volverá a sus valores de fábrica. Siendo una operación delicada, puede ser necesaria una segunda confirmación al salir del cuadro de diálogo dando clic en *Ok*.

[2] ⌘Q (*InDesign > Quit InDesign*, Archivo > Salir en PC). Cerrar el programa y reabrirlo. Lo realizado en el ejercicio anterior respecto del rendimiento, deberá afinarse o confirmarse según el equipo haya, efectivamente, rendido. Pero debe notarse que, a lo largo de la sesión de trabajo, las preferencias acumulan también el tamaño y la posición de los paneles, las carpetas de las que se ha abierto y en las que se ha guardado o exportado, entre otras opciones que hacen que uno encuentre el programa tal como lo ha dejado. Por cierto que, se ha enfatizado, si se trabaja en una única publicación, o en más de una pero con formato o proporciones similares,

---

1   *Hasta el 13 de marzo de 2024 (con la salida de ID19.3) este botón, que apareció primero en Photoshop y luego en Illustrator, no existía. En lugar de él, había que presionar las cuatro teclas modificadoras (⌃⌥⇧⌘) una imprecisa fracción de segundo después de iniciar el programa, técnica (todavía válida) que no era un atajo, ya que no había otro camino para llegar a este resultado.*

es lógico optimizarles un espacio de trabajo: reconociendo la necesidad e importancia de esos detalles, los elementos personalizados no se pierden en el proceso de reiniciar (espacios o atajos, cfr. cap.II.2).

[3] ⌘K (*InDesign* > *Preferences*, Edición > Preferencias en PC). En la sección *Type* ([a], abajo), desactivar *Smart text reflow* (resaltada al margen). Dar al programa la opción de añadir páginas a la publicación es casi contrario al espíritu de la composición de páginas y –aunque válida en algún contexto– es la preferencia más discutible.

[4] Clic en la sección Unidades e incrementos ([b]) y establecer el origen de la regla en el lomo (*Spine*, [c]), definir las unidades más convenientes (las horizontales pueden ser distintas a las verticales, [d]) y una fuerza de empuje para desplazar los objetos con las flechas (*Cursor key*, [e]).

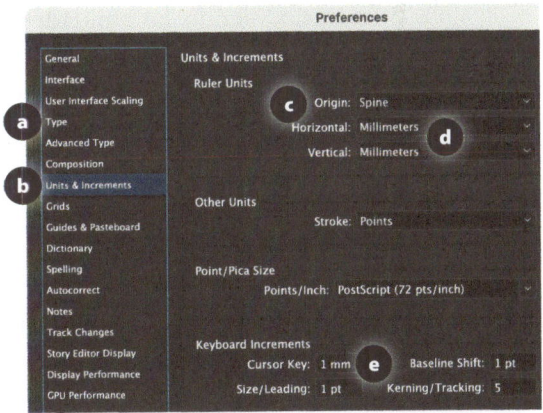

[5] En la última sección de las preferencias, *Clipboard handling*, dejar en blanco la casilla que da opción a los estilos automáticos (*Show auto style option*). Como el tema singular de mayor importancia en InDesign,

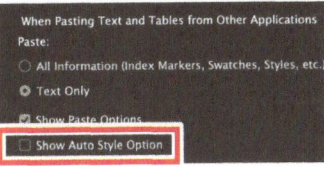

los estilos deberían aplicarse deliberadamente, no en la forma automática (quizás) aceptable en un procesador de texto.

Curiosamente, el atajo de las preferencias tiene que ver con la "k" de *key* o, más precisamente, de *keyboard increment*, que es el primer valor que se activa, hasta hoy, cuando se presiona ⌘K en Illustrator. Ello tiene que ver con que,

Id

por ejemplo, si se trabaja en un periódico que compone las páginas a ocho columnas, uno podría querer que un objeto pase de la primera columna a la segunda columna simplemente presionando la flecha a la derecha una vez; esa medida arbitraria sería el valor óptimo para *Cursor key*, mientras que otros proyectos, en general, *preferirían* 1 mm que, además de preciso, se decuplica si se añade [⇧], con el resultado de pasar a mover los objetos seleccionados de centímetro en centímetro.

De hecho, parte de las preferencias se acumulan en las propias publicaciones.

Así, no hay un valor ideal de preferencias porque distintos proyectos pueden requerir cambios en ellas, aunque sean elaborados en la misma computadora y por el mismo usuario, siendo las unidades y el empuje el ejemplo más claro y más frecuente.

Por otro lado, la gran mayoría de operaciones en los programas de Adobe permite tanto cambiar de unidades (si se escribe "1 in", el valor se traduce de *inches* a "25,4 mm"), como realizar operaciones aritméticas dentro de los campos de texto (si se escribe "1in/2", el valor se traduce de pulgadas y, luego, se divide entre dos). Todas estas técnicas, evidentemente, cobrarán relevancia al disponer objetos para realizar composiciones con ellos, con la precisión que mostrará el capítulo siguiente, dedicado a la transformación.

Capítulo III
Transformación básica

Economía de recursos

De los veinte equipos que participan en un torneo deportivo, fácilmente hay diez cuyas noticias nunca van a salir en primera plana –los que dicen que "lo importante es competir"–, salvo cuando se enfrentan a las plantillas que tienen los grandes auspiciadores, para los que no campeonar es sinónimo de temporada fracasada, potencial despido de entrenadores y nuevos jugadores millonarios. Pero un periódico deportivo debe publicar las noticias de todos los equipos.

Así, cuando se dedica media página a un partido entre estas comparsas, no hay recurso gráfico alguno que haga ese texto más atractivo, por lo que, de hecho, frecuentemente se lo ahorrarán; será trabajo, apenas, del periodista o editor encontrar un ángulo novedoso, tal vez un título ingenioso, que dé algún interés a la noticia. Pero nada de ello está en el dominio de InDesign.

Curiosamente, la portada tampoco lo está, pues esta página, que se percibe individualmente, sin opuesta (periódico cerrado), debe competir con todos los otros periódicos y, para darle ese máximo de atractivo visual, usualmente se trabajará en Illustrator. Si InDesign está dotado de (casi) las mismas herramientas, ¿por qué no las despliega? Porque, si destaca todo, no destaca nada y, enfocado en el conjunto, su trabajo es jerarquizar, que destaque únicamente lo que debe destacar.

1. Creación de formas Adobe

En páginas precedentes, se ha utilizado "Adobe" como adjetivo en múltiples ocasiones –para hablar de lógica *Adobe*, o vocabulario, atajos, interfaz, navegación *Adobe*– para dar a entender que no se trata de recursos de InDesign, sino que han sido heredados por él de Illustrator y Photoshop. Esto no es un tema menor: InDesign no existiría si no fuera un programa de Adobe; en tanto Illustrator y Photoshop son pioneros (enfrentaban cientos de programas haciendo sus pininos), InDesign compitió con un gigante, QuarkXpress, que dominaba el mercado profesional[1] y cuyos propietarios intentaron comprar *hostilmente* a la propia Adobe; de modo que, aunque el despliegue de las herramientas de creación no sea en InDesign tan frecuente como en sus hermanos…, lo mínimo es mencionarlas rápidamente.

[1] ⌘O (*File > Open*). De la carpeta del capítulo, abrir el archivo "tarjeta0.indd". No es esta precisamente una publicación, pero, por su estructura, es un proyecto apropiado para InDesign y para dar un vistazo a la creación de formas.

[2] [W]. Activar el modo Normal. Previsualizar (*Preview*) muestra cómo luciría la impresión, como consecuencia de lo cual oculta lo no imprimible, como guías y márgenes.

[3] [M]. Activar la herr. Rectángulo, llevar el puntero al ángulo superior izquierdo de los márgenes (se le añadirá una flecha blanca, indicando alineación, [a] al margen) y arrastrar hasta que las guías inteligentes indiquen ancho de 90 mm y alto de 55 mm ([b]). El atajo corresponde a

---

1   *Aldus, por cierto, fue comprada por Adobe para apropiarse de su programa pionero de composición de páginas, PageMaker, pero resultó tan difícil de modernizar que se decidió lanzar un nuevo producto (1999), creado desde cero; curiosamente, apenas nueve años antes, Photoshop (1990) fue bautizado casi por descarte, pues había tantos editores de píxeles como procesadores de texto, de manera que decenas de otras opciones de nombre… ya estaban tomadas.*

que, tradicionalmente, el arrastre es marcado por una línea punteada que recuerda a las marquesinas ("M" de *marquee*) en un teatro. Digamos que la operación no fue exacta.

[4] ⌘Z (*Edit > Undo*). Si el arrastre no hubiera sido exactamente 90 × 55 mm, se le podría corregir en el panel de Control, pero es mejor crear en la forma correcta.

[5] Colocar el puntero nuevamente en el ángulo superior izquierdo de los márgenes y simplemente dar clic. No solamente puede especificarse la medida exacta, sino que el cuadro de diálogo presenta, como información de partida, el último arrastre realizado, lo que permite tomarlo como referencia y, como se verá, modificarlo.

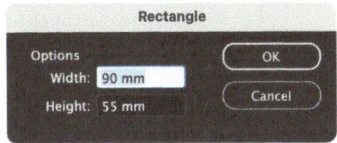

[6] ⇧⌘A (*Edit > Deselect all*). Cuando se deselecciona todo, el panel de Control indica la posición del puntero, que debe llevarse al centro de la página (105x y 148,5y).

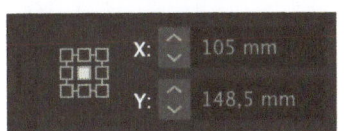

[7] [⌥]+clic en el centro de la página. Una clave en la creación de formas Adobe es que [⌥] es la tecla de la simetría; esto es, que si se hiciera el arrastre presionándola el rectángulo no se crearía desde una esquina hacia la opuesta, sino del centro hacia afuera (el arrastre del

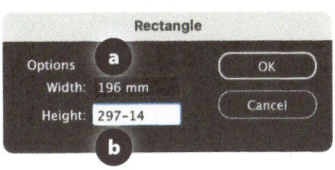

mouse, digamos, hacia abajo y hacia la derecha, se replicaría, *simétricamente*, hacia arriba y hacia la izquierda). Al dar clic, en el cuadro de diálogo puede escribirse, como ancho (*width*, [a] al margen), "210-14"; resta que, inteligentemente, el programa hará manteniendo la unidad (milímetros). Tras ello, se presionará [⇥] para pasar al alto (*height*, [b]) y escribir "297-14". ¿Qué representan estos valores? El primer proyecto que se realizará debe marcar el área imprimible en una impresora doméstica (-7 mm por lado, aproximadamente), por lo que a cada dimensión del papel A4 (210 × 297 mm) se le sustraen 14 mm. Desde luego, las medidas de la hoja es un dato que debe conocerse y multiplicar 2×7 no debería ser mucho pedir, pero… ¿por qué pedir algo más? InDesign puede hacer múltiples cálculos por uno.

[8] En el panel de Control, darle al objeto 0,25 pt de grosor ([c] arriba) y delineado discontinuo (*dashed*, [d]), para luego ajustar posición ([a]) y dimensiones ([b]). InDesign no puede convertir cualquier objeto en guía, pero, con estos atributos, el rectángulo se distinguirá como referencia.

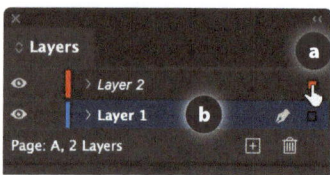

[9] [F7] (*Window > Layers*). Abrir el panel de Capas y arrastrar el pequeño cuadrado azulino (que representa al objeto que acaba de crearse) hacia la capa 2. Las cursivas en el nombre de esta capa (*Layer 2*) indican que su contenido no es imprimible y, puesto que se le ha asignado el color rojo, tanto el cuadrado indicador ([a] al margen) como la caja transformadora (en la ventana de documento) tomarán ese color. Para concluir, clic en la fila de la capa 1 ([b]), de modo que tome el color azul, indicando que está activa y allí se crearán las nuevas formas.

[10] [L]. Activar la herr. Elipse y, con ella activa, presionar ⌘␣ para acceder temporalmente a la Lupa y acercarse a la cruceta de registro (⊕) que se encuentra en la parte superior izquierda de la página (tan pronto se suelten las teclas, se volverá a la Elipse).

[11] Colocar el puntero sobre el cruce de guías y, presionando [⌥], arrastrar hacia afuera; aunque podría arrastrarse con la ayuda de las guías, es esencial considerar que [⇧] es la tecla de la restricción y, en el caso de la Elipse, ello significa que el ángulo queda restringido a 45°, con lo que el resultado será un cículo perfecto, como habría sido un cuadrado equilátero con el Rectángulo. Es importante soltar el botón del *mouse* antes que las teclas modificadoras.

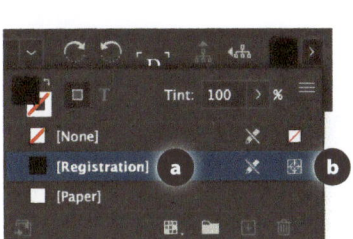

[12] ⇧X. Invertir delineado y relleno (puede darse clic en la flecha angular de las Herramientas, [a] al margen).

[13] En el panel de Control, restituir la medida de 2 × 2 mm al círculo y, en el muestrario de relleno, aplicar *[Registration]* ([a] abajo). En forma predeterminada, InDesign incluye el delineado en el tamaño del objeto; al eliminarlo en el paso anterior, el objeto se reduce. Si el puntero se detiene un instante sobre la fila de la muestra "registro", se verá su descripción ("imprime en todas las placas"); esto significa que, si este archivo se envía a la imprenta y se trabaja en cuatricromía (CMYK), la cruceta que se está dibujando saldrá así, ⊕ , en la placa del cian; ⊕ en el magenta; ⊕ en el amarillo, y ⊕ en el negro. Al tener forma de una mira, justamente ayudan a *registrar*, esto es, a hacer coincidir los colores componentes. Esta función es tan importante que, de hecho, los corchetes indican que es una muestra imprescindible representada, precisamente, por una cruceta (⊕, [b]).

[14] [\]. Activar la Línea. Si se observa su icono en la séptima casilla de la caja de Herramientas, se concluirá que su mayor parecido es con la barra diagonal (/, *slash* o *solidus*) y que ese debería ser su atajo, ¿por qué no lo es? Porque el signo de conjunto vacío (∅) también lleva una diagonal y ha sido asignado por Adobe a la más frecuente función de eliminar el color (como se observa en [b], arriba); por ello, el atajo es la diagonal invertida (*backslash*). Es irrelevante recordar el atajo de la Línea; es útil el de eliminar el color, pero (dispénsese la insistencia) la verdadera clave en el manejo del programa es percibir sus lógicas, no memorizar teclas.

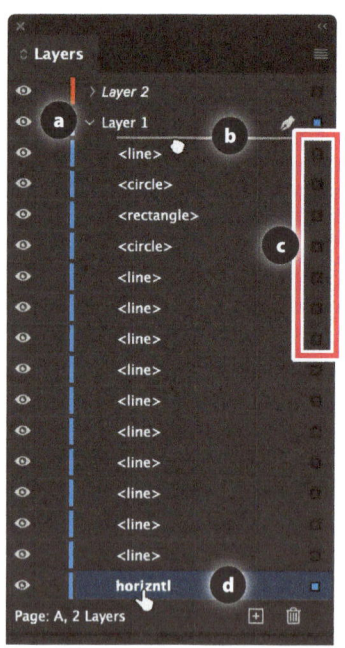

[15] Colocar el puntero de la Línea en el centro del círculo y, al detectarlo (nuevamente, se verá la flecha blanca indicándolo, como en el paso [3]), arrastrar presionando [⌥] (para crear la línea simétricamente, del centro hacia afuera) y [⇧] (para restringir el ángulo a 90° y que sea perfectamente vertical). En todos los casos en que ellas se empleen, es importante soltar el botón del *mouse* antes que las teclas modificadoras.

[16] En el panel de Control, darle a la línea 0,25 pt de grosor (como en el paso [8]) y, esta vez, el color del papel (muestra *[Paper]*); debe verificarse que el centro de la línea, como el círculo del paso [11], esté en 3,5x y 3,5y.

[17] En el panel de Capas, desplegar el contenido íntegro de la capa 1, dando clic en la flecha (comilla angular, ❯), ubicada a la izquierda del nombre; con ello, esta pasará a apuntar hacia abajo (❯, [a] al margen) y mostrará que el último de los objetos es una línea horizontal a la que –excepcionalmente– se le ha cambiado el nombre predeterminado "<line>" por "horizntl", para hacerla más fácil de identificar. Al hacer clic sobre ella ([d]), se le podrá arrastrar por encima de los demás objetos ([b]), de modo que sea visible. Queda, así, completamente lista la cruceta.

[18] Seleccionar los dos círculos y las cuatro líneas que componen la cruceta, para lo cual, excluyendo el rectángulo, debe darse [⇧]+clic en cada uno de ellos en el extremo derecho del panel (resaltado en [c]), lo que se indicará con la aparición del recuadro azulino. Es importante observar que todos los objetos de InDesign tienen un orden de apilamiento, es decir, que están siempre por encima o por debajo

de otros (como las páginas de un libro) y nunca al mismo nivel que otro (como sucede con los píxeles de una foto o las letras de una página impresa); este panel muestra ese orden.

[19] ⌘G (*Object > Group*). Agrupar los objetos activos.

[20] *File > New > Library*. Crear una nueva biblioteca[1] y darle nombre (personal.indl).

[21] Presionado [⌥], clic en *Add item* ([c]) para darle nombre (registro). Con ello, la cruceta podrá ser reutilizada; si se hace clic en *Migrate library* ([b]), este recurso estaría disponible en la nube para otros dispositivos.

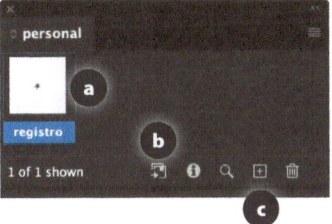

[22] ⌥⌘N. Crear un documento con los valores predeterminados (no hay comando para realizar esta acción).

[23] Clic sobre el objeto guardado en la biblioteca ([a]) y arrastrarlo a la página creada.

[24] ⇧⌘D (*Window > Links*). El panel de Vínculos, uno de los principales recursos de InDesign, muestra que no se ha establecido enlace alguno con la biblioteca…: apenas una copia, estática, esto es, que no se actualizará.

[25] ⌘W (*File > Close*). Cerrar guardando los cambios únicamente en el archivo "tarjeta0.indd".

La posibilidad de vincular es esencial para una publicación, pero las bibliotecas funcionan mejor con objetos estáticos, como la cruceta, cuyos detalles son importantes, pero que ya no necesitarán actualizarse, a diferencia de lo que, precisamente, se empleará para continuar este proyecto.

---

1   *Si se presenta un cuadro de diálogo invitando a probar las bibliotecas CC (*Do you want to try out CC libraries?*), clic en* No.

Id

2. Transformación controlada

La medida estadounidense de tarjeta, según la plantilla de InDesign, tiene menor alto, 50,8 mm (2 pulg.).

Los márgenes y las medidas asignados en el ejercicio anterior son tales que permitirían, en una hoja A4, imprimir diez tarjetas de presentación con las medidas de 90 × 55 mm. Esta pieza gráfica no es una publicación, pero permitirá explotar una característica esencial de InDesign y, al menos, aprovechar otras dos. Enfocándose en técnicas fundamentales, la razón principal para emprender este proyecto es que, así como para desplegar la creación de formas, servirá para mostrar cómo transformar controladamente tales objetos.

[1] ⌘O (*File > Open*). De la subcarpeta "tarjeta1", ubicada en la del capítulo, abrir el archivo "tarjeta1.indd".

[2] [V]. Activar la herramienta de Selección (flecha negra) y clic sobre la primera línea vertical ([b] abajo), para activarla. Para lo siguiente, sería recomendable acercarse (presionando ⌘␣), de modo que se amplíe la presentación a todo el ancho de la tarjeta.

[3] Arrastrar la línea hasta el extremo derecho de la tarjeta; ya que estas son guías de corte, es importante que estén perfectamente alineadas, por lo que [⇧] cumplirá su función –ya vista– de restringir y hará que el movimiento sea en 0° (perfectamente horizontal); dado que se desea una copia, se aprovechará que, al transformar, [⌥] cumple con la función de duplicar, lo que queda indicado por la sombra (el duplicado) que se le añade al puntero; con la referencia de la guía inteligente (que debe marcar 105x, [c]), liberar el botón del *mouse* antes que las teclas modificadoras.

[4] [V]. Clic en la primera línea horizontal ([a]); de ser necesario, presionar ⌥␣ para centrar la vista con la Mano.

[5] Con la línea activa, doble clic sobre el icono de la herr. Selección, lo que accederá al comando *Object > Transform > Move*; con él se puede mover verticalmente la línea en 55 mm ([a] al margen) y, luego, clic en *Copy* ([b]), para crear un duplicado.

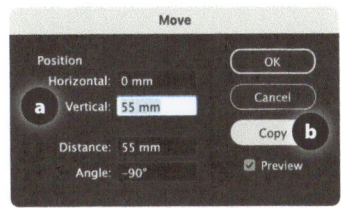

[6] *Object > Transform again > Transform again*. Volver a transformar es un comando que repite la última operación realizada e incluye el haber creado un duplicado.

[7] ⌘↵. Puesto que se necesitan dos copias más de la línea, uno podría extrañar que el comando del paso anterior no tenga atajo y, de hecho, se le podría asignar uno en *Edit > Keyboard shortcuts* (Edición > Atajos de teclado), pero esa sería una opción poco recomendable: la gran mayoría de recursos de InDesign se activa con ⌘↵, el minibuscador llamado Aplicación rápida. Con él, basta recordar *parte* del nombre de la función que se desea emplear (mejor aún, la parte más distintiva del nombre); por ejemplo, si se escribe "aga", el primer resultado será precisamente lo que se requiere.

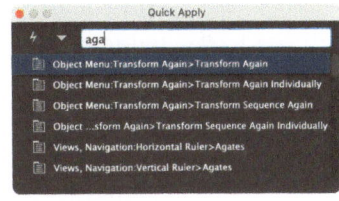

[8] ⌘↵ (o clic en , icono del panel de Control). Por si fuera poco, Aplicación rápida recuerda cuál fue la última búsqueda que se hizo, de modo que, para duplicar la línea horizontal faltante, basta presionar [↵]. Quedan listas y en posición exacta las guías de corte en el lado izquierdo, que deben ser duplicadas en el extremo derecho. Esta operación podría ser realizada con cualquiera de los métodos ya revisados (⌥⇧+arrastrar, como en el paso [2]; doble clic en la flecha negra, como en el paso [5], o Aplicación rápida, escribiendo "mov" para invocar al comando *Move*, como en los pasos [7] y [8]… y el que, de hecho, se empleará en los dos pasos siguientes. ¿Por qué tanta opciones? ¿Son, tal vez, demasiadas? Quede la respuesta pendiente unos pasos.

[9] [V]. Activar la herramienta de Selección y arrastrar una marquesina que *toque* las cuatro líneas horizontales intermedias (no hace falta que las encierre, apenas que haga contacto con ellas, como al margen).

[10] Repetir el paso [5] y, como desplazamiento horizontal, colocar "210-13", esto es, el ancho de la página (210) menos el de las líneas (13). El último dato, por cierto, puede observarse en el panel de Control, mientras el cuadro de diálogo está en primer plano. De otro lado, mientras la casilla de [√] Previsualización (*Preview*) esté verificada, podrá confirmarse que la posición de los objetos es la deseada. Evidentemente, cuando se haya confirmado, clic en *Copy*.

[11] [V]. Seleccionar la cruceta de registro en la esquina superior izquierda y, empleando cualquiera de las técnicas de desplazamiento, duplicarla en las cuatro esquinas de la página, respetando que el centro del grupo está a 3,5 mm del ángulo, tanto horizontal como verticalmente. Tras ello, se puede responder lo pendiente: ¿por qué tantas opciones? En primer lugar, no son tantas, porque uno simplemente aprenderá la(s) que considere útil(es) o, aún mejor, aplicar las que ya conozca de Illustrator; pero, aún más importante, en un programa de composición de páginas, la necesidad de disponer los elementos en forma precisa es esencial. Así, si se sabe por anticipado el valor de desplazamiento, ya que este va a escribirse (manos en el teclado), bien puede utilizarse alguno de los atajos; pero quien piensa visualmente y prefiere arrastrar y calcular al ojímetro, perfecto, puede valerse de las teclas modificadoras para duplicar y restringir.

[12] ⌘S (*File > Save*). Guardar el archivo. Al alcanzar un punto significativo, es conveniente guardar (aunque, se verá, esta no es la forma óptima de hacerlo, cfr. cap. VIII.1).

[13] [V]. Seleccionar el rectángulo (la representación de la tarjeta) y cortarlo (⌘X).

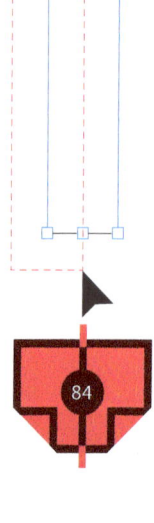

[14] Para verificar la posición de todos los elementos, *Layout > Create guides* (Maquetación > Crear guías). En el cuadro de diálogo, deben ajustarse las guías a los márgenes ([c] al margen), creando una rejilla de cinco filas (*rows*, [a]) y dos columnas ([b]), en ambos casos con una separación (o medianil, *gutter*) de 0 mm; es recomendable,

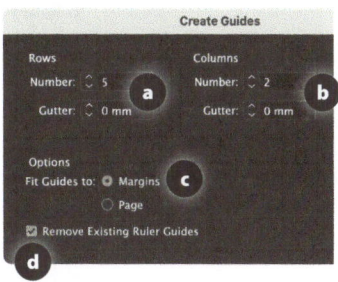

cuando se emplea este cuadro de diálogo, eliminar cualquier guía previamente colocada (*Remove existing*, [d]), aunque en este caso no haya ninguna. Crear estructura es una de las necesidades esenciales de toda publicación y este comando es instrumental para ello.

[15] *View > Grids & guides > Hide guides*. Ocultar las guías ayudará a descubrir cualquier línea fuera de lugar.

[16] ⌘J (*Layout > Go to page*). Saltar a la página 1. Se ha estado trabajando en la *página maestra* (cfr. cap. VII.1).

Si el atajo de Adobe (⌘;) para este interruptor no funciona, puede darse clic secundario en un área vacía de la página.

[17] ⌥⇧⌘V (*Edit > Paste in place*). Este complicado atajo coloca el marco en la posición que se le cortó (paso [13]).

[18] En el panel de Control, con la referencia en el centro del objeto, reducir el rectángulo a 85 × 50 mm, manteniéndose centrado en la primera celda creada por las guías.

[19] [F7] (*Window > Layers*). Como en el paso [9] del ejercicio previo, llevar el rectángulo a la capa no imprimible (arrastre del cuadrado en [c]), reactivar la capa 1 (clic en [b]) y bloquear la capa 2 (clic en [a], acción que se indicará un candado).

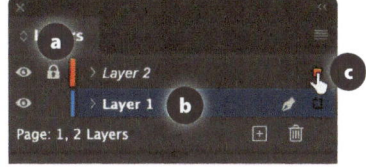

[20] ⌘S (*File > Save*). Guardar.

Con el área de trabajo perfectamente delimitada, el siguiente ejercicio puede ya iniciar el diseño de la tarjeta.

3. Colocación de elementos

Puesto que InDesign es un programa de composición, su tarea no es crear formas (basta conocer el mínimo de lo mencionado en el penúltimo ejercicio), sino manipularlas; del mismo modo que tampoco se escribe, aunque se pueda (se importan los archivos de un procesador de textos); ni se hace dibujo, aunque se cuente con recursos para ello (se traen archivos de Illustrator), y tampoco se realiza edición de píxeles (se vincula lo realizado en Photoshop). Precisamente por esa característica de importar, traer o vincular, el atajo más importante de InDesign es ⌘D, de Archivo > Colocar, demasiado frecuente, inclusive, como para dar el paso adicional de la Aplicación rápida. Así, la disposición de elementos ya creada serviría para hacerle tarjetas a diez profesionales de cualquier institución y, para darle contenido, este ejercicio escoge una imaginaria: el Hospital docente Princeton Plainsboro (PPTH), escenario de la serie televisiva del Dr. House.

[1] ⌘O (*File > Open*). De la subcarpeta "tarjeta1", ubicada en la del capítulo, abrir "tarjeta2.indd". Este archivo corresponde a lo guardado en el ejercicio anterior.

[2] [V]. Activar la herramienta Selección (flecha negra) y, presionando ⌘⌴, ampliar al máximo el rectángulo que contendrá el diseño de la tarjeta.

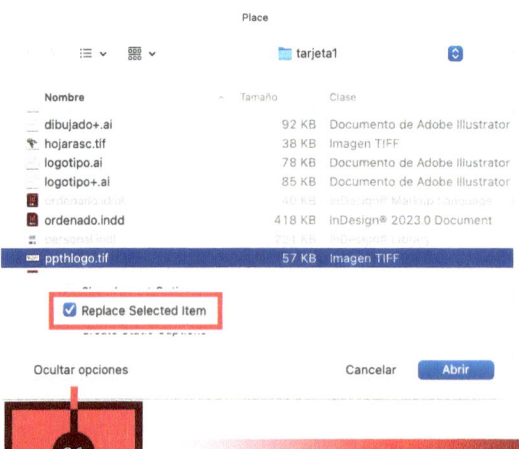

[3] ⌘D (*File > Place*). Ubicar "ppthlogo.tif", nuevamente en la carpeta "tarjeta1", con la casilla *Replace* activa. He aquí una forma horizontal de los elementos de identidad del PPTH, que supone un área mínima, pues, al hacer clic, la imagen tomará sus medidas asignadas ($32 \times 11,5$ mm) y, con ellas, el texto "teaching hospital" tiene un tamaño de 7 pt (teaching hospital). Estrictamente, un puntaje menor todavía sería legible, pero, dada la reducida cantidad de texto en esta pieza gráfica, no hay razón para emplearlo.

[4] [V]. Desplazar la imagen al extremo superior izquierdo del área de referencia. Cabe recordar que los dos rectángulos (el de la tarjeta y el punteado, marca de los márgenes en una impresora doméstica) están en una capa no imprimible; de hecho, si se presiona [W] para previsualizar, ellos "desaparecerán".

[5] [T]. Activar la herr. Texto y, con ella, clic y arrastrar para crear un *marco contenedor* de unos 81 × 27 mm en la parte inferior de la tarjeta. En InDesign, todo objeto se coloca en un marco y el puntero queda listo para insertar texto.

[6] *Type > Text variable > Insert variable > person01*. En la posición del puntero se inserta el nombre de la primera persona, definida en archivo. Pero esta forma no es la mejor.

[7] Presionar [↵] para pasar a la siguiente línea y, a continuación, ⌘↵. En el cuadro de diálogo, bastará escribir "u" para que InDesign favorezca, entre todos los resultados, el que corresponde a la variable que está definida en el archivo, "unidad01".

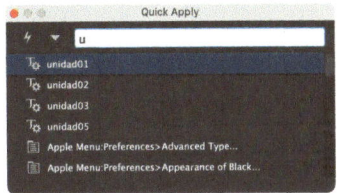

[8] Repetir el paso anterior para insertar, en una nueva línea, la variable "expert01", que indica la especialidad del médico (como la anterior indicaba a qué área del hospital pertenece este). Con ello se completa este marco.

[9] En las Herramientas, activar la flecha negra y dar doble clic sobre el manipulador inferior central; ello reducirá el marco al alto del texto, que es la información principal de presentación (nombre, cargo, especialidad). Faltan los datos de contacto.

[10] ⌘O (*File > Open*). De la carpeta de trabajo (tarjeta1), abrir la biblioteca "personal.indl". Esta contiene dos elementos: la cruceta que se creó en el primer ejercicio del capítulo y un texto, "ppthsite". Si se hace doble clic sobre este, se verá que corresponde a la dirección del hospital real desde 1909, descripción que explica por qué –como la cruceta– este elemento es apropiado para una biblioteca.

[11] Arrastrar el elemento "ppthsite" desde el panel en que se presenta la biblioteca hacia la esquina inferior derecha del rectángulo. Esta acción ya genera un marco contenedor.

[12] [V]. Arrastrar *despacio* el manipulador superior izquierdo del marco creado en el paso anterior. Deben observarse tres momentos: cuando el alto esté alrededor de las dos líneas, las guías inteligentes mostrarán, en verde, cuándo la medida coincide con la del logotipo; que, cuando el alto permita tres líneas, se indicará en verde la coincidencia con el marco central (según fue ajustado) y, finalmente, al ampliar el ancho hacia la izquierda, se presentará una nueva guía verde (como se observa al margen), indicando la alineación con el logotipo. Asimismo es importante notar que InDesign es un Illustrator con contenedores, los que son independientes del contenido, por lo que, al reducirlos (paso [9]) o al ampliarlos (aquí), el texto permanece en su medida original.

[13] [V]. Doble clic en el marco de la dirección. Cuando la flecha negra hace doble clic en un marco de texto, automáticamente activa la herramienta apropiada, la de Texto. Con ella, se repetirá el paso [7] para, en líneas diferentes, insertar las variables "telefn01" y "correo01".

[14] [↺]. Puesto que se está dentro de un marco de texto, no se puede presionar [V] para activar la herr. Selección (se escribiría una "v"). Por ello, como se observa si se detiene el puntero sobre las Herramientas, la flecha tiene un segundo atajo, que es la tecla

Selection Tool (V, Escape)

de Escape. Una vez activa, ⌘D para traer de la carpeta de trabajo el archivo "hojarasc.ai". No es necesario darle una posición definitiva a este último elemento –como ningún otro la tiene– pero, observando las guías inteligentes, puede llegarse al resultado que se observa abajo en un solo arrastre.[1]

[15] ⌘S (*File > Save*). Guardar el archivo. Si se ha llegado a este resultado sin escribir una sola letra, editar un único píxel ni poner un solo punto de ancla, es porque no se está empleando un procesador de texto o una base de datos ni un editor de píxeles ni un graficador

princeton plainsboro
teaching hospital

Dr. Gregory House
Head of Department of Diagnostic Medicine
Infectious Disease Specialist, Nephrologist

Frist Lane. Princeton, NJ 08544
(609) 111-1111 ext.1111
ghouse@ppth.edu

vectorial; la tarea de InDesign es, con los elementos que recibe, crear una disposición atractiva y darle formato; se puede, claro, *jugar* a partir de aquí; es excepcionalmente descriptivo que el juego sea válido… sin los jugadores titulares.

---

1 *Al presionar [↺], quedará activo el contenedor; si, al colocar, se mantiene verificada la casilla* Replace *(resaltada en el paso [3]), el texto será reemplazado; por tanto, se puede dejar en blanco la casilla o, mejor aún, después de producida la sustitución, simplemente deshacer (⌘Z) y colocarlo en su propio marco.*

Id

4. *Placeholders* **e instancias**

Si uno se encuentra en el caso frecuente de citarse a eventos públicos con alguien notoriamente impuntual, podría considerarse la compra de un *seat saver* como el que se observa al margen: un objeto de plástico diseñado para parecer un helado derretido que, colocado en el asiento contiguo, tendría el efecto de evitarle a uno estar diciendo, a quienes vayan llegando, que el sitio *se está guardando*. En perfecta analogía, lo hasta aquí colocado demuestra que pueden elaborarse *múltiples* composiciones válidas con elementos provisionales, pues el logotipo del hospital será a color, el texto estará en español, el teléfono será actualizado e incluso el dibujo utilizará valores diferentes. Corresponden, así, al concepto de *placeholders*, esencial en composición y, tal como el helado, simplemente le guardan el sitio al componente real.

Oficialmente, placeholder text se traduce como "texto falso" (cfr. cap.IV.2).

[1] ⌘O (*File > Open*). De la subcarpeta "tarjeta1", ubicada en la del capítulo, abrir "suplente.indd". Este archivo corresponde a lo guardado en el ejercicio anterior.

[2] [W]. Pasar al modo Previsualizar.

[3] ⌘A (*Select > All*). Seleccionar todo.

[4] *Edit > Step and repeat* (Edición > Duplicar con parámetros). Tras verificar la casilla *Create as a grid* (Crear como cuadrícula [c]), establecer que se hagan cinco filas de copias ([a]) multiplicadas por dos columnas ([b]), empleando como valor de desplazamiento la medida de la tarjeta, esto es, 90 mm

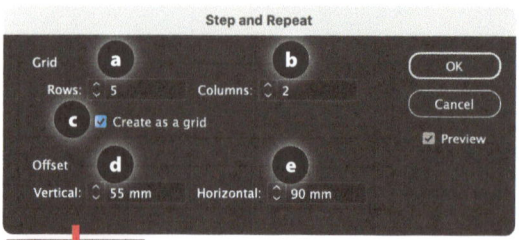

en el eje horizontal ([e]) y 55 en el vertical ([d]); se presentan, así, diez copias idénticas de lo creado en el ejercicio anterior.

[5] *Type > Text variable > Define*. Al ingresar al cuadro de diálogo en que se definen las variables, ubicar la llamada "person01" y dar doble clic en ella, para editarla.

[6] En el cuadro de diálogo, corregir la colocación del título de doctor (Dr.) antecediendo al nombre y colo-carlo como lo hace la serie, que se llama, precisamente, "House, M.D.". Podrá verse entonces que el cambio se *actualiza* en las diez copias de la tarjeta. Es esencial en-tender que las variables son solo *instancias* de lo que sea que se escriba en la caja de texto (resaltada al margen).

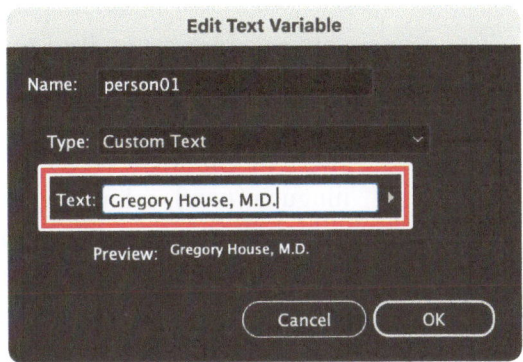

[7] [F5] (*Window > Color > Swatches* / Ventana > Co-lor > Muestras). De momento, únicamente se cuentan las cuatro muestras esenciales: ninguna, papel, negro y registro.

[8] ⇧⌘D (*Window > Links*). Si la esencia de InDesign es enlazar, el panel Vínculos es el más importante de todos, por lo que es perfectamente razonable que el atajo sea similar al de Colocar (este vincula; el panel administra los vínculos o, según sugiere el atajo, es una función mayúscula de Colocar). Al detener el puntero sobre el icono de los eslabones ([c] al margen; en inglés, *links*), se observará que un solo clic puede revincular todas las ins-tancias del logo por lo que, para el ejemplo, se dará clic en "hojarasc.ai" ([a]); luego, clic en los eslabones y, en el cuadro de diálogo, ubicar "pant8684.ai" en la carpeta de tra-bajo. Aunque el dibujo es idéntico, ayuda

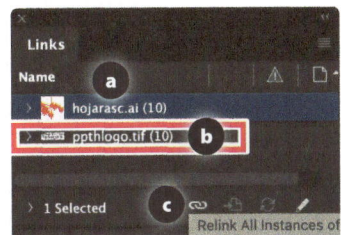

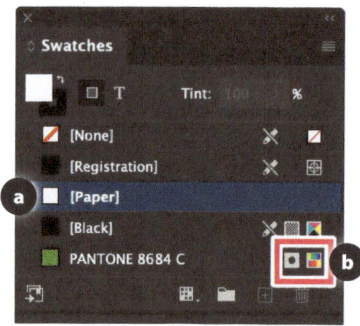

a demostrar que, si un logotipo emplea un color específico (como este verde metálico Pantone), lo lógico es que ese exacto color sea considerado para otros elementos de la tarjeta (y no verde oliva o verde esmeralda). De hecho, puede verificarse que el color definido en Illustrator se importa al panel de Muestras de InDesign y dice (con los iconos resaltados en [b]) que este color de metal no puede obtenerse con la impresión convencional CMYK. Pero una tarjeta de presentación bien puede imprimirse con tintas especiales y, de hecho…

[9] Doble clic en la muestra *[Paper]* ([a]). Las muestras ninguna (*none*), color de registro (*registration*) y negro (*black*) no solamente no pueden eliminarse, sino que no pueden editarse, como indica el icono de lápiz tachado (✎); su ausencia en la muestra "Papel" recuerda que una tarjeta de presentación puede no solo valerse de los colores especiales, sino que podría emplear una cartulina especial, por ejemplo, con textura de encaje o con color de arena.

[10] Clic en el otro vínculo ("ppthlogo.tif", [b] en la página anterior) y revincularlo (clic en [c]) con "pphdlogo.tif". Debe resaltarse que, tanto en el logo vectorial como en esta imagen, se trata de versiones del mismo archivo; sin embargo, mientras las proporciones del nuevo archivo sean idénticas a las del original, la revinculación será perfecta, sin importar el contenido, el formato de archivo o el modo de color, por ejemplo. *Teaching hospital* queda, pues, traducido en sus diez ocurrencias. Pero todavía las seis variables siguen en inglés.

[11] *Type* > *Text variable* > *Define* y, en el cuadro de diálogo, clic en *Load* (Cargar).

[12] En este segundo cuadro de diálogo, seleccionar "ordenad2.indd", ubicado dentro de la carpeta de trabajo.

Este contiene las mismas variables que las del archivo actual, con los mismos nombres, pero con el texto en español.

[13] En el tercer cuadro de diálogo, clic en *Check all* ([a]), de modo que se activen todas las variables. Si se hace clic en alguna, podrá verse la definición entrante (*incoming text*, [b]) y compararla con la que ya se tiene (*existing text*, [c]).

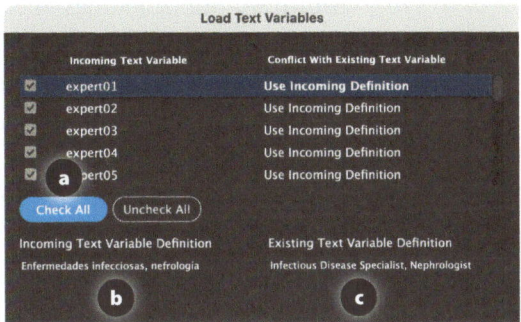

[14] [V]. Con la flecha negra, doble clic en el marco central de cualquier tarjeta, de la segunda a la novena y, una vez dentro de él (se habrá activado la herramienta de Texto), doble clic en alguna de las líneas, para seleccionar la variable entera, así conste de seis palabras como "Jefe del departamento de medicina diagnóstica"; con la variable activa, ⌘⏎ para buscar la variable apropiada (person02, unidad02 o expert02, por ejemplo).

[15] ⌘S (*File > Save*). Guardar el archivo.

Incluso sin formato, reemplazar todos los textos serviría para poder crear un PDF y enviarlo a los diez interesados para que verifiquen la información, añadan un medio de contacto o, de algún modo, personalicen la forma en que quieren presentarse. Pero ese trabajo manual estaría mejor empleado en un juego de tarjetas propias (*v. gr.*, cinco en español y cinco en inglés). Es útil conocer la versatilidad de las variables, pero lo es más diferenciar copia de instancia porque mientras las diez copias de las tarjetas son completamente independientes entre sí, inmediatamente después de crearse (paso [4]), las instancias de las variables o de los logos dependen permanentemente de una definición original, que puede modificarse y actualizarse.

5. Códigos QR

Los códigos de respuesta rápida no son la tecnología más precisamente vanguardista ni atractiva que existe, pero múltiples publicaciones la emplean para complementar en forma virtual los contenidos que ofrecen en su edición impresa, razón por la que InDesign tiene un generador de QR. Sumada a la esencial lógica de los vínculos y a la versátil utilidad de las variables, esta curiosa característica es la tercera razón para trabajar tarjetas de presentación en un programa de composición de página… que, como curiosidad adicional, puede, directamente, generar tarjetas de presentación.

Hasta su más reciente actualización (v28.3), Illustrator no puede crear códigos QR.

[1] ⌘O (*File > Open*). De la carpeta de trabajo (tarjeta1), abrir nuevamente "suplente.indd". Aunque raramente se diseñe, una tarjeta tiene reverso.

[2] ⇧⌘P (*Layout > Pages > Add page* / Maquetación > Páginas > Añadir página). Ya que las líneas de corte y guías se colocaron en la página maestra (cfr. cap. III.2), al añadir una nueva página, estos elementos están presentes…[1] y demuestran qué es una ==página maestra: un espacio virtual cuyo contenido subyace al de las páginas a las que se aplique.==

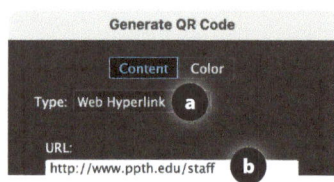

[3] *Object > Generate QR code*. En el menú de tipo, seleccionar *Web hyperlink* (hipervínculo de red, [a] al margen) y en la parte inferior ([b]) escribir "http://www.ppth.edu/staff" *cuidadosamente*. Todo aquel que encuentre algún tipo de dificultad en escribir sin errores tal dirección (imaginaria), puede percibir la utilidad del código, que no solamente equivale a ella, sino que, leído por un teléfono, inmediatamente la visitaría.

[4] [V]. Desplazar el código al centro de la primera fila en la <u>segunda</u> columna (en milímetros, verificar 150x y

---

1   *Para comprobar la presencia de estos elementos, basta Previsualizar ([W]).*

38,5y en el panel de Control) que, al reverso, corresponde a la primera tarjeta. El tamaño y los márgenes del QR son los apropiados para una lectura óptima; con una dirección real, el código debería verificarse, impreso, en más de un teléfono.

[5] Deseleccionar todo (⇧⌘A) y repetir el paso [3] y, esta vez, seleccionar el tipo *Business card* ([b]). Como prueba, pueden ingresarse los datos al margen.

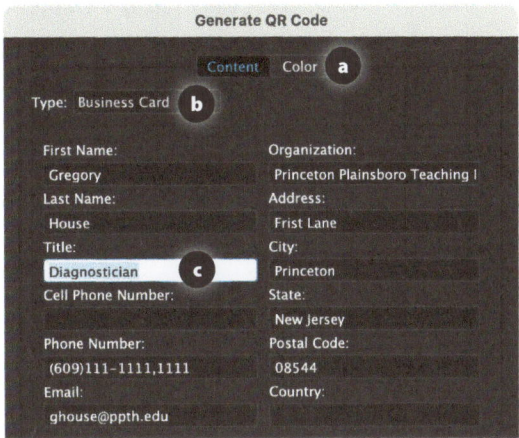

[6] Clic en la ficha de color ([a]). De haberse importado alguna muestra, como en el ejercicio anterior (paso [8]), esta aparecería aquí, considerando, claro, que el máximo contraste de blanco y negro favorece la identificación del código QR. Al concluir el proceso, debe observarse el tamaño asignado por InDesign en el panel de Control, todavía debajo de los límites de la tarjeta.

[7] Clic secundario sobre el código generado y, en el menú contextual, *Edit QR code*. Para el ejemplo, el título ([c]) pasará a "Jefe del Departamento de medicina diagnóstica" (aunque mucho de la premisa de la serie tiene que ver con la rima de *diagnostician* con *magician*), así como se añadirá un teléfono celular imaginario y el país, todo útil en una tarjeta de presentación completa. Pero…

[8] [V]. Doble clic sobre el código QR con la flecha negra, acción que pasa de la selección del contenedor a la del contenido (indicado con un color naranja). El código QR de esta página puede ser leído por algunos teléfonos, pero, como lo revela el panel de Control, añadir datos significa que ha reducido su tamaño (al 85%), con lo que otros teléfonos podrían no leerlo y hacer que este QR sea inútil. Desde luego, si no es atractivo, la utilidad del código también es reducida.

[9] ⌘C (*Edit > Copy*). Copiar el código generado. Si el atractivo visual es una prioridad, los cuadrados que lo constituyen pueden ser pegados en Illustrator o Photoshop, como elementos vectoriales.

[10] ⇧⌘S (*File > Save as* / Archivo > Guardar como). Guardar el archivo con otro nombre.

Incluso, la lectura de un código QR puede presentar directamente el borrador de un correo electrónico o un SMS.

Ciertamente, un médico no necesitaría presentarse con la vanguardia de la tecnología *gráfica* y, por tanto, podría bastar y sobrar con el primer código de 30 × 30 mm si este conduce a la página donde se presenta al cuerpo médico en su integridad. Pero no deja de ser impresionante que este generador pueda producir un archivo VCF 2.1, que, leído por un teléfono, inmediatamente entregará un contacto desde el cual se puede llamar a la persona, escribirle un correo o mandarle un mensaje. Es otro nivel.

Gregory House M.D..vcf

De hecho, la principal razón por la que no se hace todo así, con vCard, es que la tarjeta de presentación indudablemente dice cómo escoge uno presentarse; es una cabal demostración de individualidad, para la cual los esenciales datos dicen tanto como el diseño –selección de materiales, aplicación de colores, jerarquización de elementos, etc.–. Aprovechando los recursos de InDesign, pueden satisfacerse función y forma, para la segunda necesidad de las cuales –la de crear un gran diseño–, será necesario conocer más de la manipulación de marcos y del tratamiento de texto.

Capítulo IV
Cuerpo de texto

"Dice, a la letra"

En su diseño original, las teclas de una máquina de escribir golpeaban siempre en el mismo lugar y, para escribir, el que se movía era el papel, enrollado en un cilindro que, al terminar una línea, se hacía girar con una palanca; esta, simultáneamente, permitía *retornar* el carro hacia su posición inicial. El icono, que ya IBM había estandarizado en sus máquinas de escribir de la década del setenta ([↵]), muestra ese desplazamiento, hacia abajo y hacia la izquierda.

Con esa notable excepción (llamada por nombre completo "salto manual de línea y *retorno* del carro"…, "retorno" o *enter* para los amigos), que produce párrafos, básicamente todas las teclas producen un *carácter*, palabra técnica que comprende mayúsculas, minúsculas, números y demás signos, al tiempo que define un primer nivel de atributos del texto: el de la singularidad.

Así, en efecto, cada una de las letras de este libro podría estar compuesta variando –entre otras– en familia tipográfica, estilo, ancho, alto, inclinación y color; solo considerando los 16,7 millones de combinaciones entre rojo, verde y azul, veinte libros como este podrían ser escritos con cada una de las letras en diferente color. Siendo el texto fundamento de toda publicación, al diseñar una, es indispensable guiarse por algunos criterios de selección en esa cabal infinidad de opciones.

1. **Contenedor y contenido**

En 1948, Harry Truman, presidente en ejercicio de Estados Unidos, derrotó a Thomas Dewey, en contra de unas encuestas tan apabullantemente en su contra que el *Chicago Daily Tribune*, autoproclamado "periódico más grande del mundo", se atrevió a publicar la anticipada derrota del demócrata. Como este fue, finalmente, el ganador, los editores intentaron recoger los ejemplares distribuidos, pero, claro, con un tiraje diario de casi un millón de ejemplares, quedaron suficientes como constancia del (quizás) mayor y (sin duda) más famoso error en la historia del periodismo. Hasta hoy se subastan, y quien tenga *otras* decenas de miles de dólares de sobra podría obtener la copia firmada por ambos contendores y, en el proceso, observar cómo el 99,5% de una hoja de 42,5 × 60 cm podía cubrirse únicamente con texto.

[1] ⌘O (*File > Open*). De la subcarpeta "bodytext", ubicada en la del capítulo, abrir "pretexto.indd". Se partirá aquí únicamente del cuerpo de texto, también conocido como "cuerpo base", "texto corrido", "masa de texto"… y "mancha tipográfica"; expresión que recuerda que InDesign trata el texto como elemento de composición y no lo lee, mucho menos lo corrige, pues es *como si estuviera en griego*.

[2] ⌘- (*View > Zoom out* / Ver > Reducir). Complemento del atajo fundamental para encajar el desplegado en pantalla (⌥⌘0) y de la marquesina de acercamiento (cfr. cap. II.4), Comando (Control en PC) permite *menos* acercamiento cuando se combina con la tecla que tiene el signo de resta (⁒) y una mayor ampliación junto al signo de suma (±); con la distribución en inglés, ambas teclas están juntas (si no funciona el atajo, siempre puede darse clic secundario en un lugar vacío de la página). En todo caso, por grande que sea la pantalla con que se trabaje,

debe bastar repetir el atajo un par de veces para que este cuerpo de texto se presente literalmente como manchas de gris, que remarcan esa condición de no lectura. De hecho…

[3] ⌘K (*InDesign > Preferences*, Edición > Preferencias en PC). En la sección *Display performance* (Rendimiento de visualización, cfr. cap.II.4), establecer un umbral en *Greek type* (Texto "en griego",[1] resaltado al margen). En efecto, con un valor muy bajo, InDesign intentará presentar el texto como tal, aun si este es pequeño y se está presentando reducido en pantalla. Con valores altos, se verán más barras grises en vez de texto.

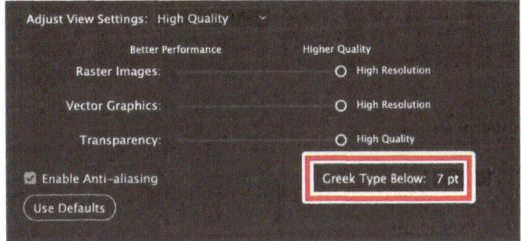

[4] [V]. Clic sobre el marco que contiene el nombre del periódico y eliminarlo ([⊗]). Debajo de la foto de alta resolución, se revelará una versión del logo del periódico, simplificado en la familia medieval (*blackletter*) BaroqueTextJF. Antiguamente, abrir un archivo de InDesign exigía el paso previo de instalar sus fuentes; ahora –aunque imponga más cuidado en el flujo de trabajo– hay una opción más práctica.

[5] ⌘K (*InDesign > Preferences*). En la sección *File handling* (Administración de archivos), verificar *Auto-activate Adobe Fonts* (resaltada al margen). A lo largo del libro, para facilitar el intercambio de archivos, las muestras emplearán familias de Adobe Fonts que, mediante la casilla, se activarán automáticamente conforme sean requeridas. Cabe reiterar que es una facilidad para el mejor seguimiento de los ejercicios,

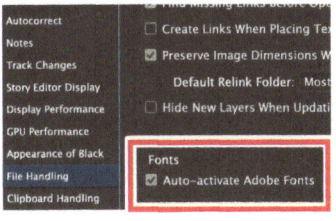

---

1   La preferencia *Greek type, desde luego, no pasa el texto a griego, sino que, al reemplazarlo por barras grises, lo hace ininteligible, quizás en correspondencia con la frase informal con que se dice "No entiendo ni jota": it's all Greek to me.*

𝕮𝖍𝖎𝖈𝖆𝖌𝖔   𝕯𝖆𝖎𝖑𝖞   𝕿𝖗𝖎𝖇𝖚𝖓𝖊

𝕮𝖍𝖎𝖈𝖆𝖌𝖔   𝕯𝖆𝖎𝖑𝖞   𝕿𝖗𝖎𝖇𝖚𝖓𝖊

pues aunque existan familias tipográficas de mayor parecido a las que se emplearán, si estas son gratuitas, no cabe esperar de ellas la exquisitez de características que pueden encontrarse en fuentes comerciales (cfr. cap.ɪᴠ.4) y, si no lo son, claro, no pueden incluirse entre los archivos de dicha carpeta. Así, los dos logos al margen deben tomarse como equivalentes en el sentido de que, para presentar los conceptos relevantes, lo son.

[6] [V]. Seleccionar el marco vacío en la esquina superior izquierda y, en el panel de Control, verificar sus medidas, 47 × 27 mm.

[7] ⌘D (*File > Place*). Manteniendo verificada la casilla *Replace item* (su valor predeterminado), seleccionar de la carpeta de trabajo el archivo "bandera1.tif". Este método funciona muy bien cuando ya se tiene designado el espacio que va a ocupar una imagen y se coloca una que corresponde, al menos, a sus proporciones. ¿Y si no corresponden?

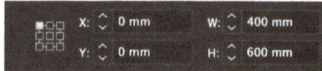

[8] [M]. Con la herr. Rectángulo, clic (sin arrastrar) en la esquina superior derecha de la página, de modo que pueda crearse un marco de exactamente 400 × 600 mm, esto es, 25 mm menos ancho que la página. Eliminar su delineado y darle relleno negro (⇧X) antes de verificar posición y medidas en el panel de Control (al margen).

[9] ⌘D (*File > Place*). Con el rectángulo creado activo, colocar el archivo "224n10744-bknjj-02.jpg", ubicado en la carpeta de trabajo. En forma predeterminada, el contenido se centra en el marco (*Center content*), aquí, mucho mayor que él, manteniendo el negro como fondo en el resto del área. En aceptable estado para sus setenta y cinco años, esta es la foto del ejemplar que Sotheby's subastó por $2000.

[10] ⌥⌘C (*Object > Fitting > Fit frame to content* / Objeto > Encaje > Encajar marco a contenido). Como indica claramente el icono en el extremo derecho del panel de Control (al margen), este comando hará que el marco se reduzca al tamaño de la imagen; como <u>no</u> indica el icono, también haría que el marco creciera, si el contenido estuviera recortado por el marco. Este atajo podría ser el más útil, especialmente aplicado a texto, y el más recomendable con las fotos ya editadas, esto es, ya con el tamaño final asignado. Pero, aquí, ese no es el caso.

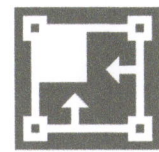

[11] Deshacer el ajuste (⌘Z) y, esta vez con clic secundario, desplegar el menú contextual *Fitting* y activar *Fit content to frame*. Aunque ciertos objetos (vectoriales), podrían aceptar este *peligroso* comando, las fotografías lo rechazarán por dos razones: primero, si distribuye insuficiente información –como aquí–, creará imágenes pixeladas y, segundo, más importante, al ajustar ciegamente una proporción a otra, se causa distorsión; por ello, si se hace doble clic sobre el marco para activar el contenido, se verá que el ancho de la imagen ha sido ampliado a 331%, mientras el alto va a 354%.

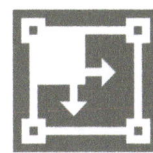

[12] Deshacer el ajuste (⌘Z) y, con clic secundario, *Fitting > Fit content proportionally*. Ajustar el contenido proporcionalmente tendrá el inconveniente de no cubrir todo el marco (diferencia de proporciones indicada por el fondo oscuro del icono), pero no hay distorsión; si, luego de él, se repite el paso [10], se tendría una presentación válida de la foto. Queda una última opción típica.

[13] Deshacer el ajuste (⌘Z) y, con clic secundario, *Fitting > Fill frame proportionally*. Al llenar el marco proporcionalmente, se respeta la relación de ancho y alto originalmente especificada, con el inconveniente de producir un recorte en la imagen. También esta opción es perfectamente válida, siempre y cuando, después de ella, se haga doble clic sobre el marco para ajustar el encuadre de la imagen.

[14] [⊗] (*Edit > Clear* / Edición > Borrar). Eliminar el marco con la imagen. Si se desea, podría repetirse el paso [8], esta vez con un marco de las dimensiones exactas (425 × 600 mm), pero, antes, puede adiestrarse a InDesign.

[15] *Object > Fitting > Frame fitting options*. Sin marco activo, las *Opciones de encaje de marco* permiten indicar qué conducta deben seguir los futuros archivos colocados, según lo que se ha observado. Existe una quinta opción, *Content-aware fit*,[1] con la que la inteligencia artificial de Adobe "leerá" la imagen y, por ejemplo, buscaría y priorizaría los personajes en ella; no está disponible en este cuadro de diálogo, pero se le puede predeterminar en las preferencias (*Make content-aware fit the default*). Para decidir lo más conveniente, falta sumar un criterio, en el siguiente ejercicio.

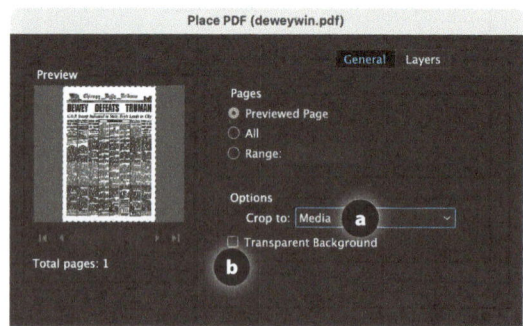

[16] ⌘D (*File > Place*). Verificando *Show import options* en el primer cuadro de diálogo, traer, de la carpeta de trabajo, "deweywin.pdf"; en las opciones de importación, se indicará que el recorte se haga según el tamaño del papel ya definido en el PDF (*Media*, [a] al margen) y se dejará en blanco la casilla que hace transparente el fondo ([b]). Esta es la versión "recreada" que se tomará como referencia (siempre con las reservas expresadas en el paso [5]).

[17] [V]. En el panel de Control, verificar que el ángulo superior izquierdo esté en 0x y 0y (siempre unidades en mm) y que las dimensiones sean exactamente 425 × 600 mm.

---

1   Content-aware fit *vendría significando que Adobe Sensei (AI de Adobe) se hace consciente del contenido de la imagen para encuadrarlo o recorrerlo. No es relevante en este caso y* en esta versión *(ID19.3) particulares.*

[18] Clic secundario sobre el PDF importado y, en el menú contextual, *Arrange > Send to back* (Organizar > Enviar detrás). Este objeto puede mantenerse como referencia debajo de todos los objetos, pero será más útil si se bloquea.

[19] [F7] (*Window > Layers*). En el panel de Capas, clic en casilla vacía en la fila del PDF ([b] al margen), con lo que aparecerá un candado, indicando que el objeto queda bloqueado. Asimismo, el icono del ojo ([a]) permitirá ocultarlo cuando la referencia deje de ser útil.

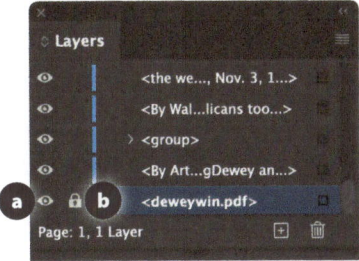

[20] En la caja de Herramientas (undécima casilla), desplegar el grupo del Rectángulo y activar la herr. Polígono.

[21] Tras ampliar sobre la palabra "Home" (esquina superior derecha, ⌘␣), clic sin arrastrar para dar los valores presentados al margen. No es esta la herramienta más útil del programa (ni atajo tiene)… pero, salvo la bandera (paso [7]), todo puede recrearse con recursos nativos de InDesign.

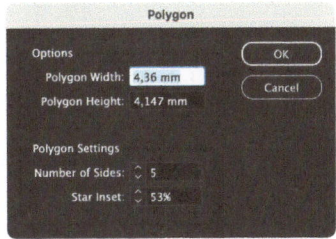

[22] [V]. Tomando el PDF como referencia, alinear y duplicar la estrella (arrastrándola alineada con ⌥⇧).

[23] [V]. Tocar con una marquesina de selección todos los elementos de la cabecera y bloquearlos (⌘L).

[24] [F7] (*Window > Layers*). Ocultar el PDF (clic en [a], arriba), que no es una plantilla. En composición de páginas, es más relevante la equivalencia que la identidad.

[25] ⇧⌘S (*File > Save as*). Guardar el avance con otro nombre (bodytext.indd). La página queda lista para empezar a trabajar el cuerpo de texto, en el ejercicio siguiente.

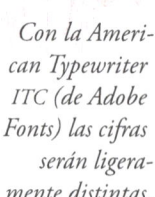

2. Una egipcia legible

Es concebible que, para hacer costura, todavía se empleen las reglas conocidas como "pistoletas", "curvas francesas" o "plantillas Burmester". Pero es difícil de imaginar un contexto en que, para imprimirlas en un papel, no sea infinitamente más versátil una herramienta digital (como la Pluma que ha trazado el contorno del propio implemento de dibujo, al margen). Así, *once you know you can never go back*, ya que desaprender no es posible, un efecto de conocer ciertas pautas elementales del diseño editorial es que causan daño óptico irreparable, en tanto ya no es posible mirar a las publicaciones de la misma forma; así sucede con nociones tan fundamentales como serifas o lineales, el monoespaciado o la proporcionalidad.

[1] ⌘O (*File > Open*). De la carpeta de trabajo (bodytext), abrir el avance del ejercicio anterior (bodytext.indd).[1]

[2] [V]. Con la flecha negra, seleccionar el marco de la quinta columna (el que empieza con *Secretary of State*) y ampliarlo al 200% (después de hacer una marquesina con el Zoom temporal, ⌘␣, puede utilizarse ⌘+ o ⌘-).

[3] [F8] (*Window > Info*). Abrir el panel Información.

[4] [V]. Doble clic sobre el marco (se seleccionará el contenido) y, al activarse la herr. Texto, triple clic para seleccionar cualquier línea. Cuando se hace clic con la herr. Texto, se establece un punto de inserción (dónde escribir); al hacer doble clic, se selecciona una palabra entera; triple clic activa la línea entera. El panel Info revelará que algunas líneas tienen 17 caracteres, mientras que otras llegan a 26.

Con la American Typewriter ITC (de Adobe Fonts) las cifras serán ligeramente distintas.

---

1   *Los detalles de la descarga y reemplazo de familias tipográficas se darán en el capítulo siguiente; el objetivo, hasta entonces, es considerar las principales nociones con las que se seleccionen las familias ideales para una publicación.*

[5] [↻]. Al "escapar" del contenido, el contenedor se selecciona automáticamente, activando la flecha negra.

[6] ⌘T (*Type > Character*). En el panel de Carácter, el menú de familias se muestra en blanco, indicando que se emplea más de una familia; al desplegar-lo (clic en ⌄, [b]), se podrán filtrar las fuentes instaladas (clic en [c]) y presen-tar solo las de ancho fijo o monoespaciado (clic en [d]). Para el ejemplo, se activará Courier New ([a]), con lo que todo carácter –se trate de una eme mayúscula o de una i minúscula– tendrá el mismo ancho, lo que supo-ne perder mucho espacio. Es importante saber cuánto.

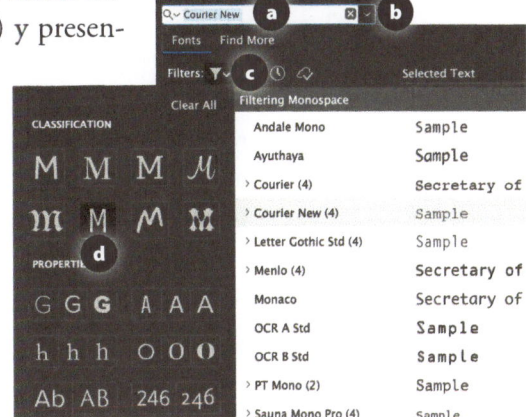

[7] [V]. Doble clic en el marco y, al activarse la he-rramienta de Texto, ⌘A. Con la "A" de *All*, el comando seleccionará todo el texto del *artículo*, *i. e.*, el contenido de un marco de texto, o más de uno, si estos están conectados.

[8] Eliminar el texto ([⌫]) y *Type > Fill with place-holder text*. Este *placeholder* de texto (cfr. cap. III.4) no es latín, sino lo que se conoce como *lipsum*, por haberse empleado por décadas (y en la portada de este libro) una pseudocita de Cicerón que empezaba con las palabras *[do]lorem ipsum dolor sit amet*. Entre sus funciones, el *lipsum* permite realizar la composición de la página sin tener el texto final, redactado por los periodistas, siempre y cuando este tenga la extensión apropiada. ¿Cuál es esa extensión? Lo está revelando en este momento el panel de Información (entre 1700 y 1800 carac-teres); no es una cantidad exacta porque el generador divide el texto en párrafos, que tienen caracteres de menos tanto en la primera línea (debido a la sangría) como en la última.

Id

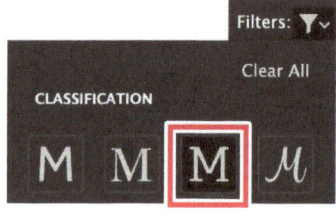

elit quas aut ut
ullab il ipsunt ea-
quas et quo volupta
tempore voluptiur
aut facessi dios-

[9] Seleccionar alguna "i" del texto y reemplazarla por una "M" o "W". Se comprobará que el monoespaciado equivale a disponer el texto sobre una cuadrícula (así funcionaban las máquinas de escribir y así se compuso el cuerpo original del periódico); puede verse, por ejemplo, que una "m" ocupa el mismo espacio que una "n", cuando, en una escritura natural, tendría que ocupar el doble de espacio. Para compensar, puede verse que la "i" o la "l" tienen *serifas*, pies o remates muy extensos, mientras que la "m" parece estar condensada. Cabe observar con atención tales remates porque, virtualmente, la historia entera de la tipografía puede contarse a partir de la forma de las serifas.

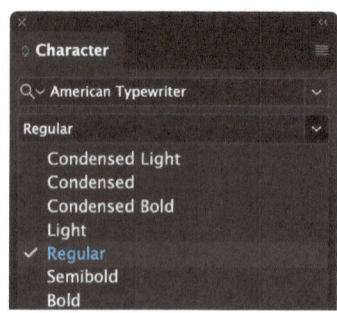

[10] [↻]. Activar la flecha negra, seleccionar la cuarta columna (la que empieza con *Cook county*) y repetir el paso [6], esta vez para filtrar las familias *slab-serif* (resaltada), traducidas como "egipcias". Los remates, como bloques (*slabs*), se distinguen hasta en el icono del filtro y son una opción válida para cuerpo de texto, aunque no necesariamente ofrecerá una multitud de estilos. Clarendon, Rockwell, Courier y la propia American Typewriter (que se mantendrá en la muestra) son ejemplos comunes.

[11] En el menú Estilos, seleccionar *Regular* (Normal). Un criterio importante para seleccionar una familia tipográfica es la cantidad de "miembros" con los que ella cuente, siendo lo mínimo esperable disponer de una cursiva (*italic*) y una negrita (*bold*), necesidades típicas del cuerpo de texto. Deberá notarse que cada familia tiene sus propios criterios para establecer no solo que es normal, sino cómo se llama: *regular* (normal), *roman* (romana), *medium* (media), *book* (libro), eventualmente

descrita como "blanca" (por oposición a "negrita") y "redonda" (por oposición a "condensada"); por ello, lo que un diseño tipográfico llama "normal" otro le dará un aspecto de seminegrita, del mismo modo que lo que se llama "negrita" tiene muy diferentes grados de peso o color visual (al margen y cfr. cap. v.2).

[12] Asignar un tamaño de 9-12 pt (11 pt en la muestra). No hay un valor único por el formato de la pieza y por el ojo medio, del que se hablará en el ejercicio inmediato.

[13] En el menú Interlineado, seleccionar *Auto*. El valor predeterminado, marcado entre paréntesis, corresponde al 120% del puntaje y se mide entre las *líneas de base* (horizontales en color, arriba), que son las rectas imaginarias en la que "pisan" precisamente los "pies" del cuerpo (de texto). Aunque el valor automático debe ser siempre el punto de partida, la publicación puede reducirlo manteniendo una legibilidad aceptable (el cuerpo de texto original del periódico es 11/12; 11 pt sobre 12 de interlineado, es decir, 109%).

[14] Repetir los pasos [7]-[8]. Incluso con un interlineado óptimo, se llega a los 2000 caracteres, un 18% más que en el paso [8] (con 12 pt de interlineado, sería 29% más).

[15] ⇧⌘S (*File > Save as*). Guardar con otro nombre.

Como punto de partida, un cuerpo de texto debe ser una familia proporcional con serifas que emplee 9-12 pt, dotada –al menos– de negrita y cursiva e interlineada alrededor del 120%. La egipcia 11/12 original era, pues, muy legible, pero todavía puede afinarse con importantes criterios.

ullab il ipsunt ea-
quas et quo volupta
Courier New, Regular

ullab il ipsunt ea-
quas et quo volupta
Courier, Regular

**ullab il ipsunt ea-
quas et quo volupta**
Courier New, Bold

**ullab il ipsunt ea-
quas et quo volupta**
Courier, Bold

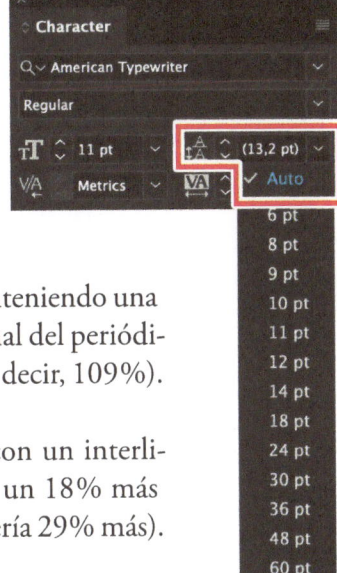

3. **Cuatro líneas del alfabeto**

La palabra *lead*, pronunciada aproximadamente "lid", sirve para referirse al que está delante de un grupo y se tomó como origen etimológico de "líder", en español, con el mismo sentido. Pero *lead*, escrita idénticamente pero pronunciada "led", significa "plomo", por lo que, en tipografía, se refiere a las regletas de plomo antiguamente empleadas para separar una línea de otra. Ese valor de *leading* (pronunciado "leding") se mide de línea de base a línea de base, como representa muy bien, en 34 píxeles, el icono al margen. Pero también representa una limitación crítica para la apropiada selección de un cuerpo de texto, y la necesidad de algunas líneas imaginarias adicionales para tan importante decisión.

[1] ⌘O (*File > Open*). De la carpeta de trabajo, abrir el archivo "corefont.indd". Para abrir este documento, muy probablemente, será necesario instalar múltiples fuentes, aunque, si se ha verificado la autoactivación (cfr. cap.IV.1), ello solo significará esperar unos instantes.

[2] [W]. Pasar la vista al modo Normal.

[3] [V]. Activar la flecha negra y clic en el marco de la tercera fila en la primera columna. Excepcionalmente, para ver los detalles de este (mini)recorrido histórico de la tipografía, será necesario incluso al máximo de 4000%.

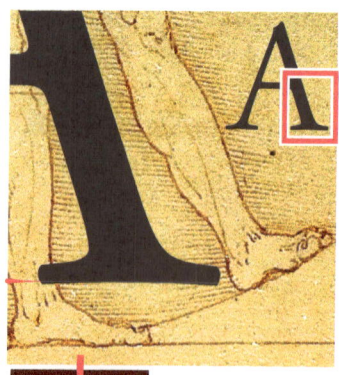

[4] ⌘␣. Ampliar sobre los "pies" de alguna Garamond. Si bien muchos términos tipográficos son metáforas del cuerpo humano (ojo, oreja, brazo), esta primera categoría de las llamadas "venecianas" demuestra claramente que hay una proporción cierta entre el tamaño de las serifas (como pies) y los rasgos que llegan a estos (como piernas); concretamente, la parte inferior incluso presenta una curvatura que, muy sutilmente, atra-

viesa la línea de base, como el arco de un pie (en la imagen, comparadas con el famoso *Hombre de Vitruvio*, dibujado por Leonardo en 1490, contemporáneo con la Garamond).

[5] ⌘R (*View* > *Show rulers* / Ver > Mostrar reglas).

[6] Al 4000%, clic sobre la regla horizontal para, desde ella, arrastrar una línea guía sobre la equis en la

constitit et timide "Si, di, dare cuncta potestis, sit coniunx, opto," non ausus "eburnea virgo" dicere, Pygmalion "similis mea" dixit "eburnae."

segunda línea. Por sus serifas arriba y abajo, la equis marca claramente la segunda línea esencial, que es la "altura de la equis" (*x-height*); entre esta línea y la de base se establece (como se resalta al margen) el *ojo medio*, esto es, el área básicamente contiene a la mayoría de las minúsculas (a, c, e, i, m, n, o, r, s, t, u, v, w, x, z). Así, la impresión de tamaño que da una fuente depende principalmente del ojo medio y se podría medir que, en una veneciana de 10 pt (3,528 mm), el ojo medio apenas tiene 3,94 pt (1,39 mm)…: el 39%.

[7] Trazar una nueva línea que toque el extremo inferior de la "p", cuya serifa marca claramente la tercera línea, relevante para describir el rasgo que en cinco minúsculas (g, j, p, q, y) se llama *asta descendente*. Puede deducirse, sin necesidad de trazarla, que la cuarta línea es la que marca el *asta ascendente*, relevante en seis minúsculas (b, d, f, h, k, l).

[8] Encajar el desplegado en pantalla (⌥⌘0) y, a continuación, acercarse al segundo marco de la tercera fila en que, se observará, la tipografía Jenson tiene un ojo más reducido que el de Garamond. Esta es la recreación de un diseño hecho por Nicolas Jenson hace cinco siglos y medio (1470).

[9] Repetir el proceso con el tercer marco de esa fila, que corresponde a las venecianas, también llamadas "aldinas" (por Aldo Manucio) o "garaldas" ("Garamond" con "Aldo"). Aunque esta categoría es clásica en el más histórico sentido

de la palabra, su reducido ojo y sutiles remates las hicieron poco apropiadas para la baja resolución que, en sus inicios, tenían los dispositivos electrónicos. Adobe, al predeterminar Minion en InDesign, similar a Garamond y aplicada a este marco, ha rectificado ese estado de cosas.

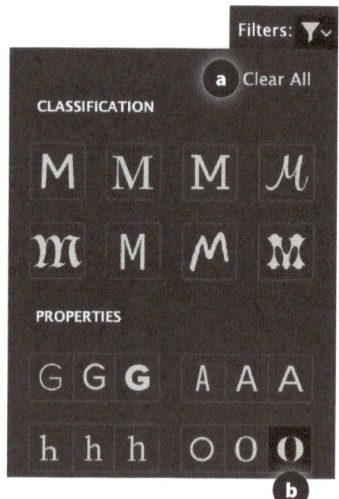

h h   Jenson, semibold 15pt
h h   Minion, semibold 15pt
h h   Helvetica, regular 14,5pt

[10] ⌘T (*Type > Character*). En el panel de Carácter, filtrar las familias (como se hizo en el paso [6] del ejercicio anterior) para presentar solo las de ojo medio reducido. Indisimulablemente, se encontrará un error de Adobe, que ha recreado tanto la Garamond como la Jenson, pues los resultados no muestran ninguna de las dos familias, pese a que esta última casi corresponde fielmente a las proporciones del icono (puesto en vertical, al margen, para facilitar la comparación). La ventaja que tiene esa deficiencia, cuando se está aprendiendo, es que obliga a mirar las diferentes familias.

[11] Eliminar el filtrado de ojo medio (clic en *Clear all*, [a] al margen) y presentar únicamente las familias de alto contraste ([b]). Nuevamente, los resultados pueden no ser 100% confiables, pero al menos entre ellos aparecerá Didot (quinta fila, segunda columna), que es un ejemplo de la categoría de bodonianos o didones, llamada así porque su expresión más alta fueron, justamente, las tipografías creadas por Giambattista Bodoni (1740-1813, cuya creación se emplea en el marco de la primera columna de la misma fila) y Firmin Didot (1764-1836), ambas de remates y trazos horizontales que son filamentos, de contraste marcado con los gruesos trazos verticales. Las bodonianas son una opción válida para cuerpo de texto, pero es simplemente imposible desprender la elección de un cuerpo de texto de sus posibilidades de presentación.

[12] ⌘O (*File > Open*). De la carpeta del capítulo, abrir "didojota.indd". Se apreciará que la "A" del icono mencionado en la presentación es legible en 14 × 14 píxeles, pero la "j" Didot requiere, al menos, 23 × 96; por ello, todo documento destinado a pantalla debe evitar las bodonianas.

[13] En el documento "corefont.indd", *Object > Show all on spread*. Al mostrar todos los objetos en el desplegado, se presentarán dos marcos ocultos: el área sombreada corresponde a lo que alguna vez se llamó fuentes nucleares de la red (*core fonts for the web*), cuya distribución –en la práctica, gratuita– básicamente garantizó su disponibilidad en la década de los noventa, cuando empezaron a aparecer los primeros navegadores. Podrá notarse que, por lo técnicamente expuesto, predominan las familias lineales (*sans serif*).

[14] Evaluar como cuerpo de texto las ocho familias contenidas en el marco a la izquierda.[1]

[15] ⌘W (*File > Close*). Cerrar guardando los cambios.

En 1996, cuando el proyecto de *Core fonts* fue lanzado, no era usual que un monitor de computadora contara con mil píxeles, por lo que dedicarle cien a una sola letra era inimaginable. Las lineales ofrecen fácilmente el triple de legibilidad que las familias con serifas en una pantalla y, aunque la resolución de los dispositivos actuales es comparable con la del papel impreso, tabletas, teléfonos y relojes, debido a su tamaño, frecuentemente siguen debajo de esos mil píxeles. Así, si la distribución dominante de una publicación es impresa, debe favorecerse un cuerpo con serifas; si es electrónica, la legibilidad se maximizará con reducido contraste, amplio ojo medio y ausencia de serifas. A ellos el siguiente ejercicio sumará un criterio puramente técnico.

---

1   *La selección de estas familias fue realizada por el legendario tipógrafo Adrian Frutiger en su libro* À bâtons rompus.

4. **Comparando a Minion**

Estando predeterminada en InDesign, fácil es asumir que la familia Minion, diseño original de Adobe, explota al máximo las posibilidades técnicas de la tipografía. Sin embargo, resulta difícil de imaginar el nivel de sofisticación que despliega una sola familia y la amplitud del espectro de necesidades que puede llegar a cubrir con sus varias *decenas* de estilos… y sus varias *decenas de miles* de posibilidades en cada uno de ellos.

[1] ⌘O (*File > Open*). De la carpeta del capítulo, abrir el archivo "pictogrm.indd".

[2] [T]. Arrastrar la herramienta de Texto sobre las últimas cinco letras (esign) de la muestra "a".

[3] ⌘T (*Type > Character*). En el panel Carácter, darle a la selección 70% de escala vertical ([c]) y horizontal ([d]), que es la reducción predeterminada de las versalitas (*small caps* significa eso, mayúscula pequeña, diseño de mayúscula con tamaño aproximado de minúscula). La tipografía empleada, descrita como "conceptual" ([b]), no tiene minúsculas, por lo que, para diferenciar la "I" y la "D" de InDesign, pueden reducirse las demás letras.

[4] [T]. Escribir, después de InDesign, "360o". Como esta fuente no tiene tampoco el símbolo de grados, habrá que improvisar uno a partir de una "o".

[5] Seleccionar la "o" y, en las Opciones del panel ([a]), aplicar *Superscript*. El superíndice da, en forma predeterminada, un 58% de su tamaño al carácter y lo coloca un 33% sobre su posición. No queda, con ello, como el símbolo propiamente dicho que se aprecia en la muestra "b".

[6] Reducir la "o" al 50%, tanto en escala horizontal como vertical y darle 19 pt en *baseline shift* ([e]),

InDesign 360°

esto es, desplazarla 19 pt sobre la línea de base. Reduciendo la primera "n" de InDesign como en el paso [3] y devolviendo a los números el 100% se llega a la muestra al margen.

[7] [T]. Con la herramienta de Texto, doble clic sobre la palabra "InDesign" en la muestra "b". La fuente Trajan Pro aquí aplicada sí tiene diferenciación entre mayúsculas y minúsculas, que es como ha sido escrito el texto.

[8] En el menú de Opciones, aplicar *All caps* (*cap* es apócope de *capital letter*, que significa "mayúscula"). No es esta opción equivalente a haber escrito el texto directamente en mayúsculas: el texto sigue teniendo sus minúsculas, pero estas se presentan con forma(to) de mayúsculas.

[9] Manteniendo la selección, en el menú de Opciones, aplicar *Small caps*. Las versalitas normales afectan solo a las minúsculas, dejando a las mayúsculas en su tamaño normal.

[10] Siempre con "InDesign" activo, ir al menú de Opciones y *Open Type > All small caps*. Este comando, únicamente disponible para fuentes con la tecnología OpenType, da incluso a las mayúsculas el tamaño reducido de versalitas.

[11] [↺]. Con la flecha negra, clic en el marco de la muestra "c". Aún con seis estilos, la familia Trajan carece de cursivas, pues se inspira en la escritura latina, que no las tenía.

[12] Aplicar al marco 92% de escala horizontal y 18° de inclinación ([f] en

FALSA CURSIVA

la página opuesta). Los valores de escala, de inclinación y desplazamiento de línea de base no deben utilizarse nunca,

pues suponen una distorsión en el diseño original de la fuente, forzarla a hacer algo para lo que no está diseñada; desde luego, si –por malos de sus pecados– uno se ve forzado a trabajar con una familia limitada, existen estas opciones.

[13] [T]. Con la herr. Texto, doble clic sobre la palabra "faux" en la muestra "d". Si la técnica anterior creó la llamada *faux italic*, ahora se podría crear el *faux bold*, ampliándole el ancho al 110% (en el panel de Carácter o el de Control, [a]), después de lo cual se puede dar un sutil delineado (clic en [b]).

[14] En la última opción del panel de Carácter (o [c], en el panel de Control), desplegar el menú y colocar la palabra "faux" en francés (idioma en que significa "falso"). Aunque trabajoso, establecer el idioma correcto es fundamental, pues permite que la división en sílabas sea adecuada.

[15] [T]. Con la herramienta de Texto, seleccionar el "5" en la muestra "e". Podrá verse aparecer, en la parte inferior, un pequeño bloque celeste, colocando el puntero sobre el cual se observará aparecer cinco diseños adicionales para el dígito 5; el que se observa al margen es lo que se llama *oldstyle*, estilo antiguo en el que los números pueden actuar como minúsculas (con rasgos ascendentes o, como en el 5, descendentes), en lugar de tener siempre la altura de mayúsculas (caso que se conoce como alineamiento, *lining*).

[16] En la muestra "i", triple clic con la herr. Texto en la palabra "más" y, al seleccionar toda la línea, ⇧⌘U. La "U" de *Underline* creará un subrayado con el que se percibe

mejor este acertijo matemático (que tiene varias soluciones). En esta suma, cada letra representa un dígito diferente y, puesto que el marco está en Courier, la alineación es perfecta. Digamos que "a" es 9.

$$\begin{array}{r} D9ME \\ +\ M9S \\ \hline 9MOR \end{array}$$

[17] ⌘T (*Type > Character*). Con la herr. Texto, arrastrar sobre los dígitos del 8 al 0 en la primera fila de la muestra "i". Dado que ya se tiene la respuesta, se les debe descartar y, para indicarlo, en el menú de Opciones del panel de Carácter, aplicar *Strikethrough* (Tachado). Si a uno le gusta

```
A = 9 8̶ 7̶ 6̶ 5̶ 4̶ 3̶ 2̶ 1̶ 0̶
D = 9̶ 8 7 6 5 4 3 2 1 0
E = 9̶ 8 7 6 5 4 3 2 1 0
M = 9̶ 8 7 6 5 4 3 2 1 0
O = 9̶ 8 7 6 5 4 3 2 1 0
R = 9̶ 8 7 6 5 4 3 2 1 0
S = 9̶ 8 7 6 5 4 3 2 1 0
```

este tipo de razonamiento, habría que tachar el 9 (como al margen) en las demás letras y, claro, "d" tiene que ser 8, porque 7986+895 > 9000. Pero es mejor seguir con InDesign.

[18] *Object > Show all on spread*. Al presentar todos los objetos, aparece <u>una</u> solución del problema; excepto que, empleando una tipografía de ancho proporcional, el 9 de 8912 no está alineado con el 1 de 195 y mucho menos con el de 1 de 9107. Los números, aquí, tienen ancho proporcional.

[19] [↻]. Con la flecha negra, clic en el marco de la muestra "h" y, en el menú de Opciones del panel Carácter, *OpenType > Tabular oldstyle*. Así, manteniendo su atractivo clásico, ahora se ve alineación clara –esencial en una suma– de unidades, decenas, centenas y millares ([a] al margen). Sin embargo, ese estilo antiguo causa que los números pisen la línea de subrayado por lo que, incluso en las fuentes que lo tienen, la alternativa predeterminada es *tabular lining*, con la que los números están alienados horizontal y verticalmente ([b]). Desde luego, es intuitiva la diferencia entre estilo antiguo (sinónimo de clásico)… y obsoleto.

[a]
$$\begin{array}{r} 8912 \\ +195 \\ \hline 9107 \end{array}$$

[b]
$$\begin{array}{r} 8912 \\ +195 \\ \hline 9107 \end{array}$$

[20] Arrastrar el puntero de la herramienta de Texto sobre el último icono de la muestra "f", la pantalla. Si se amplía (⌘␣) en ella, el monitor de tubos de rayos catódicos

Id

que era sinónimo de "computadora" en 1996 mostrará, esquematizado, al Internet Explorer, descontinuado navegador de Microsoft. Pero, teniendo activo este marco, se podrá examinar la obsolescencia tipográfica.

[21] *Window > Type & tables > Glyphs.* El panel Glifos (o Pictogramas) muestra todo el juego de caracteres que contiene una fuente (*Entire font*, [a]). Dado que Webdings respeta el antiguo límite de un *byte* ($2^8 = 256$), si se arrastra la esquina inferior derecha del panel para presentar dieciséis columnas y dieciséis filas, se apreciará –además de una radiograbadora de cinta, un *beeper*, un módem y un fax– la totalidad de las opciones. Para ver más detalle en estos pictogramas, los dos iconos en el extremo inferior ([c]) permiten reducir y ampliar su tamaño.

[22] Arrastrar la herr. Texto sobre el "1/8" de la muestra "k". A continuación, en el menú *Show* ([a]), mostrar únicamente los números (*Numbers*). Se observará que la fuente empleada en este marco, Times New Roman, tiene un carácter especialmente diseñado para ⅛, en el que la barra diagonal tiene una inclinación mayor. Casi todas las fuentes disponen de un medio (½) y de cuartos (¼, ¾), pocas de tercios (⅓ y ⅔) u octavos (⅛, ⅜, ⅝, ⅞); ⅕ solo se encontrará en fuentes especializadas o las (antiguamente) llamadas "expertas" y sería ocioso buscar sextos o séptimos. Si la tecnología OpenType dispone de 65 536 posibilidades (doble *byte*, $2^8 \times 2^8$, esto es, 2^{16}), cabe preguntarse si necesita tantas.

[23] [↻]. Activar la flecha negra para, con todo el marco de la muestra "k" seleccionado, asignar Minion en el menú de familias ([b]). Además de opciones adicionales en la categoría "Número", se tendrá acceso a un grupo

de numeradores y denominadores,[1] con las que se puede componer toda fracción imaginable; mejor aún, en el menú de Opciones del panel Carácter, se hará la sustitución automáticamente con el comando *Open Type > Fraction*.

[24] [V]. Con la flecha negra, seleccionar la muestra "g" y, en el menú de Opciones del panel Carácter, activar el comando *Ligatures*. Puesto que el rasgo ascendente de la "f" se proyecta hacia delante, casi se toca con otros ascendentes o con los puntos de la "i" o la "j". Dada la amplitud de su juego de caracteres, Minion incluye caracteres ligados o *ligaduras*, que se activan automáticamente (y se desactivan cuando el interletraje se expande). Asimismo, con *Open Type > Discretionary ligatures*, se puede sofisticar el aspecto de algunos pares adicionales, opción que podría ser más útil en un logotipo caligráfico que en un cuerpo de texto.

[25] ⌘W (*File > Close*). Cerrar guardando los cambios.

Minion da prueba más cabal de su rango en la muestra "1"; según lo revisado, un solo párrafo puede aprovechar versiones del 3 en índice/subíndice, versalita, numerador/denominador, estilo antiguo/alineado, proporcional/tabular: no un único dibujo por dígito, sino una decena.[2] ¿Por qué es importante? Un cuerpo de texto clásico es proporcional, con serifas, ojo medio legible y bajo contraste, como punto de partida (9-12 pt, ±120% interlineado), pero, al seleccionar una familia tipográfica para él, es esencial considerar que se trata… de una única familia; esto es, que, además de las variantes de negrita y cursiva, es indispensable que su juego de caracteres tenga la versatilidad para satisfacer toda necesidad de la publicación.

Reiterado que, de primar la pantalla sobre la impresión, se prescinde de serifas, se amplía el ojo medio y se reduce el contraste.

---

1 *Como contrapartida al comando aplicado en el paso [5], puede falsearse un denominador aplicándole al número el comando* Subscript *(Subíndice), también válido para fórmulas químicas (como la del agua, H_2O).*

2 *Para un óptimo efecto caligráfico, Bickham incluye* veintisiete *formas para la letra "d", cuyos refinamientos pueden encontrarse en el archivo "bickham3.pdf".*

5. Exploración

Tras un accidente automovilístico, hay especialistas en matizado tales que, además de identificar el color originalmente aplicado, saben compensar la exposición al sol que haya sufrido el resto del vehículo para que la nueva pintura no se distinga como tal; no basta, pues, un 90 o 95% de parecido; se busca que no se note el accidente. Por un razonamiento similar, de "costura" invisible, no se puede trabajar con Times New Roman un texto que haga uso frecuente de fracciones y emplear para estas Minion. Y lo contrario será cierto con un texto que requiera citas en ruso, pues los pictogramas cirílicos en Times New Roman son mucho más amplios que los de la familia predeterminada en InDesign.

Técnicamente, ello suele significar la adopción de la tecnología OpenType, que hace claramente obsoleto todo juego de apenas 256 caracteres. Pero, así como la versión OpenType de Webdings se mantiene en ese primitivo límite, un texto especializado en fonética puede bien servirse de fuentes TrueType (como Charis y Doulos) e incorporar, con uniformidad de diseño, las extensas necesidades de la notación fonética, tan especializadas que no es esperable encontrarlas ni en los más vanguardistas diseños de Adobe, así incluyan, en sus 65 536 caracteres, chino y árabe.

Lo que significa que una elección óptima de cuerpo de texto debe ser tanto estética como funcional, *reconocer* las necesidades de la publicación y *conocer* lo que el juego de caracteres incluye. Por maravillosamente apropiada que, por su juego de dimensiones, la fuente Priori sea para la obra de Escher (cfr. cap. II), sería difícil emplearla más allá de capitulares. Así, aunque no contenga un solo paso numerado, esta página representa un indispensable ejercicio de exploración; será mucho más oportuno realizarlo antes de examinar dos dimensiones más que competen a la elección de una segunda familia de guía, en el siguiente capítulo.

Capítulo V
El peso como guía

Tras el cauce

Al enviar un mensaje de texto (sms), el emisor confía en que la mayor cobertura de la red telefónica dará una máxima escala a la difusión de un mensaje, por oposición al alcance de medios electrónicos más sofisticados. Pero esa amplitud tiene un precio alto, pues no se tiene control sobre la fuente tipográfica que se empleará, ni su tamaño o color; el único recurso, del que solamente puede abusarse, es el empleo de mayúsculas para resaltar una o dos palabras.

Dado que la unidad tipográfica especializada, el punto, equivale a 0,35 mm, no deja de ser asombroso que múltiples herramientas informáticas ofrezcan control decimal de puntos (es decir, centésimos de milímetro) y que aplicaciones profesionales ofrezcan centésimos de punto, que vendrían siendo milésimas de milímetro o micras (μm), esto es, un literal control microscópico del texto (InDesign ofrece milésimas de punto).

Así, mientras que el clásico tríptico tipográfico ofrecía una cursiva (*italic*) y una negrita (*bold*), familias "conceptuales" ofrecen un centenar de oblicuas (no solo 89,92° en b y 89,07° en d, los dos primeros valores predeterminados, sino nueve ángulos intermedios) y un desmesurado espectro de ochenta mil grosores que solo entre negritas (**b**, 700,00) y negras (**b**, 800,00) tiene diez mil variaciones, caudal tamaño que las siguientes páginas intentarán mostrar cómo y por qué encauzar.

1. Tres escalas de tiempo

Recordar la forma de la cuchara con la que se tomó una sopa indica una potencial falla de diseño, en tanto dicho objeto –por más hermoso que pueda ser– es un utensilio y cumple una función: debería recordarse la sopa, no el cubierto. El cuerpo de texto debe jugar un rol similar en la publicación y dejar la sensación de perfecto flujo; esto es, que, al menos, no ha pedido esfuerzo a la vista ni dificultado la *lectura*, actividad que se mide en (fracciones de) horas. Desde luego, el "comodín" colocado al final de la sexta columna en la célebre primera página del *Chicago Daily Tribune* (cfr. cap.IV.1) sí pide esfuerzo, pues, exceptuado su título (14 pt), juega con puntajes que caen de 8 a 6 pt... y, si 6 pt parece poco al margen de esta página de 17 × 24 cm, ¿cuánto más lo parecerá en una de 43 × 60 cm? Pero este es, sin duda, un elemento de *consulta*, y el esfuerzo adicional se pide apenas por (fracciones de) un minuto. En la tercera escala temporal del texto, los titulares, de un vistazo (fracciones de segundo), informan qué se debe leer, es decir, guían la lectura.

[1] ⌘O (*File > Open*). Desde la carpeta "bodytext" del cap.IV, abrir "bodytext.indd". Fuera de los dieciséis elementos de cabecera, bloqueados al finalizar el primer ejercicio del capítulo anterior, hay dos bloques de 9 pt (cabeceras de las dos primeras columnas que anunciaban *tentativamente* a los ganadores) y dos "comodines": el del clima y el del tiraje (que no guarda relación con nada en la página, como si fuera un aviso clasificado del propio periódico, presumiendo su millón de ejemplares). Ahora, dando por realizada la exploración sugerida al final del capítulo previo, pueden darse algunos valores básicos al cuerpo de texto, que siempre es el punto de partida.

[2] [V]. Arrastrar el puntero de la flecha negra en medio de las columnas con un marco que toque a todas (no hace falta encerrarlas). Así, los ocho bloques quedarán activos y se les podrá dar atributos comunes.

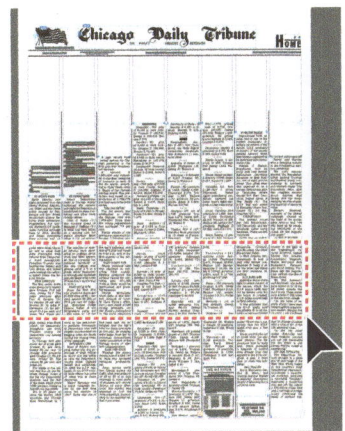

[3] ⌘T (*Type > Character*). Según lo revisado, seleccionar una familia para cuerpo. Para la recreación, se empleará una egipcia de Adobe Fonts, descargada al abrir el archivo (cfr. cap. IV.1) que, respecto de la original, tiene tres cursivas y mayor ojo medio.

[4] Con todos los bloques de cuerpo activos, seleccionar la familia y el puntaje apropiados. Para la muestra, se empleará American Typewriter ITC Pro ([a]), en el estilo *medium* ([b]) y con 10,5/12 ([c] y [d]); finalmente, asignar el idioma apropiado ([k]). En fuentes profesionales debe favorecerse el empleo de la métrica en pares especiales ([e], cfr. cap. VI.5), ya que la separación entre los caracteres es parte de su diseño.

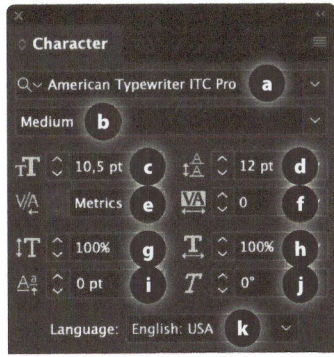

[5] Verificar los demás valores predeterminados. Si se ha seleccionado adecuadamente, siempre se mantendrán las escalas horizontal ([h]) y vertical ([g]) en un 100%, del mismo modo que los valores de desplazamiento sobre la línea de base ([i]) e inclinación ([j]) se mantendrán en 0; el interletraje ([f]), como punto de partida, debe verificarse en 0, aunque es el valor que más típicamente se manipulará para compensar textos demasiado cortos o demasiado extensos; de hecho, una vez alcanzado este punto es que se puede llenar el marco más alto para determinar lo que es una extensión ideal, como se hizo en el capítulo anterior (cfr. cap. IV.2); en la muestra, para la quinta columna un periodista debería escribir entre 2100 y 2200 caracteres.

[6] [V]. Activar el marco del clima y ⌘D (*File > Place*) para, de la carpeta del capítulo, traer "clim0311.pdf". Ya que tanto el contenedor como el PDF tienen idénticas medidas, el reemplazo es perfecto. ¿Cuánto tiempo toma leer *todo* el texto? Incluso si es un esfuerzo (por la letra de 6 pt), puede leerse *todo* en cuarenta segundos. El texto de consulta se mide con el segundero o con minutero.

[7] ⌘O (*File > Open*). De la carpeta del capítulo, abrir "headline.indd". ¿Cuál es la noticia más importante?[1]

[8] ⌥⇳ (*Layout > Next spread*). Avanzar hasta ubicar los titulares del día en que se dio a Dewey por ganador; el atajo debe permitir llegar en tres segundos. El elemento de guía responde a un golpe de vista para informar del contenido de la página o de la columna. En una primera plana resulta clarísimo porque solo la parte superior se exhibe y esas fracciones de segundo son todo lo necesario para literalmente acercarnos o alejarnos del puesto de periódicos.

[9] ⌘A (*Select > All*), ⌘C (*Edit > Copy*). Seleccionar todos los marcos y copiarlos.

[10] ⌘W (*File > Close*). Cerrar "headline" sin cambios.

[11] Con "bodytext.indd" nuevamente activo, ⌥⇧⌘V (*Edit > Paste in place*). El pegado mantiene la posición original.

[12] ⌘G (*Object > Group*), ⌘3 (*Object > Hide*). Puede mantenerse el original, como referencia oculta.

---

1 *Presentadas todas en el estilo de 1948, este archivo muestra las noticias principales de las que, según el* Chicago Daily Tribune, *fueron sus ediciones más célebres.*

[13] Repetir el paso [11] para colocar una nueva copia de los títulos, que es la que se elaborará.

[14] ⌘+F11 (*Type > Paragraph styles*). En el panel de Estilos de párrafo, clic secundario sobre *[Basic paragraph]*+ y, en el menú emergente, *Apply [Basic paragraph], Clear overrides*. Las características predeterminadas del texto quedan restablecidas, sin cambios.

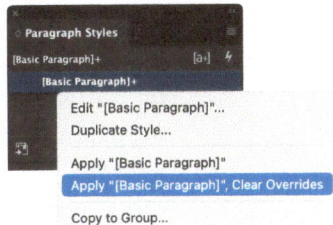

[15] ⇧⌘S (*File > Save as*). Guardar el archivo con otro nombre (titular0.indd).

Como conclusión, en lectura, es relevante la manecilla del horario, que debe ser permitida no solo frente –digamos– a una gran novela, sino a los diversos artículos de una revista o periódico, que también podrían pedir una o más horas. Para la consulta es relevante el minutero: si bien algunos segundos pueden bastar para una nota al pie, en un diccionario diversas entradas (las treinta acepciones de *entrada*, por ejemplo) requerirán algunos minutos.

Pero el segundero, poco para la consulta, es simplemente demasiado para un elemento de guía, pues es otra la escala de tiempo en que, de un vistazo, se decide qué publicación y qué parte de ella va a leerse: segundos sería la unidad en que se *pasea la mirada* por todas las opciones disponibles o, como en el paso [8], la velocidad en que pueden hojearse múltiples ediciones de una misma publicación. Toda característica tipográfica debe asignarse en función del rol que cumpla el texto. ¿Cómo sacar el máximo partido de las fracciones de segundo asignadas a los títulos?

2. La matriz de Frutiger

Cualquier fuente que exija algún esfuerzo para leerse, como la fantástica Priori empleada en el catálogo de Escher (cfr. cap. II.3, IV.5), podría ceñirse a elementos puntuales como capitulares, tal vez, textos cortos. Como un efecto de sentido, la tipografía diseñada para *Star Wars*, *Avatar* o cualquier otra película masiva podría expandirse a un alfabeto y emplearse, *decorativamente*, en una pieza gráfica que se relacionara con dichos temas; sin embargo, en diseño editorial tiene interés nulo una fuente, por llamativa que sea, si carece de caracteres atildados o minúsculas. En el caso concreto de los elementos de guía, resultan menos interesantes las fuentes individuales: lo que se necesita son familias.

[1] ⌥⌘N. Crear un nuevo documento con los valores predeterminados. Las fuentes disponibles para una publicación lo están para todas y los pasos siguientes podrían –inclusive– darse sin documento abierto; sin embargo, es esencial administrar con orden el empleo de familias tipográficas.

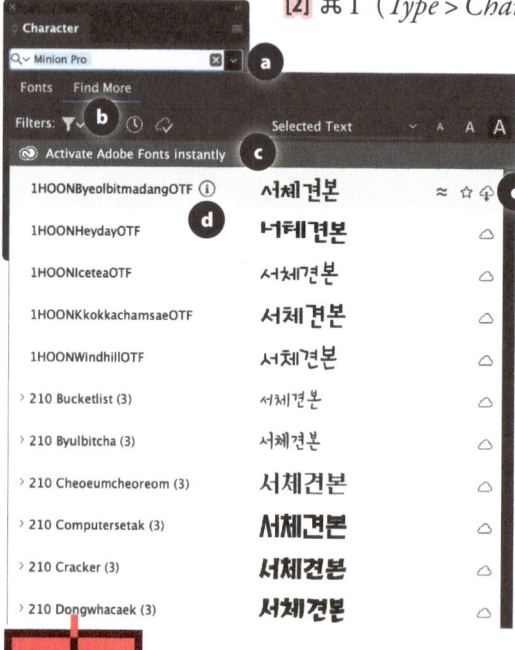

[2] ⌘T (*Type > Character*). Abrir el panel Carácter, desplegar el menú Familias ([a] al margen) y clic en *Find more* ([b], Buscar más). Como se indica en la parte inferior ([c]), Adobe Fonts permite la activación instantánea por lo que, de hacer clic en el icono de descarga (⤓, [e]), se instalaría la opción elegida; más interesante, sin embargo, será dar clic en algún icono de información (ⓘ, [d]), con el que se visitará el amplísimo catálogo que es parte de la suscripción a la nube de Adobe.

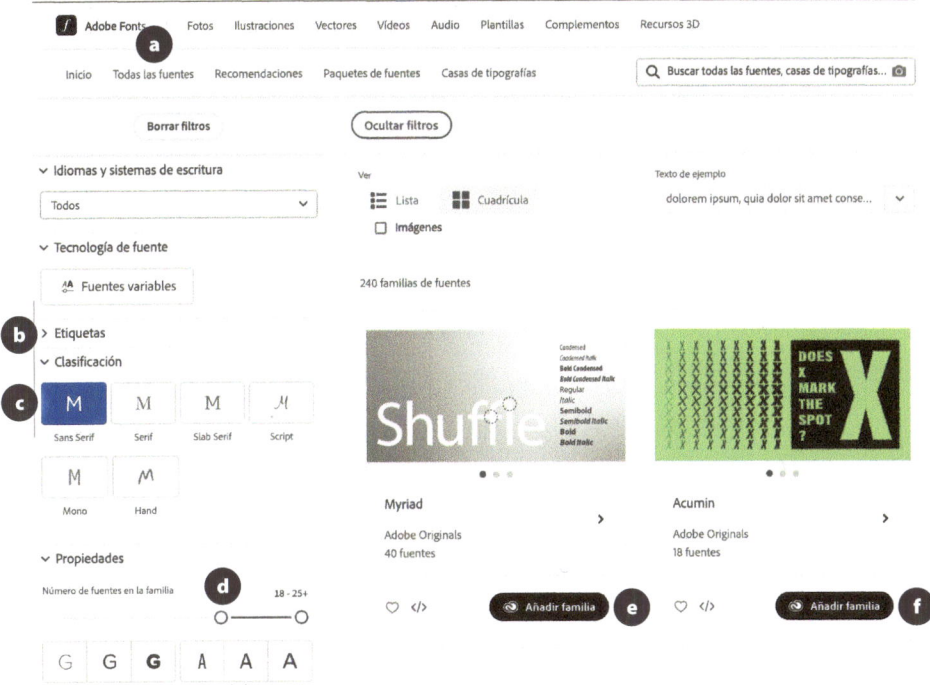

[3] En la página de Adobe Fonts, clic en Todas las fuentes ([a] arriba) y, para el caso, clic en el primer botón de la clasificación, el de la categoría *Sans serif* ([c]), cuyas familias integrantes son también conocidas como "lineales" o "palos secos". Puesto que los resultados pueden superar el millar con ese único criterio, podría buscarse entre las etiquetas ([b]), que son, básicamente, adjetivos (aunque incorporen algunas categorías tipográficas, como "caligráfica", "geométrica" o "gótica"); más interesante será subir el deslizador de mínimo a 18 ([d]), pues las familias tipográficas tienen mayor valor editorial según crece su versatilidad.

[4] Revisar los resultados que, filtrados, deben haberse reducido a unas doscientas opciones y, al encontrar alguna interesante, clic en *Añadir familia* ([e], [f]). Para el siguiente ejercicio, interesa ubicar los noventa estilos de las cinco familias de Acumin (Extracondensada, Condensada,

Semicondensada, Pro y Ancha) y los cuarenta estilos de Myriad. A riesgo de ser "supersticioso", debe recordarse que algunos diseños tienen cinco siglos y medio empleándose y, si bien cabe prestar respetuosa atención a las familias clásicas, la revolucionaria concepción tipográfica que se examinará apenas ocurrió en 1957.

[5] En InDesign, desde la carpeta del capítulo, abrir "frutiger.indd" (⌘O). Si se han descargado los noventa estilos de Acumin, el documento debe lucir similar al que se observa debajo, en que el eje horizontal corresponde al *peso visual*, que, por los términos que emplea (delgada, extrablanca, blanca, normal, media, seminegrita, negrita, negra y ultranegra), también es llamado *eje de color*; el eje vertical presenta el menos frecuente y extraordinariamente útil *eje de ancho* (extracondensada, condensada, semicondensada, normal y extendida). En Acumin, se tienen nueve pesos por cinco anchos, cada cual con una versión en itálica ($9 \times 5 \times 2 = 90$).

abc	abc	abc	abc	abc	abc	abc	abc	abc
extracondensed thin	extracondensed extralight	extracondensed light	**extracondensed extracondensada**	extracondensed medium	extracondensed semibold	extracondensed bold	extracondensed black	extracondensed ultrablack
abc	abc	abc	abc	abc	abc	abc	abc	abc
condensed thin	condensed extralight	condensed light	**condensed condensada**	condensed medium	condensed semibold	condensed bold	condensed black	condensed ultrablack
abc	abc	abc	abc	abc	abc	abc	abc	abc
semicondensed thin	semicondensed extralight	semicondensed light	**semicondensed semicondensada**	semicondensed medium	semicondensed semibold	semicondensed bold	semicondensed black	semicondensed ultrablack
abc	abc	abc	abc	abc	abc	abc	abc	abc
thin delgada	**extralight extrablanca**	**light blanca**	**regular normal**	**medium media**	**semibold seminegrita**	**bold negrita**	**black negra**	**ultrablack ultranegra**
abc	abc	abc	abc	abc	abc	abc	abc	abc
wide thin	wide extralight	wide light	**wide extendida**	wide medium	wide semibold	wide bold	wide black	wide ultrablack

[6] [V]. Clic con la flecha negra en cualquiera de las muestras en las esquinas. Con ello, se selecciona un grupo de treinta muestras, que se eliminarán con [⌫] (*Edit > Clear*).

[7] [V]. Arrastrar el puntero sobre los cinco marcos de la parte inferior, que corresponden al ancho normal. Se

podrá observar en el panel de Control que el alto de la fila es de 21,287 mm, por lo que, como se ha visto (cfr. cap. III.2), doble clic en el icono de la herr. Selección (flecha negra) permitirá ingresar tal valor vertical ([a]) y, luego, duplicar la fila con clic en *Copy* ([b]).

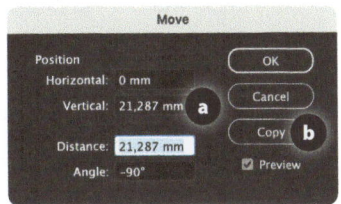

[8] Aplicar al texto "abc" de cada una de las muestras la familia Myriad. *Menos completa* que Acumin, Myriad dispone de los cinco pesos que se han mantenido y añade un fila con el ancho semiextendido, cada estilo aparejado con una variante en cursivas (5 × 4 × 2 = 40). Tal menú pone a estas familias en una categoría propia, aunque, respecto del estilo normal, el objetivo es tener dos variantes de peso (blanca y negrita) y dos de ancho (condensada y extendida); con las cursivas, serían dieciocho estilos (3 × 3 × 2), el mínimo colocado en el paso [3]. Jerarquizando títulos, ambos ejes son de gran utilidad.

[9] Repetir el paso [3], esta vez con solo nueve estilos, para descargar otras familias (*v.gr.*, Futura o Gill Sans) y verificar cómo los estilos están dispuestos en los dos ejes.

Gill Sans es la familia empleada en el proyecto del PPTH (cfr. cap. III.3).

[10] ⇧⌘S (*File > Save as*). Guardar con otro nombre.

Si en el mismo aeropuerto se tiene que poner un cartel que va a Clermont-Ferrand (dieciséis letras) y otro que va a Niza (cuatro letras), más vale tener un sistema coherente como la matriz que Adrian Frutiger había creado para su familia Univers en 1957 y que se hizo un estándar *universal* cuando, con su familia epónima, creó la señalización con que se inauguró el aeropuerto de París. También ella supuso un daño óptico permanente pues, después de entenderla, es lógico pedir tal esquema de una familia. ¿Cómo explotarla?

Id

3. **Buscar/Reemplazar fuente**

Ya que no todos los trabajos han de emplear las mismas (dos) familias, es indispensable conocer cuáles (otras) pueden brindar una modularidad semejante a la del ejercicio anterior. Sería inusual que una publicación empleara realmente dieciocho estilos de una misma familia, pero lo cierto es que, si el texto original incluye una negrita, negrita hay que ponerle aunque se haya escogido una tipografía caligráfica que no los tiene y, si incluye cursivas, va en cursivas y punto final, aunque se emplee una lapidaria que no cuente con ellas[1] pues el formato es parte del mensaje: eliminar una negrita es perder un énfasis, distorsionar la voluntad del autor (por ello, caligráficas o lapidarias ofrecen una funcionalidad limitada).

abc
regular
normal

[1] ⌘O (*File > Open*). De la carpeta del capítulo, abrir nuevamente "frutiger.indd". Dispuestos en la matriz de Frutiger, la línea inicial de cada marco muestra uno de los estilos de Acumin, mientras que las dos líneas inferiores describen lo que se presenta; tal descripción emplea Myriad seminegrita condensada, salvo en los trece marcos que –dando nombres a los ejes– presentan en negro el nombre del peso o del ancho, en Myriad negrita condensada.

[2] Clic en cualquiera de los marcos de las esquinas. Los treinta estilos agrupados son, literalmente, los más extremos y menos comunes; de manera que, antes de hacer la sustitución, convendrá eliminar (paso [4]) lo que no se va a utilizar, según el reemplazo que se considere.

[3] ⇧⌘G (*Object > Ungroup*). Desagrupar los marcos. Para el ejemplo, se empleará la familia San Francisco, empleada por todos los dispositivos de Apple (desde las

---

1   *En último caso, falsas negritas y falsas cursivas (cfr. cap. IV.4) pueden aplicarse, pero emplearlas revelaría una selección de familias cuestionable (y, considerando los centenares de opciones que hay, potencialmente negligente). Una máquina de escribir reemplazaba la negrita con el subrayado y las cursivas con las comillas, pero no son recursos realmente equivalentes.*

computadoras hasta los relojes) y que puede descargarse gratuitamente en https://developer.apple.com/fonts/. En esta familia hay *nominalmente* cuarenta y cinco estilos predeterminados, ninguno de los cuales se corresponde con la fila de semicondensadas que tiene Acumin.

[4] [V]. Arrastrar horizontalmente la flecha negra para tocar todos los marcos de la tercera fila y, tras verificar en el panel de Control que su alto es de 21,287 mm, eliminarlos con [⊗] (*Edit* > *Clear*). Por cierto que este documento está estructurado con la rejilla de guías (se puede ver en el modo Normal de trabajo, [W]) y se podría simplemente arrastrar, pero hay una técnica más precisa.

[5] [V]. Seleccionar los nueve marcos de la fila de ancho normal y doble clic en el icono de la herr. Selección directa. En el cuadro de diálogo puede escribirse directamente "-21,287*2" (el alto multiplicado por dos y en negativo, para que la fila suba).

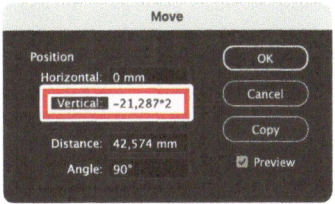

[6] *Type* > *Find / Replace font*. Activar Acumin Black ([a]), ubicar la familia elegida ([d]) y, en ella, el penúltimo grosor ([e]); para finalizar, clic en *Change all* (Cambiar todo, [c]). En San Francisco, los últimos dos pesos son *Heavy* y *Black*, que corresponden a *Black* y *Ultrablack* en Acumin.

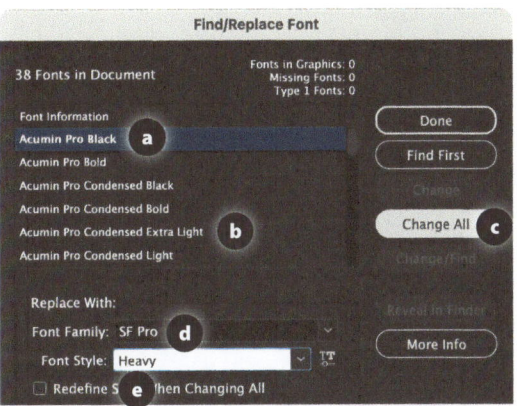

[7] Seleccionar Acumin Condensed Extralight ([b]) y, esta vez, asignar SF Thin como reemplazo. Lamentablemente, los nombres de los pesos y los anchos varían libremente según las familias; aquí, además de variar los nombres de

los dos últimos pesos, varían los nombres de los dos primeros (*thin* y *extralight* en Acumin, comparado con *ultralight* y *thin* en San Francisco) y el del primer ancho (*extracondensed* respecto de *compressed*). Como se aprecia, la matriz de Frutiger empleaba números en lugar de darles nombres, pero entre una romana (*Univers 55 roman*) y una negrita (*Univers 65 bold*) puede haber un valor intermedio (*semibold*), dos (*semibold, medium*) o más, aunque no estén dibujados; esta es la razón por la que el archivo deja una fila y una columna en blanco entre las muestras. Este proceso debe repetirse con la treintena de estilos empleados… ¿o hay una forma más fácil?

[8] ⌘O (*File > Open*). De la subcarpeta "bodytext", ubicada en la del cap.IV, abrir "pretexto.indd".

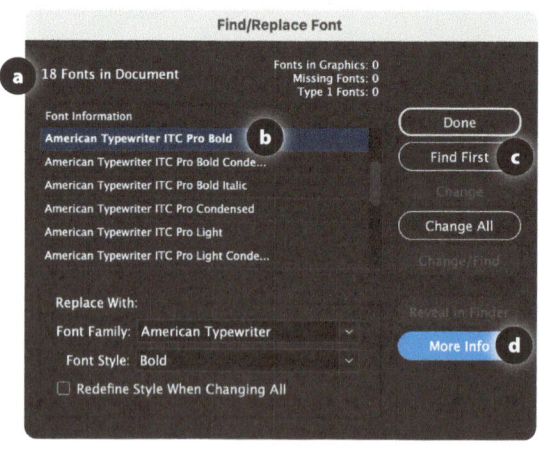

[9] Repetir el paso [6]. Al seleccionar cualquiera de las fuentes empleadas (American Typewriter ITC Bold en el ejemplo, [b]), *Find first* (Buscar primera, [c]) desplazará la publicación hasta el primer carácter que emplee el estilo indicado. Desde luego, que esta sencilla página emplee dieciocho fuentes ([a]) resulta bastante sospechoso, pero, en definitiva, nunca debería compartirse un documento sin verificar la tipografía empleada con este comando. Aquí, *More info*

([d]) revelaría que este estilo en particular está empleado apenas en un carácter (resaltado al margen) que, además, está colocado en la mesa de trabajo (*pasteboard*). Nueve de las fuentes que emplea este documento (la mitad) están contenidas en un marquito que muestra las variaciones de la familia, únicamente para forzar al sistema a que las descargue automáticamente y estén disponibles como reemplazos para la publicación (cfr. cap. IV.1); en otro caso, desde luego, habría que eliminar el marco. Por cierto que, en este ejemplo, la versión Pro se parece menos que la otra a la muestra original, pero el objetivo no es reproducir una copia idéntica, sino recrearla favoreciendo el catálogo de Adobe… por la simple razón de que, en la actualidad, todos los planes de la Nube Creativa dan acceso a Adobe Fonts.

   [10] ⌘W (*File > Close*). Cerrar todos los archivos guardándolos con otro nombre.

   En el archivo que se empleó, "frutiger.indd", apenas se emplea la familia Acumin en la primera línea de cada marco; respondiendo a la pregunta pendiente del paso [7], pues sí, *parecería* más fácil seleccionar las tres benditas letras y hacer el cambio…, pero, si se hiciera así, Acumin podría seguir apareciendo en uso; por ello, Buscar/Reemplazar fuente debe dominarse como un comando esencial de InDesign, pues editar un documento sin haber instalado las fuentes puede significar daño irreparable a la publicación; en esta, a lo largo de múltiples páginas de las que consta, ver cuánto y dónde se emplea ayudará a decidir si el reemplazo es posible o si debe cerrarse el documento <u>sin</u> modificarlo e instalar lo que corresponda antes de reabrirlo.

Además del "abc", Acumin está asignado al salto de párrafo (¶); por ello, cada estilo tiene una cuenta de cuatro caracteres.

4. Párrafo básico

Al componer la página inicial de *Yo, Claudio*, "Yo, Tiberio Claudio Druso Nerón Germánico esto-eso-y-estotro (pues no le incomodaré todavía con todos mis títulos…)", InDesign podría emplear en la primera letra una familia tipográfica distinta a la segunda, en otro estilo, con diferentes puntaje, color e idioma, entre la veintena de variaciones que puede realizar carácter por carácter (treintena en OpenType), según se ha revisado en el capítulo anterior. Pero, técnicamente, no se puede hacer que la primera línea esté alineada a la izquierda y la segunda a la derecha, como que, de hecho, en múltiples líneas es donde más claramente se percibe el segundo nivel de atributos: el párrafo.

[1] ⌘O (*File > Open*). De la carpeta del capítulo, abrir "titular0.indd", conteniendo los titulares sin formato.

[2] [V]. Con la flecha negra, activar el marco de *Probables ganadores*, en la primera columna. Como se recuerda, a este y a todos los demás títulos les fue asignado el estilo predeterminado de párrafo básico en el primer ejercicio del capítulo. *[Basic paragraph]* satisface las necesidades de lectura; para un vistazo, los requisitos son otros.

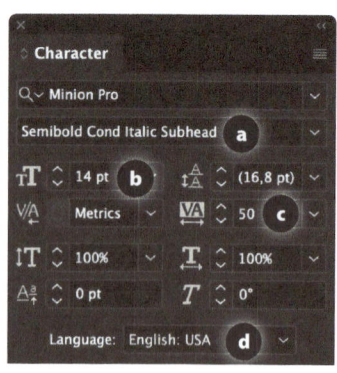

[3] ⌘T (*Type > Character*). En el panel Carácter, asignar seminegrita condensada cursiva para subtítulo (*semibold cond italic subhead*, [a]), con 14 pt ([b]) y un interletraje de 50‰ (milésimos de espacio eme, *thousands of an em*, [c]). Aunque, en teoría, puede variarse carácter por carácter, el propio icono resalta (como la lógica indica) que el *inter*letraje corresponde a dos o más caracteres. Es oportuno recordar que, pese a sus herramientas de dibujo (*comparables* a las de Illustrator), las capacidades de tratamiento de texto están entre las principales que hacen a InDesign *incomparable*, como sugiere

la sola posibilidad de manipular con tanta precisión una medida tipográfica tan sofisticada como el espacio eme: si el ancho de una "M" midiera 1000 micras (o sea, 1 mm, ᴍ), InDesign dividiría ese tamañito en mil partes (de una micra cada una), para colocar 50‰ adicionales entre letra y letra.[1]

[4] ⌥⌘T (*Type > Paragraph*) y clic en el segundo icono, *Align center*. Si ⌘T es la individualidad (caracteres), ⌥⌘T es la colectividad (párrafo). La alineación se varía con frecuencia tal como para valerse de atajos: ⇧⌘L ("L" de *left*) lleva el párrafo a la izquierda; ⇧⌘R (*right*), a la derecha; ⇧⌘C (*center*), al centro; ⇧⌘J (*justify*) "justifica" el texto, esto es, ajusta a ambos lados todas las líneas menos la última, que queda a la izquierda, y ⇧⌘F (*force*) fuerza hasta la última línea, de extremo a extremo.

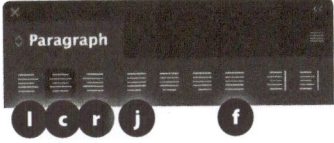

[5] [V]. Activar el segundo marco de la última columna (*Considerable margen*) y dar al texto Minion seminegrita condensada de 20 pt; este se dividirá en forma doblemente incorrecta ya que, primero, *elector-al* es la silabificación inglesa (el idioma se cambia en [d], página opuesta) y, segundo, un elemento de guía no debe separarse en sílabas.

[6] Cambiar el estilo a Minion seminegrita condensada para subtítulos (*semibold cond subhead*). Además de ancho y peso (cfr. cap. v.3), Minion ofrece la dimensión de *tamaño óptico*, relacionada con la función que cumpla el texto. Así, la familia presenta un diseño de "pie" o serifa (expresado por el contorno cian, al margen) que es perfectamente apreciable en el tamaño de lectura (*regular*, 8,5-13 pt); si el texto se emplea en la leyenda de una foto (*caption*, el

---

1   *Se observa, así, que el espacio eme es una medida relativa, es decir, que, si la "M" ocupara un ancho de 1000 milímetros (un metro), la separación adicional sería de 50 mm. InDesign maneja el texto con una precisión tal que puede dividir ese espacio eme en dos* (en space)*, en tres* (third space)*, en cuatro* (quarter space) *y en seis* (sixth space)*, todas opciones disponibles en* Type > Insert white space.

contorno negro), "aumenta la talla" del pie, para no perderlo al reducir el puntaje; pero, si se va a emplear en un subtítulo (*subhead*, en magenta, 13,1-19,9 pt), el pie y todos los rasgos se afinan, por lo que este estilo basta para que el texto quepa en el marco; el tamaño óptico es tan refinado que ni siquiera puede emplearse como criterio de búsqueda en Adobe Fonts.

[7] ⇧⌘C. Centrar el texto en el marco.

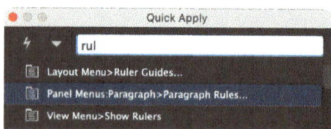

[8] ⌘↵. En Aplicación rápida, escribir "rul" de manera que aparezca el comando *Paragraph rules*. Este también está disponible en las Opciones del panel de Párrafo, pero disponer de un buscador significa que no hace falta recordar ni su ubicación ni su nombre exactos, sino su función (colocar líneas o "reglas" sobre el párrafo).

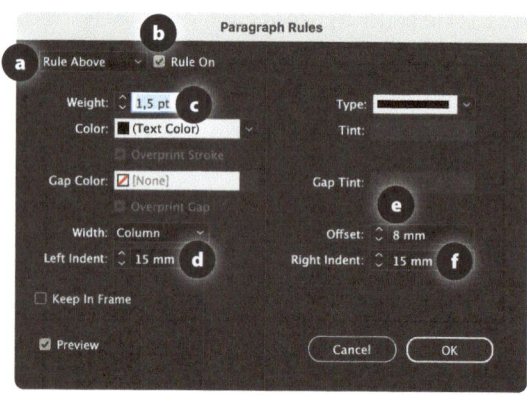

[9] En el cuadro de diálogo, colocar regla (filete) superior en el primer menú (*Rule above*, [a]) y activarla (√*Rule on*, [b]); luego, darle un peso de 1,5 pt ([c]) y desplazarla 8 mm ([e]) sobre la base de la primera línea; para acercarse al estilo original del periódico, se configurará un indentado (o sangría) de 15 mm tanto a la izquierda ([d]) como a la derecha ([f]). Sin embargo, no se logra el efecto deseado, pues aparecen dos líneas de 1,5 pt debajo de cada línea de texto.

Considerable¶
Margen·Electoral#

[10] *Type > Show hidden characters*. Al mostrar los caracteres ocultos, se descubre que la palabra "Considerable" es un párrafo independiente de "Margen Electoral", como revela el *calderón* (*pilcrow*, ¶) que aparece

en el extremo; para convertir las dos líneas en un único párrafo, basta con dar doble clic sobre el símbolo y, una vez seleccionado, presionar [␣] para reemplazarlo por un espacio común y corriente, identificado por el punto que se ve (página opuesta) entre "Margen" y "Electoral".

[11] [↺]. Seleccionar el primer marco de la última columna (*Regresa al G.O.P.*) y darle Acumin Pro Extracondensada ([b]), en seminegrita ([c]) de 36 pt ([d]). A diferencia del cuerpo de texto, en que el interlineado debe rondar el 120% del puntaje, los títulos suelen reducir el valor predeterminado, en muchos casos, hasta alcanzar un valor negativo (inferior al puntaje); aquí, bastan 41 pt ([e]) para acomodar tres líneas en el párrafo.

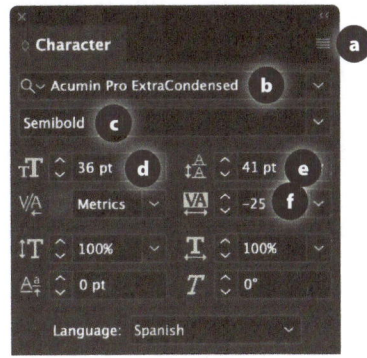

[12] En el menú de Opciones del panel Carácter ([a]), activar el comando *All caps*. Con todo en mayúsculas, el interlineado podría reducirse hasta que las líneas <u>casi</u> se toquen (previendo el espacio para las tildes –por ejemplo, si fuera la "Casa Café"–, no es recomendable que haya contacto).

[13] ⇧⌘F. Aplicar al marco una justificación forzada. Con ello, las tres líneas del título tocan ambos extremos, pero el texto no está completo.

[14] Reducir el interletraje ([f]). Aunque una compresión de -10‰ bastaría para ajustar el texto, las dos palabras de la última línea tendrán mejor legibilidad si se aplica -25‰, la máxima reducción de interletraje aceptable.

[15] ⇧⌘S (*File > Save as*). Guardar el archivo con otro nombre (subtitle.indd). Se han creado en esta publicación los tres títulos de nivel 3, 4 y 5, los que guían la lectura cuando ya se tiene el periódico en la mano. ¿Qué pautas se añaden para los títulos que guían al lector hacia el propio periódico?

5. **La progresión geométrica**

"El amor", habría dicho Bernard Shaw, "es la grosera exageración de la diferencia entre una persona y las demás". Si esa idea parece demasiado cínica, Noam Chomsky ofrece una perspectiva comparable, según la cual un científico marciano concluiría que todos los terrícolas hablamos un único lenguaje (toda lengua natural posee, por ejemplo, sujeto, verbo y objeto directo). Pero el punto de vista más concluyente, aunque extremadamente personal, llega de Pavlova –mi eufórica perrhija de 220v– y su dulce hermana de la misma camada, cuando comprobé que, cruzando la calle, fotografían como la misma mascota. Esto es, que el par de centímetros y de kilos que las diferencian, o sus personalidades contrastantes, desaparecen a unos pocos metros, hasta hacerse indiferenciables incluso ante los ojos de quien esto escribe, pese a haberle dedicado centenas de horas, en sus dos años de edad, solo a una de ellas.

En idiomas como el de una partitura musical, el Fortran o la aritmética sería absurdo, comenta Steven Pinker, buscar el verbo.

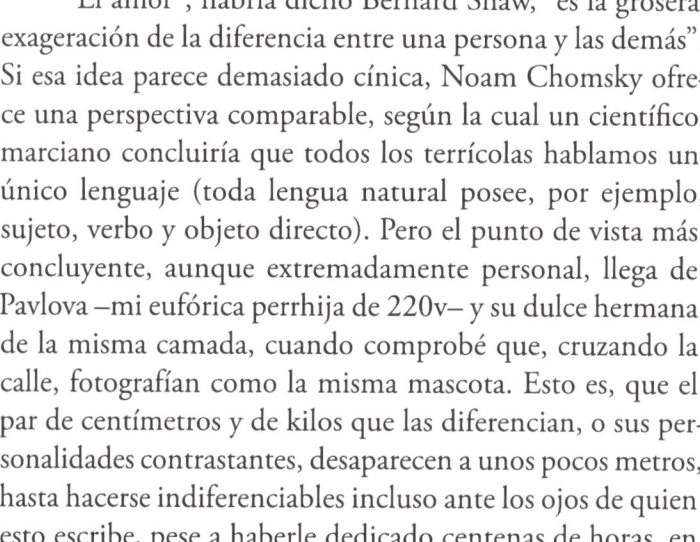

REGRESA AL G.O.P. A LA CASA BLANCA

———

Considerable Margen Electoral

BY ARTHUR SEARS HENNING

Dewey and Warren won a sweeping victory in the Presidential election yesterday.

The early returns

[1] ⌘O (*File > Open*). De la carpeta del capítulo, abrir "subtitle.indd", avance del ejercicio anterior. Si se presenta el desplegado entero (⌥⌘0), habría que buscar los titulares cuando, en cierta medida, el verdadero titular es quien debe buscar al lector.

[2] [V]. Clic en el tercer marco de la última columna. Con 10,5 pt, puede decirse que todo el marco es texto corrido, en que apenas hay subdivisiones (texto centrado en mayúscula, como el nombre del autor, o líneas). Todo ello está en un nivel de jerarquía 5.

[3] [V]. Clic en el segundo marco (*Considerable margen*). Con 20 pt, este es un subtítulo (jerarquía 4), eventualmente conocido como *bajada* pues está concebido para leerse como un todo con el texto precedente; esto es, que

es el "considerable margen electoral" el que "regresa al G.O.P. a la Casa Blanca", es el sujeto de la oración.

[4] Clic en el primer marco (*Regresa al G.O.P.*). En la configuración actual, que sigue fielmente la relación de puntajes en el diario original, este título (jerarquía 3) usa 36 pt.

[5] [V]. Activar el segundo marco de la página (*Posible barrida*). Según lo observado, ¿qué atributos corresponden a este título de jerarquía 2? Aquí se aplicará la Minion negrita cursiva para exhibición ([a]) en 57 pt ([b]). *Display* es el cuarto y último tamaño óptico, refinado para emplearse en puntajes superiores a 20 pt. Para presentar la integridad del texto, se reducirá el interletraje en -20‰ ([c]), siempre el mínimo necesario.

[6] ⇧⌘F. Forzar el texto a extenderse en toda la horizontalidad del marco, que cubre las ocho columnas.

[7] [V]. Activar el primer marco de la página (*Dewey derrota*) y asignarle la fuente Impact en 120 pt. El texto, en minúsculas, queda recortado.

[8] ⇧⌘F. Aunque usualmente se emplea para expandir el texto, ampliando el interletraje y distribuyendo el espaciado entre palabras hasta cubrir el marco, también puede emplearse para comprimir al mínimo aceptable en los valores predeterminados de justificación (con los que el espaciado de una palabra puede variar entre 80 y 133%).

[9] *Type > Change case > Uppercase* (Texto > Cambiar mayús./minús > Mayúsculas). El empleo de un texto exclusivamente en mayúsculas dificulta la lectura y tiende a interpretarse como un grito, por lo que es inaceptable para un cuerpo de texto; por esas mismas razones es apropiado

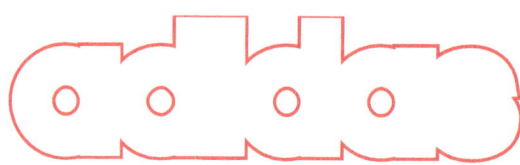

para un título (la escala del vistazo), más en un periódico (debe gritar como un *canillita*, quien vende el periódico en la calle) y no es gran inconveniente en textos cortos. Es decir, aunque sea por fracciones de segundo, es un inconveniente: la mente identifica las formas de las palabras, contornos que se diferencian mucho más alternando mayúsculas y minúsculas (por los ascendentes y descendentes); aún en una familia lineal geométrica, como Avant Garde, la forma de la "b" se distingue de la "d" en el "diccionario" mental; en un texto enteramente en mayúsculas, las letras se asemejan, igualan su alto y se hacen un bloque en que más errores pasan desapercibidos.[1]

[10] Dar al marco -25‰ de interletraje. Aun con -50‰ ([a] abajo), habría que descifrar el texto, inapto, así, para recogerse de un golpe de vista. ¿Y cambiar "derrota" por "vence" ([b])? Incluso colocar un sinónimo está absolutamente fuera de los límites de la composición de página, tarea para la que –cabe enfatizar (cfr. cap. IV.1)– el texto está

a

DEWEY DERROTA A TRUMAN
DEWEY VENCE A TRUMAN

b

---

1   En minúsculas, si se escribiera "aclidas" en lugar de "adidas", el parecido de la secuencia "cl" con la "d" haría al error más difícil de detectar que "adibas" por "adidas"; asimismo, un mínimo contacto con la lectura identificaría la "h" sobrante en "himportancia", pues ninguna palabra del español empieza con "himp" y será visualmente rechazada de inmediato. Si se escribe "Obama Sin Laden" en mayúsculas, el error puede esconderse con facilidad.

en griego y tiene principalmente valor gráfico, como mancha gris (lectura) o negra (guía). Ciertamente es esperable que, si se recibe un titular que dice "bence", <u>sí</u> se haga la corrección pues, con "v" y "b" juntas en el teclado, *probablemente* la intención del periodista era escribir "vence", pero la regla es que los correctores son esenciales en todo proceso editorial y no existe alternativa informática que pueda reemplazarlos.

"Viban" y "abisa a todos compañeros" escribe Vallejo; luego precisa la necesidad de "esta b del buitre en las entrañas".

[11] ⌘C (*Edit > Copy*), ⌘3 (*Object > Hide*). Copiar el marco y ocultarlo. Bastaría una compresión horizontal de 98% al texto para contenerlo; pero si se ha empleado el indispensable tiempo en identificar distinguidas familias tipográficas, con sus debidos ejes de ancho y peso, puede ocultarse lo logrado y explorar opciones en esta recreación.

[12] ⌥⇧⌘V (*Edit > Paste in place*). Se recupera el marco en su posición original.

[13] Asignar al marco la familia Acumin Condensed en ultranegra con -45‰. El texto se reduce mínimamente y queda ajustado al marco, pero puede verse que algunas letras se tocan ([a] abajo); con el límite de -25‰, solo dos letras se tocarían, pero si las palabras se confunden, es obvio que el marco no sirve como titular.

DEWEY DERROTA A TRUMAN (a)

DEWEY DERROTA A TRUMAN (b)

[14] Repetir [11]-[12] para ocultar la segunda versión.

[15] Asignar al nuevo marco Acumin extracondensada ultranegra, sin compresión de interletraje (0‰). Sin distorsión alguna en el texto, el puntaje puede subir a 131 pt ([b]).

Id

[16] ⇧⌘S (*File > Save as*). Guardar el archivo con otro nombre (explorar.indd).

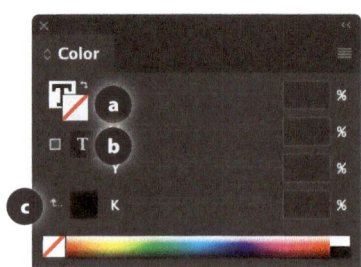

[17] [F6] (*Window > Color > Color*). En el panel de Color, clic en el icono del contenido (▣, [b]) y, con él activo, colocar en primer plano el delineado (▨, [a]); para finalizar, clic en asignar color (▪, [c]), que dará al texto un delineado negro. En general, nunca debería comprimirse el interletraje al punto que las letras se toquen, pero en un periódico, papel que absorbe muchísima tinta (cfr. cap.XIV.1), el efecto sería especialmente indeseable, similar al de un delineado.

[18] ⌘- (*View > Zoom out*). Incluso en el mínimo nivel de ampliación, este titular debería leerse.

[19] [F7] (*Window > Layers*). En el panel de Capas, repetir los pasos [17]-[18] para examinar cómo afecta el delineado a la percepción de las alternativas previas.

[20] ⌘W (*File > Close*). Cerrar descartando los cambios hechos después del paso [16].

Un mérito singular de este periódico de 1948 es la perfecta secuencia jerárquica: 10,5 pt en cuerpo (nivel 5), 20 en las *bajadas* (nivel 4), 36 en titular de columna (nivel 3), 57 en *bajada* principal (nivel 2) y 131 en titular principal (nivel 1). No va subiendo aritméticamente, de 10 en 10 pt: en una publicación la progresión debe ser geométrica, esto es, que cada nivel debe, al menos, duplicar el valor anterior para percibirse inmediatamente. El tercer nivel no duplica el puntaje del cuarto, pero cubre tres líneas y no dos, por lo que la jerarquía es clarísima. A diferencia de Pavlova (16,7 kg) respecto de su hermana (18,5 kg), el verdadero titular *aspira* a distinguirse desde el otro lado de la calle… y, concretamente, a invitarnos a cruzarla para saber más.

Capítulo VI
Definiendo la base

La depuración continua

No solamente sucede que la configuración de los atributos de carácter y párrafo involucre dos centenas completas de parámetros, sino que, mientras que la comprensión de algunos de ellos requeriría tipos muy especializados de publicación, la de otros exige la atención de captar las *sutilezas* que han perfeccionado la escritura a lo largo de siglos: esa habilidad humana en que una elipse de 0,179 mm² (el punto al final de este párrafo) nos dice que una idea ha terminado de expresarse.

Otra mirada al cronómetro, además, muestra que, lejos de sutileza, es una característica esencial tener un diseño de 6 abierto (6) en el segundero, indispensable en un instrumento de precisión que traicionaría su propósito si, en ese tamaño reducido, se confundiera con un 8, como los dados dodecaedros emplean marcas que distinguen el 6 del 9.

Por último, la millonaria investigación de Adobe sugiere que, si ya tenemos doscientos parámetros en 2024, la próxima versión podría tener diez más. Ciertamente, así se *haya conocido* todo lo que *había por conocer*, ¿cómo explotar lo *por conocer*? El tema singular más esencial de InDesign –como en Illustrator es la Pluma o en Photoshop es el ajuste de color– consiste en la definición de estilos, la posibilidad de ir refinando el trabajo a medida que más se conoce la herramienta.

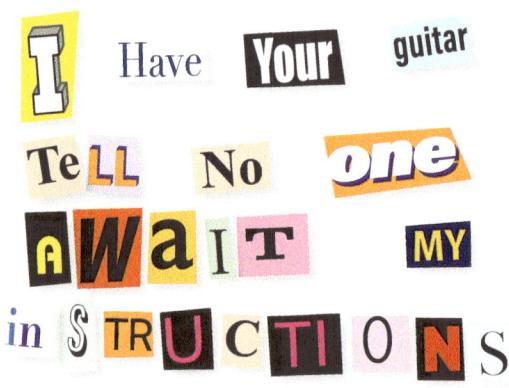

1. El primer estilo

El quinto capítulo dejó por tarea explorar Adobe Fonts en busca de opciones para el cuerpo de texto, piedra angular de las publicaciones. A esos resultados deberá agregarse –con los criterios que dan la versatilidad para marcar jerarquías– un nuevo *juego* de resultados. Así, la parte práctica de los dos capítulos anteriores no era seleccionar dos familias, sino de dos *juegos* de familias, dos categorías tipográficas definidamente distintas que, simplificándose en el filtro del panel de Carácter, serían fuentes con serifas y sin ellas.[1] Cualquier noción de estilo, en todo caso, está en las antípodas de las páginas que parecen notas de rescate, en que se recortan letras de diferentes impresos para impedir que se *identifique* al secuestrador; en el otro extremo, el estilo tiene que ver justamente con la construcción de una *identidad*.

[1] ⌘O (*File > Open*). De la carpeta del capítulo anterior, abrir el archivo "explorar.indd".

[2] [V]. Arrastrar el puntero de la flecha negra en medio de las columnas, creando un marco que las toque a todas.

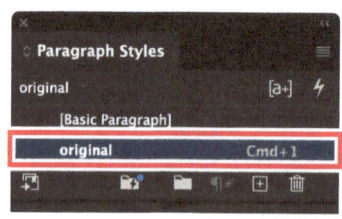

[3] ⌘+F11 (*Type > Paragraph styles*). Si los estilos constituyen el tema más importante de InDesign, el panel Estilos de párrafo bien puede ser el principal del programa… y, sin duda, es el más complejo.

---

1   *Tomada probablemente de* schreef *("raya" o "línea" en holandés), esta palabra se ha importado cruda a la jerga tipográfica o eventualmente castellanizada como "serifa", según se emplea en este libro, aunque traducirla como "pie" sería respetuoso de sus sutiles curvaturas venecianas (cfr. cap. IV.3); sans, en francés, significa "sin", aunque, curiosamente, en francés se prefiere hablar de* linéales.

[4] Presionando [⌥], clic en el penúltimo botón del panel, el signo de suma (⊞). Como se ha mencionado en la presentación (cfr. cap.1.4), la tecla Opción *opta* a la conducta predeterminada en los programas de Adobe y ya ha sido empleada para crear documentos pasando por alto el cuadro de diálogo (⌥⌘N); aquí, tendrá el efecto contrario, pues dar clic crearía un estilo, sin más ni más, mientras [⌥]+clic permitirá configurarlo.

[5] En el cuadro de diálogo, dar nombre al estilo (original, [a]) y verificar *Apply style* ([d]); opcionalmente, se le podría asignar un atajo personalizado ([b]) aunque, como se sabe, Aplicación rápida ya significa que la gran mayoría de recursos en InDesign tiene atajo con ⌘↵ y unas cuantas letras.

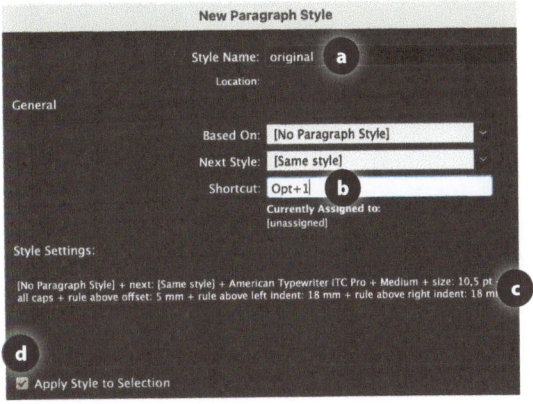

[6] ⇧⌘A (*Object > Deselect all*). Tras cerrar el cuadro de diálogo con [ok], eliminar la selección. Las ocho columnas han quedado aparentemente arruinadas, pero no tiene importancia, pues el espíritu de los estilos es, precisamente, partir de algunos valores básicos e irlos refinando.

[7] En el panel Estilos de párrafo, doble clic sobre la fila del estilo "original" (resaltado en la página opuesta). Esta acción vuelve al paso [5] con una diferencia: ya el estilo está aplicado y, de ahora en adelante, cualquier cambio que se haga en la configuración afectará a las cinco columnas y, si se hubiera empleado en decenas de páginas, en centenas de columnas o en miles de párrafos, visibles o no, tendría efecto en todo. La larga lista de detalles que se observa en la parte inferior ([c]) proviene de las características que presentaba el primer párrafo de la primera columna y debe depurarse.

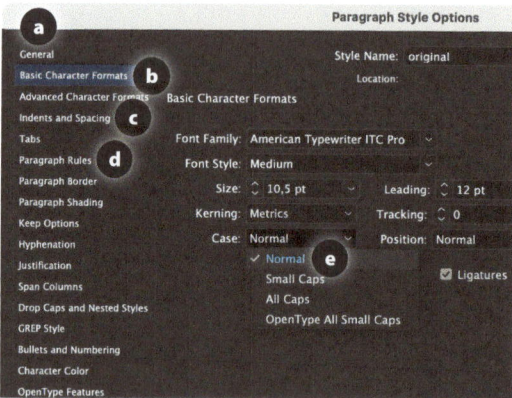

[8] Clic en Formato básico de carácter ([b]) y desplegar el menú *Case* para, con clic en Normal ([e]), desactivar el empleo de solo mayúsculas. Los cuatro primeros atributos han sido asignados en el capítulo anterior (familia, estilo, puntaje e interlineado); los demás valores son los predeterminados.

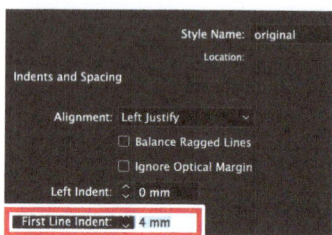

[9] Clic en Sangría y espaciado ([c] arriba), colocar la alineación en *left justify* (justificado con última línea a la izquierda) y darle a la primera línea 4 mm de indentado (resaltado al margen). Aunque separar los párrafos incrementa su legibilidad, se requerirían valores muy precisos para que las líneas coincidan entre columnas, por lo que lo habitual es simplemente indentar o *sangrar* la primera línea de cada párrafo.

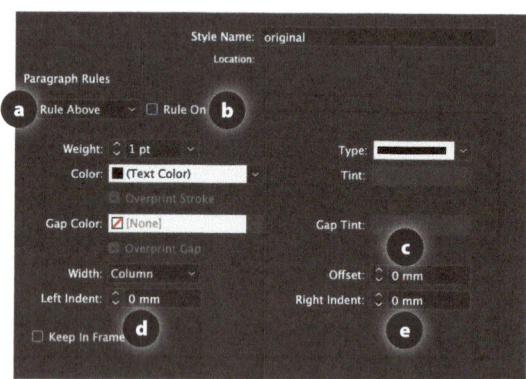

[10] Clic en Filetes de párrafo ([d] arriba) y, en el menú de reglas, presentar el filete superior ([a] al margen). Si bien bastaría quitar la verificación de la casilla con que se activa la regla ([b]), el estilo mejor definido es aquel que indica lo esencial, aquel que contiene la menor cantidad de instrucciones. Por ello, antes de desactivarla, conviene regresar el desplazamiento ([c]), la sangría izquierda ([d]) y la derecha ([e]) a 0 mm, el valor predeterminado, incluso si eso fuerza a repetir estos valores para un estilo de párrafo separador.

[11] Clic en General ([a] en la página opuesta, arriba). Puede verse, ahora, que la configuración revela ocho atributos, seis de los cuales han sido colocados deliberadamente: cuatro en el capítulo anterior (familia, estilo, puntaje e interlineado) y dos en el paso [9] (alineación y sangría de primer renglón); los otros dos valores, predeterminados como revelan los corchetes (*[No paragraph style + next: [Same style]*), se explicarán en el ejercicio inmediato.

[12] ⇧⌘S (*File > Save as*). Guardar el archivo con otro nombre (original.indd).

[13] ⌘K (*InDesign > Preferences*, Edición > Preferencias en PC). En la sección de Composición, verificar la casilla que detecta las transgresiones a la división de palabras y a la justificación (*Hyphenation and justification violations*). Al salir del cuadro de diálogo, 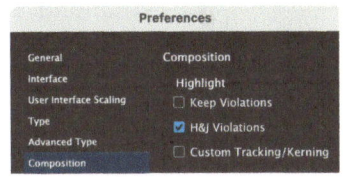 la presentación normal, desalentadoramente, mostrará en amarillo múltiples líneas, con intensidad que crece proporcionalmente con la gravedad de la infracción. ¿A qué se debe?

[14] Repetir el paso [2] y asignar a los marcos 9 pt. No solo este cambio no resuelve el problema sino que, él sí, es una verdadera violación al espíritu de InDesign, puesto que, una vez asignado un estilo, lo que corresponde es refinarlo en el panel Estilos de párrafo, no hacer modificaciones directas en el texto. 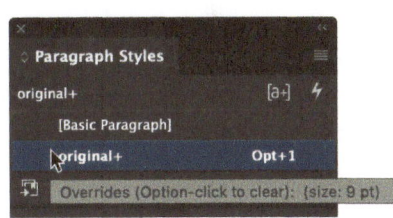 Con un signo de suma, el panel indicará el estilo *por encima del cual se ha pasado* y, si se mantiene el puntero, precisará qué es lo que se ha alterado.

[15] ⌘W (*File > Close*). Cerrar descartando los cambios hechos después del paso [12]. Protegido el avance, *no está de más* ver cómo puede minimizarse ese amarillo acusador activado en el paso [13]. Antes, veamos qué *está de menos*.

2. Definición en cascada

Las transgresiones detectadas en el proyecto en curso tienen cuatro razones, de las que son las más importantes: [1] las columnas son demasiado estrechas, [2] la división en sílabas es imprecisa (*v.gr.*, los apellidos son desconocidos) y [3] InDesign es realmente perfeccionista en cuanto a una óptima separación de palabras y todo le parece mal (lo que está muy bien). Pero hay una cuarta razón que, aunque no resuelve el problema, ayudaría puesto que, en columnas tan estrechas, la American Typewriter, imitando el monoespaciado de las máquinas de escribir, pierde espacio al menos en la mitad de las minúsculas (respecto de Times o Garamond, por ejemplo). La búsqueda encomendada en los capítulos anteriores cobra relevancia porque la familia que se está empleando en el cuerpo no es precisamente la ideal. Lo grandioso de los estilos es que puede seguirse dando formato a la publicación y, oportunamente, hacer el ajuste necesario.

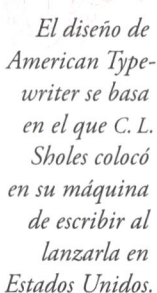

El diseño de American Typewriter se basa en el que C. L. Sholes colocó en su máquina de escribir al lanzarla en Estados Unidos.

[1] ⌘O (*File > Open*). De la carpeta del capítulo, abrir "original.indd", avance del ejercicio anterior.

[2] [V]. Con la flecha negra, doble clic sobre el nombre del autor del artículo en la octava columna (*By Arthur Sears*). Doble clic en un contenedor entra al contenido, lo que activa, en este caso, la herramienta de Texto. No hace falta seleccionar el párrafo.

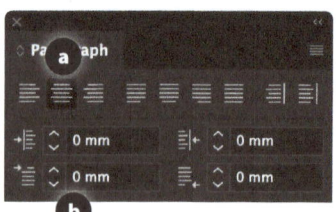

[3] ⌥⌘T (*Type > Paragraph*). En el panel de Párrafo, cambiar la alineación a centrada (clic en [a]) y, para que el párrafo esté verdaderamente centrado, dejar en 0 la sangría de primera línea ([b]). Como elemento de guía, el título debe "buscar" al lector para decir qué leer; no puede ser que haya que "buscar" el título, como se busca un capítulo en un índice o una entrada en el diccionario. Lo que sí puede ser (y, de hecho, fue el caso en el original, si se observa "224n10744-bknjj-02.jpg" en

la carpeta del cap.IV) es que se les dé unos atributos tipográficos tales que no se distingan del cuerpo de texto (o se distingan aritmética y no geométricamente, cfr. cap.V.5), es decir que, para una lectura breve,[1] los subtítulos pueden juzgarse innecesarios.

[4] ⌘+F11 (*Type > Paragraph styles*). En el panel Estilos de párrafo, nuevamente [⌥]+clic en el signo de suma (⊞). Crear un nuevo estilo con estas características significa que se planea emplear el formato de este minititulo repetidamente.

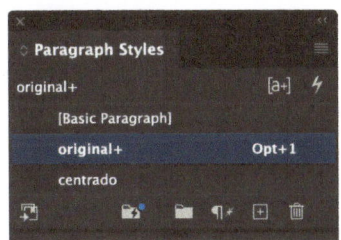

[5] En el cuadro de diálogo, dar nombre al estilo ([a], centrado) e indicar que, como suele corresponder al título, el siguiente estilo sea cuerpo de texto (original, [b]). Por su empleo reducido, ciertamente no se necesita un atajo ([c]); no debe perderse de vista lo especificado en la configuración ([d]).

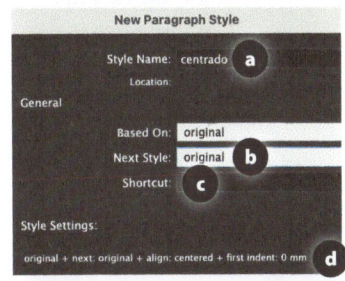

[6] En la sección de Formato básico, seleccionar el estilo condensado (resaltado) y aplicarle *All caps* (Todo en mayúsculas); lamentablemente, esta familia no tiene una seminegrita, que correspondería al original.

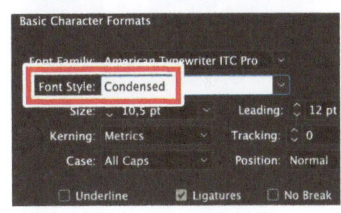

[7] Colocar el punto de inserción en el primer subtítulo de la octava columna (*Illinois is included*) y ⌘↵. Bastará con escribir la "c" para que InDesign, inteligentemente, presente el estilo "centrado", por lo cual

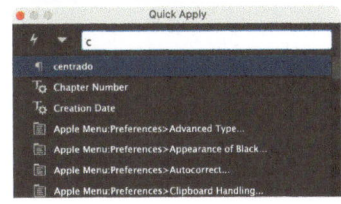

---

1 *Aunque ocupen más de 40 cm de alto, el ancho hace que las columnas contengan textos cortos, que no necesitan realmente subdividirse (en textos aún más cortos); con ese probable criterio, los editores del* Chicago Daily Tribune, *en esta muestra de 1948, presentan títulos "nominales" en el cuerpo de texto, es decir, que no destacan en absoluto.*

Id

Aplicación rápida es la forma ideal de dar estilo a un texto, incluso si el panel Estilos de párrafo está en pantalla.

[8] Con el punto de inserción en el segundo minititulo de la columna (*New Deal repudiated*), repetir el paso anterior.

[9] ⇧⌘S (*File > Save as*). Guardar el archivo con otro nombre (centrado.indd).

[10] Cuádruple clic en el primer párrafo del cuerpo de texto (*Dewey and Warren*). Dar un solo clic simplemente coloca un punto de inserción; doble clic selecciona la palabra entera; triple clic, la línea; cuádruple clic, el párrafo, y quíntuple clic, el artículo en su totalidad. Desde luego, es posible simplemente arrastrar el *mouse* sobre el párrafo, pero, en verdad, la operación es más parecida a dar cuatro clics en el mismo punto que a un (frenético) cuádruple clic.

[11] [F5] (*Window > Color > Swatches*). En el panel de Muestras, verificar que el formato se aplique al contenido (clic en ▣, [b]), clic en muestra superior izquierda para poner el relleno en primer plano (▣, [a]) y, finalmente, clic en la muestra "m" ([c], ya definida en el archivo), con lo que al párrafo íntegro se le aplicará esta definición, que es magenta puro.

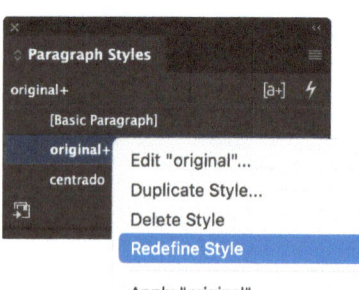

[12] Colocar el puntero sobre el nombre del estilo, "original+", operación que (como se vio en el paso [14] del ejercicio previo) revelará que la modificación es el color.

[13] Clic secundario sobre el estilo y, en el menú emergente, *Redefine style*. Al redefinir el estilo, la aplicación de color se integra a la definición y, por

lo tanto, *fluye* del párrafo a todos los párrafos, en todas las columnas y, principalmente, fluye al estilo "centrado".

[14] Seleccionar algún minitítulo, modificarlo (por ejemplo, un delineado negro de 0,15 pt daría la apariencia de seminegrita) y redefinirlo. Como puede intuirse, el cambio únicamente se actualiza a los otros minitítulos y, desde luego, no afecta al cuerpo de texto.

[15] ⌘W (*File > Close*). Cerrar descartando los cambios realizados después del paso [9].

El lenguaje css, uno de los fundamentos de la red mundial, es la abreviatura de *cascading style sheets*; expresión que, ahora puede entenderse, debería traducirse como "hojas de estilos definidos en cascada". En InDesign, igualmente, si bien la jerarquía es esencial en la forma de presentar la página, lo es tanto o más para definir qué estilo es principal (base), cuál se deriva directamente de él y cuál se deriva de los derivados. Con lo revisado, por ejemplo, podría crearse un estilo basado en el minitítulo que recuperara la línea puesta como separador. Pero, si se modifica el estilo base –encontrando una familia más apropiada, que no ensanche la mayoría de los caracteres o que tenga seminegrita condensada–, ese cambio fluirá tanto al minitítulo como al estilo de tercer nivel, el separador con línea…, lo que es el pie para hablar de lo que *está de menos*.

Por razones prácticas, las muestras de este libro utilizan al mínimo posible el catálogo de Adobe Fonts como una implícita invitación a rehacer los ejercicios íntegramente con otras familias tipográficas. Explicitándola, es válido decir que, aunque el objetivo de cada proyecto es presentar una técnica a la vez, todos ellos sirven para la indispensable experimentación con cada nuevo tema: trabajar correctamente con estilos significa que el primer paso no tiene que ser perfecto, pues todo lo que vaya perfeccionando puede fluir.

3. Colocar texto

Tomando breve consciencia de los innumerables privilegios que supone haber nacido –*alea* natal– en una cultura con escritura que, *además*, tenga acceso a la imprenta y en la que, *además*, exista la consciencia cultural de la infancia, como etapa que exige tratos y cuidados especiales, es muy posible que los cuentos para niños sean el primer contacto con la lectura y con la literatura. Tener que crear una obra fantástica, que merezca ser leída y releída y, además, breve puede ser la exigencia máxima para un autor; desde el punto de vista formal, dotar al texto de máxima legibilidad resulta un excelente ejercicio de composición de página.

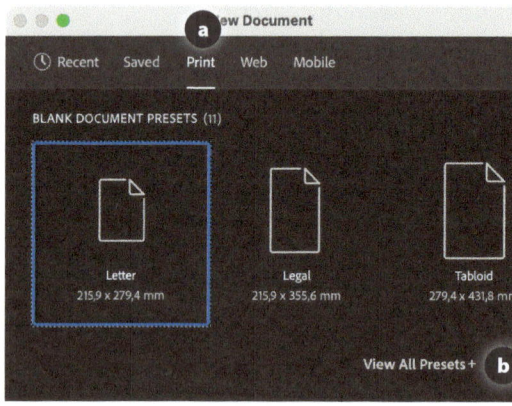

[1] ⌘N (*File > New > Document*). Crear un nuevo documento; en la parte superior del cuadro de diálogo, seleccionar la categoría de impresión (*Print*, [a]) y, en ella, clic en *View all presets* ([b]) para mostrar las preconfiguraciones más populares de papel, entre las que se activará el formato A5.

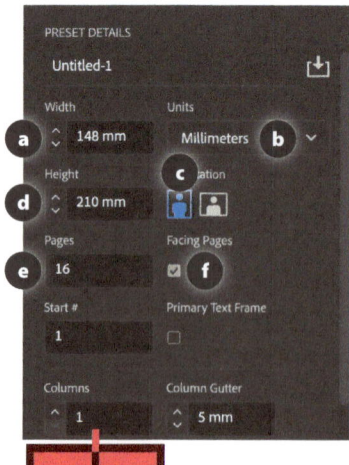

[2] Con las unidades en milímetros ([b] abajo), verificar el ancho en 148 mm ([a]) y el alto en 210 mm ([d]), lo que significa una orientación vertical ([c]); luego, especificar 16 páginas ([e]) que, gracias a la casilla predeterminada (*Facing pages*, [f]), estarán enfrentadas. Crear documentos desde cero no es el proceso más habitual en InDesign, pero, puesto que requiere configurar múltiples parámetros –todavía hacen falta algunos en el paso siguiente antes de dar clic en *Ok*–, los atajos ayudan. Así, si se desea especificar

una medida particular de ancho (digamos, 160 mm), ya con el campo activo bastará [▲] para subir de milímetro en milímetro (de 148 a 149) y ⇧▲ para subir de diez en diez (de 148 a 150, y luego de 150 a 160).

[3] [→|].[1] Avanzar hasta los márgenes y, con los valores encadenados (🔗, resaltado), colocar 15 mm de base; luego, dar clic en la cadena para desvincular los valores (⧉) e ingresar 20 mm como margen superior para, finalmente, aceptando los demás valores predeterminados, clic en *Create*.

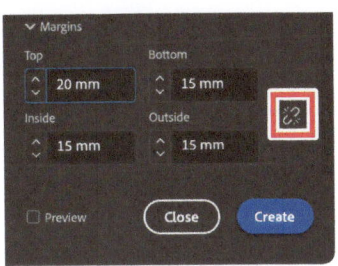

[4] ⌘D (*File* > *Place*). De la carpeta del capítulo, seleccionar "oshtadnd.txt" y, en el cuadro de diálogo, verificar la casilla *Show import options*. Con ella, se podrá especificar –en el paso inmediato– la manera en la que se quiere traer este documento a InDesign. Al colocar texto, es buena práctica tener una referencia impresa, en la cual corroborar si se le ha dado formato (cursivas, negritas) al original; en este caso, esa consulta podría realizarse en "oshtadnd.pdf".

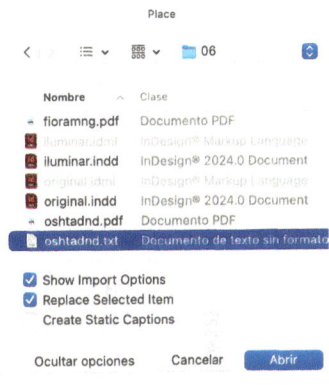

[5] En las opciones de importación, especificar el juego de caracteres Unicode UTF-8 ([a]) y el idioma en español ([b]); es visualmente más informativo aceptar el reemplazo de las comillas rectas (") por las tipográficas, que distinguen abrir (") y cerrar (") comillas, por lo que se verificará la casilla *Use typographer's quotes* ([c]).

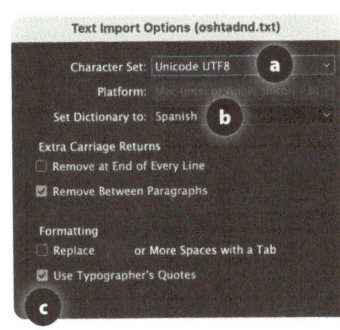

---

1   *Puesto que las manos están en el teclado para ingresar valores en el paso anterior, pueden aprovecharse las técnicas generales del sistema operativo para avanzar de campo en campo con la tecla de Tabulación, o retroceder entre ellos con* ⇧→|.

[6] Colocar el puntero de *texto cargado* en la esquina superior izquierda de la *caja* y, cuando la flecha se vuelva blanca, dar clic. La caja es el recuadro definido por los márgenes establecidos en el paso [3], área en que deben quedar contenidos (*encajados*) los contenidos principales. Lejos de los márgenes, la flecha lucirá negra, pues el blanco indica *snapping*, esto es, que se atraerá "magnéticamente" a la guía. Además de lo que se observa al margen, al puntero se le añadirán las primeras líneas del texto que se ha de colocar.

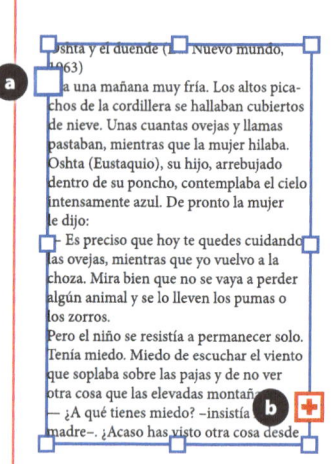

[7] Colocar el puntero sobre la *casilla de salida* ([b]) del marco creado y dar clic, lo que volverá a mostrar el puntero de texto cargado. Cada marco de texto tiene una casilla de entrada ([a], debajo del manipulador superior izquierdo) y otra de salida (sobre el manipulador inferior derecho). Cuando un marco es inicio de artículo, como en este caso, la casilla de entrada luce vacía; si el texto no está contenido en su integridad, la casilla de salida, en lugar de estar vacía, mostrará un signo de suma (✚), indicando que hay *más* texto.

[8] ⌥✥ (*Layout > Next spread*). Avanzar a las págs. 2-3.

[9] Presionando [⌥], que dará al puntero el aspecto de flecha punteada que se observa al margen, clic en el ángulo superior izquierdo de la caja en la pág. 2. A diferencia de lo realizado en el paso [6], la tecla de Opción mantiene el puntero cargado, permitiendo crear, simplemente con clic, un nuevo marco de texto *vinculado* en el ángulo superior izquierdo de la caja en la pág. 3.

[10] [V]. Con la flecha negra, cambiar las dimensiones del marco en la página. En marcos vinculados, el texto es indestructible; esto es, que, si se reduce el marco de la pág. 2,

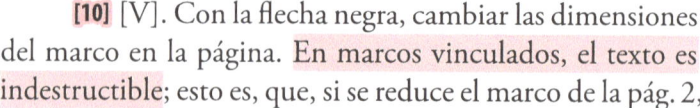

las líneas que se pierdan pasarán a la pág. 3; si se eliminara el marco de la pág. 1, el de la pág. 2 pasaría a ser el inicio del artículo (casilla de entrada vacía); ahora, en cambio, la pág. 2 muestra una flecha en cada casilla, que indica que el texto contenido proviene de un marco y prosigue en otro.

[11] [V]. Con la flecha negra, clic en el marco de la pág. 3 y eliminarlo ([⌫]). En consecuencia, la casilla de salida en la pág. 2 mostrará el signo de suma (texto sin colocar).

[12] Clic sobre el signo de suma y, con el puntero de texto cargado, presionar [⇧]. A diferencia del *flujo manual* del texto (paso [6]) que solo coloca un marco a la vez, o del *semiautomático*, que coloca marcos consecutivos mientras se dé [⌥]+clic (paso [9]), el *flujo automático* muestra una flecha continua, haciendo [⇧]+clic con la cual se añadirán tantos marcos como sean precisos, ocupando exactamente la caja, hasta el límite de las páginas definidas (cfr. cap. II. 5).

[13] *View > Extras > Show text threads*. El comando Mostrar enlaces de texto trazará líneas entre las casillas de entrada y salida; si se reduce la vista lo suficiente (⌘-), se verá el enlace mostrarse entre los desplegados.

[14] Recorrer la publicación observando el texto; ya que el cuento fluye en páginas consecutivas, no es especialmente útil ver los enlaces de texto y puede repetirse el comando anterior (ahora dirá *Hide text threads*) para ocultarlos.

[15] ⌘S (*File > Save*). Guardar (colocado.indd).

InDesign puede describirse como un Illustrator con contenedores, en tanto reducir los marcos no distorsiona el texto (de redondas a comprimidas, digamos) ni afecta al puntaje; simplemente cambia la cantidad de texto contenido que, al no ser distorsionado, mantendrá toda la legibilidad que se le ha asignado mediante el estilo.

4. Estilos de carácter

La palabra "infante" se refiere a los niños muy pequeños y filtra en el adjetivo "infantil" alguna marca negativa
por la que no sería "cuento infantil" la forma de describir *El
príncipe feliz* de Oscar Wilde o "La rosa marina" de *Las mil
y una noches* o *Rikki-Tikki-Tavi* de Rudyard Kipling. Como
ellos, *Oshta y el duende* podría ser mejor descrito, solo por
su connotación, como un "cuento para niños" que, aunque
puede ser una primera lectura ideal para un infante, podrá
ser releído y mejor apreciado por un joven y, posiblemente, mejor leído y aún más apreciado por un adulto. ¿Qué
características formales optimizan esas lecturas y relecturas?

[1] ⌘O (*File > Open*). De la carpeta del capítulo, seleccionar el archivo "colocado.indd".

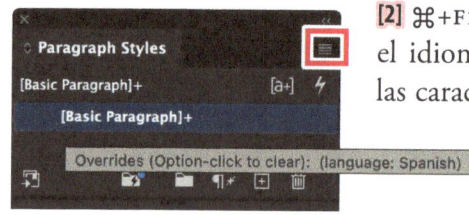

[2] ⌘+F11 (*Type > Paragraph styles*). Excepto
el idioma (paso [5] del ejercicio anterior),
las características del texto son las predeterminadas. Justamente por ello, al
entrar al texto, aparecerá (doble
clic) el signo de suma en *[Basic
paragraph]* y, deteniendo el puntero, se verá
cuál es el *override* (traducido como "cambio", "modificación",
"anulación", pero que, literalmente, es "pasar por encima").

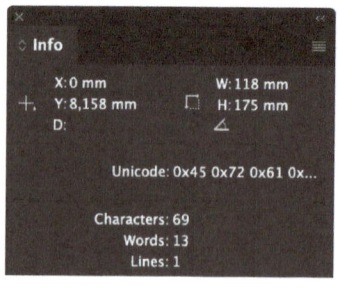

[3] [V]. Con flecha negra, doble clic en
la segunda línea del marco en la primera
página (se entra al contenido y se activa la
herramienta de Texto) y, con el punto de
inserción en medio de cualquier palabra,
triple clic para seleccionar toda la línea.

[4] [F8] (*Window > Info*). En el panel Información, verificar la cuenta de caracte-
res. Se toma un largo de línea entre 70 y 80 caracteres como
ideal para la lectura con el interlineado predeterminado, de

120% del puntaje y puede comprobarse que el estilo básico, con márgenes laterales de 15 mm, en el tamaño más común de libro (cercano al A5), se tiene un valor ideal para lectura. Por encima de ese largo, el interlineado debe crecer.

Por ello, monografías y trabajos académicos, presentados en formato A4, emplean interlineado doble.

[5] ⌘A (*Select > All*). Seleccionar todo el texto. Este comando se extiende al artículo entero, sin importar a lo largo de cuántos marcos vinculados esté desplegado.

[6] En el menú de Opciones del panel Estilos de párrafo (resaltado en la página opuesta), *New paragraph style* (o puede darse [⌥]+clic en el penúltimo botón, ➕).

[7] En el cuadro de diálogo, dar nombre al estilo ([a]) y aplicarlo a la selección ([b]). Evidentemente, podría precisarse una familia tipográfica, el puntaje o cualquiera de los doscientos parámetros del estilo; pero, según sucederá aquí, mientras un estilo se base en otro,

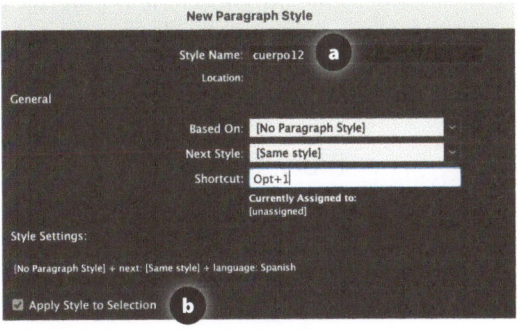

es posible centrarse en las características del estilo secundario mientras el primario todavía se perfecciona.

[8] En la sección de Sangría y espaciado, justificar el texto (resaltado) y clic en *Ok*, para salir del cuadro de diálogo. Con la división de palabras activa (valor predeterminado), la justificación es la forma más típica de disponer el texto

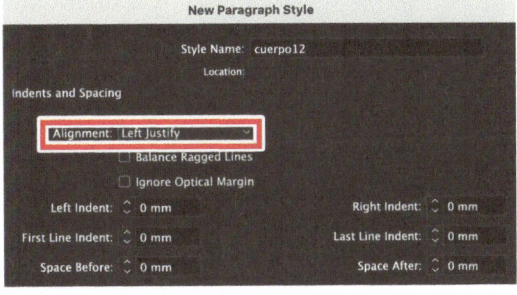

en prosa; crea un bloque uniforme que da la sensación de un texto más (en)cuadrado. ¿Tal vez excesivamente rígido?

[9] ⌘K (*InDesign > Preferences*, Edición > Preferencias en pc). En la sección de Composición, verificar *H&J violations*. Como se hizo en el primer ejercicio del capítulo, este valor mostrará una tonalidad de amarillo cuya intensidad crece en forma directamente proporcional a lo alejada que esté la línea de una separación ideal. En este formato (a5), con este puntaje (12) y con este largo de línea (70 cpl, *characters per line*), InDesign apenas tiene ligeros problemas en un 6% de las líneas.

[10] ⌥⇕ (*Layout > Next spread*). Recorrer la publicación. Podrá corroborarse claramente que todas las páginas comienzan en el mismo punto arriba y a la izquierda; abajo, sin embargo, los márgenes definidos dejan casi una línea adicional en blanco.

[11] ⌥⌘0 (*View > Fit spread in window*). Encajar las páginas 2-3 en la ventana.

[12] Doble clic en el nombre del estilo creado (cuerpo12). Para las siguientes modificaciones, además de presentar páginas enfrentadas, es importante, en la parte inferior del cuadro de diálogo, verificar la casilla *Preview* (Previsualizar) para ir viendo qué efecto tienen los cambios que se realizarán.

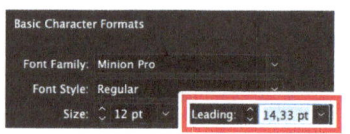

[13] En la sección de Formato básico, establecer un interlineado de 14,33 pt, reducción de 0,07 pt sobre el valor predeterminado (*i. e.*, 0,025 mm) que, sin embargo, basta para acomodar una línea más en la caja. Desde luego, los márgenes o el puntaje pueden modificarse, pero, en una publicación basada en texto, determinar el valor del interlineado marca múltiples referencias de composición; por ello, antes de pasar a la siguiente sección, conviene dar clic sobre la palabra *leading*; acción con la que, en los programas de Adobe, tanto el valor como la unidad quedarán seleccionados y podrán copiarse con ⌘C.

[14] En Sangría y es-
paciado, experimentar con
la separación anterior (*space*

before, [b]); tanto esta como la posterior ([c]) tienen el inconveniente de *desalinear* el texto, en tanto que, salvo que se
ponga exactamente una línea de espaciado (o sea, 14,33 pt,
el valor establecido en el paso anterior), algunas cajas termi-
narán más arriba o más abajo, según el número de párrafos
que contengan. Aquí, ambos espaciados quedarán en 0.

[15] Clic en la frase *First line indent* ([a]) para seleccionar todo el contenido del campo (como en el paso
[13]) y pegar (⌘V) el interlineado. Aunque este valor está
definido en milímetros, InDesign hará automáticamente la
conversión de unidad al pegar los 14,33 pt. Para percibirse
con facilidad, la sangría de primera línea nunca debería ser
inferior al interlineado y no es usual que sea mayor que el
margen de la propia página.

[16] Repetir el paso [10]. Al revisar la publicación con
estos nuevos valores, se verá que han aparecido algunos
ligeros problemas adicionales, como que han desaparecido
algunos de los que se tenían; pero el único párrafo con
múltiples líneas observadas es el primero, lo que es perfecto.

[17] Doble clic para
la primera palabra del
cuento, "Era"; con ella
seleccionada, colocar el
puntero sobre el icono
de OpenType en la par-
te inferior (*O*) y, en el
menú emergente, activar

All small caps. El texto en
versalitas podría distinguir, al menos, la primera palabra
del cuento, pero, considerando que apenas la sangría en el
primer renglón separa los párrafos, podría hacerse más.

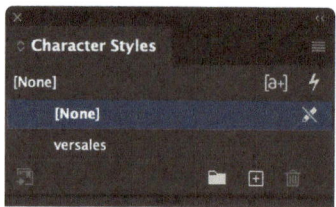

[18] ⇧⌘+F11 (*Type > Character styles*). Este panel permite diseñar estilos que pueden aplicarse, incluso, a una sola letra. Aquí, en el panel, [⌥]+clic en ⊞ ; en el cuadro de diálogo, basta dar nombre al estilo, que adoptará las versalitas dadas a la palabra activa.

[19] ⌘+F11 (*Type > Paragraph styles*). En el panel Estilos de párrafo, [⌥]+clic en el nombre del estilo (cuerpo12); con la selección activa, el nombre aparecerá con el signo de suma (debido a las versalitas aplicadas), las que se eliminarán con el atajo; el estilo de carácter, desde luego, sigue existiendo.

[20] Repetir el paso [6]. Al crear un nuevo estilo de párrafo con la selección activa, este se basará automáticamente en el estilo existente (la descripción dirá *cuerpo12+Next: [Same style]*); el objetivo es distinguir la primera línea con versalitas (en el archivo de muestra, el estilo será "versal12").

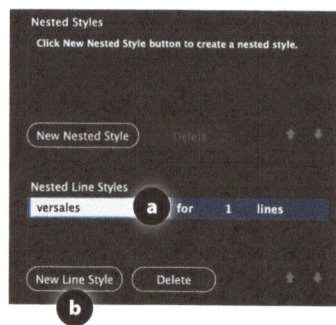

[21] En la sección *Drop cap and nested styles* (Capitulares y estilos anidados), clic en el *New line style* ([b]) y, en el menú de estilos ([a]), buscar el creado en el paso [18]; tras ello, cerrar el cuadro de diálogo con *Ok*. Así, la primera línea, sin importar cuántas palabras tenga y sin necesidad de selección, cargará las versalitas. Desde luego, esta es apenas una entre varias docenas de opciones y, ciertamente, sería posible establecer una familia tipográfica diferente, con otro estilo, un color específico…, del mismo modo que el "[21]" con que comienza este paso emplea –a diferencia del resto del párrafo– una fuente lineal condensada y subrayada. Diferentes publicaciones tienen diferentes necesidades de resaltar uno o varios caracteres iniciales y el formato debe ir en función de esas necesidades; en un diccionario, por ejemplo, la primera palabra debe destacar lo exactamente suficiente para facilitar la búsqueda de entradas.

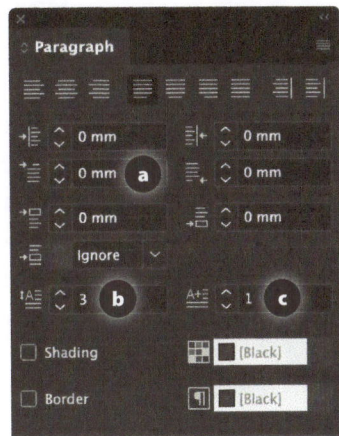

[22] ⌥⌘T (*Type > Paragraph*). Con el punto de inserción en el inicio del cuento, ir al panel de Párrafo, dar al primer carácter alto de tres líneas (lo que se conoce como capitular, [b]), y eliminar la sangría de primera línea ([a]). La "e" aparece reducida por causa de las versalitas, que se cambiará en el siguiente paso. Aunque este puede aplicarse a más caracteres ([c]), ya no tendría que aplicarse en forma manual y, de hecho, ¿por qué se está aplicando ahora directamente al párrafo, en vez de modificar el estilo?

[23] Seleccionar la "e" y, en las Opciones del panel Carácter (⌘T, *Type > Character*), *All caps*. Al pasar la letra a mayúsculas, se desactivan las versalitas (deberían desactivarse como se activaron en el paso [17], pero con una sola letra seleccionada no es posible).

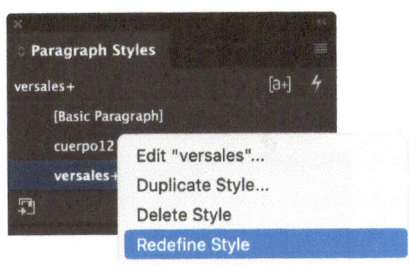

[24] ⌘+F11 (*Type > Paragraph styles*). Con el punto de inserción en la segunda línea (no puede ser la primera para que las versalitas no se actualicen al párrafo entero), clic secundario sobre el nombre del estilo (versales+) y *Redefine style*. Al redefinirlo, desaparecerá el signo de suma y los cambios efectuados se incorporarán.

[25] ⇧⌘S (*File > Save as*). Guardar el archivo con otro nombre (versales.indd).

Al experimentar, es más fácil modificar directamente el texto, con las demás instancias del estilo como referencia; si el experimento no llega a buen puerto, se repite el paso [19] y se vuelve a la base; si la modificación significa una mejora, el paso [24] la acogerá para toda próxima aplicación e, incluso, alguna posible publicación futura.

5. **Pares especiales**

De todos los valores del panel de Carácter, hay uno que no se ha mencionado en absoluto y que la mente más curiosa (incluso aquella que haya descubierto el error más garrafal del célebre *Chicago Tribune* de 1948) no puede penetrar por simple experimentación. Para empezar, la palabra *kerning* es irreductible (y, así, "intraductible"); no se refiere al interletraje general, que requiere una selección (*tracking*, [a]), sino al "interletraje óptico" que viene con la fuente (*Metrics*), es proporcionado por InDesign (*optical*) o se personaliza con un punto de inserción entre dos caracteres ([b]).[1] En general, el *kerning* –esencial en los logotipos– no tiene gran aplicación en las publicaciones… fuera de los capitulares.

[1] ⌘O (*File > Open*). De la carpeta del capítulo, abrir "capitals.indd". He aquí el conjunto de mayúsculas con motivos florales de la fuente Fiora Monograms. Al abrir el archivo (cfr. cap.ɪᴠ.1), deberán activarse, asimismo, Gill Sans y Priori, empleadas en los proyectos de los capítulos ɪɪ y ɪɪɪ.

[2] ⌘O (*File > Open*). De la carpeta del capítulo, abrir el archivo "capitulr.indd", el avance del ejercicio anterior.

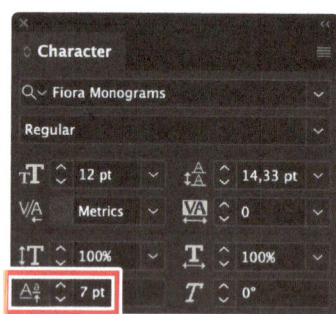

[3] [T]. Arrastrar la herramienta de Texto sobre la "E" colocada como capitular.

[4] ⌘T (*Type > Character*). En el panel de Carácter, asignar la "E" a la familia Fiora Monograms y, para no perder legibilidad en la cuarta línea, desplazarla 7 pt sobre la línea de base (resaltado).

---

1   *Que es la razón por la que mi traducción personal es "pares especiales". Por sus formas usuales, la contigüidad de ciertas letras da la apariencia de crear una mayor separación que la que el resto de parejas presentan entre sí, siendo típico que la "A" (que parece una flecha hacia arriba) cree un minivacío al lado de la "V" (que parece una flecha hacia abajo): tan identificado problema es la razón por la que ese par está representado en el icono.*

[5] ⌘↵. En Aplicación rápida, escribir "new c"; secuencia que, según se comprueba, basta para presentar en primer lugar la creación de un estilo de carácter; para cerrar el cuadro de diálogo emergente, bastará con darle nombre al estilo (iluminar), después de verificar en la configuración que, junto a los dos atributos que se dieron en el paso ante-

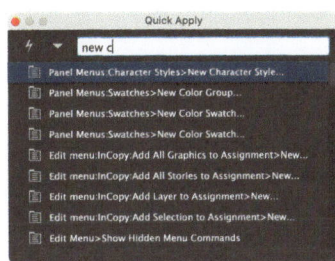

rior, figura el empleo de mayúsculas (paso [23] del ejercicio previo). Desde luego, la misma operación puede realizarse en el consabido panel Estilos de carácter, pero nada mejor que tener opciones cuando el programa, dada la selección, es tan inteligente en ofrecerlas.

[6] ⌘+F11 (*Type > Paragraph styles*). Si se detiene el puntero sobre el nombre del estilo o sobre el penúltimo botón, *Clear overrides*, se observará que diferentes teclas modificadoras permiten eliminar con precisión diferentes tipos de modificaciones, lo que hace más sencillo dar clic secundario y emplear *Apply "versales", clear overrides* ([b]): los atajos deben servir únicamente para agilizar las operaciones frecuentes (no es el caso actual); esto es aún más válido en InDesign, con la Aplicación rápida.

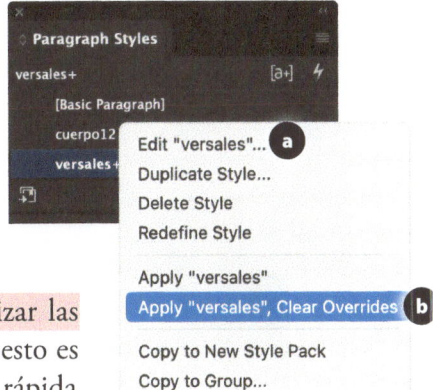

[7] Clic secundario sobre el nombre del estilo "versales" y, en el menú emergente, *Edit "versales"* ([a]). Aunque, en este caso, el efecto sería igual a dar doble clic en el nombre, esta alternativa de clic secundario es realmente útil, pues permite modificar un estilo <u>sin</u> aplicarlo.[1]

---

1   *Por ejemplo, si en este momento se hiciera doble clic en "cuerpo12", se le aplicaría indebidamente al primer párrafo antes de entrar al cuadro de diálogo; con clic secundario se podría, por ejemplo, alinear el estilo de cuerpo a la rejilla (cfr. cap. VII.2), cambio que fluiría al estilo "versales", que se basa en él. De hecho, incluso si no hubiera ningún marco activo, dar doble clic haría que el nuevo estilo predeterminado en la publicación fuera "versales" (no* [Basic paragraph]*).*

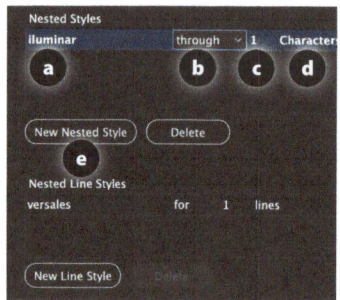

[8] En la sección Capitulares y estilos anidados, clic en *New nested style* ([e]) y, en el menú emergente, ubicar el estilo recién creado ([a]) para aplicarlo a lo largo ([b]) de un ([c]) carácter ([d]). Con ello, el estilo del primer párrafo, basado en el cuerpo pero con dos estilos de carácter anidados, queda *básicamente* listo (según cuánto quiera distinguirse el inicio del párrafo, decenas de otras opciones están disponibles). El capitular, sin embargo, tiene un refinamiento manual obligatorio.

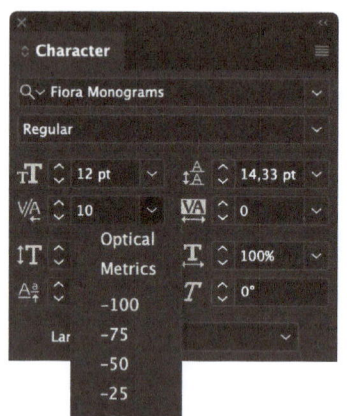

[9] Colocar el punto de inserción después de la "E". En Minion, como en toda fuente de prestigio, el *kerning* métrico debe respetarse: la separación entre sus caracteres es parte del diseño; excepto que ¿qué respeto cabe exactamente cuando se tienen dos familias distintas (o incluso estilos de la misma familia)? En ese caso, el *kerning* óptico ignora la información contenida en las fuentes y decide, por sí mismo, cuál es la óptima separación. En el caso de los capitulares, puede uno juzgar cuál es la separación óptima no solo entre el primer carácter y el segundo, sino entre aquel y las múltiples líneas con las que se indenta. El ejemplo empleará 10‰, valor que tiene la virtud de establecer un espaciado sin fallas en el párrafo.

[10] ⇧⌘S (*File > Save as*). Guardar (iluminar.indd).

Aquí, la "e" está entre las trece letras que no causan problemas, pero las demás *oscurecerían* la lectura; designio opuesto al que, en manuscritos e incunables, cumplían los iluminadores que dibujaban estos caracteres. Este elemento, no realmente repetitivo, puede enriquecerse a discreción; los que son realmente repetitivos en una publicación exigen otros recursos, como mostrará el capítulo inmediato.

Capítulo VII
Elementos maestros

Niveles de estilo

Contando únicamente los niveles de carácter y de párrafo, un texto puede equivaler a tantas *decenas de decenas* de características que, incluso quien haya pasado laborioso tiempo definiéndolas –y un tiempo aún más valioso perfeccionándolas–, es inconcebible que las recuerde todas cada vez, pues el riesgo de olvidar una significa perder cierta intencionalidad, posiblemente algún nivel de funcionalidad e, inevitablemente, parte de la identidad. El estilo del texto identifica a la publicación.

Desde luego, la necesidad del estilo no es –en absoluto– específica de la composición de página. Procesadores de texto, hojas de cálculo y, notoriamente, las páginas que recibimos de la red mundial se articulan sobre estilos que, aunque no lleguen a los meticulosos refinamientos tipográficos que ofrece InDesign, responden a la necesidad de dar identidad (hacer identificables) a los documentos que producen.

Pero, puesto que el área más creativa de las publicaciones consiste en integrar ese cuerpo de texto con títulos, gráficos y fotografías, formas y colores, a esa uniformidad del texto debe agregársele la que se expresa en una consistencia de márgenes, de número de columnas, de la posición de elementos repetitivos como cabeceras y pies de páginas, la regularidad que nos dice dónde buscar el número; rápidamente, las páginas maestras pueden ser entendidas como el estilo de las propias páginas.

1. Enhebrar marcos

Que una casa editorial haya alguna vez publicado obras completas de Shakespeare, Molière, Goethe, Dostoyevski y Eça de Queiroz resulta impresionante; que se haya extendido dieciséis siglos para editar todo Virgilio hace al sello admirable; que, entre ellos, del medioevo árabe, haya recogido las cinco mil páginas de *Las mil y una noches* resulta increíble (todavía es menos creíble que hayan *encargado* las traducciones). Pero, como el financiamiento no fue ningún genio, servidor de algún anillo o lámpara, es fácil imaginarse que todos estos títulos de la editorial Aguilar son difíciles de conseguir y que, por tanto, ver las páginas con que inicia la noche milésimo primera es un privilegio de bibliófilo.

La selección de autores únicamente muestrea un recorrido de cuatro siglos (XVI al XIX) en cinco idiomas.

[1] ⌘O (*File > Open*). De la carpeta del capítulo, abrir "marginal.indd". La misma carpeta contiene, a la medida del original, fotografías de las páginas 1546 y 1547 del tercer tomo en que, como se ve, inicia la noche final de las noches.

[2] ⌥⇅ (*Layout > Next spread*). Recorrer la publicación que, aparentemente vacía, ha definido poco fuera de los márgenes y el número asignado a las páginas; si se miran las fotos, la diferencia principal será la división en columnas.

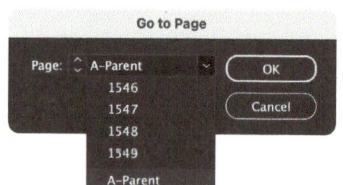

[3] ⌘J (*Layout > Go to page*). En el cuadro de diálogo, basta con escribir "a" y [↵]. Sin embargo, si se desplegara el menú de páginas, se verá que este documento, en particular, empieza en la pág. 1546 (es decir, en par) y que contiene dos pares de enfrentadas, además de las que, secretamente, añade InDesign, llamadas *A-parent*: el lugar en que se ubican los elementos repetitivos o invariables de la publicación, llamado "página maestra".[1]

---

1 *Puesto que* master *significa "amo", la corrección política de Adobe ha decidido recientemente que no puede hablarse de páginas "amas" y "esclavas" y ahora habla de páginas "madres" e "hijas" (*parent/child). *Este libro retiene la traducción original de "página maestra", ahora oficialmente cambiada a "página principal".*

[4] *Layout > Margins and columns* (Maquetación > Márgenes y columnas). Dividir la página maestra en dos columnas con 4 mm de separación (*gutter*). ¿Por qué se aplica este comando en la página maestra? Porque en un 99% las cinco mil páginas de la obra se presenta a dos columnas y, en forma predeterminada, todas las páginas del documento se basan en esta "maestra a"; como consecuencia, si se repite el paso [2], se verá que las cuatro páginas ya están divididas y cualquier página que se añada también lo estará.

[5] ⌘+F12 ([F12] en PC, *Window > Pages*). Abrir el panel Páginas y dar doble clic en el número 1546-1547 ([c]); no es posible repetir el paso [2] para pasar de las maestras a las páginas numeradas o "concretas" (como indica la línea que separa las miniaturas, [b]) ni retroceder de estas a aquellas. Podrá verse, en la esquina superior externa de cada miniatura que la letra "a" indica que, en efecto, estas páginas se basan en la maestra "a". Este panel, de hecho, bien puede colocarse en todo lo alto de la pantalla, a alguno de los lados de la ventana de InDesign.

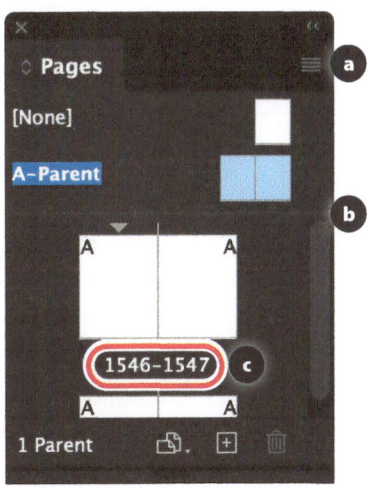

[6] En el menú de Opciones ([a]), activar el comando *Panel options*. Ya que el panel de Páginas es una forma legítima de recorrer una publicación (en lugar de recordar que se busca la página 1546), debe darse a las miniaturas el tamaño óptimo que permita identificar los contenidos; por ejemplo, si se tiene una pantalla de 32", fácilmente se puede ampliar las miniaturas a *large* o *extralarge*; si se dispone de un segundo monitor, inclusive, podría tenerse este panel ocupándolo con miniaturas tamaño *jumbo*.

[7] ⌘D (*File > Place*). Desde la carpeta del capítulo, colocar "1001noch.txt" verificando la casilla *Show import options*. En el cuadro de diálogo, como se ha visto (cfr. cap. VI.3), debería especificarse el juego de caracteres UTF-8, aunque cabe mencionar que las opciones de importación son persistentes en InDesign; es decir que, cuando ya se ha indicado cómo quiere recibirse un determinado archivo, estas se mantendrán para los siguientes archivos del mismo tipo.

[8] Colocar el puntero en el margen superior izquierdo de la primera columna (pág. 1546) y [⇧]+clic al detectarlo (la flecha se volverá blanca, 🔳). Con ello, se hará un *vaciado* de texto; esto es, se descargará el puntero y se colocará, en las columnas, el artículo: todos los marcos vinculados necesarios para presentar el contenido, aplicando el estilo predeterminado, *[Basic paragraph]*.

[9] [V]. Con la flecha negra, doble clic en cualquier marco y, al entrar al texto, ⌘A (*Select > All*).

[10] ⌘↵. En Aplicación rápida, escribir "mil" para ubicar el estilo "milnoche", que ya está básicamente definido en el archivo. Dado que InDesign es suficientemente inteligente como para presentar en primer lugar los estilos, incluso una letra puede bastar para ubicarlos.

[11] [↻]. Regresar la flecha negra y, a continuación, clic en un espacio libre de la página (para desactivar todos los marcos), luego dar clic en la primera columna y [⇧]+clic en la segunda. Debe observarse en la carpeta de trabajo (1546myun.tif) que el "título" de la noche 1001 es un simple texto; para reproducir la estructura, se necesitan valores precisos (con una unidad que todavía no se ha establecido); ahora podría arrastrarse la caja transformadora, pero, en realidad, basta reducir las columnas a un alto de nueve líneas.

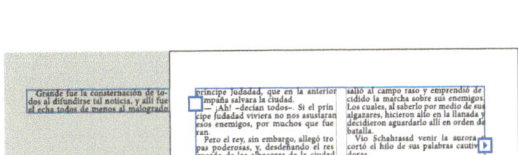

[12] Con referencia en el ángulo superior externo ([a]), desvincular proporciones (la cadena estará "anulada" ✂, [d]), reducir el alto a 28 mm ([f]); el ancho de las columnas debe ser 112 mm ([c]), en la posición -125x ([b]) y 14y ([e]).

[13] Clic en la casilla de entrada de la primera columna y, al cargar el puntero de texto, clic en la mesa de trabajo (el área gris que rodea la página); así, se creará un nuevo marco con el inicio del relato y, como las columnas predeterminan el tamaño de los marcos en la mesa de trabajo, sus medidas serán 54×148 mm.

[14] Repetir el paso [12] para dar al marco creado en la mesa de trabajo un alto de 10 mm; con ello únicamente las tres primeras líneas se acomodan en él, mientras que únicamente el final de la noche 1000 permanece en la parte superior de la pág. 1546. Ahora, puede colocarse el título y el inicio de la noche 1001.

[15] Clic en la casilla de salida (▶) de la segunda columna (el marco que termina con el párrafo *Vio Schahrasad*), acción con la que se cargará el texto siguiente. Con el puntero cargado, según se ha visto, puede darse clic dentro de las guías, pero este título abarca las dos columnas.

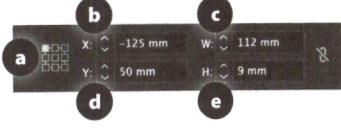

[16] Con el puntero cargado, clic y arrastrar a lo ancho de las dos columnas (112 mm, [c]) y un alto aproximado de tres líneas (9 mm, [e]); en la muestra, manteniendo la referencia en el ángulo superior externo ([a]), -125x ([b]) y 50y ([d]).

[17] [V]. Doble clic en la primera línea del marco creado (*Pero la noche 1001*) y, al ingresar al texto, ⌘↵. También para el título hay un estilo creado por lo que basta escribir

Id

la(s) primera(s) letra(s) de "schahrsd" (el nombre del estilo) para darle al párrafo atributos cercanos a los originales.

[18] ⌘+F11 (*Type > Paragraph styles*). En el panel Estilos de párrafo, doble clic sobre el nombre del estilo "schahrsd" para completar la definición del título. Puede observarse que la configuración tiene nueve características, de las que solamente una no se ha empleado en ejercicios anteriores.[1]

[19] En *Hyphenation* (Separación de sílabas), dejar en blanco la casilla *Hyphenate*. Aunque es esencial para un óptimo espaciado del texto, ningún elemento de guía debe dividirse en sílabas, pues acarrea el riesgo de que el final de una palabra (como "artículo" o "cuarteta") pueda ser un inicio *malsonante* de línea, presentado en un tamaño que tiene el preciso objetivo de atraer la mirada (*jalar* la vista).

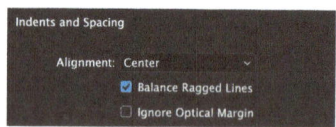

[20] En Sangría y espaciado, colocar la alineación en el centro y verificar la casilla *Balance ragged lines*. Si las líneas de un párrafo no justificado son demasiado desiguales ("harapientas"), esta casilla trata de igualarlas, consolidando un bloque que funciona mejor como elemento de guía. Falta la parte inferior de la página.

[21] Con la flecha negra, clic en la casilla de salida del marco de título, dar [⌥]+clic en la primera columna y clic en la segunda. El objetivo es dejar, debajo del título, *aproximadamente una línea*, para lo cual se verificará, en el panel de Control, que el extremo superior de los marcos esté en 62y de posición vertical y que tenga 100 mm de alto.

---

1   [1] *No tiene estilo base, [2] su estilo siguiente es el cuerpo, [3] 11,5 pt, [4] 11 de interlineado, [5] interletraje expandido (25‰), [6] centrado con última al centro, [7] mayúsculas y [8] español, características todas revisadas en páginas previas; la excepción es inicio en el siguiente marco, que se verá en el paso [23]).*

[22] ⇧⌘S (*File > Save as*). Guardar (nrejilla.indd).

[23] [V]. Con la flecha negra, alargar el marco superior de la segunda columna (donde está *Vio Schahrasad*). Incluso con todo el alto de la página, el párrafo siguiente (*Pero la noche 1001*) no se acomodará allí pues, si se revisa el estilo, la sección *Keep options* (opciones de mantener) ordena que el título debe *mantenerse* separado, en un marco nuevo (*Start paragraph: in next frame*).

príncipe Judadad, que en la anterior campaña salvara la ciudad.

— ¡Ah! –decían todos–. Si el príncipe Judadad viviera no nos asustaran esos enemigos, por muchos que fueran.

Pero el rey, sin embargo, allegó tropas poderosas, y, desdeñando el resguardo de las albacoras de la ciudad, salió al campo raso y emprendió decidido la marcha sobre sus enemigos. Los cuales, al saberlo por medio de sus algazares, hicieron alto en la llanada de algazares, hicieron alto en la llanada de decidieron aguardarlo allí en orden de batalla.

Vio Schahrasad venir la aurora y cortó el hilo de sus palabras cautivadoras.

PERO LA NOCHE 1001 REANUDÓ SU RELATO EN ESTA FORMA:

—Luego que el rey, al frente de sus tropas, llegó a un lugar desde donde podía divisar a la hueste enemiga, formó al punto sus fuerzas en orden de pelea.

Y luego mandó que tocasen a ataque y se lanzó a la lucha con esforzada bravura.

Respondieron los enemigos con no menos ardor y ambos bandos se empeñaron en combate feroz, y corría por ambas partes a torrentes la sangre y era tal la saña con que ambos beligerantes combatían, que largo rato anduvo la victoria indecisa.

Hasta que, al fin, pareció ir a decidirse por los enemigos del rey Harrán, que superiores en número amenazaban con arrollarlo y envolverlo, cuando hete aquí que de repente asoma por aquella llanura un crecido cuerpo de jinetes que, a paso tranquilo, se acerca a los combatientes, los cuales, al ver llegar a aquel nuevo ejército, que no se esperaban, se quedan asombrados y no aciertan a explicarse lo extraño del caso.

Pero no tardan en salir de su asombro y su perplejidad, pues la nueva caballería se dirige hacia donde están las tropas de los enemigos del rey Harrán, y, cogiéndolas de flanco, cargan sobre ellas con violencia tal que en un santiamén las desbaratan y derrotan y hacen en ellas horrible matanza.

Estupefacto y maravillado quedóse el rey Harrán al ver la intrepidez de aquellos caballeros que con su ayuda inesperada decidían a su favor la suerte de la batalla.

Pero quien más provocaba su asombro y admiración era el caudillo de aquellos jinetes, que entre todos descollaba por su arrojo y valor.

Y ansiaba el rey Harrán saber quién era el héroe aquel y era tal su impaciencia por verlo de cerca y darle las gracias por su generosa asistencia, que espoleó su corcel y se adelantó hacia él.

Pero el incógnito caballero salió también a su encuentro y le ahorró la mitad del camino, y luego que lo tuvo cerca, quedóse el rey Harrán inmóvil, de puro asombrado, y lleno de alegría el ánimo al reconocer en aquel héroe esforzado, que se había venido a salvar, a su propio hijo, el príncipe Judadad.

Y Judadad le dijo al rey:

— Señor, comprendo tu asombro al ver ante ti de súbito a quien acaso dabas por difunto. Pero ya ves cómo el cielo me conservó la vida para que pudiera servirte y luchar contra tus enemigos y prestarte mi auxilio.

Al oír lo cual exclamó el rey:

[24] Extender el marco inferior de la segunda columna (el que empieza en *Luego que el rey*) ligeramente hacia arriba. Cuanto más sutil la acción, más imperceptible el perjuicio que se causa pues, salvo que se haga exactamente lo mismo con el otro marco inferior, los textos se desalinearán. De hecho, ¿qué valor exacto habría que darles a estos marcos para que estuvieran alineados con los textos de la página opuesta?

[25] ⌘W (*File > Close*). Cerrar descartando los cambios realizados después del paso [22].

Cuando se diseña una hoja (digamos, en Illustrator), es más que válido alinear un objeto con otro manualmente, precisando valores (como en los pasos [12] y [16]) o creando líneas guías. Lidiando con decenas, centenas o miles de páginas, los marcos deben obedecer a una estructura interna, tal como, horizontalmente, InDesign hace innecesario verificar el ancho de los marcos que ha sido dado, automáticamente, por las guías de columna. Verticalmente, es más delicado.

2. Rejilla de línea de base

En forma predeterminada, como se ha visto, el puntaje de InDesign es de 12 pt, tamaño ideal para lectura. El interlineado que corresponde a él, 120%, sería 14,4 pt, y es él el que separará las líneas de base marcadas con el estilo *[Basic paragraph]* y con todos los que se creen, basados en él. Sin embargo, la rejilla de línea de base predeterminada no está ajustada a este valor, lo que es una forma de decir que con este parámetro no se debe jugar y, cuando se emplea, debe ser porque se sabe qué se está haciendo y qué se puede lograr con él: resumido en una palabra, este sería un nuevo ejemplo de daño óptico irreparable.

[1] ⌘O (*File > Open*). De la carpeta del capítulo, abrir el archivo "nrejilla.indd", avance del ejercicio anterior.

[2] ⌘1 (*View > Actual size*). Presentar la publicación al 100%. Incluso si, por el tamaño de la pantalla, el desplegado no se presenta en su integridad, excepcionalmente basta con ver una página a la vez para captar el concepto (desde luego, [⇥] oculta los elementos de la interfaz momentáneamente).

[3] *View > Grids and guides > Show baseline grid*. Que la rejilla de línea de base (mal traducida como "cuadrícula base") <u>no</u> esté activa es una muestra de que esta es una operación que debe hacerse deliberadamente, con premeditación, ¿para obtener qué ventaja?

[4] [V]. Con la flecha negra, doble clic en cualquier marco del cuerpo, para activar la herramienta de Texto.

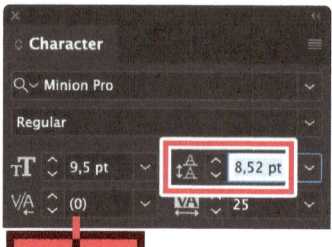

[5] ⌘T (*Type > Character*). En el panel Carácter, clic sobre el icono de Interlineado (resaltado) y ⌘C (*Edit > Copy*). El valor de interlineado es esencial en toda publicación, especialmente en las que, como esta, se basan principalmente en texto.

[6] ⌘K (*InDesign > Preferences*, Edición > Preferencias en PC). En la sección *Grids*, clic en *Increment every* ([c]) y ⌘V. Ello hace que el valor de interlineado que se ha copiado (8,52 pt) se convierta en la frecuencia de la rejilla. Deberá configurarse, además, para que la rejilla inicie a 0 mm ([a]) del margen superior ([b]) y, opcionalmente, que sea visible en un porcentaje de 50% ([d]). En este caso concreto, además, ayudará dejar en blanco *Grids in back* ([e]), para que la rejilla se muestra delante de los objetos.

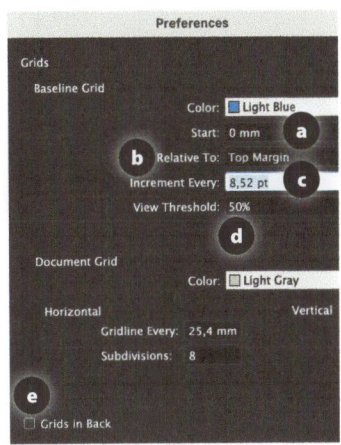

[7] ⌘+F11 (*Type > Paragraph styles*). Doble clic en el estilo "milnoche", para editarlo. Aunque ya tiene la frecuencia correcta, la rejilla no se configura para ajustar manualmente los marcos, sino para minimizar el (falible) trabajo manual, lo que es precisamente su ventaja.

[8] En la sección *Indents and spacing*, desplegar el menú *Align to grid* y seleccionar *All lines* (Todas las líneas). Con ello, como

podrá verse de inmediato, el contenido adquiere cierta independencia del contenedor, ya que cada marco podría colocarse un par de milímetros más arriba o más abajo, sin que ello afecte a la unidad que, verticalmente, está dando estructura a la página: la separación entre línea y línea.

[9] [V]. Con la flecha negra, ajustar los marcos de la pág. 1546 a la rejilla. Así, los dos marcos superiores no tienen por qué tener

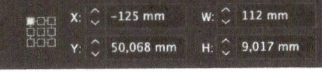

28 mm (valor arbitrario aplicado en el paso [12] del ejercicio anterior), sino que tendrán exactamente 27,051 mm (9 líneas de alto) y, principalmente, el título no tiene por qué estar *más o menos* en el medio; puede dársele exactamente tres líneas de separación antes del marco y una línea después de él (los valores al margen). Ahora, el acabado fino.

[10] [V]. Con la flecha negra, activar el marco de título. Ya que el puntaje de este elemento de guía –evidentemente– no corresponde al del texto, no puede ajustarse a la rejilla.[1]

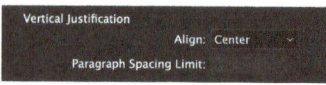

[11] ⌘B (*Object > Text frame options* / Objeto > Opciones de marco de texto). En la sección de justificación vertical, darle alineación centrada al marco. Con esta opción, especialmente útil para títulos, el texto siempre quedará centrado en el eje horizontal (por el estilo del título) y el vertical (por las propiedades del marco), sin importar qué ancho o alto se le dé.

[12] [T]. Con la herramienta de Texto, colocar el punto de inserción después de la palabra "reanudó" y *Type > Insert break character > Forced line break* (⇧↵, Texto > Insertar carácter de salto > Salto de línea forzado). A diferencia de [↵], que dividiría este párrafo en dos, este *metacarácter* salta a la línea siguiente manteniéndola como parte del mismo párrafo.

La utilidad del soft return *es mucho más clara cuando hay espacio entre párrafos (cfr. cap. IX.3).*

[13] Cuádruple clic en el antepenúltimo párrafo de la pág. 1546 (el que empieza en *Pero el incógnito*), para seleccionarlo en su integridad.

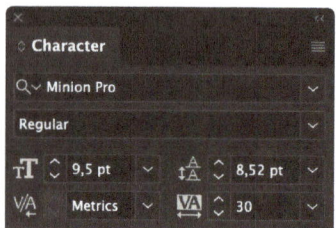

[14] ⌘T (*Type > Character*). Expandir el interletraje a 30‰, de modo que gane una línea. La expansión o contracción del interletraje es el recurso más común de composición, pues los imperceptibles milésimos de espacio eme que se suman o restan resultan significativos para aumentarle o reducirle una línea al párrafo. En tal calidad, aunque es un recurso del panel de Carácter, siempre debería aplicarse a párrafos

---

1   *Estrictamente, si, como se ha sugerido (cfr. cap. V.5), la progresión fuera geométrica, un puntaje que duplicara, triplicara o multiplicara exactamente al del cuerpo de texto evidentemente correspondería a la rejilla. Pero el original no fue trabajado así y únicamente el espaciado puede ajustarse a ella.*

enteros; dada la frecuencia con la que se emplea, conviene mencionar que hacer clic en las flechas verticales modifica los valores de 10 en 10‰, [⇧]+clic salta de 25 en 25‰.

[15] Seleccionar "¡Ye" (incluyendo el signo de admiración) en el segundo párrafo de la pág. 1547 y ⌘↵. Con las primeras letras de "cursivas" se podrá aplicar un estilo de carácter, ya definido con este nombre en el archivo.

[16] ⇧⌘S (*File > Save as*). Guardar el archivo con otro nombre (estricto.indd).

[17] [F7] (*Window > Layers*). En el panel de Capas, mostrar u ocultar la capa 2 (clic en la primera casilla, resaltada). Después de percibir la rejilla, todas las publicaciones que no la emplean dan la impresión de ser fotos distorsionadas; por cierto que colocar

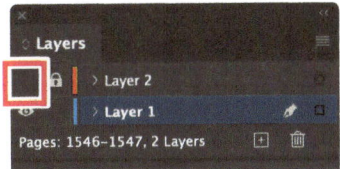

las guías delante (paso [6]) permite que la rejilla sea visible aun cuando hay objetos opacos colocados, como son las fotos ubicadas en la capa 2. El problema es que ver la página como un cuaderno rayado resulta, a veces, invasivo.

[18] [W] (*View > Screen mode > Normal*). Se corroborará ahora, con la flecha negra que, aunque la rejilla no se vea, seguirá ejerciendo atracción en todo movimiento vertical.

[19] *View > Grids and guides > Hide baseline grid*. Ocultar la rejilla (este comando es un interruptor, con el del paso [3]) vuelve al estado de transformación sin referencia.

[20] ⌘W (*File > Close*). Cerrar sin guardar cambios.

Desde luego, repetir el paso [17] hace notar que a esta recreación le falta el elemento más fundamental para desplazarse, no solo en una publicación, sino básicamente en cualquier documento que tenga más de cuatro páginas.

3. Encabezados

Como elementos esenciales de la composición, las páginas maestras definen las columnas (estructura vertical) y los márgenes (horizontal y vertical); a partir de los últimos, la rejilla de línea de base (horizontal) suele ajustarse a la caja, donde se ubican los elementos principales de la publicación. Evidentemente, además de todas estas guías invisibles que rigen la composición, las páginas maestras almacenan objetos repetitivos que son visibles y se conocen como "elementos maestros", que suelen ubicarse en los márgenes, al pie de página o, como aquí, en el encabezado.

[1] ⌘O (*File > Open*). De la carpeta del capítulo, abrir el archivo "estricto.indd", avance del ejercicio anterior.

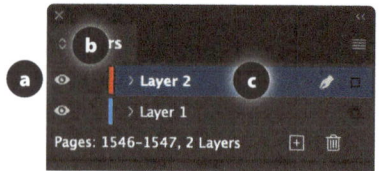

[2] [F7] (*Window > Layers*). En el panel de Capas, clic en la fila *Layer 2* para activarla ([c] al margen), en la primera casilla ([a]) para presentarla y en la segunda ([b]), que tiene un candado, para desbloquearla.

[3] [T]. Con la herr. Texto, crear (arrastrando) un marco que encierre todo el encabezado de la pág. 1547; la caja transformadora se mostrará en rojo, que es el color de la capa.

[4] [↻]. Salir del marco y, ya con la flecha negra activa, ⌘↵ para darle a todo el marco, mediante Aplicación rápida, el estilo "cabecera" (basta escribir una letra o dos del nombre).

[5] ⇧⌘L. Alinear a la izquierda. Incluso sin contenido, un marco puede tener formato; en el panel Estilos de párrafo se verá "cabecera+", pues el estilo centra el texto.

[6] [F6] (*Window > Color > Color*). En InDesign, el panel de Color es mucho menos útil que el de Muestras, pues, cuando se añade deliberadamente un color, esa exacta combinación tendrá prioridad, como acento, para repetirse

(sea en la página, en el artículo, en la sección o en la publicación toda). Este color, como excepción, es temporal y, por ello, tras activar el contenido (clic en T, [b]), poner el relleno en primer plano (clic en T, [a]), desplegar las Opciones

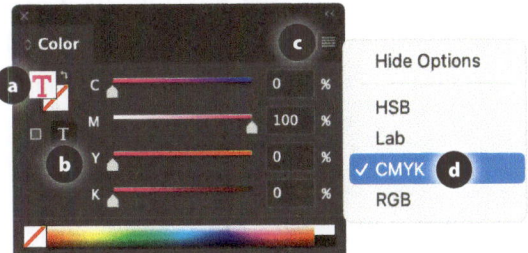

([c]) y mostrar deslizadores CMYK ([d]) para, finalmente, escoger un color que resalte (C0 M100 Y0 K0).

[7] [V]. Entrar en el marco (doble clic) y escribir "Noche 1001 – Historia de la princesa Deryabad". No se supone que, al componer una página, deba *tipearse*, pero si es más práctico hacerlo, el color ayuda a evitar cualquier error, pues distingue el texto de la foto (que sirve como plantilla).

[8] [↺]. Salir del marco y, con la flecha negra, desplazar el marco hasta que el extremo inferior toque el margen superior de la caja (el contacto será indicado con verde por las guías inteligentes). Si se pone el punto de referencia en el extremo inferior de la matriz, el valor vertical será 14y.

[9] Desplazar el encabezado en medio de las dos columnas. Incluso si estas no fueran visibles, las guías inteligentes darán, con una línea violeta, la referencia de haberse ubicado entre ellas (la flecha pasará a ser blanca, indicando el *snap*) y dejarán leer 69x y 14y. Debe observarse que el encabezado se coloca en el centro de la caja, no en el de la página, que no coinciden si los márgenes son asimétricos (el interior es 13 mm y el exterior es 10 mm).

[10] ⌘B (*Object > Text frame options*). Dar al contenido del marco alineación vertical hacia abajo (*Vertical justification: Align bottom*), de manera que el texto de este marco también se apoye en la línea de base.

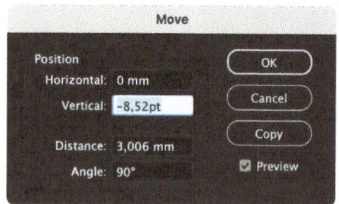

[11] [V]. Con el marco seleccionado, doble clic en el icono de la flecha negra y, en el cuadro de diálogo, dar un desplazamiento vertical de -8,52 pt. Este valor corresponde al interlineado y se empleó en el ejercicio anterior como frecuencia de la rejilla; si bien la parte realmente estructurada es la caja, tanto los encabezados como los pies de página deben tener una separación equivalente, al menos, a una línea.

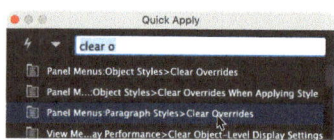

[12] ⌘↵. En Aplicación rápida, escribir las primeras letras de *Clear overrides*. En este caso, ya que hay muchos comandos que incluyen *Clear*, lo más práctico será dar clic en el comando de estilo de párrafo que se busca (no en el de estilo de objeto). Con ello, la alineación izquierda y el color, aplicados temporalmente (pasos [5]-[6]), vuelven a lo definido en el estilo (texto negro centrado).

[13] En el panel de Control, dar al marco un ancho de 100 mm. Ya que este encabezado corresponderá al título de la historia particular que ocupe la página, cabe darle el ancho máximo (considerando que múltiples *Noches* tienen títulos de más de dos líneas, como "Historia del alfayate y el jorobado y el médico judío y el mubaschir y el cristiano corredor de comercio y de lo que entre ellos hubo pasado").

[14] [T]. Con la herr. Texto, crear un marco sobre el número de la pág. 1547, pero de al menos 7 mm de ancho.

[15] *Type > Insert special character > Marker > Current page number*. Aunque aparecerá "1547", lo que se ha hecho,

según indica el nombre del comando, es insertar un marca-dor; un carácter especial que, en este caso, indica el número de página en la que el marco está ubicado; por tanto, si se desplaza el marco a la página opuesta, cambiaría a "1546".

Puede accederse al comando con un atajo, sea ⌥⇧⌘N o, desde luego, es-cribiendo "cur" (de current*) en Aplica-ción rápida.*

[16] [↻]. Salir del marco y ⌘T (*Type > Character*). En el panel de Carácter asignar a todo el marco 7 pt. Debe no-tarse que, salvo que se haya hecho clic en un estilo sin tener objeto activado, el estilo predeterminado es *[Basic paragraph]*, lo que es apropiado para este elemento independiente.

[17] ⌥⌘T (*Type > Paragraph*). En el panel de Párrafo, clic en el último icono de alineación, *Align away from spine* (resaltado). Alinear un párrafo hacia el lado opuesto del lomo significa que este irá a la derecha en una página impar como esta, pero bastaría llevar el marco a la página opuesta para que, automáticamente, el texto se desplace hacia la izquierda; esta característica es especialmente útil para elementos maestros.

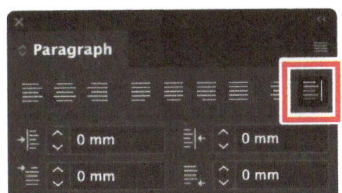

[18] Dar al marco la medida y posición apropiadas para alinearlo con el otro marco del encabezado. En la muestra, como se observa al margen, 122,5x y 11y, con un ancho de 5 mm y un alto de 3 mm (con la referencia abajo y al centro).

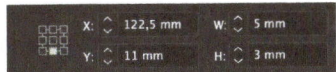

[19] Repetir [10]. La numeración puede presentarse en un puntaje y aun una familia tipográfica propia; aquí, puesto que su aspecto se iguala por las versalitas aplicadas, cobra sentido alinear ambos contenedores.

[20] ⇧⌘S (*File > Save as*). Guardar el archivo con otro nombre (cabecera.indd).

Está claro que no va a repetirse esta operación en cada página: justamente para eso existen las páginas maestras.

4. **Elementos maestros**

Cualquier tarea repetitiva es, por definición, susceptible de error y una tan delicada como numerar, evidentemente (y hasta en un procesador de texto), debe realizarse en forma automática. Lo mismo vale para encabezados como los de estas páginas, que indican cuál es el contenido que se está leyendo. Así, aunque como en el ejercicio anterior, tiene sentido hacer el diseño sobre una página que tenga realmente un contenido típico, el lugar en que, logrado un resultado agradable, deben ubicarse estos elementos maestros es –valga nuevamente la obviedad– una página maestra.

[1] ⌘O (*File > Open*). De la carpeta del capítulo, abrir el archivo "cabecera.indd", avance del ejercicio anterior.

[2] ⌘A (*Select > All*). Seleccionar todo.

[3] [V]. Con ambos marcos activos, ⌘X (*Edit > Cut*).

[4] ⌘J (*Layout > Go to page*). Escribir "a" para saltar a la página maestra (*a-parent*). Siempre puede verificarse que la operación se ha realizado en la esquina inferior izquierda de la ventana de documento.

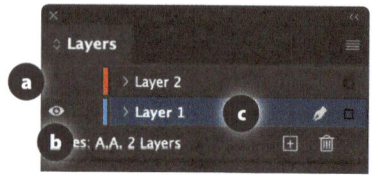

[5] [F7] (*Window > Layers*). En el panel de Capas, ocultar la capa 2 (clic en [a]), presentar la capa 1 (clic en [b]) y activarla (clic en [c]); el panel tendrá el aspecto que se aprecia al margen y las páginas lucirán vacías.

[6] ⌥⇧⌘V (*Edit > Paste in place*). La copia del marco queda exactamente pegada sobre el original. Al colocar un elemento maestro, deben verificarse todos los detalles: el estilo aplicado, la alineación de los marcos, que el tamaño sea el correcto, etc. Si se descubre un error después de este paso, habrá que corregirlo, al menos, por duplicado, dado que se está trabajando con páginas enfrentadas.

[7] Repetir el paso anterior. Dado que, evidentemente, la página par también lleva encabezado y numeración, es útil este segundo duplicado.

[8] [V]. Seleccionar el marco con el número y, verificando que la referencia esté en el centro de la matriz, simplemente añadir

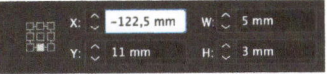

el signo negativo al valor existente (-122,5x). Puesto que, en forma correcta (cfr. cap. II.5), el origen de la regla se ubica en el lomo, basta cambiar el signo para tener simetría en la posición de este elemento.[1]

[9] Seleccionar el marco del encabezado y repetir el paso anterior (-69x, siempre con la referencia al medio).

[10] [V]. Doble clic para entrar en el contenido del marco y escribir "Las mil y una noches – Tomo III". Queda aparentemente lista la página maestra, con estos cuatro elementos. Sin embargo, en las 1631 páginas de este tercer tomo hay más de doscientas historias, de modo que uno de estos tres elementos, en verdad, no corresponde a una página maestra principal, sino a una secundaria: las páginas maestras pueden establecer la misma relación jerárquica de los estilos.

[11] [V]. Seleccionar el marco que contiene el nombre de la historia (en la maestra par) y ⌘X (*Edit > Cut*).

[12] ⌘+F12 ([F12] en PC, *Window > Pages*). En las Opciones del panel Páginas, *New parent*. Al crear esta nueva maestra, el detalle esencial es indicar que debe basarse en la maestra predeterminada (*a-parent*, [c]); asignarle un prefijo ([a]) servirá para poder saltar aquí escribiéndolo (en *a-parent*, "a" es el

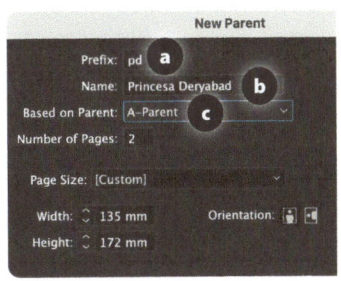

---

1   *Dado que la alineación del párrafo es relativa al lomo (paso [17] del ejercicio previo), automáticamente el folio quedará hacia la izquierda en la página par.*

prefijo y "parent" el nombre); finalmente, puede especificarse un nombre ([b]). Tan pronto se presente la nueva página maestra secundaria (mostrando los elementos de la maestra principal en que se basa), ⌥⇧⌘V (*Edit > Paste in place*).

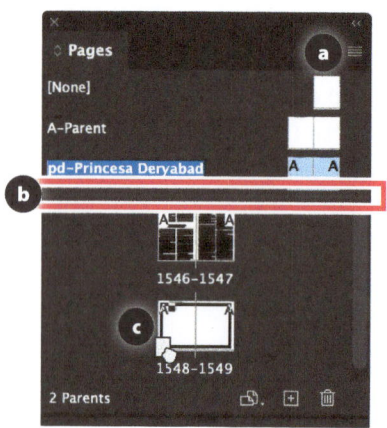

[13] Clic sobre la fila de la nueva maestra, arrastrarla a la esquina inferior izquierda del desplegado y, al observar la aparición de un recuadro sobre las <u>dos</u> páginas ([c]), soltar el *mouse*. Debe tenerse cuidado de no ubicarse muy a la izquierda (aparecería una línea vertical con la que se añadirán dos páginas en blanco, basadas en esta maestra) ni muy a la derecha (solo se modificaría la página par).

[14] En el menú de Opciones ([a]), activar el comando *Apply parent to pages*. Puesto que lo lógico es crear una página maestra cuando se requiere para múltiples páginas, esta es la forma más usual de aplicación. En este caso, por cierto (es una técnica de interfaz), basta escribir "1546-": el guion indica que todas las páginas siguientes van a adoptar el formato indicado. Ahora, un par de refinamientos tipográficos, que servirán para el ejercicio que se propondrá al final.

[15] [T]. Con la herr. Texto arrastrar sobre el guion que separa "1001" de "Historia" y *Type > Insert special character > Hyphens and dashes > En dash*. Minion tiene un guion normal (-), un signo de resta (–), un guion ene (–) y un guion eme (—). Desde luego, es fundamental conocer lo que ofrece el juego de caracteres de la familia que se emplea. ¿Se puede hacer lo mismo con el guion de la página par?

[16] ⌥⇞ (*Layout > Previous spread*). Como, en buena cuenta, indica la línea separadora en el panel de Páginas (resaltada en [b] arriba), los atajos de navegación sirven para avanzar y retroceder entre páginas maestras, como entre las

páginas "concretas" (pero están separadas, es decir que de la última maestra no se puede avanzar a la primera página "concreta" ni de esta retroceder a aquella). Aquí, en la página maestra predeterminada, puede seleccionarse el guion entre "Noches" y "Tomo"... y ⌘⏎ para, en Aplicación rápida, escribir "em d", que permitirá insertar un guion eme sin recordar el *sub-submenú* donde se encuentra.

"Concretas" en tanto son una concreción de las páginas maestras.

[17] [\]. En la sexta casilla de la caja de Herramientas, activar la Línea y, entre las columnas de la página maestra principal (*a-master*), clic y arrastrar con [⇧], de modo que se restrinja a un movimiento perfectamente vertical; el panel de Control deberá indicar, con la referencia arriba, -69x y 14y, con un largo de 148 mm (una línea no tiene ancho).

[18] Copiar (⌘C, *Edit > Copy*) y pegar en el mismo sitio el duplicado (⌥⇧⌘V, *Edit > Paste in place*).

[19] En el panel de Control, borrarle el signo negativo al duplicado, de manera que pase de -69x a 69x, ubicándose entre las dos columnas de la página impar.

[20] ⇧⌘S (*File > Save as*). Guardar el archivo con otro nombre (corondel.indd).

El guion ene que se insertó en el paso [15] fue de la maestra secundaria a las páginas 1546-1549 a las que esta fue aplicada (paso [14]); el guion eme y los separadores o corondeles (pasos [16]-[17] fluyeron de la maestra principal a la secundaria y de allí a las páginas 1546-1549. Puede repetirse que la clave de InDesign son los estilos, pero ellos deben expresar jerarquía para estar bien definidos; en lo que respecta a la estructura de la página, ello implica diferenciar los elementos que se repiten en toda la publicación y los que lo hacen solo en una sección. De este modo, al colocar un encabezado, se reconoce en el lector la necesidad de navegar la publicación, qué está leyendo o dónde se quedó.

5. **Pasar sobre el maestro**

Especialmente al combinar dos idiomas (como es el caso de este libro, dedicado a InDesign), es indispensable crear un estilo de carácter que, además de las cursivas, asigne al texto que las presenta el idioma, pues de eso depende que las sílabas se dividan en forma correcta: por extraño que parezca, la división de "bi-blió-fi-lo" en inglés es *bib-li-o-phile*, las cuatro sílabas de "limitado" son tres en inglés (*lim-it-ed*) y las tres de "simbiosis" son cuatro (*sym-bi-o-sis*). Pero, si el subrayado solo aparece en una de cada doce páginas,[1] como en cualquier formato que se emplee aisladamente, se da por conveniente pasar sobre el estilo, por oposición a crear un estilo para aplicar negrita, otro para versalitas y, así, *subversivamente*, con las centenas de atributos de texto.

El artículo, además, termina en un marcador automático (#), no en párrafo vacío, lo que es relevante para el paso [8].

[1] ⌘O (*File > Open*). De la carpeta del capítulo, abrir "deryabad.indd", que contiene el fin de la noche 1001. Puesto que el documento tiene activos los caracteres ocultos (*Type > Show hidden characters*), debe notarse que el texto comienza con un párrafo ostensiblemente vacío (¶).

[2] [V]. Con la flecha negra, seleccionar todo (⌘A), copiarlo (⌘C) y cerrar el archivo (⌘W).

[3] ⌘O (*File > Open*). De la carpeta del capítulo, abrir "corondel.indd", avance del ejercicio anterior.

[4] ⌘J (*Layout > Go to page*). Saltar a la pág. 1548, en que acaba el párrafo final de la 1547 y hay tres marcos vacíos.

[5] [V]. Con la flecha negra, seleccionar todo (⌘A) y eliminarlo ([⌫]). El contenido, se recuerda, es indestructible,

---

1   *En este capítulo, por ejemplo, hay dos palabras subrayadas ("no" en la pág. 178 y "dos" en la pág. 188), frecuencia con la cual no es necesario un estilo; sin embargo, técnicamente y aunque no esté debajo, el color empleado como resaltador es un subrayado (una línea con grosor de interlineado y desplazada hacia arriba) y, puesto que se emplea en la mayoría de las páginas, sí recurre a un estilo.*

por lo que el final de párrafo pasa como texto desbordado al último marco de la pág. 1547.

[6] ⌥⇧⌘V (*Edit > Paste in place*). Ya que ambos documentos tienen idéntico formato, los marcos se pegan exactamente en el lugar correspondiente. Pero debe observarse que, aunque estos dos están conectados entre sí, desde luego, son independientes de los otros marcos.

[7] ⌥⇞ (*Layout > Previous spread*). Volver a la pág. 1547 y, en ella, clic con la flecha negra sobre el signo de suma (⊞) que indica el texto desbordado para cargar el puntero. En este momento, se ha visto, podría darse clic para crearse un nuevo marco, pero no es la mejor opción para este caso.

[8] ⌥⇟ (*Layout > Next spread*). Avanzar a la pág. 1548 y clic sobre el primer marco. Es importante notar el significativo aspecto del puntero (dos eslabones encadenados), indicando que los marcos están vinculándose, de manera que el artículo contenido en los anteriores continuará en el de los de la pág. 1548. Gracias al párrafo vacío observado en el primer paso, la unión se da separando el fin del artículo previo del inicio de este.

[9] ⇧⌘+clic sobre el corondel. Puesto que el texto no llega hasta el extremo inferior de la página, no hay ninguna razón para que el separador lo haga; al mismo tiempo, siendo obvio que no todas las historias van a tener la misma extensión, es absolutamente imposible crear una nueva página maestra únicamente para cambiar la extensión de la línea. ⇧⌘+clic desprende al elemento maestro de la página maestra y permite cambiar sus propiedades.

[10] [V]. Con la flecha negra, reducir el alto hasta hacerlo coincidir con el de las columnas; las guías inteligentes indicarán en verde que el tamaño coincide y, en el panel de Control, debe verificarse un largo de 75,142 mm.

[11] [T]. Arrastrar la herr. de Texto sobre "aman" (párrafo final de la primera columna) y ⌘↵, para aplicarle el estilo "cursivas". En texto sin formato, el guion bajo demarca el inicio y fin de las cursivas (los asteriscos significan negritas).

[12] ⌥⇳ (*Layout > Previous spread*). En la pág. 1546, ⇧⌘+clic con la flecha negra para desprender el corondel.

[13] [C]. En la duodécima casilla de la caja de Herramientas, activar las Tijeras (la pronunciación, *C-ssors*, explica su atajo, heredado de Illustrator) y dar un clic en el extremo final de los marcos superiores (41,051 mm) y otro en el punto en que comienzan los inferiores (62,091 mm).

[14] [V]. Con la flecha negra, seleccionar el segmento medio creado en el paso anterior (la línea se dividió en tres partes) y eliminarlo ([⌫]).

[15] ⇧⌘S (*File > Save as*). Guardar el archivo con otro nombre (plantill.indd).

Con lo larga que es la lista de sus méritos, no puede esperarse que una obra editada hace casi setenta años sea perfecta. En la recreación, el interlineado es negativo (9,5/8,52) y el interletraje está expandido. Como funciona la mente humana, un texto puede leerse sin vocales (sn myr dfcltd) que es, como, aparentemente, se favorecía escribir en el árabe de las *Noches*. Pero las convenciones tipográficas existen para maximizar la legibilidad, no en desafiarla, por lo que lo revisado hasta ahora podría ponerse en excelente práctica cambiando el encabezado de la página par por "Antología de cuentos universales" y, en el de la impar, el cuento que uno prefiera para, en una copia del archivo, atreverse a modificar el interlineado (y, en consecuencia, la rejilla) y el ancho de las columnas (que puede ampliarse, gracias al corondel), desde luego, empleando una tipografía que no sea Minion. ¿Qué puede hacer InDesign 2024 en ese mismo espacio?

Capítulo VIII
Generar vínculos

Cómo tomar lo mejor

En un texto sin formato, *la mínima desatención bastará para un traspié tan común* como malinterpretar el juego de caracteres, dando lugar a que las tildes –caracteres extendidos– puedan presentarse así: *mÁnima desatenciÁ³n bastarÁ¡ para un traspiÁ© tan comÁºn*. Aunque ello parece hacer preferible traer el texto con formato (digamos, un documento de Word), lo cierto es que, manejando apropiadamente las opciones de importación, InDesign puede reclamar control absoluto del texto.

Las imágenes, desde luego, son archivos muchísimo más complejos que el texto y, así, por ejemplo, es asombrosa la cantidad de información que puede almacenar un PSD (documento de Photoshop), infinidad de niveles de píxeles (capas), minucioso control de lo que es visible en ellos (máscaras) y precisión absoluta de formas matemáticas (trazados, textos), entre muchas otras posibilidades (incluyendo video y animación).

Pero, por compatible y versátil que sea un PSD, con máxima frecuencia no será la mejor manera de traer imágenes a una publicación. Textos, píxeles, vectores, documentos electrónicos e, incluso, publicaciones enteras tienen requerimientos de importación muy distintos, por lo que es una de las principales fortalezas de InDesign poder tomar lo mejor de cada uno de estos tipos de archivos para integrarlos y maximizarlos en la composición de una página.

1. Alternar versiones

Aunque los archivos originales que se proporcionan al inicio de cada ejercicio de este libro pueden ser descargados una y otra vez en su estado original, el paso final de la gran mayoría de dichos ejercicios no ha sido guardar (⌘S), sino guardar como (⇧⌘S). En otros programas, semejante acción significa la creación odiosa de duplicados, pero, incluso en InDesign 2024 (ID19.3), el comando Guardar como no solo <u>no</u> es odioso, sino que es esencial, por razones que son evidentes al incorporar los archivos más pesados con los que típicamente trabaja InDesign: las imágenes de alta resolución.

[1] ⌘O (*File > Open*). De la carpeta "elizarov", ubicada en la del capítulo, abrir "elizarov.indd" (1,9 Mb). Esta es una recreación de un artículo que *National Geographic*, en octubre de 2023, dedicó al talento cósmico de Brian May.

[2] ⌥⇳ (*Layout > Next spread*). Avanzar a la pág. 18. Aunque hay vínculos, están ausentes; puede verse una versión, razonablemente informativa de la imagen principal, pues, al colocar una imagen, InDesign genera una miniatura, suficiente para pantalla pero no para imprimir o exportar.

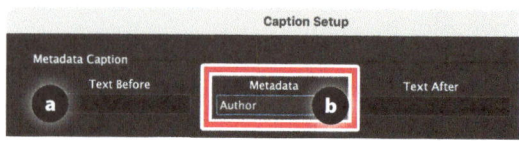

[3] *Object > Captions > Caption setup*. Al configurar el campo que ha de leerse como leyenda en una imagen, pueden seleccionarse uno o más metadatos. El más relevante para una publicación sería el del autor ([b]), aunque sería típico colocar antes ([a]), por ejemplo, el signo de propiedad intelectual (©) o el año.

[4] ⇧⌘D (*Window > Links*/Ventana > Vínculos). Si, como se ha dicho, Colocar (⌘D) es el atajo más importante de InDesign, el panel de Vínculos, al que se dedicará un capítulo (cfr. cap. XIV), es un complemento esencial para administrar tales vínculos.

[5] [V]. Con la flecha negra, activar el marco de la foto principal; se verá que le corresponde el archivo "rockstr1.tif", ausente, como lo indica el icono de interrogación (❓).

[6] ⌘D (*File > Place*). Verificando las casillas *Replaced selected item* y *Create static captions*, traer el archivo "elizarov.psd". Este contiene tres versiones del original en bru-to[1] de una cámara de 24,3 Mp; gracias a la segunda casilla, se creará un marco con la leyenda de la foto que, en este caso, indica el nombre del fotógrafo.

☐ Show Import Options
☑ Replace Selected Item
☑ Create Static Captions

[7] [V]. Clic secundario sobre la imagen y, en el menú contextual, *Fitting > Fill frame proportionally*. Entrando al contenido (doble clic), puede optimizarse el encuadre, centrando el muelle.

[8] Clic secundario sobre el vínculo ([a]) y, en el menú emergente, *Embed link*. ¿Cuánto aumentará el archivo original de InDesign (paso [1]), de 1,9 Mb, anidando esta foto de 218 Mb ([b])?

[9] ⌘S (*File > Save*). Guardar con el mismo nombre. El comando Guardar solo puede aumentar el tamaño de archivo, por lo que, en la muestra, este pasa de 1,9 Mb a desmesurados 241 Mb. Aunque la publicación tiene la ventaja teórica de *haber ganado independencia* de la imagen, lo que, en verdad, ha sucedido es que *ha perdido*

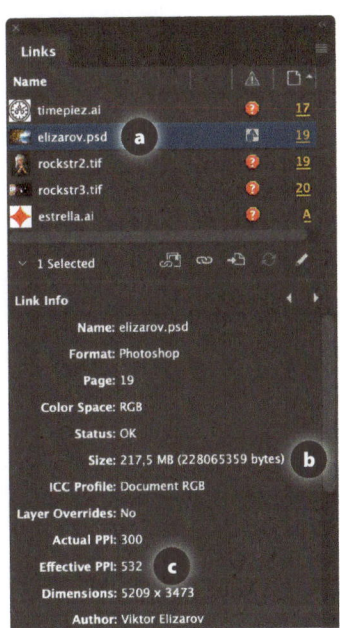

---

1   El formato en bruto de la cámara (camera raw) es metafóricamente conocido como "negativo digital" en tanto retiene toda la información que captura el sensor de la cámara "en crudo". Así conservada, puede significar archivos enormes, pero el peso ganado se justifica ampliamente por las posibilidades adicionales de interpretación de dicha información, como se verá, a partir de este archivo, en el subsiguiente ejercicio.

dependencia de la imagen. Por contradictorio que suene, esto significa que cualquier mejora que se haga en el archivo original ya no se reflejará en la página.

[10] *Layout > Pages > Delete pages*. En el cuadro de diálogo, aceptar las páginas 18-19 que se proponen por ser las que están activas. Eliminadas no solo la imagen problemática, sino las propias páginas que la contenían, el archivo se reduce a dos de las cuatro páginas iniciales. ¿Debería su tamaño quedar debajo de sus 1,9 Mb originales, cierto?

[11] ⌘S (*File > Save*). Guardar con el mismo nombre. Según se había mencionado, el archivo crece (en la muestra, a 242 Mb). Tal desmesura puede creerse improbable, si no se piensa en los centenares de fotos que pueden cambiarse para ilustrar un artículo (se hace la nota de un concierto y el fotógrafo hace cientos de tomas, de las que bien puede publicarse una) o la cantidad de artículos que pueden colocarse y eliminarse de una edición. ¿Cómo librarse de tales vestigios?

[12] ⇧⌘S (*File > Save as*). Guardar el archivo con otro nombre (2paginas.indd). El comando Guardar como (*Save as*) reescribe el archivo para optimizar su tamaño, con lo que depura las miniaturas generadas para imágenes que ya no están o las páginas enteras que hayan sido eliminadas.

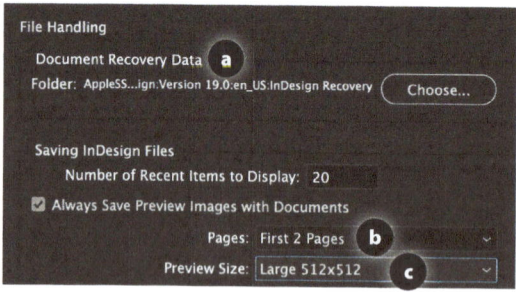

[13] ⌘K (*InDesign > Preferences*, Edición > Preferencias en PC). En la sección de Administración de archivos (*File handling*), configurar cuántas páginas tendrán miniaturas ([b]) y de qué tamaño serán dichas imágenes ([c]). Por ejemplo, si se manejan decenas de documentos pequeños, será posible buscar en su contenido sin siquiera abrirlos en InDesign, creándoles

miniaturas extragrandes; más importante es observar ([a])
que el programa realiza operaciones de autorrecuperación
(¡cada minuto!). Por ello, no hace falta guardar los archivos
constantemente ni, mucho menos, emplear constantemente
Guardar como; es recomendable, eso sí, hacerlo cuando se
alcanza un punto significativo en el trabajo (digamos, cerrar
un artículo o un capítulo) o al concluir la sesión de trabajo,
así como es indispensable optimizar el archivo antes de
compartirlo o de exportar un PDF; para la última operación,
de hecho, es una ventaja disponer de un duplicado.

[14] Repetir los pasos [1], [2], [5] y [6] para reabrir el
archivo original, reactivar el marco principal en la pág. 18
y colocar en él el archivo "elizarov.tif", de apenas 9,5 Mb.
Aunque resulta absurdo, este archivo no solo contiene toda
la información que se considera comercialmente de alta resolución para papel recubierto o *couché* (300 dpi), sino que,
al haberse enfocado, tendrá apariencia de mejor definición;
esta es la idea de optimizar, obtener más por (mucho) menos.

[15] ⇧⌘S (*File > Save as*). Guardar el
archivo con otro nombre (mainfall.indd).
El tamaño apenas pasa de 1,9 a 2,2 Mb, en
proporción razonable a haber incorporado la
miniatura de una imagen de alta resolución.

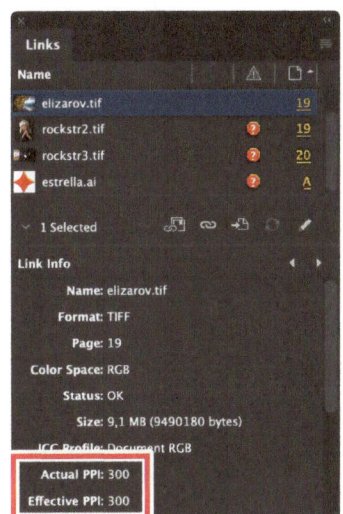

Debe notarse (al comparar lo resaltado
al margen con [c] en la penúltima página),
que la resolución efectiva de esta imagen,
al presentarse al tamaño real, coincide con
la resolución real. Dar el tamaño óptimo
a la imagen es un proceso que se realiza
en Photoshop, al margen del cual guardar
con otro nombre optimiza la publicación;
mientras el trabajo está en curso y para evitar
los duplicados, es aceptable alternar entre dos archivos con
nombres similares (como "elizarov.indd" y "elizarov+.indd").

2. Píxeles

Una imagen digital está conformada por cuadrados de color único que, *a cierta distancia*, se interpretan como un conjunto. Por tanto, en ella no hay curvas ni diagonales, sino que estas se simulan con escaleras de colores, cuyos matices crean la impresión de tales curvas o diagonales (basta entrecerrar los ojos o alejarse para percibir, al margen, la misma continuidad que la caja de Herramientas da al icono de la flecha negra). Para que la ilusión sea posible, es necesario que estos elementos pictóricos (*píxeles*) conformen conjuntos de millones de ellos (*megapíxeles*), que es la razón por la cual toda cámara o teléfono moderno es capaz de capturar una *cantidad* de información superior a la que podría reproducirse en el pliego central de la mejor revista imaginable (desde luego, otra cosa es la *calidad* de esa información). Por esta causa, pese a todo el atractivo que aportan a la página, las imágenes deben manejarse con cuidado.

[1] ⌘O (*File > Open*). De la carpeta "barsotti", ubicada en la del capítulo, abrir "barsotti.indd". Esta no es precisamente una publicación, es apenas una página en la que InDesign, al relacionarse con un archivo PSD, puede mostrar opciones más sofisticadas que las del propio Illustrator.

[2] ⌘A (*Select > All*). Seleccionar todo.

[3] ⌘D (*File > Place*). Verificando las casillas *Show import options* y *Replace selected item*, seleccionar el archivo "barsotti.psd". Con la segunda casilla, como se ha visto, el contenido actual del marco se reemplazará con el que se está colocando; con la primera, se podrá configurar, en el siguiente cuadro de diálogo, la forma específica en que se desea traer esta imagen a la página.

[4] En el menú *Layer comp*, activar "alguacil" ([d]). Las *composiciones de capas* son un recurso de Photoshop que define visibilidad, posición y efectos de cada capa existente, con el que los mismos elementos pueden generar diferentes combinaciones, tal como se hará en este ejercicio. Sin

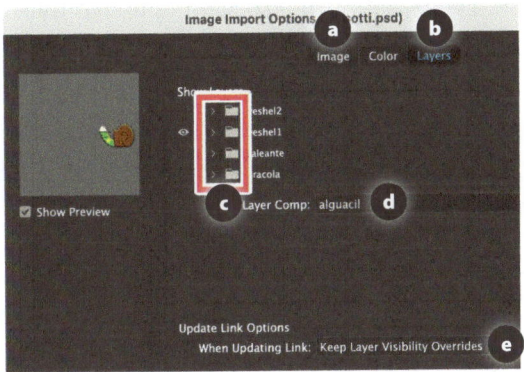

embargo, InDesign puede ir más allá de las composiciones de capas y apuntar a las propias capas, para lo cual debe emplear la ficha *Layers* ([b]) y, en la sección *Show layers* del cuadro de diálogo ([c]), precisar qué elementos se desea hacer visibles; de hecho, al hacer clic en la flecha a la izquierda de los iconos de carpeta (resaltados, ❯), puede abrir los grupos de capas para ocultar capas visibles o presentar las ocultas: justamente, el menú más importante ([e]) precisa que, en forma predeterminada, al actualizar el archivo, todo cambio en la visibilidad de las capas se mantenga.

[5] Clic en la ficha *Image* ([a]) y, a continuación, dejar en blanco la casilla que activa el trazado de recorte (*Apply Photoshop clipping path*). Queda solamente un caracol visible en la página.

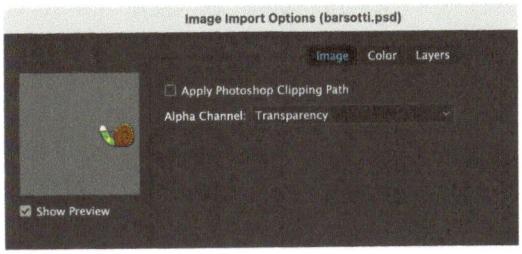

[6] [V]. Con el único marco visible activo, crear una copia (⌘C, *Edit > Copy*) y pegarla exactamente en el mismo lugar (⌥⇧⌘V, *Edit > Paste in place*). Para esta muestra se van a emplear tres copias de este mismo marco (una con cada caracol y otra con el fondo), con diferentes opciones de importación en cada caso; el orden debe ser determinado por la persistencia de la configuración.

[7] Con el nuevo marco activo, repetir los pasos [3] y [4] para seleccionar, esta vez, la composición "caracola"; no hace falta cambiar nada en la ficha de Imagen justamente porque las opciones de importación determinadas para un tipo de archivo se mantienen para los siguientes.

[8] Crear una tercera copia y traer la composición "maleante". Puesto que los marcos tienen fondos transparentes, los tres caracoles, en simultáneo, parten del mismo archivo, pero han recurrido a diferentes opciones.

[9] ⌥⇧⌘V (*Edit > Paste in place*). Crear un cuarto marco para, ahora, traer el fondo.

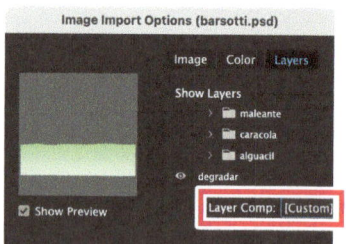

[10] ⌘D (*File > Place*). Con el nuevo marco activo, colocar por cuarta vez el mismo archivo, esta vez ocultando todos los grupos de capa y presentando únicamente la capa "degradar" (como se observa al margen, esta fila debe ser la única en que se muestre el icono de visibilidad, ⊙). Podrá notarse que el menú de composición de capas indica *[Custom]*, es decir, que se trata de un valor personalizado que no fue previsto en el archivo. Falta lo más importante.

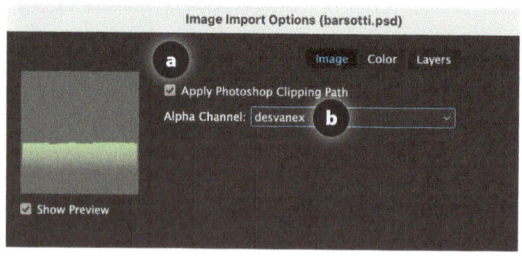

[11] Activar la ficha Imagen y, en ella, verificar la casilla antes desactivada, *Apply Photoshop clipping path* ([a]). Ya que las opciones de importación son persistentes, es importante que la última foto que se coloque respete el trazado de recorte, recurso con que Photoshop utiliza la precisión vectorial de la Pluma para seleccionar un área de la imagen. Aquí, además, se debe activar un segundo nivel de transparencia con el canal alfa "desvanex" ([b]).

[12] Clic secundario sobre el marco y *Arrange > Send to back*. Al enviarlo al fondo, los tres caracoles muestran transparencia fuera de sus contornos. El marco que se acaba de traer, en cambio, es completamente transparente de la línea del horizonte hacia arriba (debido al trazado de recorte) y se va desvaneciendo gradualmente de la línea del horizonte hacia abajo (debido al canal alfa aplicado). La recomposición a color de la genial caricatura de Charles Barsotti queda completa, pero faltan dos textos, ya secretamente presentes en el archivo.

[13] [F7] (*Window > Layers*). En el panel de Capas, hacer visible dos de los tres objetos ocultos: una de las leyendas (inglés o español) y la foto "barsotti.tif", con la firma del caricaturista. Administrando estratégicamente los recursos que ofrecen las capas, InDesign permite crear versiones en múltiples idiomas con los mismos gráficos, aprovechando que el texto representa un tamaño insignificante en el peso del archivo.

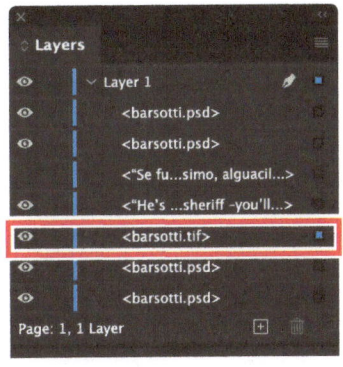

Ahora bien, la firma tiene fondo blanco y será necesario dar clic en el extremo derecho de la fila (resaltada), para seleccionarla y ocultarlo.

[14] *Object > Effects > Transparency*. En el cuadro de diálogo, colocar la fusión en *Multiply*. El modo Multiplicar garantiza que todo objeto se combine con los que están debajo para oscurecerlos, lo que hace transparente al fondo blanco.

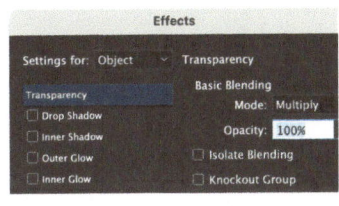

[15] ⇧⌘S (*File > Save as*). Guardar con otro nombre (caracols.indd). Hace falta mucho trabajo realizado en Photoshop para que una complejidad como la de esta muestra sea posible; pero, justamente, valorar lo que ella ofrece es una invitación a explotar semejante potencial.

45°

45°

3. Vectores

Si se levantan las esquinas de esta página y la anterior, se verá, representando a la herr. Selección, una serie de cuadrados, algunos de un gris más claro (en lo que grafica el contorno de la flecha), otros de grises más oscuros (en el interior y exterior de dicho borde), pero, principalmente, para dar la apariencia de diagonales, una serie de grises en tonalidades intermedias. Como el color de cada uno de esos píxeles debe ser descrito uno por uno (y, para que la ilusión sea posible, debe haber millones)[1] las fotos son archivos pesados y complejos. La flecha al margen, en cambio, está definida a partir de cuatro puntos de ancla (los recuadros azules en los ángulos) que definen dos diagonales *perfectas* (del punto superior al derecho y del punto inferior al central), unidas por una línea *perfectamente* horizontal y otra *perfectamente* vertical. Tanto énfasis en lo perfecto porque sus atributos principales son tanto retener la definición que se observa, en todos los tamaños, como hacerlo en un peso mínimo de archivo; exigen, claro, captar la geometría de las formas, es decir, pensamiento visual.

El nacimiento de Venus, pintura de Sandro Botticelli, fue símbolo de Illustrator durante sus primeros dieciséis años (hasta AI v.10).

[1] ⌘O (*File > Open*). De la carpeta "traviesa", incluida en la del capítulo, abrir "traviesa.indd". He aquí uno de los homenajes por las "bodas de plata" de Illustrator, que incluye un monstruoso total de 51 260 trazados (426 178 puntos). Aunque pueda requerir toda una vida de preparación, una foto perfecta puede capturarse en milésimos de segundo (¹⁄₂₀, en el muelle del penúltimo ejercicio)…, comparada con los <u>miles</u> de horas que esta Venus supuso. Merece ser analizada.

[2] [M]. Activar la herr. Rectángulo y dar clic en la esquina superior izquierda de la ilustración. Con ello, se podrá

---

1   *La foto de la pág. 200 presenta medio millón de píxeles (600 × 880), que son proyección de la rejilla (30 × 44 píxeles, ampliada al 2000%) con que InDesign presenta la herr. Selección con la interfaz de usuario en su máximo tamaño.*

crear una forma de exactamente 112×145 mm…, tamaño en que es francamente ridículo mostrar una de las (¿diez?) ilustraciones más complejas que uno ha de ver en la vida.

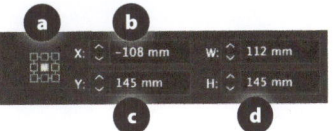

[3] En el panel de Control, con la referencia en el centro ([a]), colocar el rectángulo en -108x ([b]) y 145y ([c]), de modo que abarque la ilustración, redondeando a milímetros con toda confianza, pues se está creando un contenedor temporal que, en seguida, se ampliará a toda la caja.

[4] [V]. Con la flecha negra, clic en el marco de la ilustración y cortarlo (⌘X, *Edit > Cut*).

[5] [V]. Clic en el rectángulo creado, para activarlo.

[6] *Edit > Paste into*. Al aplicar el comando Pegar dentro, el marco de la ilustración pasa a quedar contenido en el rectángulo; si se hiciera doble clic en el contenedor –como ya se ha hecho una decena de veces en este libro–, se activaría el contenido para, por ejemplo, cambiarle tamaño o posición.

[7] En el panel de Control, verificar que el objeto cambie proporcionalmente de escala (clic en ₿, para encadenar ancho y alto) y ampliar al 191%. Puesto que este paso se complementará manualmente, sería posible, incluso, colocar 200%. Pero la posibilidad de hacer aritmética en los cuadros de diálogo de Adobe es simplemente demasiado útil y, así, si la página es A4 (210×297 mm) y tiene 10 mm de márgenes, el alto que se desea alcanzar es 277 mm; si diera este valor como alto ([d] arriba), cambiaría el contenedor, pero no el contenido; por tanto, como cambio de escala, debe escribirse "27700/145", para que InDesign haga la división y la aplique.

[8] Tomando la esquina superior interna como referencia, verificar que el marco esté colocado en -10x y 10y. Sobre esa base, clic en el icono de la cadena (para romper

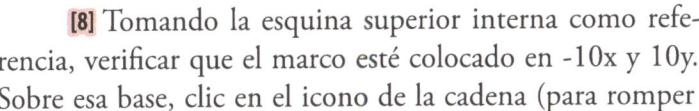

las proporciones y darle al contenedor un ancho de 190 mm y un alto de 277 mm. Finalmente, puede activarse el contenido con doble clic y, empleando la flecha a la derecha, desplazar la ilustración de modo que no quede recortado ningún pétalo y, más bien, se observe íntegramente el tentáculo a la izquierda. Ahora bien, este proceso podría hacerse al ojímetro, arrastrando (paso [15]), pero, dada la enorme complejidad de este objeto, ello podría ser tedioso; aquí se dará este encuadre por temporalmente aceptable y, de hecho, el objeto "se ocultará".

[9] [V]. Doble clic sobre el marco para entrar al contenido y, con este activo, clic secundario, *Display performance > Fast display*. Como se ha visto en las preferencias (cfr. cap. II.4), InDesign permite que objetos individuales recuerden su modo de presentación. Aquí, establecido un encuadre que hace justicia a la ilustración…, no se necesita verla una y otra vez mientras se trabaja en este desplegado.

[10] [V]. Clic en la página para desactivar el marco y ⌘D (*File > Place*) para traer nuevamente de la carpeta del trabajo el archivo "Mischievous Venus.ai", pero en forma distinta, para lo cual se deberá activar *Show import options*.

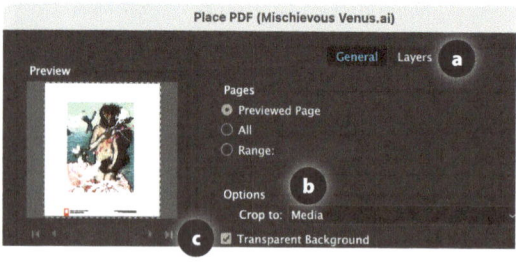

[11] En el cuadro de diálogo, seleccionar que el recorte se haga a medida de la página (*Crop to media*, [b]) y, para la mayor flexibilidad que se requerirá en este archivo, verificar que se dé transparencia al fondo ([c]). Para concluir, activar la ficha de Capas ([a]), que se empleará en el siguiente paso. Aunque se está importando un archivo de

Illustrator, InDesign lo reconoce en la medida en que este tiene verificada la predeterminada compatibilidad con PDF, por lo que el cuadro indica que se está colocando un PDF.

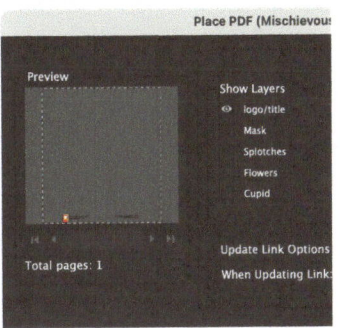

[12] En la ficha *Layers* (como se hizo en el ejercicio previo con píxeles), es posible activar las capas creadas en el archivo. Aquí interesa desactivar todas las capas excepto "logo/title" que contiene, precisamente, los créditos con el nombre del ilustrador. Para ajustar mejor la mínima porción de la página que se busca, es mejor no hacer clic (que daría al objeto su tamaño predeterminado).

[13] Con el puntero cargado (que muestra el icono de PDF, según se aprecia al margen), realizar un arrastre mínimo dentro de uno de los módulos (el cruce de las columnas verticales con las guías horizontales). Al colocar un objeto, no hace falta presionar [⇧] para que se respeten las proporciones originales; el objeto debe quedar con dimensiones menores a las celdas (46 × 42 mm).

[14] [V]. Con la flecha negra activa, ampliar al máximo de 4000 % (⌘⎵) para comprobar que, por su propia definición, trabajar con vectores significa que no podrá encontrarse un detalle pixelado, simplemente porque no hay píxeles, todo está definido matemáticamente y, si hubiera 12 800 % de ampliación como en Photoshop o 64 000 % como en Illustrator, siempre se vería, más y más perfectamente, la definición de las curvas. Aunque no se ha mostrado todavía, puede adelantarse que la caja transformadora es púrpura (y no azulina), no porque se haya entrado al contenido, sino porque este es el color asignado a la capa en InDesign. En todo caso, percibida la perfección de las curvas, la idea es ajustar el marco lo más precisamente posible al crédito, según se observa al margen. ¿Está demasiado reducido?

Mischievous Venus by Haun Tran, created with Adobe® Illustrator® CS6

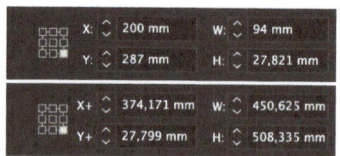

[15] [V]. Siempre con la flecha negra, cambiar el tamaño del marco presionando ⇧⌘. Al presionar [⌘], el contenedor se transforma junto con el contenido; [⇧] cumple con su función habitual de restringir (las proporciones) y, desde luego, debe soltarse el botón del *mouse* antes que las teclas modificadoras. Puesto que este crédito es un elemento horizontal y las celdas son cuadradas, el objetivo es hacer que este marco abarque las últimas dos celdas, es decir, los valores que se observan al margen, arriba. Por cierto que, si se hace doble clic para entrar al marco, se especificará el desplazamiento relativo (*Content offset*) que tiene el contenido respecto del contenedor, así como sus medidas y su porcentaje de ampliación (aquí, 123,6%).

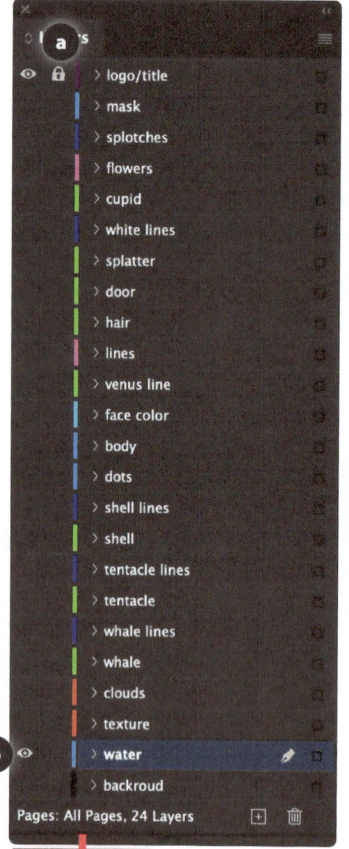

[16] [F7] (*Window > Layers*). Bloquear la capa "logo/title" (clic en [a]). Dada la complejidad del documento, es mejor ir protegiendo (y, eventualmente, ocultando) lo avanzado.

[17] Presentar la capa "water" ([b]). Cada una de las capas del documento de InDesign corresponden a las que el ilustrador creó en el archivo que ya ha sido colocado, con la misma configuración que en el paso [11].

[18] [V]. Buscar un encuadre óptimo para el contenido (el agua), tomando como referencia el rectángulo, ya en posición. Cada capa incluye, además, un pequeño texto que describe el contenido e indica cuántos trazados y puntos de ancla fueron necesarios para crear este nivel particular de la ilustración.

[19] [F6] (*Window > Color > Color*). Gracias a que, al importar el archivo, se mantuvo la transparencia (paso [11]), ahora, en el panel

Color, puede especificarse un nuevo fondo. Para ello, con la ilustración activa, poner el relleno en primer plano (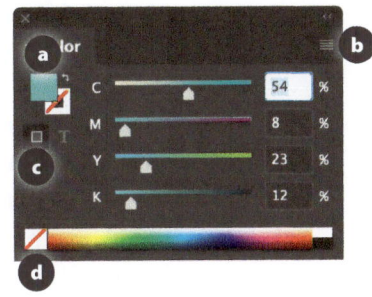, [a]), verificar que el color se aplique al contenedor ([c]) y, luego, de colocar los deslizadores en cmyk ([b]), definir c54 m8 y23 k12, que es el color dominante del mar en este dibujo.

[20] Repetir los pasos [4]-[6], para colocar la ilustración dentro del rectángulo.

[21] Clic secundario sobre el marco y enviarlo al fondo (*Arrange > Send to back*), de modo que sea visible el texto con la descripción.

[22] [V]. Con el marco activo, poner el delineado en primer plano (, [a]) y eliminarlo (clic en [d]).

[23] [W]. Pasar al modo Previsualizar.

[24] [V]. Seleccionar el marco de texto (*agua, 35 trazados*) y, en el panel de Control, afinar la opacidad de modo que se *lea* el texto con facilidad y se *perciba* la imagen. La  muestra, al margen, la reduje al 85%; sin embargo, debe considerarse que lo que se aprecia en pantalla es una referencia; esto es, que, por ejemplo, al realizar una impresión, el mismo porcentaje haría difícil la lectura en otro detalle de la imagen, por lo que el 90% inicial puede mantenerse en muchos casos.

[25] ⇧⌘S (*File > Save as*). Guardar con otro nombre (precompx.indd).

agua
35 trazados (1981 puntos)

Encuadrar todos los detalles dará idea de la necesidad de administrar vínculos (cfr. cap.xiv) pues, si el equipo es exigido hoy, ¿cuánto habrá costado este dibujo en 2012?

4. **Documentos portátiles**

Esta página ha sido creada en InDesign 2024 (ID19.3, marzo de 2024) y, para compartirla, sería necesario que el receptor contara con la misma versión, pues, de tener ID19.2, algún cambio podría ocurrir. Desde luego, si fuera una sola página, una mirada cuidadosa detectaría cualquier problema; pero, en una publicación, miradas u hojeadas no bastan. Por otro lado, ciertas viñetas del texto (por ejemplo, la tecla de Comando, [⌘]) emplean San Francisco, que no es parte de Adobe Fonts, lo que haría indispensable que se instalara la misma fuente para que un cambio en una línea no afecte a todo el párrafo, a toda la página o, incluso, a todo el capítulo. Ahora bien, InDesign fue creado por Adobe cuando ya la empresa había hecho del formato PDF un estándar que garantiza que la misma información creada por una combinación específica de equipo (Mac), sistema operativo (Sonoma 14.4.1), aplicación (ID19.3) y fuente (Sf 19.2d2e1), pueda ser abierta en cualquier otro equipo, con cualquier otro sistema operativo, con otra aplicación, gracias a fuentes que se incorporan en el propio archivo (*v. gr.*, una PC con Windows 11 que abre el PDF en Microsoft Edge).

Con una compresión personalizable, además, el PDF genera versiones optimizadas de las imágenes incluidas.

[1] De la carpeta "whitelbm", incluida en la del capítulo, abrir el archivo "whitelbm.pdf". Qué programa esté configurado para abrir este formato es –teóricamente– indiferente, sin que deje de ser más recomendable Adobe Reader (por ser gratuita y pertenecer a Adobe). El archivo contiene las letras del "Álbum blanco", una verdadera joya musical.

[2] ⌘O (*File > Open*). De la misma carpeta, abrir "whitefld.indd". Por las diversas formas de encuadernación, la imposición de páginas es una tarea especializada, pero, manipulando un PDF, InDesign puede optimizar la impresión.

[3] Seleccionar todo (⌘A, *Select > All*), copiarlo (⌘C, *Edit > Copy*) y pegar una copia en el mismo lugar (⌥⇧⌘V, *Edit > Paste in place*).

[4] Fijando el eje de transformación arriba y en el centro ([a]), dar a los marcos

una rotación de 180° ([b]). El resultado es que las copias quedan en la posición que les correspondería al doblar el papel.

[5] [V]. Con la flecha negra, seleccionar el primer marco (arriba a la izquierda).

[6] ⌘D (*File > Place*). De la carpeta de trabajo, seleccionar el archivo "whitelbm.pdf", verificando las casillas de *Replace selected item* y *Show import options*.

[7] En el cuadro de diálogo, seleccionar la pág. 9 ([a]) e indicar que el recorte se ajuste a la página (*crop to media*, [c]), dejando la casilla *Transparent background* ([b]), en blanco, su configuración más recomendable.[1]

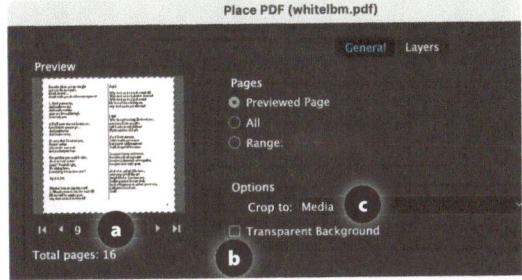

[8] Repetir los pasos [5]-[7] para reemplazar los marcos superiores, de modo que se ubiquen en ellos las páginas 9, 8, 5 y 12 (como se observa al margen). Puesto que los marcos fueron girados en el paso [4], los números quedan de cabeza.

A las infinitas maneras de doblar un papel corresponden ilimitadas posibilidades de imposición de las páginas; cierta-

---

1   *Aunque en el ejercicio anterior, para hacer visibles objetos blancos, fue excepcionalmente útil verificar la casilla (léase "se trató de una excepción"), la regla es mantenerla desactivada... pese a que, sobre un fondo blanco, no hay diferencia.*

mente, programas especializados se encargan de ello, lo que es indispensable para compaginar las decenas o centenas de páginas que puede tener cualquier publicación; pero, siendo dieciséis, un mínimo de trabajo manual resuelve el problema.

[9] [V]. Con la flecha negra activa, seleccionar los ocho marcos (⌘A, *Select > All*) y copiarlos (⌘C).

[10] ⌥⇞ (*Layout > Next spread*). Avanzar a la pág. 2.

[11] ⌥⇧⌘V (*Edit > Paste in place*). Pegar una copia de los marcos en la página 2.

LL 9∣Ɫ OL

14 3∣2 15

[12] Repetir los pasos [5]-[7] para reemplazar el anverso de las páginas con sus respectivos reversos, según se observa en el esquema al margen. El único detalle que mencionar es que el segundo marco de la fila superior contiene la pág. 6, no la 9. Por lo demás, puesto que, como se ha repetido, la configuración es persistente, el trabajo manual básicamente consiste en escribir el número (el campo que queda activo tras seleccionar el archivo) y presionar [↵].

[13] ⇧⌘S (*File > Save as*). Guardar con otro nombre (pliego16.indd). Según comprobó el primer ejercicio del capítulo, es esencial optimizar el archivo (utilizando el comando Guardar como) antes de exportar un PDF. La razón para ello podría apreciarse mejor si se intentara dar el siguiente paso con el archivo de la Venus traviesa del ejercicio previo que, al incorporar veinticuatro copias de un archivo de cincuenta mil trazados, fácilmente podría hacer colapsar a un sistema (pero su elaboración exige tanto tiempo que son muy inusuales). Desde luego, este archivo apenas contiene los minúsculos 86 kb de un PDF de texto…, pero aquí hay

dos razones: [1] es buena práctica emplear Guardar como antes de exportar y [2], cuando se ha hecho trabajo manual, lo último que se quiere es exigir al sistema y arriesgarse a que una colgada del equipo obligue a repetir dicho trabajo.

[14] *File > Adobe PDF presets > [Smallest file size]*. La exportación de PDF, comparable en complejidad al panel Estilos de párrafo, tiene una cantidad tal de parámetros que un libro entero podría dedicarse solo a este tema (cfr. cap.XVI); pero, cuando se trata de un documento puramente vectorial, basta la preconfiguración de Tamaño mínimo y, en el cuadro de diálogo, simplemente dar clic en el botón *Export*.

[15] ⇧⌘S (*File > Save as*). Guardar con un nombre alterno (que bien podría ser pliego16+.indd). Es conveniente guardar simplemente para conservar la configuración empleada para exportar (no con el objetivo de optimizar). No hay una convención para alternar entre nombres de archivos, pero la idea sería, de volverse a guardar el archivo, emplear nuevamente el nombre original (en este caso, pliego16.indd) para reemplazarlo. Tras concluir el proyecto, el penúltimo archivo de InDesign es el que debe ser eliminado.

Impreso el PDF, bastará un doblez a lo largo de la línea vertical negra (página opuesta) para ver los anversos de 11, 6, 14 y 3 (al margen, [a]); luego de ello, doblar según la línea horizontal negra dejará enfrentadas las páginas centrales ([b]), de modo que un do-

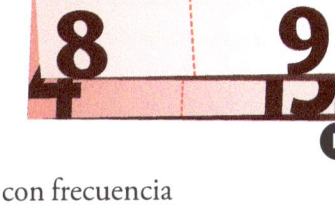

blez final deje todo en posición. Si se trabaja con frecuencia una misma imposición de páginas tan simple, la ventaja de realizar este trabajo manual es que el archivo vale para todos los documentos de igual formato, después de lo cual solo hará falta revincular el original una vez.

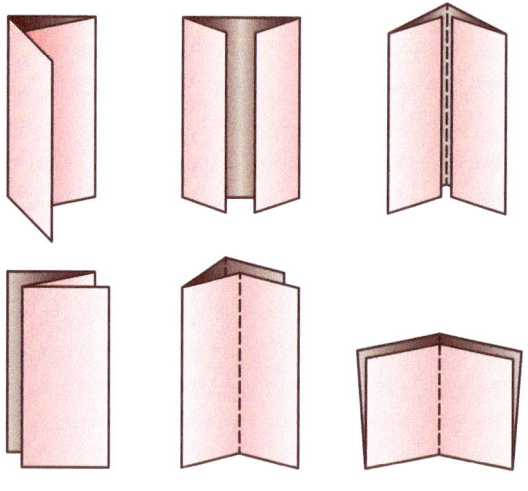

5. Experimentos

Puesto que viene de *brocher* (encuadernar), la palabra *brochure*, traducida eventualmente como "folleto" o "panfleto", asume algún tipo de acabado, además del plegado; sin embargo, las formas más populares de ellos apenas suponen un doblez (dípticos) o dos (tríptico), que crean, respectivamente, cuatro o seis paneles (no son propiamente páginas). Pero, según la información contenida, el número y la forma de plegar el papel, no solo no tiene que ser simétrica, sino que, de hecho, no puede serlo cabalmente; al colocar un formato abierto, InDesign permite experimentar creativamente con la presentación de un documento sencillo.

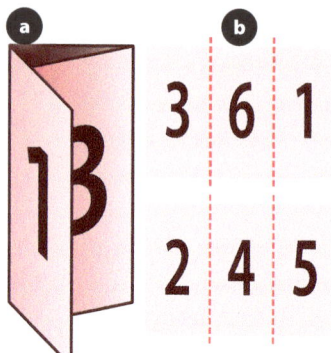

[1] ⌘O (*File > Open*). De la carpeta "white-lbm", incluida en la del capítulo, abrir "enrollar.indd". En el primero de los plegables al margen ([a]), uno de los más típicos, se observa que, al desdoblar el primer panel hacia la izquierda, se verá el segundo panel (reverso del primero) junto con el tercero, numerándolas según aparecen; al desdoblar el tercero, hacia la derecha, se verá todavía el panel 2 y aparecerán el 4 y 5 (¿se ha dejado de mencionar algo?). Desde luego, aunque uno haya recibido centenas de estos trípticos, compararlos con la espiral ([c]) que esquematiza el anverso y reverso del papel (desplegado con líneas punteadas en [b]) requiere pensamiento visual.

[2] [F7] (*Window > Layers*). En el panel de Capas, eliminar la capa 2. Los números de esta capa representan la

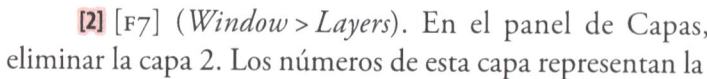

secuencia que sería necesaria para presentar las dieciséis páginas del cancionero de *El álbum blanco*… enrolladas; esto es, según el esquema que se observa al margen, similar al del tríptico, pero, no con tres, sino con ocho paneles (un ¿octíctico?). Pero debe notarse que, para que un tríptico realmente cierre, el último pliegue (el del panel 3) debe ser, como mínimo,[1] medio milímetro más corto que los otros dos.

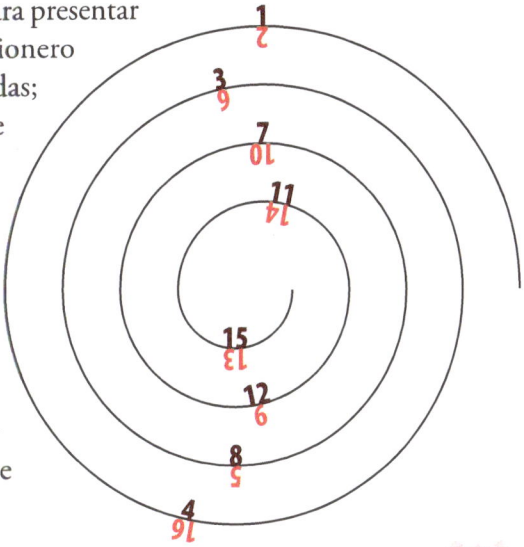

[3] ⌥‡ (*Layout > Next spread*). Activar la pág. 2, que contiene los reversos de los paneles de la pág. 1. Para alinear anverso y reverso (también llamados "tira" y "retira"), estos marcos deberían estar de cabeza.

[4] ⌘A (*Select > All*). Seleccionar todos los marcos de la pág. 2 y, en el panel de Control, verificando que el eje de transformación esté en el centro, girar la selección 180°.

Igualmente, la retira (2-4-5 en la página opuesta) debe girar para alinearse como en la espiral.

[5] [V]. Activar la herr. Selección y ⌘D (*File > Place*) para colocar, en la séptima columna de la primera página, la última (16, [a]) del "whitelbm.indd", que ha de tomarse al límite de la página (*crop to page bounding box*,

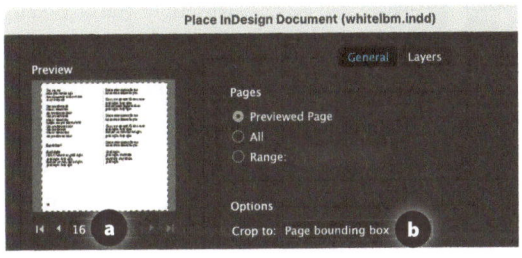

[b]). Al colocar un documento de InDesign pueden hacerse modificaciones radicales en el original, con tal de mantener

---

1   *La diferencia depende del grosor del papel; realizar el proyecto requiere considerar una reducción progresiva en los paneles, aunque sea en fracciones de milímetro.*

Id

el número de páginas: se respetará tanto la posición como la rotación que se han dado.

[6] ⇧⌘S (*File > Save as*). Guardar con el nombre alterno (pg16mala.indd).

[7] ⌘O (*File > Open*). De la carpeta de trabajo, abrir el cancionero "whitelbm.indd".

[8] Saltar a la pág. 16 (⌘J, *Layout > Go to page*), seleccionarlo todo (⌘A, *Select > All*) y eliminarlo ([⌫]). Quedará la numeración, pero se cubrirá en el siguiente paso.

[9] [V]. Activar la flecha negra y ⌘D (*File > Place*) para traer "posterix.tif"; foto que, en el interior del disco original, era el único elemento no blanco de *El álbum blanco*.

[10] ⇧⌘S (*File > Save as*). Guardar con el nombre alterno (whitelbm+.indd).

Hay que eliminar los marcos de la pág. 16 (el texto sin colocar pasa a la pág. 15, que mostrará estar desbordada, ⊞), por lo que quedó sin mencionar en el primer paso, ya que el panel final de un plegable (6 en el tríptico y 16 aquí) solo se ve cuando se le da vuelta <u>cerrado</u>. Es ilógico que, después de haber desenrollado todo el cancionero, haya que enrollarlo para leer la última canción. Así, el original tiene que recomponerse en quince páginas. ==La composición de página es la respuesta intelectual de una necesidad de comunicación== que tiene una enorme motivación económica, pues no se puede aumentar una página o un pliegue, *así, no más*; ni es posible reducir el puntaje, interletraje o el intercolumnado, *así, no más*. Aquí, para poder aumentarle, como mínimo, 1 mm al margen en cada panel, será necesario poner en juego todo lo revisado hasta ahora, desde el propio fundamento de escoger otra familia tipográfica, con un ojo medio alto que optimice legibilidad en 8 pt, como máximo.

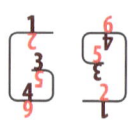

Capítulo IX
Muestras de color

El color deliberado

No se puede sospechar cuánta dietilamida de ácido lisérgico los Beatles (o Steve Jobs) consideraron que era necesario probar en la década de los sesenta para expandir la mente, aunque hay quien diga que la letra *alucinógena* de *Lucy in the Sky with Diamonds* era un homenaje a esa –es un decir– afición. Lo que sí se sabe es que la famosísima portada de *El sargento Pimienta y la banda de corazones solitarios* era un fotomontaje que coleccionaba una abigarrada setentena de personajes.

¿Qué se hace después de una sobresaturación visual semejante? El llamado *Álbum blanco* no tenía nada impreso: era, efectivamente, un blanco puro sobre el que, apenas, estaba repujado el nombre del grupo. Gráficamente, esta estética representó muy bien que, al menos, la mitad de las canciones fueron compuestas durante un retiro de meditación en la India.

La sobriedad (no monotonía) que debe imperar en una publicación tiene por objetivo crear una uniformidad en la que se pueda hacer destacar algo, sea un titular, sea un artículo, sean las páginas centrales. En efecto, si se emplea una cantidad de familias tipográficas tal que la página parece una nota de secuestro (cfr. cap. VI.1) es imposible que destaque la libertad absoluta que sí se puede permitir un aviso publicitario. Es ese mismo contexto el que determina que el empleo del color sea, como lógico correlato, sistemático y deliberado.

1. Aplicación manual

La experiencia fundamental de creación de color en la infancia recuerda que no hace falta que nos compren el juego de veinte témperas (de los niños ricos) ni ocho (como la mayoría), sino que, incluso, tres colores básicos –rojo, amarillo y azul–, podían dar suficientes combinaciones como para que la ropa de uno no se desmanchara ni en la publicidad de detergente. Exactamente así, toda impresión masiva que emplee color se basará –según se aprecia al margen– en una suerte de azul celeste, un rosa intenso y un amarillo pollito a los que el negro se añade, fundamentalmente, para el texto. Las iniciales de los tres primeros colores y la última letra de negro, en inglés, dan nombre a la impresión CMYK o cuatricromía. Pero, si se trabaja para IBM, el "gigante azul" va a querer exactamente el mismo azul (no la combinación inestable de cian y magenta), como Telefónica exigirá un verde específico (no la mezcla de cian y amarillo) o FedEx un naranja concreto (no magenta y amarillo), pues los colores institucionales son parte fundamental de su identidad.

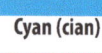

Cyan (cian)

Magenta

Yellow (amarillo)

blacK (negro)

[1] ⌘O (*File > Open*). De la carpeta "formular", ubicada en la del capítulo, abrir "formular.indd". A este formulario, inventado con los datos que podría solicitarse a un nuevo empleado…, es posible acusarlo de un aspecto funeral.

[2] [V]. Con la flecha negra, seleccionar el marco negro en el encabezado de la página. El panel de Capas revelaría que se trata de un rectángulo, es decir, que no contiene el texto que está sobre él.

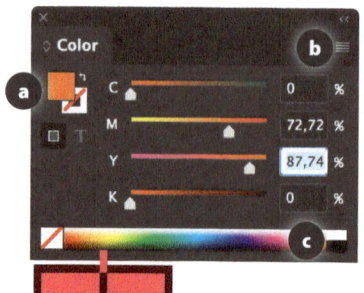

[3] [F6] (*Window > Color > Color*). En el panel de Color, pasar el relleno a primer plano (clic en [a]), colocar los deslizadores en CMYK ([b]) e ingresar 72,72% en magenta y 87,74% en amarillo, valores específicos que forman el distintivo naranja de FedEx. Ya que, para escribir los valores, las manos están en el teclado,[1] una alternativa posible sería copiar (⌘C) este segundo valor, ya que el otro es fácil de recordar (queda claro que confiar algo tan importante a la memoria es delicado).

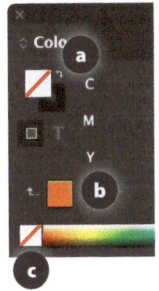

[4] [V]. Con la flecha negra, activar el otro rectángulo en la página (se entiende, para colocar la foto) y, en el panel de Color, se realizarán tres acciones: primero, con el relleno en primer plano, clic en la muestra del último color (↤ ■, [b]), para no tener que volver a definir el naranja; segundo, clic en la flecha en ángulo (↱, [a]), para intercambiar relleno y delineado, operación que mantiene el relleno en primer plano; tercero, clic en la muestra de no relleno (◻, [c]).

[5] [T]. Activar la herr. Texto y dar doble clic sobre alguna línea horizontal. En toda tarea deben favorecerse las técnicas más flexibles, por lo que, aunque existe una herr. Línea (cfr. cap.III.1), trabajar –como aquí– con tabulaciones que aparentan ser líneas debido a su relleno es una técnica con mucho mayor control (cfr. cap.XV.2).

[6] Con la línea seleccionada, clic en la antepenúltima casilla de la caja de Herramientas para activar el *Eyedropper*,[2] que dará al puntero, significativamente, el aspecto de un gotero vacío e inclinado hacia la derecha.

[7] Con el Cuentagotas descargado, clic en el rectángulo de cabecera, acción que copiará el relleno del objeto. Para indicar la función que está listo para realizar, además, el puntero queda cargado e inclinado hacia la izquierda.

---

1   *Y, ya que las manos están en el teclado para escribir valores, se recordará que se puede avanzar de campo en campo con [→] y retroceder con ⇧→, lo cual es un atajo del sistema operativo (funciona en todos los programas). Asimismo, el extremo inferior derecho del panel (▬ , [c] en la página opuesta) permite seleccionar el blanco o negro como color de partida.*

2   *Puesto que la pronunciación de eye, en inglés, es igual a la de la "i", su atajo –recibido de Illustrator y Photoshop, en que la herramienta es mucho más útil– es la [I], como si la herramienta se llamara i-dropper; dependiendo de la versión y del programa, también se traduce el nombre como "Gotero" o "Cuentagotas".*

[8] Con el puntero cargado, doble clic sobre cada una de las líneas horizontales. Si bien es tedioso, de momento, no hay gran posibilidad de error (que es el verdadero problema de trabajo manual), pues basta observar que aparezca la "T" al lado del gotero para saber que se está aplicando al texto.

[9] Siempre observando el puntero (al margen), arrastrar sobre el titular de la primera sección de datos (*Información general*). Estrictamente, mientras se trate de texto, también podría darse triple clic (para aplicar el formato a toda la línea) o cuádruple (para aplicarlo a todo el párrafo).

[10] Presionando ⌘␣ para acceder temporalmente a la Lupa, ampliar sobre la última línea, en la que las casillas de "Sí" y "No" también serán coloreadas, arrastrando sobre ellas. Aunque se trata de una técnica de interfaz, es importante recordar que, cuando se trabaja con texto, es muy delicado emplear los atajos de ampliación y desplazamiento; esto es, que debe soltarse primero la barra espaciadora y luego la tecla de Comando (o [CTRL] en PC), para evitar un involuntario reemplazo del texto seleccionado por un espacio. Hasta aquí es razonable llegar con la aplicación manual.

[11] ⇧⌘S (*File > Save as*). Guardar el archivo con otro nombre (noswatch.indd).

[12] ⌘J (*Layout > Go to page*). Escribir "a" para saltar a la página maestra predeterminada.

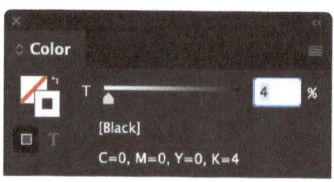

[13] [V]. Con la flecha negra, seleccionar (en el centro del conjunto) la línea más clara, esto es, la que tiene aplicado 4% de negro, tal como podrá comprobarse, en el panel de Color (con el delineado en primer plano). Excepto que ya no corresponde que sea 4% de negro, sino 4% del naranja FedEx…, o sea, 4% del 72,72% en magenta y del 87,74% en amarillo.

[14] Tras colocar los deslizadores en CMYK en el menú de Opciones (resaltado), clic en la "M" de magenta y escribir "72,72*,04", es decir, el valor original del magenta multiplicado por 0,04 (no hace falta escribir el cero para obtener el 4%); al presionar [→|], InDesign hará la multiplicación y presentará el valor de 2,909 y quedará activo

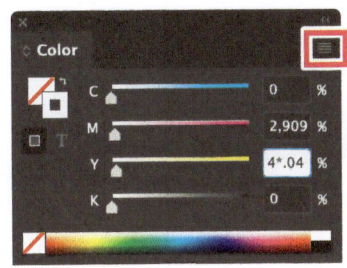

el campo del amarillo en el que, de haberse copiado (paso [3]), ahora podría pegarse el valor de 87,74 y añadir "*,04"; haría falta una tabulación más para colocar 0 en negro.

[15] ⌘W (*File > Close*). Cerrar descartando los cambios después del paso [11].

El panel de Control presenta dos vistosos iconos, atajos de los comandos *Object > Select > Next object above* y *Next object below* que el autor de estas líneas no recuerda haber utilizado nunca pero que servirían, excepcionalmente, para verificar, línea por línea, que el efecto de malla en el fondo está creado a partir de una *cuarentena* de líneas que varían de 4 en 4%. No deja de ser interesante conocer que la aritmética del paso [14] permitiría aplicar el valor porcentual en una línea, o dos. Ya en diez, sería trabajo para un autómata, no una persona y, nuevamente, no por lo aburrido, sino por el nivel de atención que requeriría no incurrir en errores. Pero, si deshumaniza dar a un hombre el trabajo de una máquina, también lo hace dar a la máquina el de un ser humano.

En otras palabras, toda vez que se detecta un trabajo repetitivo, no creativo, debe suponerse que exista una alternativa inteligente para realizarlo, como ciertamente es el caso de la aplicación de color.

2. Aplicar muestras

En contra del entusiasmo con que InDesign 2024 los promueve en recientes paquetes, nada más deliberado y creativo –humano– que definir y refinar un estilo y, por lo mismo –así como no cabe esperar un panel que le indique a uno su familia tipográfica favorita–, la aplicación de color debe trabajarse con un recurso que es análogo a lo que el estilo representa para el texto o las páginas maestras para las "concretas", subordinadas a ellas, y se encuentra en el fundamental panel de Muestras.

[1] ⌘O (*File > Open*). De la carpeta "formular", ubicada en la del capítulo, reabrir el archivo "formular.indd". Ahora se emplearán los recursos que son propios de InDesign.

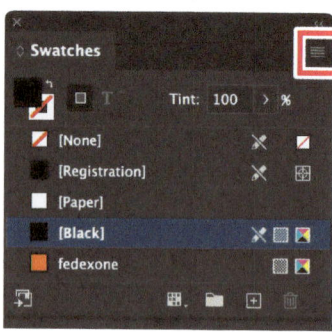

[2] [F5] (*Window > Color > Swatches*). En este panel, mucho más importante que el de Color en una publicación, se tienen definidos cuatro colores que no pueden eliminarse, según indican los corchetes: *none, registration, paper* y *black* (ninguna, registro, papel y negro). En el menú de Opciones (resaltado), se utilizará *New color swatch* para añadir una muestra de color.

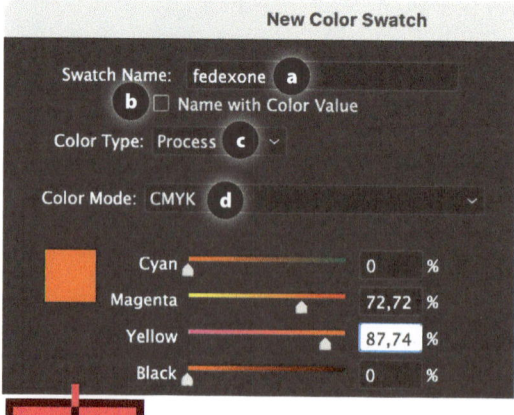

[3] En el cuadro de diálogo, desactivar la casilla *Name with color value* ([b]) para poder precisar un nombre ([a]) y luego, verificando que el color sea de proceso ([c]) y definido en CMYK ([d]), ingresar los valores de 72,72% en magenta y 87,74% en amarillo. No tendrán que escribirse de nuevo.

[4] [V] Con la flecha negra, seleccionar el rectángulo de cabecera y, en el panel de Control, clic en la flecha junto al color de relleno ( ). Con ello, se desplegará el panel de Muestras, tal como se observa en la página opuesta y, previsiblemente, corresponde colocar el relleno en primer plano y dar clic en la muestra que acaba de definirse.

[5] Repetir el paso anterior y, desde el propio panel desplegado, arrastrar la muestra definida al borde del otro rectángulo. El panel Muestras permite asignar color arrastrando directamente, incluso a un objeto no seleccionado: si se arrastra al interior del objeto, se afecta al relleno; si se arrastra al contorno, cambiará el delineado. De igual modo podría darse formato al marco de texto (contenedor), pero, para el contenido mismo, no es la técnica más recomendable.

[6] ⌘+F11 (*Type > Paragraph styles*). En el panel Estilos de párrafo, doble clic sobre el estilo "titular2" (el aplicado a las tres secciones del formulario) y, en el cuadro de diálogo, buscar la sección *Character color*. En ella, con el relleno en primer plano, se activará la muestra definida; como se observa, no se puede especificar un color directamente: tiene que ser una muestra creada de antemano.

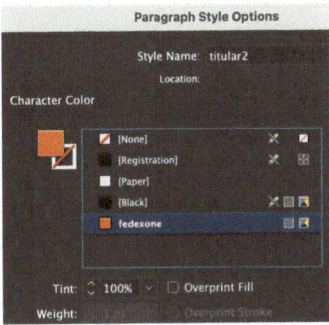

[7] [W] (*View > Screen mode > Normal*). Pasar al modo de pantalla normal.

[8] *Type > Show hidden characters*. Al mostrar los caracteres ocultos, se verá que la línea, como ya se mencionó en el ejercicio anterior, es una tabulación, carácter especial que se representa con el símbolo de cerrar comillas dobles angulares (»).

[9] [T]. Con la herramienta de Texto, doble clic sobre la línea horizontal para seleccionar la tabulación.

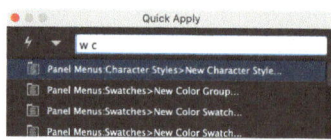

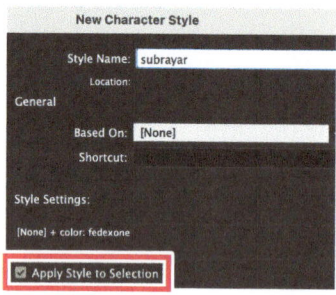

[10] ⌘↵. En Aplicación rápida, escribir los primeros caracteres de "New c".[1] Si se va a realizar una sola operación, como aquí, no hace falta abrir el panel Estilos de carácter.

[11] En el cuadro de diálogo, dar nombre al estilo (subrayar) y aplicarlo a la selección (re-saltado). Luego, repetir el paso [6]; es decir, aplicar la muestra como relleno en *Character color*. Es importante notar que, como aquí, es perfectamente posible definir un estilo de carácter con un solo atributo; un estilo de párrafo tan sencillo es muy inusual.

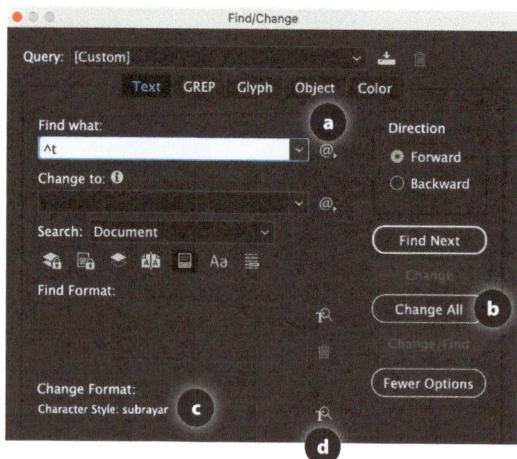

[12] *Edit > Find/Change.* En el menú de Caracteres especiales (@, [a]), seleccionar la primera opción, *Tab*. Tras ello, en la parte inferior, clic en el icono en que pueden especificarse los atributos de cambio (🔍, [d]), con el que un nuevo cuadro de diálogo permitirá asignar el estilo de carácter creado (el cambio de formato se indicará, [c]); finalmente, clic en *Change all* ([b]). Con ello, las treinta y una tabulaciones del documento serán cambiadas por versiones de sí mismas cargadas con el estilo, que les da color. ¿Es este proceso demasiado

---

1   *Se puede observar en la captura que, conociendo el nombre del comando, incluso basta escribir la última letra de* new *y la primera de* character, *con un espacio en el medio, para que Aplicación rápida ubique lo que se busca en primer lugar. Con la misma lógica, si se quisiera ingresar rápidamente un guion eme (cfr. cap. VII.4), en lugar de aprender el atajo o recordar el submenú de segundo nivel en que se ubica el comando (*Type > Insert special character > Hyphens and dashes > Em dash), *bastaría escribir "m d".*

complejo para *apenas* treinta y un cambios? Es verdad que ello podría hacerse manualmente, pero no solo es importante conocer el poder de este comando, sino que, en verdad, esa no es la pregunta correcta.

[13] [T]. Con la herr. Texto, arrastrar sobre la casilla de "Sí" y, a continuación, ⌘↵ para, mediante Aplicación rápida, ubicar el estilo de carácter creado; aunque todo lo personalizado es típicamente lo primero en ser presentado, la lógica indica que los estilos que más se empleen deberían llevar nombres inmediatamente ubicables (basta eliminar vocales del nombre del estilo para que se distinga de todo comando y "sbryar" se encuentre con "sbr" o "bry", digamos).

[14] ⌘J (*Layout > Go to page*). Escribir "a" para saltar a la maestra predeterminada.

[15] ⌘A (*Select > All*). Seleccionar todo. Podrá observarse en el panel de Muestras (o en el de Control), con el delineado en primer plano, que las líneas están efectivamente asociadas a la muestra *[Black]* ([b]), color cuyo propio nombre indica que no se puede eliminar ni modificar…, pero es posible duplicarla. De otro lado, el valor *Tint* ([a]) aparece en blanco, lo que significa que, como ya se ha observado en el ejercicio anterior, el efecto está creado a partir de aplicar la muestra en diferentes porcentajes.

[16] ⇧⌘A (*Edit > Deselect all*). Anular la selección.

[17] Sin tener objeto alguno seleccionado, arrastrar *[Black]* al icono de nueva muestra (⊞ , [d]), botón que creará un duplicado con el nombre *Black copy*. Tiene la misma definición de color, pero esta copia sí puede modificarse o eliminarse, como de hecho, se hará; pero, antes, hay que darle el uso para el que se le ha creado.

[18] ⌘A (*Select > All*). Seleccionar todo y, con el delineado en primer plano, clic en la muestra duplicada (*Black copy*). Con ello, el aspecto de las líneas no cambia absolutamente en nada, pero permite realizar un pequeño truco.

[19] ⇧⌘A (*Edit > Deselect all*). Anular la selección. Igual que con el texto al que se le ha aplicado un estilo, asignar una muestra a un objeto da control sobre su color, esté seleccionado o no, incluso si está en otra página, incluso si está oculto o bloqueado en dicha página.

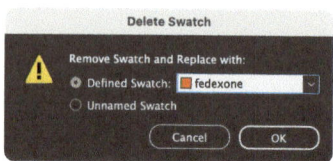

[20] Arrastrar la muestra duplicada a la papelera (🗑, [c] en la página anterior). No parece muy lógico crear una muestra para borrarla tres pasos después, pero el cuadro de diálogo que se presentará ofrece dos datos claves: primero que, como recurso esencial que son, no pueden ser eliminadas *así, no más* y, segundo, que, al eliminar una muestra, InDesign propondrá que se reemplace por otra, manteniendo los porcentajes de aplicación. Evidentemente, lo que conviene aquí es seleccionar la muestra definida (fedexone).

[21] ⌘J (*Layout > Go to page*). Saltar de regreso a la primera página, con el formulario.

[22] [W] (*View > Screen mode > Preview*). En el modo Previsualizar puede comprobarse la completa transformación que ha operado el color. Como formulario, es un poco discutible el motivo de fondo que deja poco espacio para precisar los estudios…, pero ¿no es violeta el color principal de FedEx?

[23] Repetir los pasos [16]-[17] para duplicar, esta vez, la muestra "fedexone". Dando doble clic sobre el nombre automático (*fedexone copy*), directamente en el panel de Muestras, se le dará un nuevo nombre (fedextwo).

[24] Doble clic en "fedexone" y redefinirlo como 90% de cian y 100% de magenta. Sin necesidad de seleccionar un solo objeto o tocar un estilo, todo lo naranja pasa a violeta, respetando, incluso, el porcentaje de aplicación en las líneas.

[25] ⇧⌘S (*File > Save as*). Guardar el archivo con otro nombre (fedexone.indd).

Si se revisan los documentos oficiales de FedEx en la carpeta del capítulo, se encontrará que tanto el violeta como el naranja tienen más de una combinación, lo que se entiende con la metáfora de témperas que presentó el ejercicio anterior. En efecto, si una entidad escoge un violeta específico, no tiene por qué combinar cian y magenta que,

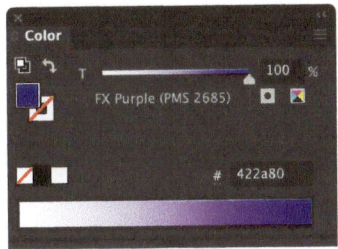

con el texto, sumarían tres colores. Este formulario podría imprimirse solo con violeta y negro e, inclusive, sería posible emplear solo el violeta que se observa al margen, *FX purple (PMS 2685)*: como comprar una témpera más. Pero, mientras que imprimir el formulario a un color sería una ganancia (precisión y dinero), si la pieza gráfica va a incluir fotografía (forzosamente CMYK), sería encarecer la impresión poner una quinta tinta solo para el logo, lo que hace indispensable que el color especial tenga una equivalencia en cuatricromía.

PANTONE®
2685 C

Pero, si lo anterior resulta abstracto, puede decirse que, en la exacta medida en que el tema del color parezca complejo, cabrá dar mayor importancia al empleo de las muestras pues significa retener control sobre todos los objetos en que se deba presentar valores cromáticos consistentes, en tanto todo cambio se restringirá a un único cuadro de diálogo.

3. Color como jerarquía

Una página individual –más aún, si solo tiene un título y tres bloques de información, como la que se trabajará en este ejercicio– no necesita una rejilla de línea de base y, por ello, pese a sus veintiocho versiones, Illustrator no cuenta con ella: evoluciona en otra dirección. Pero no contar con tal estructura significa que, al cambiar el tamaño de un bloque, es obligatorio repetir la modificación en los otros y, luego, reajustar el espaciado; al destacar un título con un recuadro de fondo, el objeto tiene que crearse manualmente también para los otros. Por ello, pese al proceso que supone configurarlos, estilos y rejillas suponen una facilidad para actualizar (léase, "perfeccionar") el diseño de una página y extender tales mejoras a todas las que integran una publicación. Sería injusto decir que InDesign es "Illustrator con estilos" porque, aunque tengan menos de la mitad de opciones, Illustrator también tiene estilos (y muy sofisticados estilos gráficos); pero, en lo que se refiere a texto, las técnicas que se emplearán aquí son –todavía– exclusivas de InDesign.

La Apariencia y los Estilos gráficos de Illustrator están orientados a todo tipo de objetos, no se limitan a texto.

[1] ⌘O (*File > Open*). De la carpeta "operator", ubicada en la del capítulo, abrir "operator.indd".

[2] *Object > Show all on spread*. Al presentar todos los objetos en página, puede verse la muestra que se va a recrear, en este caso, cambiando el formato carta (215,9 × 279,4 mm) a A4 y, sobre todo, empleando un solo color.

[3] ⌘Z (*Edit > Undo*). Deshacer la presentación de todos los objetos. Siempre que quiera verse la referencia, podrá repetirse el paso anterior o, desde luego, emplear el panel de Capas.

[4] ⌘+F11 (*Type > Paragraph styles*). Con el punto de inserción en el primer párrafo, clic en "titular1" (el único titular de máximo nivel); luego, colocar en punto de inserción en el segundo párrafo (*Online*) y clic en "titular2"; también

los párrafos *On the phone* e *In person* son titulares de segundo nivel. Si se revisan los atributos tipográficos, se corroborará que la jerarquía no está suficientemente marcada (apenas se pasa de 11 pt en blancas semicondensadas a 14 pt en negritas condensadas), por lo que necesita reforzarse.

[5] [↺]. "Escapar" del contenido, para activar la flecha negra y seleccionar la totalidad del contenedor, con los diversos estilos aplicados.

[6] ⌥⌘T (*Type > Paragraph*). Desplegar por completo el panel de Párrafo (clic en ◇, [a]), para observar que, entre todos los estilos, solo cambian el margen izquierdo ([b]) y el espacio anterior ([c]); múltiples características son iguales entre todos ellos, incluyendo, principalmente, el ajuste a la rejilla de línea de base ([d]), que debe conocerse.

[7] ⌘K (*InDesign > Preferences*, Edición > Preferencias en pc). En la sección *Grids*, podrá observarse que el documento está dividido como un cuaderno rayado, en "renglones" de 15 pt (resaltado), el primero de los cuales comienza a 16 mm del margen

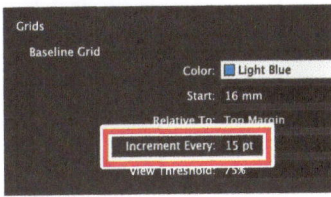

superior (donde está "parado" el titular de primer nivel). Trabajar con una rejilla significa que un elemento dominante, el cuerpo de texto, va a regir el espaciado, por lo que la separación entre una sección y otra puede ser una línea o dos (como aquí), pero no media línea y, en particular, tampoco 11 pt o 10 mm: la unidad en el documento es la línea.

[8] ⇧⌘A (*Edit > Deselect all*). Anular la selección. Como se ha visto, una vez aplicados los estilos, no hace falta selección alguna para controlar todas las instancias en las que se hayan aplicado.

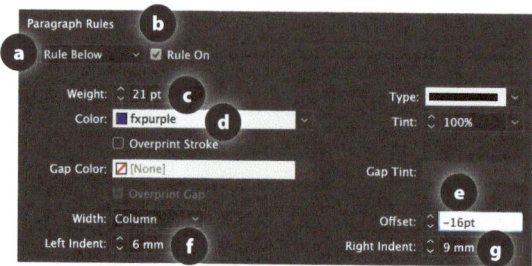

[9] En el panel Estilos de párrafo, clic secundario sobre "titular2" y *Edit "titular2"*.[1] En la sección de *Paragraph rules* del cuadro de diálogo, seleccionar una regla (filete) bajo el párrafo (*Rule below*, [a]) y verificar *Rule on* para activarla [b]); a continuación, se le dará un peso de 21 pt ([c]) y se le asignará la muestra "fxpurple" ([d]). Las reglas pueden utilizarse como separador (cfr. cap. v.4), pero, desplazándolas sobre la base (-15 pt corresponde al renglón, -16 pt la centra mejor en este texto, [e]), tendrán el aspecto de un recuadro, como fondo, que remarca las secciones; para finalizar, se dará sangría (izquierda 6 mm, derecha 9 mm, [f] y [g]).

[10] En la sección *Character color*, dar al texto el color del papel, para poder leerlo sobre el fondo (como un efecto sutil, podría mantenerse el violeta, en un porcentaje del 5%).

[11] Editar el estilo "titular1" y desactivar tanto la regla colocada bajo el párrafo como el cambio de color. Este estilo se basa en "titular2", para permitir una recreación que reemplace con mayor fidelidad la fuente institucional (FedexSans). Puede juzgarse pequeña la diferencia de 14 pt en negrita a 20 pt en seminegrita, pero la jerarquía no se limita únicamente al puntaje y, aquí, la posición (parte superior de la página) y la separación (que crea un marco blanco enorme alrededor) compensan esa aparente insuficiencia.

[12] Editar el estilo "bodytext". Aquí, como separador, volverá a acudirse a una regla bajo el párrafo, esta vez con

---

1   *Como se ha mencionado (cfr. cap. VI.5), la razón por la que es preferible dar clic secundario es no predeterminar ningún estilo; cuando se crea un nuevo marco de texto en InDesign, su estilo es el párrafo básico ([Basic paragraph]); si se hace doble clic sobre cualquier estilo para modificarlo, sin tener ningún objeto activo, el primer clic predeterminará dicho estilo en el documento.*

un valor positivo de desplazamiento (4 pt, [e]); además de disminuir su grosor a 0,5 pt ([a]), se atenuará el porcentaje de "fxpurple" ([b]) al 25% ([c]), con 7 mm de sangría izquierda ([d]).

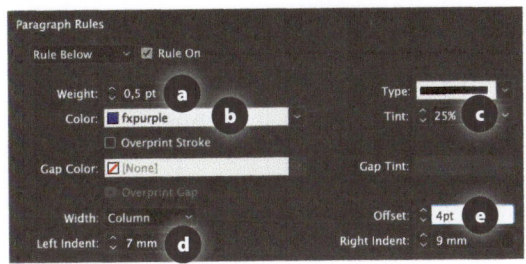

[13] *Type* > *Show hidden characters*. Al mostrar los caracteres ocultos, se verá que, a pesar de sus apariencias, las quince primeras líneas de la segunda sección (*On the phone*) conforman un único párrafo, debido a un carácter especial llamado en otras aplicaciones "salto blando" (*soft return*) e indicado con el signo de negación (¬) y no con el calderón (¶); por ello, las reglas de párrafo no aparecen bajo estas líneas.

Al no ser imprimibles, los caracteres ocultos solo se presentan al Previsualizar.

[14] [T]. Seleccionar la marca de párrafo (¶) del último teléfono y ⇧↵ (*Type* > *Insert break character* > *Forced line break*). Las dos líneas se unen en un solo párrafo.

[15] ⇧⌘S (*File* > *Save as*). Guardar el archivo con otro nombre (manuscrt.indd).

Si se compara el avance con la referencia, se verá que este documento es una suerte de listín telefónico que debería permitir ubicar inmediatamente los números; en el original, la relación jerárquica es imprecisa pues,

FedEx SameDay® Services	1.800.399.5999
FedEx Express Freight Customer Service	1.800.332.0807
FedEx Freight	1.866.393.4585
FedEx Custom Critical	1.800.762.3787
FedEx Trade Networks	1.800.249.2953
FedEx® Charters	1.800.238.0181
FedEx Regulatory Consulting	1.800.851.3336
FedEx Packaging Services	1.800.633.7019

si el contacto está en letras condensadas blancas (*light*), en negro, valga la ironía…, ¿realmente se imponen a letras condensadas en violeta? Es decir, lo que ganan en color tipográfico (de *condensed light* a *condensed*) lo pierden en el color, propiamente hablando, de negro a violeta y… ¿qué objetivo puede tener recrear algo sino intentar mejorarlo?

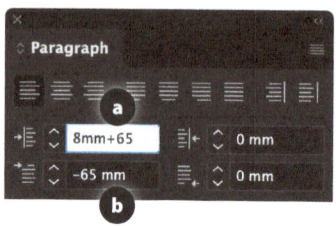

On the phone			
Customer Service 1.800.463.3339	SAY		PRESS
	"Schedule a pickup"		1
	"Track a package"		2
	"Find FedEx locations"		3
	"Order shipping supplies"		4
	"Get rates"		5
	"Claims"		61

4. Sangría negativa

Cuando se toman notas en un cuaderno, el área de escritura apenas está delimitada por los márgenes, de manera que la caja que estos definen no tiene división vertical alguna. Por ello, cuando una novela, como típico ejemplo, presenta el contenido en un único bloque cuadrado, se habla de una estructura de manuscrito; esto es, de una disposición del texto análoga a la de una carta, que no tiene columnas. Si no se es estricto, resulta posible trabajar este listín en seis columnas, o tres, muy asimétricas, o…

[1] ⌘O (*File > Open*). De la carpeta "operator", ubicada en la del capítulo, abrir "manuscrt.indd". Si bien las tablas son el recurso de organización más flexible (columnas y filas), configurar apropiadamente el párrafo permite una división vertical adicional comparable a las columnas, con la sangría de primera línea, recurso que (casi) basta para terminar.

[2] ⌥⌘T (*Type > Paragraph*). Con la herr. Texto, clic en el cuerpo de texto en la segunda sección (*Customer service*). Como se observa en la muestra (arriba), la frase *Schedule a pickup* debería estar debajo de *Say*, como en una segunda "columna". Para lograrlo, al final del campo de indentado izquierdo se escribirá "+65" ([a]) con lo que, manteniendo la unidad activa, dicho margen pasará de 8 a 73 mm; puesto que la idea es que la primera línea mantenga su posición inicial, se presionará [⇥] dos veces para avanzar al campo de sangría de primera línea y escribir, ahora, -65 ([b]). Con ello, (casi) se obtiene el efecto necesario para completar la página.

[3] Colocar el punto de inserción delante de la palabra *Press* y presionar [⇥] dos veces para alinearla con el "1" de la

segunda línea. Esta no es –precisamente– la solución elegante que se verá más adelante (cfr. cap.xv.2), pero resuelve el problema. ¿Cómo lo hace? Las tabulaciones, en forma predeterminada, crean divisiones de media pulgada (12,7 mm); de modo que, si el texto es muy corto, deben presionarse más de una vez, como se resalta al margen. Si se revisa la configuración del cuerpo, se verá que hay una tabulación ya definida en 65 mm, que es la razón por la que *Say* tiene una posición correcta en la primera línea. Pero esta mejora debe pasar a la definición del estilo.

SAY	»	»	»	PRESS
"Schedule a pickup"		»		1
"Track a package"	»		»	2
"Find FedEx locations"		»		3
"Order shipping supplies"			»	4
"Get rates"	»		»	5
"Claims"	»		»	61
"Billing and payments"		»		62
"Technical support"		»		63
"FedEx Office services"		»		64
"New account setup"		»		65
"Freight"	»		»	66
"Dangerous goods"		»		81
"Hazardous materials"		»		81
"Representative"	»		»	0

[4] ⌘↵. Escribir las primeras letras de *Redefine style* en Aplicación rápida, buscador extremadamente sensible al contexto que no presenta comandos inaplicables; por ello, si el punto de inserción estuviera en un párrafo sin modificaciones, *Redefine style* no aparecería aunque se escriba el nombre completo.

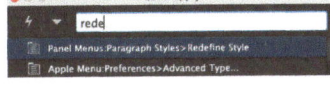

[5] [T]. Arrastrar la herr. Texto en la primera línea del cuerpo de texto en la segunda sección (*Customer service*), desde el número telefónico hasta *Press*.

[6] ⇧⌘+F11 (*Type > Character styles*). Clic sobre el nombre del estilo "resaltar", para aplicarlo a la selección. Este paso debe repetirse en todos los teléfonos y en *fedex.com/locate*, para llegar al resultado que se observa al margen…, que sería perfecto si no se hubiera dedicado tanto tiempo a ver la riqueza tipográfica de InDesign (cfr. cap.iv.4) y, esperablemente, explorado el formato OpenType. ¿Qué falta?

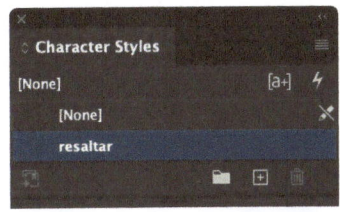

1.866.393.4585
1.800.762.3787
1.800.249.2953
1.800.238.0181
1.800.851.3336
1.800.633.7019
1.800.238.4461

[7] Con el punto de inserción en algún teléfono, doble clic en el nombre del estilo "resaltar", para editarlo. En

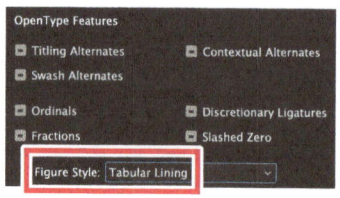

el cuadro de diálogo, se ubicará la sección *OpenType features* (características OpenType) y, *desde luego*, se empleará el estilo de cifras que mantiene los números alineados (resaltado). Si no fueran números telefónicos, sería válido el estilo antiguo tabular (*tabular oldstyle*), que presentaría así el año 2024 (y no 2024). La Acumin empleada en la muestra no dispone de tal opción.

[8] [T]. Con la herr. de Texto, arrastrar desde el inicio del penúltimo párrafo (*Rev. August 2022*) hasta el final del artículo y cortarlo (⌘X); este texto no corresponde al listín.

[9] [↻]. Seleccionar el marco y activar la flecha negra.

[10] ⌘V (*Edit > Paste* / Edición > Pegar). Puesto que está activo el marco, el texto que se ha cortado no puede pegarse dentro de él; por ello, se crea un nuevo contenedor con las dos líneas finales. El pegado simple permite desvincular textos que no tienen por qué fluir de un marco a otro.

[11] ⌘+F11 (*Type > Paragraph styles*). En el panel Estilos de párrafo, aplicarle el estilo "revision" a todo el marco. Como ello hace al texto invisible sobre el fondo blanco, habrá que reactivar el original.

[12] *Object > Show all on spread*. El nuevo marco, con texto blanco, es visible y podría acomodarse al ojímetro.

[13] Con referencia al extremo inferior derecho ([a]), llevar el marco a 5 mm del extremo del papel, *i. e.*, 205x y 292y ([b]); luego, reducirlo al tamaño exacto (20 × 7 mm, [c]). De hecho, dado el limitado interés de este texto, se le podría dar una rotación de 90° ([d]), pero es poco recomendable que ningún objeto se coloque a menos de 5 mm del corte de la página.

[14] [W] (*View > Screen mode > Preview*). Regresar al modo Previsualizar. Es tan útil conocer los metacaracteres que no es posible exagerar la importancia de lo que puede aportar una tabulación en estructurar una página, pero, si están ocultos en forma predeterminada, es porque pueden ser manipulados sin verse; aquí no hace falta *Type > Hide hidden characters*, pues la previsualización igualmente los oculta y permite comparar el avance con el documento de referencia.

[15] ⇧⌘S (*File > Save as*). Guardar el archivo con otro nombre (listntlf.indd).

No parece discutirse que la similitud entre el ADN humano y el de un chimpancé supera el 95%. Si fuera así, la esencia humana, el lenguaje o la capacidad que tiene ese cerebro de estudiarse a sí mismo son el otro 5%. Esta muestra, como todas las anteriores, podría parecerse al 95% y, aun así, no dar la misma sensación del original (el *look and feel*) y, si no es una mejora, percibirse como una regresión. Respecto del empleo del color, en todo caso, puede proponerse un último elemento evolutivo.

FedEx SameDay® Services	1.800.399.5999
FedEx Express Freight Customer Service	1.800.332.0807
FedEx Freight	1.866.393.4585
FedEx Custom Critical	1.800.762.3787
FedEx Trade Networks	1.800.249.2953
FedEx® Charters	1.800.238.0181
FedEx Regulatory Consulting	1.800.851.3336
FedEx Packaging Services	1.800.633.7019

FedEx SameDay® Services	**1.800.399.5999**
FedEx Express Freight Customer Service	**1.800.332.0807**
FedEx Freight	**1.866.393.4585**
FedEx Custom Critical	**1.800.762.3787**
FedEx Trade Networks	**1.800.249.2953**
FedEx® Charters	**1.800.238.0181**
FedEx Regulatory Consulting	**1.800.851.3336**
FedEx Packaging Services	**1.800.633.7019**

5. **Colorear imágenes**

InDesign está dotado de las fundamentales herramientas de dibujo que son el núcleo de Illustrator, al punto de haber sido descrito en páginas previas como "Illustrator con (múltiples) páginas", "Illustrator con páginas múltiplo" o "Illustrator con contenedores". Pero es crítica la sola ausencia de un comando para trazar el delineado de un objeto para convertirlo en relleno (*Outline stroke*), que convertiría en un corazón la sencillísima <u>línea</u> duplicada que se observa al margen y que se dibujará más adelante <u>con un solo arrastre</u> (cfr. cap.xi.3). De modo que, con todos sus poderes vectoriales, evidentemente, InDesign no es Illustrator; la misma obviedad sería decir que, con toda su capacidad para trabajar con fotografías, InDesign no es Photoshop, pero puede repetirse que los tres programas, de un solo fabricante, han sido diseñados para complementarse y, según se verá, una publicación puede encontrar ventajas en aplicar color a las imágenes… directamente en InDesign.

[1] ⌘O (*File > Open*). De la carpeta "operator", ubicada en la del capítulo, abrir el archivo "listntlf.indd", avance del ejercicio anterior.

[2] [W] (*View > Screen mode > Normal*). Podrá observarse, alternando modos de pantalla, que los 5 mm exteriores a la página, delineados en rojo, aparecen y desaparecen. Esta área, exterior a la página, es llamada *demasía* o *sangría* y su utilidad puede verse claramente: si una hoja carta tiene que reducirse al 97% para ajustarse al ancho de una hoja A4, quedarían vacíos arriba y abajo (en negro, al margen); carencias que quedarían parcialmente compensadas (barras horizontales resaltadas) si se añaden los 5 mm. La diferencia del 2% entre estos formatos también explica por qué conviene apartar 5 mm los objetos del borde mismo de la página.

carta en A4 97,267%	A4 en carta 102,81%

[3] ⌘D (*File > Place*). De la carpeta de trabajo, traer "operator.tif". La imagen, a color, se coloca delante de los demás objetos, lo que facilita darle un encuadre perfecto.

[4] [V]. Con la flecha negra, colocar la referencia arriba a la izquierda ([a]), verificar la posición -5x y -5y ([b]) y darle al marco 220 × 307 mm ([c]). La reducción del contenedor, desde luego, no afecta al contenido, que puede encuadrarse mejor. Para llegar al resultado que se observa al margen, doble clic con la flecha negra entra al contenido y permite, con las flechas, desplazar la foto de modo que el rostro no quede fuera de los márgenes (donde está el texto) y que se vea algo del *mouse*, no solamente el cable (en la muestra, -7 mm hacia la izquierda). Puede notarse que el segundo plano (una oficina vacía) no aporta nada.

[5] Con el marco de la foto activo, repetir el paso [3], esta vez para traer el archivo "grayscal.tif", con las casillas *Replace item* y *Show import options* verificadas.

[6] En la ficha *Image* del cuadro de diálogo, seleccionar el canal "selsbcjt" (resaltado). En efecto, ya que el segundo plano no aporta nada, un canal alfa puede ocultarlo; puede explotarse la visión artificial de Adobe para hacer selecciones con un clic, aquí, con el comando *Select subject* en Photoshop (el

canal "opacidad" no oculta, sino que atenúa el segundo plano). Debe notarse que, si las fotos tienen igual proporción, el reemplazo mantiene perfectamente el encuadre.

[7] Repetir el paso anterior, esta vez seleccionando *None* en el menú de canal alfa. Puesto que el listín telefónico

Id

precisamente ocultará lo que resulta menos interesante en la foto, no hace falta ninguna transparencia que, de otro lado, impediría el paso siguiente.

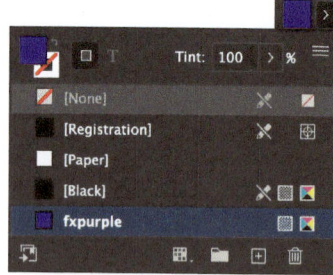

[8] [V]. Con la flecha negra, doble clic en el marco de la imagen (de modo que quede seleccionado el contenido; luego, en el panel de Control, desplegar el relleno y asignarle la muestra. En una foto en grises o en mapa de bits se puede aplicar color al relleno (exceptuada la muestra *[None]*, que aparece atenuada).

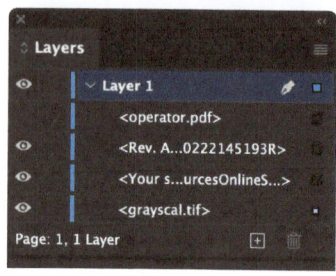

[9] [F7] (*Window > Layers*). En el panel de Capas, desplazar la imagen por debajo de los demás objetos; si, para concluir, se coloca la fila del PDF de referencia sobre todos los demás objetos (como al margen), bastará mostrar u ocultar este único elemento para verificar si se ha alcanzado el objetivo.

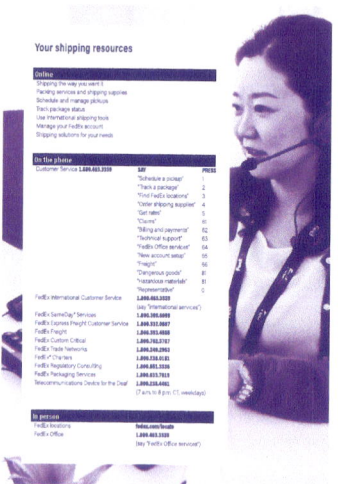

[10] ⇧⌘S (*File > Save as*). Guardar el archivo con otro nombre (listngry.indd).

Incluso reducida al 21%, al margen, la página respeta la identidad de los elementos de guía y se distinguen claramente el título principal y las tres secciones. Si el objetivo de la pieza es el papel, correspondería efectivamente imprimir para juzgar si los teléfonos destacan suficientemente o no; queda claro que, con la configuración apropiada, un color puede ser más expresivo que cuatro, transmitir la información, suponer un ahorro, asignar color a imágenes en grises y, como consecuencia, garantizar que la identidad de dicho color se mantenga con la de los demás elementos en página.

Capítulo X
Envolver con texto

Dos motores de Adobe

Dado que sus requerimientos físicos de equipo (*hardware*) son tan altos, ninguno de los programas de Adobe está pensado para escribir en ellos más allá de una línea, acción que podría realizarse –y con ventajas– en procesadores de texto que funcionan en cualquier dispositivo. A pesar de ello, es cotidiano comprobar que hay aplicaciones de teléfono capaces de corregir la ortografía, analizar su gramática y, a partir de una o dos letras, predecir cómo terminar la palabra y la frase.

Pero, si a uno le llega la idea que estaba buscando justo cuando se tiene InDesign delante, podría experimentarse la extremada sofisticación del compositor de párrafo de Adobe (*Adobe paragraph composer*) que, en busca de dar el espaciado más consistente a todas las líneas de un párrafo, a veces añade una línea (a un párrafo de diez, digamos) cuando se borra una palabra, y otra reduce una línea cuando se añade una palabra.

Para Photoshop, basado en píxeles, incluso una palabra es mucho, salvo que sea la base de un efecto fotográfico; igual que Illustrator, predetermina un motor que no modifica una línea cuando se escribe la siguiente (*Adobe single-line composer*). Esa sola diferencia, técnica y comprobable, hace que InDesign pueda disponer el texto en formas creativas, que salgan de sus cajas cuadradas, que sean más llamativas que la simple "mancha de texto", sin perder de vista, por ello, el énfasis en la legibilidad.

EL COLOMBIANO

(a)

EL COLOMBIANO

(b)

EL COLOMBIANO

(c)

1. Vadeando ríos

A una cierta distancia, los pies bodonianos del logotipo con que "El Colombiano" se presentaba a sus lectores ([a]) tienden a desaparecer y ponen en evidencia (en una apócrifa versión lineal, [b]) que, aunque todos los remates casi se tocan y tres letras ("l", "m" e "i") toman parte del espacio de la precedente, un árabe podría creer que se trata de cuatro palabras ("elcolom", "bi", "a" y "no"). Dado el diccionario mental de quien hable cualquier lengua romance, semejante irregularidad pasará desapercibida: solamente así se entiende que el logo haya sido empleado a lo largo de, al menos, siete décadas. En tanto es trabajo de Illustrator optimizar el espaciado entre las pocas letras de un logotipo (como que es este el tipo de elemento más identificable en el dominio vectorial), Photoshop solo se podría aplicar si, a partir de lo anterior, interesara un efecto esencialmente fotográfico ([c]). ¿Qué hace InDesign?

[1] ⌘O (*File > Open*). De la carpeta del capítulo, abrir "singleln.indd". Esta es una versión de la Noche 1001, con formato ligeramente modificado (cfr. cap. VII).

Para facilitar la identificación de algunas líneas, se les ha puesto numeración como elemento maestro.

[2] *Object > Show all on spread*. Se presenta ahora la imagen tomada como plantilla debajo de los dos marcos de texto, excepto que en estos, a diferencia del ejercicio realizado, el texto corresponde línea por línea. Para comprobarlo, bastaría con desactivar temporalmente las guías y la atracción a ellas (*View > Snap to guides, View > Smart guides*), cambios con los que cada marco podrá desplazarse sobre la imagen y mostrar la coincidencia.

[3] *File > Revert*. El comando Volver (o Revertir) equivale a cerrar el archivo y volverlo a abrir; conviene verificar

que, de haberse desactivado en el paso anterior, las guías
estén activas y ejerciendo atracción, pues algunos comandos
de presentación se guardan con el archivo (por ejemplo, si
el documento está en el modo Normal o en Previsualizar) y
otros no (si las guías inteligentes están activas).

[4] Ocultar la interfaz ([→|]) y encajar el desplegado en
la ventana (⌥⌘0, *View > Fit spread in window*).

[5] ⌘+F11 (*Type > Paragraph styles*). Sin tener objeto
alguno seleccionado, doble clic en el estilo "milnoche",
aplicado al cuerpo de texto. Podrá observarse que es un estilo base (*based on: no paragraph style*) que establece cuatro
características que van a mantenerse (puntaje, interlineado,
indentado de primera línea e idioma) y tres que van a modificarse (interletraje, alineación y color). La idea es desplazar
el cuadro de diálogo de modo que pueda verse el efecto de
la reconfiguración del estilo en la página.

[6] En la sección *Character color*, aplicar la muestra
predeterminada (*[Black]*) al cuerpo de texto.

[7] En la sección *Basic character format*, dar temporalmente -10‰ al interletraje (0‰ basta para todas las líneas
menos una, pero este valor evita el trabajo manual).

[8] En la sección *Indents and spacing*, colocar la justificación a la izquierda ([a]) y verificar que todas las líneas
se ajusten a la rejilla ([c]). Esta característica
fue desactivada para hacer posible la comparación, línea por línea (paso [2]), dado que,
con la rejilla activa, el marco puede moverse
al azar, pero el texto va de renglón en renglón.
Por ello, tiene interés colocar *temporalmente*
un valor de espacio anterior ([b]) para obtener dos datos: primero, que cualquier valor
de separación, inclusive, 0,5 mm, alejará

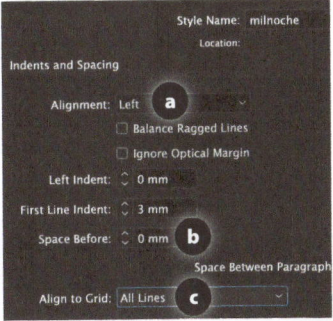

Y después que la reina y la princesa desfogaron así su emoción, preguntaron al príncipe a qué prodigio se debía el que aún conservara la vida. Y el príncipe Judadad contóles a su madre y su esposa queridas cómo, a raíz del atentado de que le hicieran víctima sus hermanos, hubo de entrar casualmente en su tienda de campaña, donde ellos lo dejaran, un labrador montado en una mula, y el labrador, al verlo abandonado y acribillado el cuerpo a puñaladas, cargó con él y lo puso sobre su mula y se lo llevó a su casa, y, ya allí, le aplicó sobre sus heridas cierto emplasto de hierbas mascadas, que en poco tiempo lo sanaran.

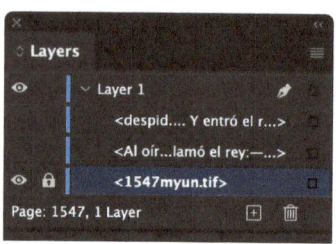

Y después que la reina y la princesa desfogaron así su emoción, preguntaron al príncipe a qué prodigio se debia el que aún conservara la vida. Y el príncipe Judadad contóles a su madre y su esposa queridas cómo, a raíz del atentado de que le hicieran víctima sus hermanos, hubo de entrar casualmente en su tienda de campaña, donde ellos lo dejaran, un labrador montado en una mula, y el labrador, al verlo abandonado y acribillado el cuerpo a puñaladas, cargó con él y lo puso sobre su mula y se lo llevó a su casa, y, ya allí, le aplicó sobre sus heridas cierto emplasto de hierbas mascadas, que en

un párrafo de otro exactamente una línea y, segundo, que algunas líneas cortas están a mitad de ciertos párrafos.[1] Tras realizar estas comprobaciones (la casilla *Preview* debe estar verificada en el cuadro de diálogo), el valor de separación debe volver a 0. El estado actual del penúltimo párrafo corresponde a lo que se observa al margen y puede notarse que, mientras que la segunda línea apenas tiene 1,67 mm de sobra, la séptima supera los 9 mm (la intensidad del resaltado corresponde a la que se activaría con la preferencia *H&J violations*, cfr. cap. VI.1).

[9] [F7] (*Window > Layers*). En el panel de Capas, ocultar los dos marcos y presentar únicamente la foto, bloqueada. Se puede apreciar ahora cómo se traduce visualmente la diferencia entre los largos de línea en el párrafo: donde hay muchos caracteres, apenas si podría acomodarse una "n" entre palabra y palabra; en muchas otras líneas, en cambio, sobradamente podría colocarse una "m" entre palabras, lo que se juzga incorrecto y da lugar a que, cuando múltiples líneas crean una continuidad entre dichos espacios, se forme lo que se conoce como un *río*; en el párrafo al margen, uno caudaloso recorre once de las diecisiete líneas (compárese con la *joyita* del siguiente ejercicio); este riesgo aumenta en la mayoría de programas, incluido Illustrator, que ven los párrafos línea por línea en forma predeterminada.

[10] ⌘Z (*Edit > Undo*). Deshacer el paso anterior para ocultar la foto y presentar los marcos de texto.

---

1   *Líneas 10, 15, 20, 22, 33 y 39, de la primera columna, y la 4 y 30, de la segunda, pierden alrededor de un centímetro, sobre 54 mm que tiene la columna.*

[11] Editar el estilo "milnoche" nuevamente y, en la sección *Indents and spacing*,
justificar con la última a la izquierda (*left
justify*). Antes de cerrar el cuadro de diálogo,
sin embargo, conviene echarle una mirada a
la sección Justificación, que solo debe tocarse
en forma extremadamente deliberada (esto

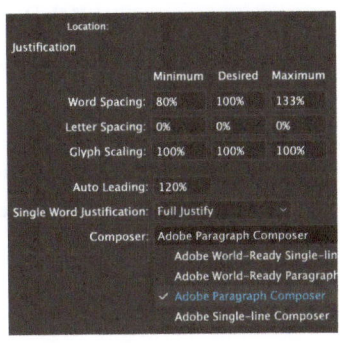

es, sabiendo lo que se hace) y que muestra
parámetros claves por los que InDesign
es InDesign. El último menú (resaltado)
confirma que se está empleando el compositor de párrafo.
¿Cómo se ha igualado la división de líneas con la muestra?

[12] *Type > Show hidden characters*. El único modo de
lograr que una aplicación tan sofisticada como InDesign
divida las líneas como fueron manualmente compuestas en
1955 (cuando apenas nacían quienes habrían de inventar las
computadoras) es con saltos forzados, ya presentados en el
capítulo previo e indicados por la negación (¬); las palabras
han sido divididas colocando manualmente los guiones.

[13] *Edit > Find/Change*. En Buscar qué (*Find what*,
[a]) escribir un guion (signo de resta)[1] y, luego, en el menú
Caracteres especiales (@, [b]), activar *Forced line break*; tras
ello, dejar en blanco el campo Cambiar a (*Change to*, [c]).

Así, los veintiún guiones que
dividen las palabras finales
de las líneas creadas con
saltos forzados se eliminarán
(*i. e.*, se sustituirán por nada),
uniendo las palabras así
divididas, como mostrará un
clic en *Change all* (Cambiar
todo, [d]).

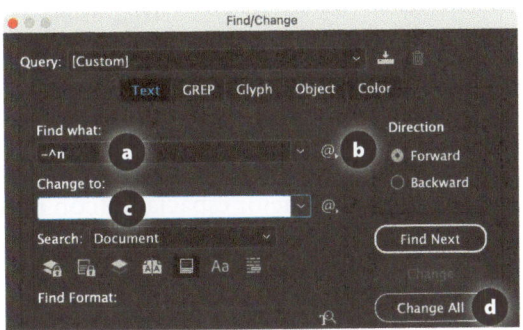

---

1   *Estrictamente, el signo de resta es más largo (–) que el guion (-); este último,
     sin embargo, es descrito como* hyphen-minus, *y cumple ambas funciones.*

[14] Repetir la búsqueda y, esta vez, reemplazar los saltos manuales de línea por un espacio. Con ello, la palabra final de sesenta y cuatro líneas quedará separada por un espacio de la palabra inicial de la línea siguiente. Se apreciará que, pese a que la tipografía Minion empleada es más grande que la empleada originalmente, se produce un ahorro inmediato de siete líneas, un séptimo de las que tiene cada columna. ¿Puede imaginarse lo que hubiera representado ahorrar ¹⁄₁₄ (7,14%) en una obra de 4496 páginas? Y el genio de InDesign es que ahorra ganando legibilidad.

[15] Editar nuevamente el estilo "milnoche" y, en la sección *Basic character format*, restituir el interletraje a 0‰. Puesto que el resaltado de *H&J* (cfr. cap. VI.1) se refería a justificación y división de palabras, la mirada que se echó a lo primero en el paso [11] debe complementarse con otra, potencialmente más activa.

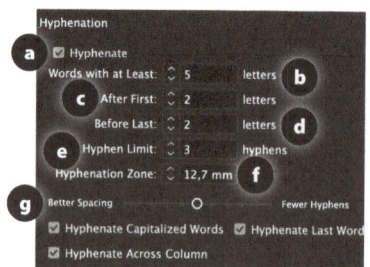

[16] En *Hyphenation*, observar los valores predeterminados, según los cuales el texto se divide en sílabas ([a]), casilla que debe desactivarse para títulos; que van juntas las palabras de cuatro letras ([b]) para no dejar una letra suelta al final de una línea (dividiendo "i-mán", por ejemplo) o al inicio de una línea (si se separa "guí-a"), siendo que los guiones se colocan después de la segunda letra ([c]) o antes de la penúltima ([d]) y que no se colocan en más de tres líneas consecutivas ([e]) en una zona de media pulgada ([f]). Puede evaluarse el deslizador ([g]) que favorece un mejor espaciado (con más guiones) o reduciendo la división de palabras (empobreciendo el espaciado): en columnas anchas, cabe ir hacia lo primero, aunque, para la muestra, se cerrará la configuración del estilo con los valores originales.

[17] ⌘+F11 (*Type > Paragraph styles*). Seleccionar el penúltimo párrafo de la segunda columna (*Y después*) y, en el

panel Párrafo, reducir el interletraje en -20‰. Con esta operación, aplicada a la integridad del párrafo, diecisiete líneas se convierten en dieciséis, afectando imperceptiblemente a la legibilidad (el párrafo quedará como se observa abajo).

[18] Seleccionar el antepenúltimo párrafo de la misma columna (*Basta decir*) y dar +25‰ de interletraje. Tal valor también está en los límites de lo perceptible, pero es menos típica, pues la meta de la composición de página es ahorrar papel, o –con más elegancia– optimizar el empleo del papel.

[19] ⌘K (*InDesign > Preferences*, Edición > Preferencias en PC). En la sección *Spelling* (Ortografía), activar *Dynamic spelling* (resaltada). La mayor traba para una óptima división de las palabras es el diccionario (palabras comunes con sufijos personales, *librándolos, permíteme*; diminutivos, *cuidadito, princesita*). En una publicación, sería obligatorio añadir, al menos, los nombres propios de más frecuente empleo.

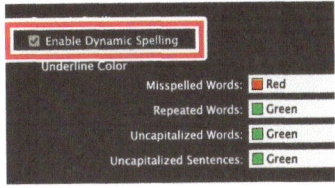

[20] ⇧⌘S (*File > Save as*). Guardar el archivo con otro nombre (multline.indd).

Lo cierto es que puede admitirse un párrafo de espaciado expandido en +25‰ (primero, al margen) y es perfectamente legible uno en -25‰ (segundo); lo que no puede admitirse es que una línea esté condensada y la siguiente expandida en el mismo párrafo. Por eso, el interletraje no debería ser una opción del panel de Carácter sino del de Párrafo. InDesign garantiza esa consistencia, párrafo por párrafo.

Baste decir que todos se abrazaron con viva ternura y derramaron copioso llanto, aunque aquellas lágrimas eran de carácter muy distinto al de las que antes habían vertido.

Y después que la reina y la princesa desfogaron así su emoción, preguntaron al príncipe a qué prodigio se debía el que aún conservara la vida. Y el príncipe Judadad contóles a su madre y su esposa queridas cómo, a raíz del atentado de que le hicieran víctima sus hermanos, hubo de entrar casualmente en su tienda de campaña, donde ellos lo dejaran, un labrador montado en una mula, y el labrador, al verlo abandonado y acribillado el cuerpo a puñaladas, cargó con él y lo puso sobre su mula y se lo llevó a su casa, y, ya allí, le aplicó sobre sus heridas cierto emplasto de hierbas mascadas, que en poco tiempo lo sanaran.

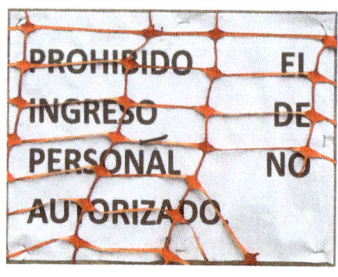

2. Estilo (es)forzado

Se entiende que una embajada es jurisdicción del país extranjero, en la que los militares locales no tienen autoridad (en la puerta podría prohibirse, inclusive, su entrada); pero, dentro de la embajada, a la sala en que se celebre un (imaginario) consejo de guerra podría impedirse el ingreso, digamos, del agregado comercial. Si el cartel al margen dijera "Prohibido el ingreso de personal no castrense", el río que pasa en medio de las seis primeras palabras es tan profundo que podría hacer leer el texto a sus "orillas" como los dos carteles de esa situación imaginaria, un sublime ejemplo de cómo un párrafo <u>no</u> debe tratarse, el polo opuesto a lo que InDesign está predeterminado a hacer. Puede ponerse a prueba con los capitulares; recurso que no solo es el más histórico, sino que, a veces, es el único con que cuentan algunos textos.

[1] ⌘O (*File > Open*). De la carpeta "genesis1", ubicada en la del capítulo, abrir "genesis1.indd". Se aprecia la página inicial de la Biblia de Gutenberg, conforme ha sido digitalizada por el Centro Harry Ransom. Puede admirarse la gigantesca "i" capitular, de más de veinte líneas.

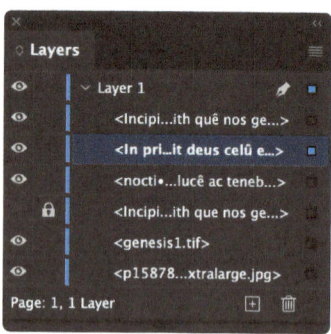

[2] [F7] (*Window > Layers*). En el panel Capas, activar todos los objetos, uno por uno. De abajo hacia arriba, se verá una foto en la que el texto ha sido eliminado (genesis1.tif), el original completo en latín (bloqueado, fuera de la página y que puede mantenerse oculto) y tres marcos que contienen el texto en las columnas. El segundo de ellos (*In principio*) debe quedar seleccionado.

[3] [V]. Activar la flecha negra y, en el panel de Control, colocar la referencia hacia afuera (en contra del lomo, lo que significa a la izquierda en página par y hacia la derecha en

página impar, como esta, [a]); luego, con
las proporciones desvinculadas ([c]), escribir
"+22" al final del campo de ancho ([b]), con

lo que el marco de la primera columna se extenderá hasta
la línea guía (donde alcanza el capitular original).

[4] [V]. Activar el marco de la otra columna y *Object > Transform again > Transform again*. Según se ha visto
(cfr. cap. III.2), la última transformación (movimiento, rotación, etc.) puede reaplicarse a objetos sucesivos.

[5] [V]. Doble clic en el marco de la segunda columna,
para ingresar al texto. Dado que ambos marcos están vinculados, entrar a cualquiera de ellos activará el estilo base,
"bodytext", que va a modificarse. Usualmente, haría falta activar el primer párrafo…, pero en la Biblia de Gutenberg los
párrafos *no se habían inventado* y todo era un único bloque.

[6] ⌘+F11 (*Type > Paragraph styles*). En las Opciones del
panel Estilos de párrafo, *New paragraph style*. Si se crea un
nuevo estilo con texto activo, este se basará en lo aplicado.
Salvo que se cree un nuevo documento para ello, jamás se
experimenta con estilos base (menos con el cuerpo de texto).

[7] En la configuración general del
estilo, darle nombre (versicl1, [a]), verificar
que esté basado en el cuerpo de texto ([b])
y que el estilo se aplique a la selección ([c]).

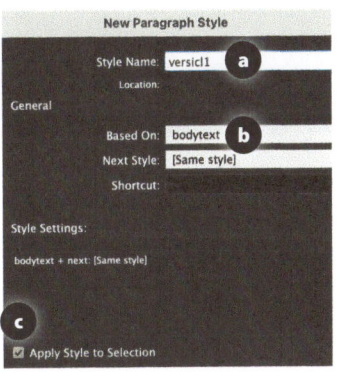

[8] En la sección Sangría y espaciado,
ampliar el margen izquierdo en 22 mm y
compensarlo únicamente en la primera línea con -22 mm. Con estos ajustes, el texto
vuelve básicamente a su posición original.

[9] En la sección *Drop caps and nested styles*, configurar
un alto de cinco líneas para el primer carácter. En un ejercicio

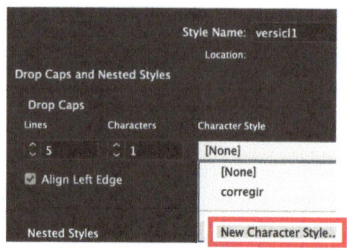

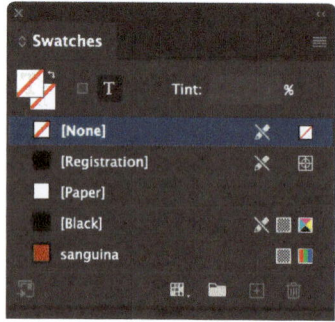

anterior se empleó una configuración similar (cfr. cap. VI.4), pero para veinte líneas hay que experimentar (lo que explica el paso [6], para no estar jugando con el cuerpo de texto).[1] Por cierto que, en el mismo momento de aplicar el capitular, podría crearse un estilo de carácter para él (resaltado).

[10] [T]. Arrastrar la herr. Texto sobre la letra "I" con que se inicia el Génesis y, a continuación, [F5] (*Window > Color > Swatches*). Aquí podría experimentarse con múltiples opciones: buscar una fuente distinta (no tiene por qué ser la misma que en el resto del cuerpo), aplicarle el color "sanguina"…, pero puede asumirse que veinte líneas no se lograrán fácilmente y se aplicará la muestra *[None]*.

[11] [↺]. Activar la flecha negra y ⌘D (*File > Place*) para traer el archivo "dropcap1.psd" de la carpeta de trabajo, verificando la casilla *Show import options*.

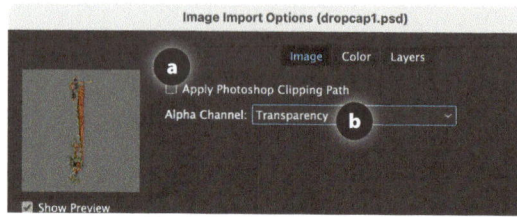

[12] En la ficha *Image*, dejar en blanco *Apply Photoshop clipping path* ([a]) para ignorar el trazado de recorte y respetar, en cambio, la transparencia ([b]). Aunque es preferible traer a InDesign documentos planos (sin capas), idealmente en formato TIFF, este PSD sugiere que se trata de un boceto de 176 dpi (desde luego, es perfectamente posible hacer la composición de la página con un archivo en baja y sin retocar para, al final, actualizar o revincular con imágenes ya editadas).

---

1   *Estrictamente, aquí se trata de una sola página con un solo párrafo; simplemente es buena práctica experimentar en un estilo secundario, no con la base.*

[13] Colocar la imagen de modo que el capitular quede alineado con el extremo interior de la primera columna; con referen-

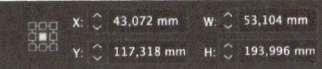

cia al centro, el original está –siempre en milímetros– en -43,072x y 117,318y, pero, allí, oscurece la legibilidad y puede desplazarse hacia la izquierda; para juzgar mejor, evidentemente, debería colocarse debajo del texto.

[14] *Object > Arrange > Send backward.* Enviar el capitular un nivel hacia abajo (si se le pusiera un relleno negro al contenedor del capitular, se apreciaría mejor su calidad de boceto, al percibirse halos del fondo original).

[15] ⇧⌘S (*File > Save as*). Guardar la publicación con otro nombre (notxtwrp.indd). Es importante no sobreescribir el original, en este caso, que se volverá a utilizar en el ejercicio inmediato.

La comprobación del estilo es su versatilidad, de manera que este capitular es dudoso como estilo pues… ¿a qué otra letra podría aplicarse? A la "T" probablemente, a la "F" difícilmente (no hay "J" en latín). De otro lado, ya la idea de tener que manipular los marcos para que el estilo funcione parece decir que no es este el camino más recomendable aunque, claro, si se publica un libro de mil trescientas páginas y solo se puede adornar una letra por capítulo (como aquí), el trabajo manual sí que se justifica.

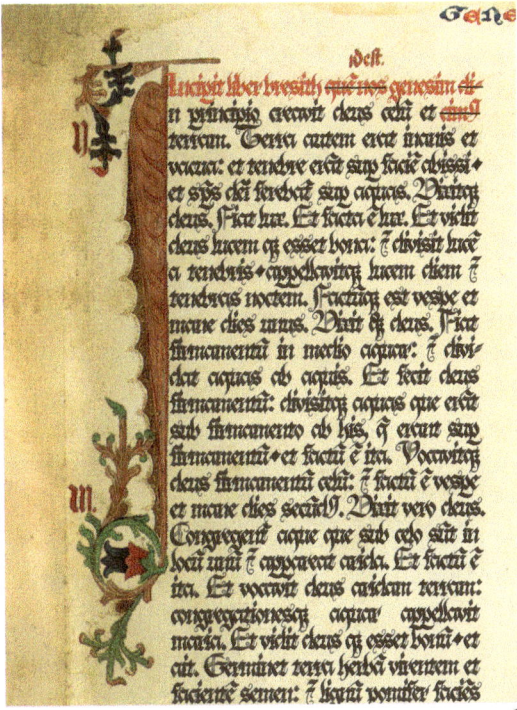

Id

3. **Alrededor del marco**

El panel *Text Wrap* (traducido como "Ceñir texto") es uno de los más útiles que presenta el programa, en tanto determina cómo han de reaccionar los textos al ser aproximados a las imágenes. Incluso dentro de una misma publicación, las interacciones entre texto e imagen son tan variadas que, de hecho, es preferible mantener el valor predeterminado (*no text wrap*) con el que, después de haber traído la imagen, se escogerá cuál de las posibilidades resulta más conveniente, a condición, obviamente, de conocerlas bien.

[1] ⌘O (*File > Open*). De la carpeta "genesis1", ubicada en la del capítulo, abrir nuevamente "genesis1.indd".

[2] ⌥⌘W (*Window > Text wrap*). Cuando no hay selección, puede verse el valor predeterminado de los nuevos objetos <u>en el documento</u>. En este, lo predeterminado es el primer valor, *no text wrap*.

[3] *Object > Show all on spread*. Presentar todos los objetos. Si se seleccionan, podrá verse que todos ellos han sido colocados sin cambiar la opción anterior, que es la razón a la que se debe que, si el texto se desplaza sobre la imagen, la oculte por estar arriba (como representa el icono).

[4] ⌘D (*File > Place*). De la carpeta de trabajo, traer "dropcap2.tif". Este capitular del libro de los Proverbios, lamentablemente, no tiene opciones que eliminen el fondo.

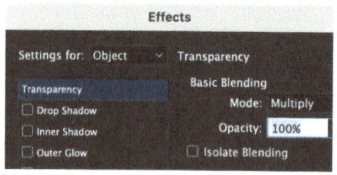

[5] *Object > Effects > Transparency*. Puesto que el modo Multiplicar (cfr. cap.XIII.3) tiene el objetivo de combinar los objetos de forma que el resultado siempre sea más oscuro, su empleo típico es eliminar un fondo blanco; desde luego, puede reducir la legibilidad de un texto negro al oscurecerlo ("enriquecerlo", cfr. cap.XII.1), pero ciertamente no lo ocultará.

[6] Colocar la imagen de modo que su centro quede alineado con el extremo izquierdo de la primera columna (en la muestra, con referencia arriba y al centro, 45x y 33y).

[7] Clic en *Wrap around bounding box* ([a]). Esta opción colocará el texto rodeando el marco o cuadro delimitador del objeto, lo que resulta perfectamente intuitivo. Menos intuitivo es que, si se desvincula el desplazamiento de los márgenes (clic en [b]), puede emplearse un valor negativo, como -27 mm

en el extremo derecho ([c]), de modo que, respecto del texto, es como si el objeto se hubiera reducido.

[8] *Object > Select > Next object below*. Seleccionar el marco que contiene el texto en color sanguina.

[9] ⌘B (*Object > Text frame options*). Si un marco de texto no debe ser afectado por una imagen contigua (como podría ser este, que solo indica que el Génesis comienza a continuación, en negro), puede verificarse la última casilla de este cuadro de diálogo, *Ignore text wrap*: para este marco será como si la foto no existiera. Esta es una posibilidad… que puede guardarse para explorar otras.

[10] [T]. Arrastrar la herr. Texto sobre la "I" en el marco de cuerpo de texto (*In principio*). Esta letra está duplicada y, como en el ejercicio previo, se le aplicará la muestra *[None]* al relleno en el panel de Muestras o el de Control.

[11] Colocar el punto de inserción después de la "I" ocultada y ⌘T (*Type > Charac-ter*). Los capitulares son la función principal del *kerning* en InDesign ya que, controlando los pares especiales, es que se determina la separación entre un capitular "automático" y las demás líneas en el párrafo (cfr. cap. VI.5);

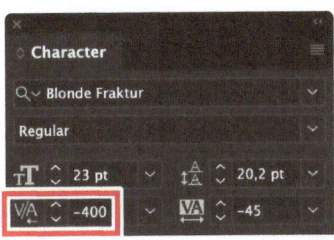

en este caso, con un valor de -400‰, la "n" quedará exactamente sobre la "I" sin relleno. ¿Por qué no simplemente borrar la "I"? La principal razón es que no compete a la composición de página quitar ni poner nada al texto que, pese a esta modificación, podrá ser exportado o leído en su integridad, o restaurado a ella eliminando los transgresiones.

[12] ⌥⌘S[1] (*File > Save a copy*). Al crear una copia, se fija, en segundo plano, un "estado" del archivo en curso; en defecto del panel Historia (que Photoshop e Illustrator tienen), Guardar una copia es una protección del avance realizado, como decir, "buscaré un mejor resultado, pero este merece guardarse" (en inglés, literalmente, "este se salva").

[13] [V]. Seleccionar el capitular y [⌫] (*Edit > Clear*).

[14] ⌘D (*File > Place*). De la carpeta de trabajo, traer "dropcap3.tif", mostrando las opciones de importación para darle transparencia mediante el canal "temporal". Esta imagen es de alta resolución, no un boceto como las anteriores.

[15] Repetir el paso [5].

[16] [V]. Desplazar la imagen de modo que el extremo izquierdo de la "I" quede alineado con el de la primera columna y su extremo superior con la primera línea del cuerpo (en la muestra, centro superior en 31x y -32y).

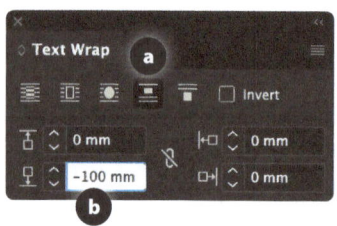

[17] Clic en el cuarto icono (🖳, [a]) de modo que se salte al objeto, esto es, que no fluya texto a su lado; en este caso, dado que el alto del objeto es de 23 cm, deberá emplearse un desplazamiento negativo de -100 mm

---

1   *Si se emplea por primera vez pasado medio libro, no es este un comando esencial, pero puede mencionarse su atajo en el contexto de aplicarse en los tres programas y de ser una variante (razonable) de Guardar (⌘S) y Guardar como (⇧⌘S).*

([b]). Cuanto más estrecha la columna y más corto el párrafo, mayor probabilidad de texto forzado, pues InDesign tendrá menos recursos para compensar la diferencia entre los largos de línea. Por cierto que, para buscar el valor exacto, puede darse ⇧▾ en el campo de texto para reducir los valores de 10 en 10 mm, o presionar [⇧] al dar clic en la flecha.

Los pasos [17] y [18] aplican técnicas de interfaz en Adobe, válidas en los campos de texto numéricos de los tres programas.

[18] En el panel de Control, vincular las proporciones de la foto y reducirla al 70%; ya que, en su tamaño original, cubre diez líneas, este porcentaje la reducirá a siete (700/10). En el ejercicio previo, para reducir a doce el capitular de veintitrés líneas, sería "1200/23" en el propio campo de alto (se añade "00" al dividendo para un resultado porcentual).

[19] [V]. Ajustar la posición de la imagen (en la muestra, centro superior en 29x y 0y) y, en el panel *Text wrap*, rodear con texto el marco delimitador, con desplazamiento negativo abajo y a la derecha (-70 y -6 mm, respectivamente).

[20] ⇧⌘S (*File > Save as*). Guardar con otro nombre (dropcap3.indd).

La carpeta trae un JPEG, cuyo nombre termina en "9706", que exhibe todo el trabajo manual vertido en un capitular de <u>dos</u> líneas. No deja de percibirse como un muy significativo punto de inflexión en la escala del tiempo que esa obra de hace seis siglos pueda enriquecerse con técnicas que básicamente no existían –como se verá en el ejercicio inmediato– hace seis años.

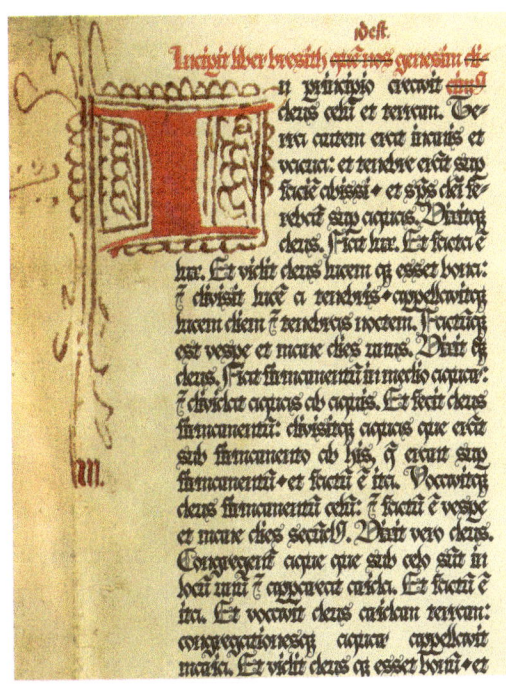

4. **Recorriendo el objeto**

Si, como en muchos ejercicios previos, al objeto que se trae a página se le ha incluido en Photoshop un trazado o un canal alfa (cfr. cap. VIII.2), InDesign puede interpretar con absoluta precisión qué debe ocultarse, qué debe verse e, incluso, porcentajes de visibilidad. Mediante las opciones de importación, es posible dejar de lado esa información en lo que respecta a la visibilidad de capas o canales y, sin embargo, emplearla para determinar cómo se dispondrá el texto alrededor de la imagen. *En la actualidad*, desafortunadamente, traer objetos de Illustrator no permite el mismo nivel de precisión e InDesign está forzado a "ver" y "entender" la ilustración… aunque el siguiente ejercicio dejará vislumbrar, en medio de las imperfecciones actuales, que la computadora "ve" cada vez mejor y, como consecuencia, la inteligencia artificial contribuye a los recorridos de texto.

[1] ⌘O (*File > Open*). De la carpeta "genesis1", ubicada en la del capítulo, abrir "amador75.indd". Este archivo lleva el texto de la edición española Nácar-Colunga (1965).

[2] ⌘1 (*View > Actual size*). Presentar la página al 100%. Quizás resulte sorprendente que, pese a la letra gótica (comprimida en -45‰), el texto en español pueda leerse con relativa facilidad. Y todavía hay que pensar que el texto está en 23 pt porque el formato casi es A3 (30 × 40 cm).

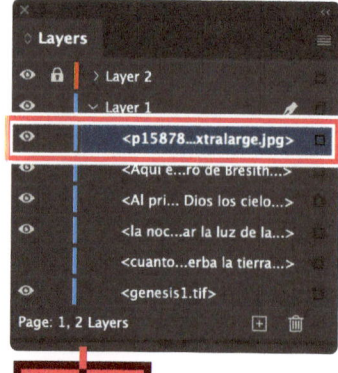

[3] [F7] (*Window > Layers*). En el panel de Capas, eliminar íntegramente la capa 2. Se presenta ahora, en primer plano, la imagen original (*p15878*, resaltada); mostrándola y ocultándola, podrá evaluarse el parecido entre la fuente originalmente empleada con Gutenberg y la Amador aquí empleada. En este estilo, la compresión del interletraje es un absolutamente inaceptable -75‰, pese a lo cual no solo el texto llega a leerse, sino que,

debido al diseño más condensado de esta familia, apenas se
pierde un versículo respecto del contenido original.

[4] ⌘D (*File* > *Place*).
De la carpeta de trabajo,
colocar "dropcap4.ai", verificando la casilla de opciones
de importación para asegurarse de recortar el gráfico según la página (*crop to media*)
y con fondo transparente.

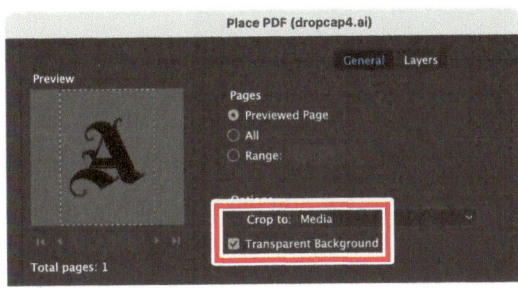

[5] En el panel de Control, reducir el ancho y el alto
del contenedor hasta el tamaño del capitular (en la muestra,
171 × 172 mm). De momento, puede mantenerse la imagen
al centro de la página, para apreciar mejor el flujo del texto.

[6] ⌥⌘W (*Window* > *Text wrap*). Clic
en el tercer icono, *Wrap around object shape*
([b]). Al disponer el texto alrededor de la forma del objeto, debe desplegarse el panel en
su integridad (clic en ⬍, [a]), de modo que se
pueda configurar el criterio de recorrido en
las opciones de silueta; de momento, sobre
la detección de bordes ([d]), se desplazará el
texto 1 mm ([c]).

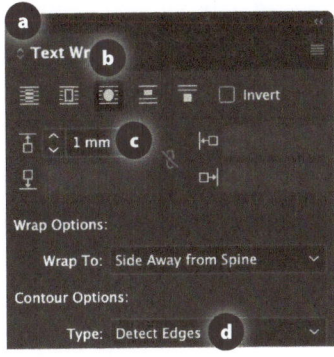

[7] En el menú de Opciones de silueta, seleccionar la
última opción, *Select subject*, y comparar con el resultado
anterior, que fue empleado en la muestra. Mientras que
detectar bordes (*detect edges*) funciona con el contraste (y
produce un resultado perfecto en este capitular negro, sin
fondo), *Select subject* emplea la inteligencia artificial para
analizar la imagen, con criterios en continuo refinamiento;
su estado actual ya justifica que siempre se haga la prueba y,
si como aquí, no produce un resultado mejor, simplemente
deshacer (⌘Z).

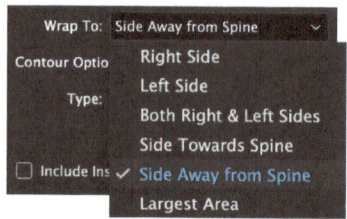

[8] En el menú *Wrap to*, seleccionar la posición que va a ocupar el texto. En forma predeterminada, este se coloca tanto a la derecha como a la izquierda del objeto (*both right & left sides*), aunque puede seleccionarse uno de ellos tanto estática como dinámicamente: como se ha visto (cfr. cap. VII.3), opuesto del lomo (*side away from spine*) significa a la derecha en una página impar (como esta) y a la izquierda si el objeto se coloca en una página par; hacia el lomo (*side towards spine*), evidentemente, significa lo contrario; es también dinámica la opción *largest area*, que significa que el texto se colocará donde haya más espacio.

[9] Desplazar el centro superior del objeto de modo que la proyección de sus lados (la línea punteada al margen) quede próxima al extremo superior izquierdo de la primera columna. El "ojo" de la "A" es claramente un triángulo; en esta fuente, el exterior también es triangular, excepto que el vértice superior está truncado; si se proyecta, quedaría como en la muestra, centro superior en 34x y 38y.

[10] [S]. Activar la herramienta *Scale*. La gran mayoría de operaciones de InDesign puede realizarse con uno o dos paneles, pero la precisa transformación del paso siguiente requiere ver la caja: las herramientas de transformación van literalmente más allá del panel de Control, pues la referencia puede estar, inclusive, fuera del objeto. Así, tras el atajo, el puntero se convierte en una mira con la que puede especificarse un eje de transformación dando clic, en este caso, en el centro superior del objeto (-⊕-, resaltado); para finalizar, doble clic en el icono de la herramienta presentará un cuadro de diálogo para dar al capitular el tamaño preciso (para 92 mm de ancho, se escribió, "9200/171", con lo que InDesign asignó el 53,8% empleado en la muestra).

[11] En el panel de Capas, desplazar el capitular sobre la foto de fondo (genesis1.tif) y arrastrarlo al icono de suma (+) para duplicarlo; tras ello, ocultar el capitular original, con lo que la estructura de la capa debe quedar como se ve al margen. Es muy importante resaltar que el recorrido del texto se mantiene a partir de objetos ocultos (aunque ambos capitulares lo estuvieran), lo que es la clave del resultado que se busca.

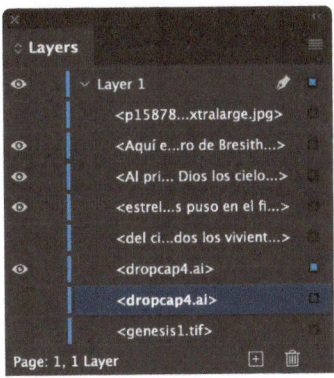

[12] Con el capitular activo, repetir el paso [4] para traer "dropcap5.pdf". El reemplazo es idéntico.

[13] Repetir los pasos [6]-[7]. Puesto que el nuevo capitular tiene mucho menor contraste, la detección de bordes fracasa; *select subject* puede funcionar mejor, pero, observado el recorrido a partir de objetos ocultos, ¿se necesita?

[14] En el panel *Text wrap*, asignar a la copia el primer icono, *No text wrap*. Dado que el capitular en negro, oculto, ya daba el recorrido perfecto, no hace falta complicar al texto con innecesarios cálculos adicionales.

[15] ⇧⌘S (*File > Save as*). Guardar el archivo con otro nombre (capitulr.indd).

No deja de ser interesante mencionar que la imagen colocada dentro del capitular fue generada por el Relleno generativo de Photoshop 2024 (inteligencia artificial que no era oficial, siquiera, en ps 2023), una muestra cabal del aporte de las nuevas tecnologías.

Id

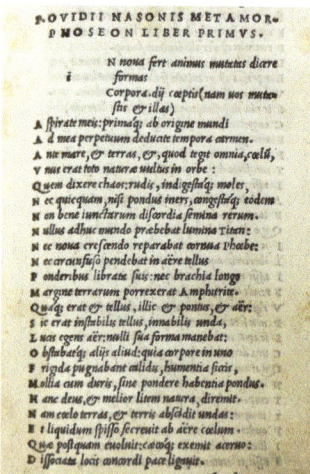

5. Próxima columna

Se le puede pedir a un periodista que entregue un artículo sobre la Biblia que abarque mil, cinco mil o diez mil caracteres, pero, ciertamente, no se puede pedir a Dios (¿?) que alargue un poquito el Génesis (quién sabe qué mejoras habrían sido posibles en una Creación de, digamos, ocho o nueve días). De ahí la enorme importancia de los iluminadores porque, cuando a la composición de la página le faltaban dos líneas, ¿qué más podía hacerse? Por ello, si se observa el vacío al inicio de las ya mencionadas *Metamorfosis* (cfr. pág. xiii), se ve cómo se entregaba la impresión diciendo: los dos primeros versos tienen que ocupar cuatro líneas y el capitular llenará el área faltante.

[1] ⌘O (*File > Open*). De la carpeta del capítulo abrir "blanco32.indd". El más simple estilo de recorrido puede ahorrar trabajo manual en el cancionero que, ahora, se extenderá a treinta y dos páginas.

[2] [V]. Seleccionar los marcos de la pág. 2 y eliminarlos ([⌫]). Puede empezarse por asignar las treinta canciones en treinta páginas (la última ya tiene la foto de cierre).

Start Paragraph: In Next Column

[3] ⌘+F11 (*Type > Paragraph styles*). Editar el estilo de títulos (chansons) y buscar la sección *Keep options*; aquí se dice con qué criterios las líneas se van a mantener juntas y el objetivo es que cada canción comience en una columna nueva (*Start paragraph: In next column*). Pero ¿cómo disimular que trece canciones caben en una sola columna? Al no haber información que pueda eliminarse, cabe añadir motivos gráficos… excepto que, con el estilo minimalista de *El álbum blanco*, no van los capitulares.

[4] ⌘J (*Layout > Go to page*). Saltar a la página maestra.

[5] ⌘D (*File > Place*). De la carpeta "whitelbm" del cap. VIII, traer el archivo "tbeatles.ai", recortándolo, en las opciones de importación, hasta el tamaño de los objetos (*crop to art*) y sin fondo transparente.

[6] [V]. Desplazar la ilustración hasta que la "t" de "Beatles" quede "parada" en la última línea de la rejilla y que la "B" dé una suerte de continuidad al coron-del. Las dimensiones en la muestra son 29,94 × 16,729 mm, con el extremo inferior izquierdo en -60,72x y 110,32y.

[7] [V]. Duplicar el logotipo en la página impar (59,25x). Recargarlo en la segunda columna es compensar que, en muchos casos, el texto será más corto en ella.

[8] Seleccionar ambos logos y ⌥⌘W (*Window > Text wrap*) para indicar, con el último icono, que el texto actuará como si su contenedor se hubiera reducido hasta el extremo superior del logo. De hecho, bastaría desplazar los marcos de ambas ilustraciones hacia arriba para, efectiva-mente, cubrir las treinta y una página requeridas (la última es la foto).

[9] Saltar a la pág. 3 (⌘J), seleccionar ambos marcos de texto y reducirlos hasta que solo quede la primera canción (*Back in the U.S.S.R.*). El blanco es un elemento fundamental de la página y, si bien cabría replantearla toda (con márgenes más am-plios, por ejemplo), no deja de merecer consideración una propuesta tan sencilla como esta… al menos para el estilo del *El álbum blanco*, cediendo al logo la mitad del espacio de cada página.

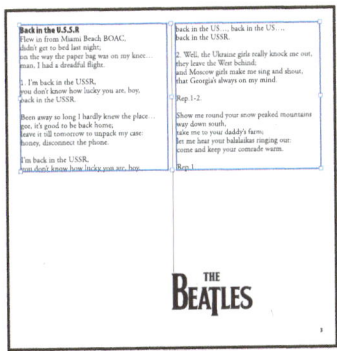

Id

[10] Balancear las columnas en las otras páginas. En la muestra, las cuatro canciones consecutivas más cortas (de *Why don't we do it in the road?* a *Birthday*) fueron colocadas en las págs. 17-18, una columna para cada una.

[11] Saltar a la pág. 30 (⌘J), arrastrar la herr. Texto sobre el texto de la canción *Good night*; con tal selección activa, darle blanco al relleno en el panel de Muestras ([F5]).

[12] [↻]. Activar la flecha negra y colocar (⌘D), de la carpeta "whitelbm" del cap. VIII, traer "JK-0014-25v2.jpg", imagen de Ringo Starr, que justamente canta esta canción.

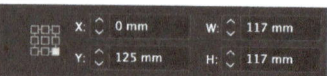

[13] *Object > Arrange > Send to back*. Enviar la imagen al fondo para evaluarla (y reevaluar) su posición ideal. La muestra que se observa al margen le ha dado 117 × 117 mm, con referencia abajo a la derecha, que se ubica en 0x y 125y.

[14] Manteniendo la referencia, extender el ancho del objeto a 125 mm y su alto a 130 mm. El encuadre de la foto puede completarse dando al marco relleno negro.

[15] ⇧⌘S (*File > Save as*). Guardar el documento con otro nombre (selsubjt.indd). Es un desafío crear una fusión tan precisa con un clic en *Select subject*; todo lo que tomó la muestra al margen (podría aceptarse el fondo negro en la canción "Buenas noches"). La ventaja de un tema como los Beatles es que la cantidad de material con la que ponerse creativo es virtualmente infinita.

Capítulo XI
Formas vectoriales

La dureza de la Pluma

Dos exempleados de Xerox fundaron Adobe sobre el concepto visionario de que una página debe "fotocopiarse" digitalmente, poder convertirse en un lenguaje (PostScript) a partir del cual pueda imprimirse en máxima calidad. El primer hablante nativo de ese lenguaje fue Illustrator (1987) y el instrumento capaz de escribir todas sus palabras fue la que, hasta hoy, es la herramienta más compleja de los tres programas: la todopoderosa Pluma, capaz de dibujarlo todo, *punto* por *punto*.

"Punto", por cierto, es abreviatura de "punto de ancla", aquel que fija el inicio de un segmento, con sofisticación tal que puede editarse mientras se crea, alinearse (restringirse), curvarse y desplazarse; operaciones todas que requieren una precisa tecla distinta ([⌘], [⇧], [⌥] y [␣], respectivamente). Como ellas también se combinan, dominar el dibujo vectorial requeriría un par de capítulos… de otro libro, dedicado a Illustrator.

Puede reiterarse que InDesign corrige ortografía como una función complementaria, en la que es inferior a procesadores de texto, que se especializan en ello; para la composición del texto, bastaría con que su división de palabras sea óptima (en español, no lo es). En forma análoga, se verá que las técnicas fundamentales del dibujo vectorial –trazar una línea perfecta, precisar una curva, crear una forma escalable– llegan a representar una diferencia significativa en el aspecto de una página.

1. **Líneas rectas**

or complejo que sea el capitular que se observa al margen, evidentemente, no es trabajo
de InDesign dibujarlo. Sería, eventualmente,
el de Illustrator recrearlo, asumiendo que
se esté dispuesto a invertir, como mínimo,
una decena de horas en ello (y puede ser
más de una). En cambio, extraerlo de una
página fotografiada es un trabajo que –se
verá– Photoshop puede satisfacer con treinta
y seis precisos puntos de ancla (aunque, a
estas alturas, múltiples imágenes ofrecen un
resultado aceptable con un clic en *Select > Subject*). Aquí se
exhibe nuevamente una escala de tiempo que corresponde a intereses completamente distintos (cfr. cap. v.1) pues,
mientras que el dibujo requiere una(s) decena(s) de *horas*, y
contornearlo con esos treinta y seis puntos, una(s) de *minutos*, emplearlo como capitular es algo que, tranquilamente,
podría hacerse en una decena de *segundos*. O dos.

[1] ⌥⌘N. Crear un nuevo documento con los valores
predeterminados. Para una prueba tan sencilla, no hace falta
mayor elaboración.

[2] ⌘D (*File > Place*). De la carpeta "2samuel1", ubicada en la del capítulo, traer el archivo cuyo nombre termina
en "1969-221.jpg" y arrastrar un marco en la página.

[3] [V]. En el panel de Control, clic en el icono de
Content-aware fit (cfr. cap. iv.1). En la muestra, InDesign solo
detectó las dos páginas y redujo el encuadre hasta ella, pero
la consciencia del contenido es una de las áreas de mayor
progreso en las aplicaciones de Adobe, por lo que, en cada
nueva actualización, es pertinente reevaluar su aporte.

[4] Reducir el encuadre hasta el capitular que se observa al margen; no es importante la posición ni el tamaño.

[5] ⌥⌘W (*Window* > *Text wrap*). En el panel *Text wrap*, clic en *Wrap around object shape* ([a]) con *Select subject* ([b]) como criterio de contorno. Hasta hoy (ID19.3), el botón produce centenas de puntos alrededor de columnas y capitulares, sin importar la reducción del encuadre. *Detect edges* obtiene un resultado más pobre, pero la parte de la letra que hará contacto con el cuerpo de texto, ¿no está formada de líneas rectas?

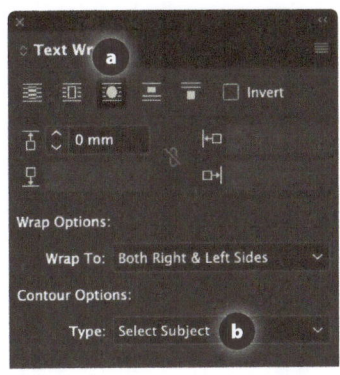

[6] ⌘K (*InDesign* > *Preferences*, Edición > Preferencias en PC). En la sección *Units & increments*, establecer el empuje del cursor, es decir, cuánto se desplazará un objeto cuando se presione alguna tecla de dirección. En general, 1 mm es un valor ideal, pero, para la precisión vectorial, es mejor reducir el empuje a 0,1 mm[1] (y, si se dibuja con frecuencia, incluso 0,05 mm).

[7] [P] . Activar la Pluma con la "P" de *Pen*. Sin cambiar de herramienta, puede ampliarse (⌘␣) el capitular que se trazará o presentar el desplegado en su totalidad (⌥⌘0).

[8] Con la Pluma de trazado nuevo (✎ₓ), clic sin arrastre en el ángulo inferior derecho de lo que semeja un dragón desalado (¿pachyrhachis?). Se crea un *punto de esquina*.

[9] Desplazar el puntero de trazado activo (✎) hacia arriba, al ángulo inferior izquierdo del cuadro que forma la letra y, nuevamente, clic sin arrastrar. El énfasis se debe a que arrastrar la Pluma crea curvas, mientras que dar simplemente clic habrá creado un segmento recto entre este punto y el anterior.

---

1   Ya que añadir [⇧] decuplica el empuje, ¿se requiere con mayor frecuencia desplazar objetos de diezmilímetro en diezmilímetro o de 10 en 10 mm?

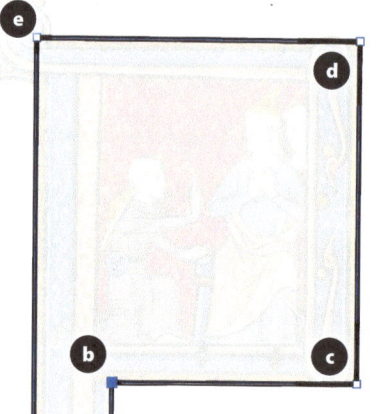

[10] En el panel de Control, dar a la línea el grosor adecuado para que cubra exactamente el que tiene el borde del capitular, al tamaño que se le haya dado. Esa operación no desactiva el último punto creado, que se distingue por aparecer sólido (■, [b]), por oposición al anterior, que queda delineado, ▢); en ese estado, se puede afinar su posición de décima en décima de milímetro, empleando las flechas.

[11] Clic sin arrastrar en los puntos [c], [d], [e], [f] y [a]. Al volver al primer punto, se añadirá al puntero un anillo (🖋₀) para indicar el cierre del trazado. ¿Por qué se está ignorando el resto del capitular, mutilando la cola del animalito desventurado? No solo sucede que, para emplearlo como capitular, el punto [f] es innecesario (bastaría indicar, en el panel *Text wrap*, que el flujo debe ir solo a la derecha, cfr. cap.x.4); sino que, como se le ha empleado en esta página y la penúltima —en las que solo la parte superior llega a tocar la caja de texto—, habrían bastado los puntos [b], [c] y [d]: casi puede afirmarse que, si se requiere crear más de diez puntos con la Pluma, ello debe hacerse fuera de InDesign.

[12] ⌘W (*File > Close*). Cerrar el archivo sin guardarlo.

[13] ⌘O (*File > Open*). De la carpeta en empleo, abrir el archivo "2samuel1.indd".

[14] ⌘D (*File > Place*). De la carpeta de trabajo, traer "dropsaml.tif", indicando en las opciones de importación que <u>no</u> se aplique el trazado de recorte.

[15] Repetir el paso [5]. Hasta la versión empleada —pero es más que esperable una mejora aquí—, ni siquiera la foto retocada es "digerible" por *Select subject*, ni en InDesign ni en Photoshop 25.6.

[16] [V]. Colocar el capitular de modo que el trazo vertical de la "P" (es decir, el que va de [e] a [f] en la página opuesta), se ajuste

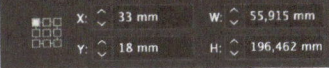

al margen izquierdo de la primera columna (en la muestra, el extremo superior izquierdo se ubicó en 33x y 18y).

[17] Con el marco del capitular activo, repetir el paso [14], esta vez aplicando el trazado de recorte y, desde luego, verificando la casilla *Replace item*.

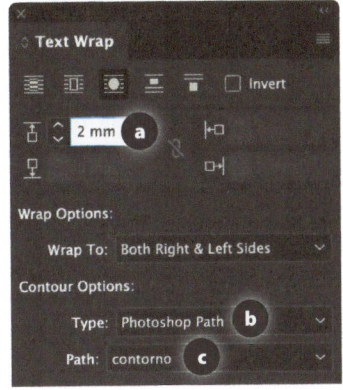

[18] En el panel *Text wrap*, emplear el trazado de Photoshop ([b]) como contorno; puesto que este archivo solo contiene uno, este se activará automáticamente en el menú Trazados ([c]); antes de aumentar el desplazamiento, conviene cambiar de herramienta.

[19] [A]. Al activar la herr. Selección directa (con la "A" de *Arrow*, debido a la forma de flecha), pueden verse los puntos de ancla que se están leyendo de la foto. Tras presentarlos, puede establecerse el desplazamiento que se estime apropiado *como base* ([a]).

[20] ⇧⌘S (*File > Save as*). Guardar el archivo con otro nombre (dropsaml.indd). Desde luego, cuando se emplea un recorrido de contorno, solo puede darse un único valor de desplazamiento. ¿Qué problema se observa?

Quizás es poco elegante crear un trazado fuera de la imagen (como se hizo hasta el paso [11]), cuando este puede estar incluido en ella; habría que evaluarlo contra lo práctico que resulte cambiar de programa solo para dar cuatro clics. Lo interesante es que la técnica de dibujo de Adobe es consistente en sus tres programas principales, por lo que lo hecho aquí –y se hará de inmediato– podría dibujarse, si resulta más conveniente, directamente en Photoshop o Illustrator.

2. Herr. Selección directa

La Pluma es la herramienta fundamental de dibujo porque puede crear todo tipo de formas vectoriales, punto por punto; estas se caracterizan por su definición perfecta, por la posibilidad de ser ampliadas a todos los tamaños manteniendo dicha definición y, puesto que son fórmulas matemáticas, por ocupar un tamaño mínimo. La noción de "perfecto", sin embargo, es siempre relativa y el solo hecho de haber establecido un empuje de 0,05 mm[1] para dibujar revela un atributo fundamental más: es que los puntos de ancla son editables (esto es, perfeccionables) empleando la esencial herramienta de Selección directa.

[1] ⌘O (*File > Open*). De "2samuel1", carpeta ubicada en la del capítulo, abrir el archivo "dropsaml.indd", avance del ejercicio anterior. Puede apreciarse que el desplazamiento de 2 mm se ha aplicado al recorrido del texto, pero que, puesto que este se mide en líneas, quedan dos vacíos, cinco veces más grandes, sobre las líneas 8 y 18 (resaltados).

[2] ⌥⌘W (*Window > Text wrap*). En el panel *Text wrap*, reducirle al capitular el desplazamiento a 1 mm; solo se soluciona la línea 8.

[3] Reducir el desplazamiento a 0 mm. Aunque se soluciona el problema de la línea 18, se crea un nuevo problema y es que el margen deseado era, efectivamente, de 2 mm. Y, aunque no es tarea de InDesign crear un trazado perfecto, sí lo es la de perfeccionarlo.

---

1 *De su lado, Photoshop desplaza de píxel en píxel; empuje que, en una imagen de alta resolución es 1/300 de pulgada (0,085 mm en cada dimensión). Conforme aumente la capacidad de captura de las cámaras, es frecuente darse con resoluciones más altas (el capitular, al margen, está en 763 dpi, 0,0332 mm).*

[4] *File > Revert*. Con la flecha blanca ([A]), clic en el primer punto horizontal sobre la octava línea y [⇧]+clic en los otros cinco puntos del borde; luego, subir los puntos con [▲], hasta que fluya la línea faltante.

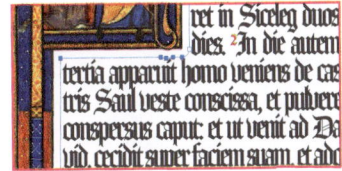

[5] Repetir el paso anterior con los seis puntos de ancla horizontales sobre la línea 18. Quedan resueltos los dos vacíos detectados y el margen es mucho más uniforme.

[6] ⇧⌘S (*File > Save as*). Guardar el archivo con otro nombre (usermodf.indd).

[7] ⌥⌘W (*Window > Text wrap*). Los archivos colocados no son modificados por InDesign, que crea una opción en el menú *Type*, trazado modificado por el usuario ([b]); siempre puede volverse al original ([a]).

[8] [V]. Reducir el marco hasta la mitad del trazo vertical del capitular, donde pasa de rojo a azul.

[9] [A]. Dar clic en el punto de ancla inferior izquierdo del marco de la foto (que, pese al recorrido, sigue siendo un rectángulo de cuatro puntos) y elevarlo. Al manipular los puntos inferiores en forma individual, puede igualarse el ángulo en que los colores se dividen (aproximadamente, 3,31°).

[10] ⌘W (*File > Close*). Cerrar el archivo sin guardar los cambios después del paso [10].

Si "perfecto" significa "satisfacer necesidades", es difícil que nadie prevea las propias y, por ello, compete a técnicas elementales de InDesign corregir el más perfecto trazado de Photoshop.

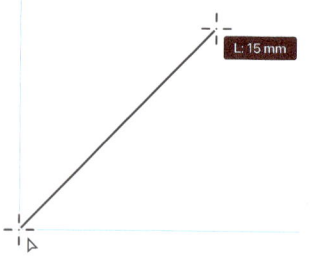

3. Herramienta Línea

No es una herejía decir que la modestísima herr. Línea se emplea más en InDesign que la Pluma, por la sencilla razón de que la gran mayoría de publicaciones trabaja con columnas y, en ellas, es un recurso habitual crear separadores, llamados corondeles, como elementos maestros. Es preferible, además, porque con ella <u>no</u> se pueden crear curvas y sí, más, bien, como se verá, obtener medidas exactas con las que será posible replicar el corazón (digamos) que se observa al margen.

[1] ⌘O (*File > Open*). De la carpeta del capítulo, abrir el archivo "crucentr.indd". Este sencillo documento no tiene más que dos guías exactamente centradas y bloqueadas.

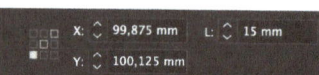

[2] [\]. Ampliar el documento alrededor del 300% (⌘␣) y, con la herr. Línea, arrastrar desde el cruce de guías (al puntero se le añadirá una flecha blanca para indicar la detección, ⊹), presionando [⇧] (para que el ángulo sea exactamente 45°) hasta que el indicador muestre un largo de 15 mm.

[3] En el panel de Control, con la referencia abajo y a la izquierda, verificar que el largo sea 15 mm. Puesto que InDesign incluye el grosor del delineado como parte del tamaño (puede cambiarse en las Opciones del panel de Control), la posición podría parecer incorrecta, pero se verificará a continuación.

[4] [A]. Con la flecha blanca, clic en un área vacía de la página (para eliminar toda selección) y, a continuación, clic en el punto de ancla colocado sobre el cruce de guías. El panel de Control indicará ahora la posición precisa del punto activo (—☐—), que debe ser 100x y 100y (el centro del documento).

[5] Presionando [⇧], clic en el otro punto de ancla. La matriz de referencia (oculta en el paso previo) vuelve a mostrarse en el extremo inferior derecho.

[6] Presionando [⌥], clic en el icono *Flip horizontal* (Espejo horizontal) del panel de Control. Según se ha visto (cfr. cap.III.2), [⌥] cumple con la función de duplicar, que mantiene al hacer clic en el icono o si se emplea el comando *Object > Transform > Flip horizontal*.

[7] [A]. Con la flecha blanca, desplazar la diagonal duplicada de modo que su punto de ancla inferior quede exactamente sobre el anterior, esto es, en el cruce de las guías (puede verificarse como en el paso [4]). El dibujo, en verdad, apenas requirió el segundo paso; lo demás es transformación.

[8] [A]. Arrastrar la flecha blanca de modo que únicamente toque los dos puntos de ancla inferiores de ambos trazados, efectivamente superpuestos (estos se verán sólidos; los otros dos quedarán delineados).

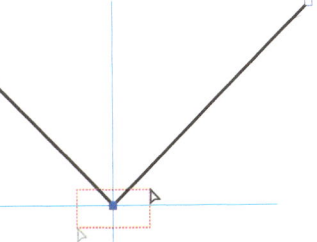

[9] *Object > Paths > Join.* Las operaciones esenciales con trazados pueden realizarse en InDesign y, aquí, el comando Unir, al fusionar los puntos de ancla, convierte a los dos trazados en uno solo. Si se seleccionaran ahora los puntos superiores, este mismo comando trazaría una línea que convertiría en un triángulo invertido a la "V" que se tiene, de momento (por eso era tan importante colocarlo en una posición exacta).

[10] *Window > Stroke.* En el panel de Trazo, dar al contorno un peso de 67,711 pt ([a]), redondeando los extremos con clic en el icono *Round cap* ([b]). El peso ha sido simplemente obtenido por ensayo y error, de modo que, como luce en la página opuesta,

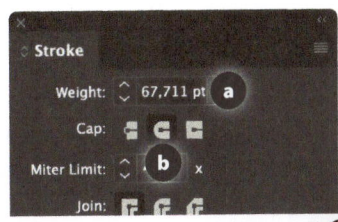

el ancho final sea exactamente de 45 mm, con el ángulo de 45°; pero se puede jugar con esos valores procurando darle la forma de lo que uno considere su corazón.

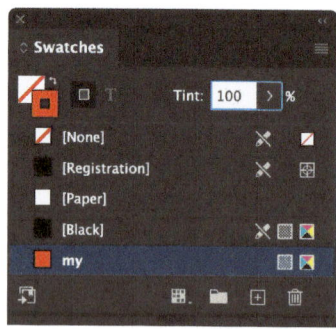

[11] [F5] (*Window > Color > Swatches*). En el panel de Muestras, verificar el relleno en *[None]* y aplicarle la muestra "my" al delineado. Este nombre no quiere decir que sea "mi" color, sino que su composición corresponde al 100% de magenta y al 100% de amarillo, color que en Perú llamamos "rojo bandera", evidentemente porque nuestra bandera es roja (y blanca). Pero, nuevamente, para algo tan personal como el corazón, otras tonalidades de rojo podrían ser más apropiadas (como que, de hecho, el rojo sangre es distinto). Pero –digamos temporalmente– que ese sea el logo de la empresa.

[12] ⇧⌘S (*File > Save as*). Guardar el archivo con otro nombre (redheart.indd).

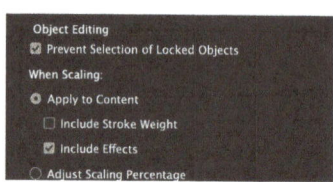

[13] ⌘K (*InDesign > Preferences > General*, Edición > Preferencias > General en PC). Quitar la verificación predeterminada de la casilla *Include stroke weight*, discutible valor de la configuración. ¿Por qué?

[14] [V]. Con el corazón seleccionado, doble clic en el icono de la herr. *Scale*. Aquí cabe apreciar dos condiciones: [1] El valor del delineado es tan alto, que el objeto no se puede reducir si este no disminuye en la misma proporción (lo cual acaba de desactivarse); y [2] Cualquier ampliación automáticamente está deformando el objeto (peor si es una deformación sutil, pues ella no se percibe). Consecuentemente, para cambiar el tamaño de una línea en InDesign, debería emplearse la herr. Selección directa, pues hacerlo mediante el panel de Control significaría que reducir al 50%

una línea de 1 pt la dejaría con un grosor de 0,5 pt; ampliarla al 200% la aumentaría a 2 pt. Tal fluctuación, desde luego, es inaceptable, mucho más en un logo.[1]

[15] ⌘W (*File > Close*). Cerrar el archivo sin guardar los cambios después del paso [12].

Si se reabriera el archivo del ejercicio anterior (usermodf.indd) únicamente para pegar en él el corazón que acaba de crearse, el recorrido de texto sí vería la forma exterior y, en consecuencia, daría el resultado que se aprecia entre este párrafo y el dibujo. Es muy importante comprobar que, a partir de la línea de 1 pt (paso [9]), el efecto sería igualmente *cardioide* con un desplazamiento de 16,75 mm, *i. e.*, que, en los recorridos de texto, el desplazamiento redondea los ángulos.

En buena cuenta, cabe recordar que la comparación esencial de InDesign como heredero de Illustrator significa que las posibilidades principales que ofrece el graficador se encuentran, en su mayoría, disponibles como recursos de composición de página. Entre ellos, la flecha ([a]), la línea punteada ([b]) y la famosa línea de media caña ([c]), comúnmente empleados, apenas requerirán desplegar y revisar brevemente el panel de Trazo.

---

1   *El punto, desde luego, es que InDesign no es para dibujar logos y que, en cambio, sí traza líneas con alguna frecuencia: eso es lo que, precisamente, hace que el valor predeterminado sea una preferencia. Cabe elegir, pues, a cada cual, cambiarlo o, en caso contrario, emplear la flecha blanca para las modificaciones de tamaño. De otro lado, sin importar con qué otros recursos se cuenten, no hay una forma más eficiente de dibujar este corazón, al que solo le haría falta, copiado a Illustrator, aplicarle el comando* Outline stroke *(contornear trazado, cfr. cap. XVII.3).*

4. La forma de mi corazón

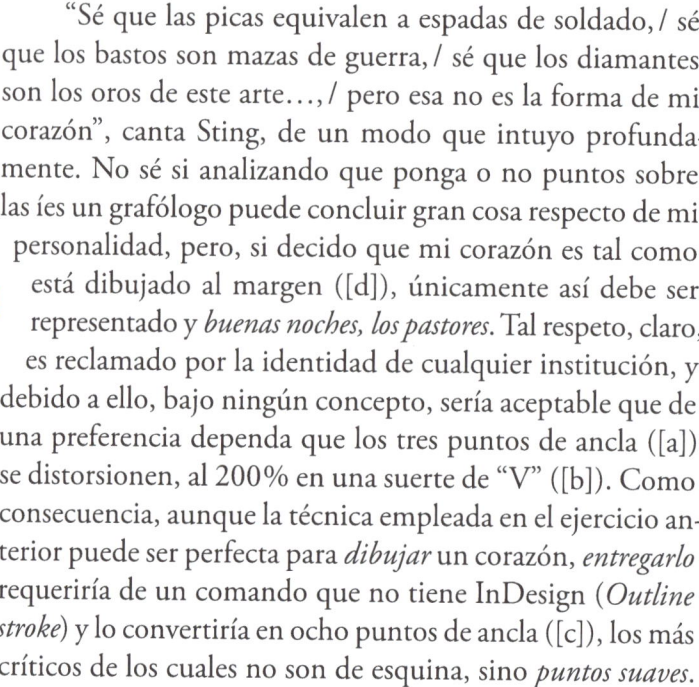

"Sé que las picas equivalen a espadas de soldado, / sé que los bastos son mazas de guerra, / sé que los diamantes son los oros de este arte…, / pero esa no es la forma de mi corazón", canta Sting, de un modo que intuyo profundamente. No sé si analizando que ponga o no puntos sobre las íes un grafólogo puede concluir gran cosa respecto de mi personalidad, pero, si decido que mi corazón es tal como está dibujado al margen ([d]), únicamente así debe ser representado y *buenas noches, los pastores*. Tal respeto, claro, es reclamado por la identidad de cualquier institución, y debido a ello, bajo ningún concepto, sería aceptable que de una preferencia dependa que los tres puntos de ancla ([a]) se distorsionen, al 200% en una suerte de "V" ([b]). Como consecuencia, aunque la técnica empleada en el ejercicio anterior puede ser perfecta para *dibujar* un corazón, *entregarlo* requeriría de un comando que no tiene InDesign (*Outline stroke*) y lo convertiría en ocho puntos de ancla ([c]), los más críticos de los cuales no son de esquina, sino *puntos suaves*.

[1] ⌘O (*File > Open*). De la carpeta del capítulo, abrir el archivo "circular.indd". Lo esencial de la técnica de dibujo puede aprenderse dibujando tres círculos y una virgulilla (que es como se llama la tilde ondulada sobre la "ñ").

[2] [A]. Activar la flecha blanca y, tras ampliar al máximo el primer círculo (el que tiene dos guías horizontales en cian), desplazar el puntero sobre los extremos de las líneas y sobre los *cuadrantes* del círculo (*i. e.*, sobre lo que serían las 12, las 3, las 6 y las 9 en la esfera del reloj). La técnica de dibujo de Adobe está perfeccionada para explotar un *mouse* y las cuatro teclas modificadoras, eventualmente combinándolas en diferentes acciones; para compensar esa dificultad, el puntero sugiere distintas posibilidades, según el píxel exacto que ocupe en la pantalla, por lo que puede no detectar nada (◊), o puede detectar un punto de ancla (⊢ₐ), puede detectar el segmento (⊢) o, incluso, detectar el trazado entero (⊢). Pero puede pedirse una detección más precisa para facilitar la práctica.

[3] ⌘K (*InDesign > Preferences*, Edición > Preferencias en PC). En la sección *Guides & pasteboard*, reducir la zona de ajuste "magnético" (*Snap to zone*) a 1 px ([a]) y dejar en blanco la alineación a los bordes del objeto ([b]). Con estos valores, el puntero deberá estar casi exactamente en el centro de los objetos guía para detectarlo, con lo que el dibujo será más preciso.

[4] [P]. Colocar la Pluma sobre el extremo derecho de la línea inferior del primer círculo (marcado con "c1") y, al indicar el puntero la detección (✒ₐ), clic y arrastrar hasta el extremo izquierdo de la línea (a1). Con ello, se generará un *punto suave*, cuyos *manipuladores* permiten editar la curva.

[5] Llevar la Pluma al extremo izquierdo de la línea superior y, al realizarse la detección, clic y arrastrar hasta el extremo derecho. La lógica de la práctica es que el segundo clic se da en "c2" y el segundo arrastre llega a "a2". La curva más sencilla posible requiere arrastrar en sentidos opuestos.

[6] Colocar el puntero de regreso al punto "c1" y, al detectarse el punto de ancla, esta vez el puntero presentará un anillo (✒ₒ), indicando que, de hacer clic, se cerrará el trazado. Para mantener el trazado abierto, [⇧]+clic y arrastrar, nuevamente hasta "a1". El resultado no es exactamente un círculo (que no puede crearse con dos puntos), pero dará un sentido de cómo lidiar con los manipuladores.

[7] [A]. Con la flecha blanca, clic en los puntos de ancla generados. Para perfeccionar el resultado, puede ampliarse al máximo de modo que los puntos queden exactamente al

centro de los círculos en cian ubicados al extremo de cada línea guía. Al tocar un punto suave con la flecha blanca, se activarán sus manipuladores (uno de entrada y otro de salida, según la dirección del arrastre), con los cuales la curva puede perfeccionarse (lo que se observa al margen es la mejor aproximación con dos puntos) y que, en un punto suave, están alineados.

[8] [P]. Ampliando sobre el segundo círculo, repetir los pasos [4]-[6], esto es, hacer clic en "c1" y arrastrar hasta "a1", clic en "c2" y arrastrar hasta "a2", de "c3" a "a3", pero, para mantener el trazado abierto, [⇧]+clic en el "c1" y arrastrar hasta "a1". A diferencia del círculo anterior, en que mantener presionado [⇧] garantizaba la horizontalidad del arrastre (restricción a 0°), aquí solo debe presionarse la tecla modificadora al momento de hacer clic. Debe notarse que el primer segmento es una suerte de "C" (es decir, una curva simple) y que se ha formado arrastrando en sentidos opuestos: primero a la izquierda y luego a la derecha.

[9] [A]. Afinar la posición de los puntos de ancla y los manipuladores. Mientras que en el imperfecto círculo anterior los segmentos cubrían arcos de 180°, aquí se puede obtener un resultado idéntico con la recomendación de colocar dos puntos de ancla para arcos de 120°.

[10] Repetir [4]-[6] con los cuatro puntos del tercer círculo. Nuevamente, el primer segmento –el formado por clic en "c1" y en "c2", con sus respectivos arrastres a "a1" y "a2"– también forma una especie de "C" , con un arco de 90°; esta es, por cierto, la forma en que la herr. Elipse crea un círculo, definiéndolo a partir de cuatro puntos de ancla. Pero, puesto que, precisamente, existe una herr. Elipse, el objetivo de la práctica no es dibujar círculos, sino entender a la Pluma y, aquí, es esencial percibir que, como al margen, el segmento podría dibujarse haciendo clic en "c1" y dando un arrastre enorme hasta "a1", para simplemente hacer clic, sin arrastrar, en "c2". Es pauta esencial del dibujo de curvas arrastrar en ambos extremos, lo que facilita la edición; empleando el pensamiento visual, la idea es que cada arrastre debe corresponder, aproximadamente, a un tercio de la longitud del trazado. ¿Cómo se facilita la edición?

[11] [P]. Ampliar sobre la parte superior del cuarto círculo y seguir la lógica de c1-a1 y c2-a2. Al arrastrar dos veces en la misma dirección (hacia arriba a la derecha), en lugar de formarse una curva simple, se forma una ondulación.

[12] ⇧⌘S (*File > Save as*). Guardar el archivo con otro nombre (abiertos.indd).

[13] [A]. Con la flecha blanca activa, acercar ambos manipuladores a sus respectivos puntos de ancla, suavizando la curva ([a]); o alejarlos, acentuando la curva ([c]); o combinar la intensidad de la subida con la suavidad de la bajada ([b]), o lo contrario ([d]). Todo con dos puntos.

[14] [V]. Activar la flecha negra que, a diferencia de la blanca, selecciona todos los puntos de ancla del objeto.

[15] ⌘X (*Edit > Cut*). Cortar el trazado (con la flecha blanca activa, podría haberse cortado solamente un punto).

[16] *Object > Show all on spread*. Se presenta el único objeto oculto, que es una virgulilla que puede lucir igual a las anteriores, pero tiene una deficiencia comparable a la expuesta en el paso [10].

[17] [A]. Editar la ondulación que, al tener un punto adicional, complica obtener las variantes que se realizaron en el paso [13]. Así como resulta problemático tener

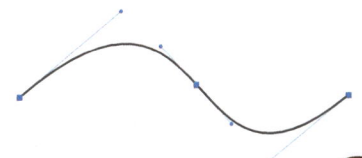

menos puntos de la cuenta (el "círculo" con dos puntos), lo es tenerlos en exceso. De otro lado, puede verse que el manipulador de salida del primer punto, como el de entrada en el tercero, excede largamente el tercio de la longitud del segmento inmediato, indicio de la necesidad de eliminarlo.

[18] ⌘W (*File > Close*). Cerrar el archivo sin guardar los cambios después del paso [12].

[19] ⌥⌘N. Crear un documento con las opciones predeterminadas. Trabajar con texto y con trazados significa liberarse de medidas exactas, pues son elementos vectoriales cuyas medidas pueden ampliarse sin pérdida de calidad.

[20] ⌘V (*Edit > Paste*). Pegar el trazado de dos puntos (cortado en el paso [15]) en el nuevo documento.

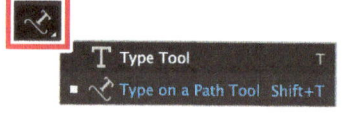

[21] Desplegar la sexta casilla de la caja de Herramientas (clic en el triángulo rectángulo en la parte inferior derecha, ◢) y activar *Type on a path* que, como sugiere su nombre, puede colocar texto sobre los puntos de ancla que se acaban de pegar.

[22] Colocar el puntero en el extremo izquierdo del trazado y, al detectarlo (el puntero presentará una cruz, ⌐₊), clic para añadir algún texto; en la muestra, el inicio de *Voyage, voyage* (Por sobre viejos volcanes).

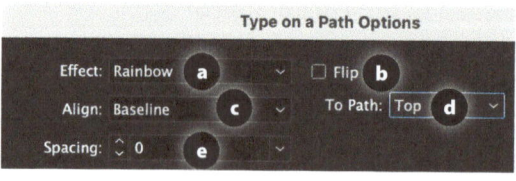

[23] Con el texto activo, doble clic sobre el icono de la herramienta (resaltado arriba) y, en el cuadro de diálogo, colocar el borde superior del trazado como referencia ([d]) para la línea de base ([c]); la función de este menú se aprecia más con un delineado mayor (para este texto de 12 pt, 14,4 pt bastarían para que la línea sirviera como un fondo).

Puede buscarse alguna idea creativa en el menú de efectos ([a]), así como ubicar el texto en el lado opuesto de la línea con la casilla *Flip* ([b]); curvas muy acentuadas o ángulos en el trazado podrían compensarse con el espaciado ([e]), pero el texto sobre trazado funciona mejor con curvas suaves.

[24] [A]. Con la flecha blanca, clic en la línea que, con esta herramienta, puede seleccionarse independientemente; en la muestra, se le ha aplicado el gris al 20% que se aprecia al margen, con bordes redondeados.

[25] ⌘S (*File > Save*). Guardar el archivo (voyagvyg.indd).

Ya que la canción invita a viajar al Amazonas, al Sahara, al Fujiyama y a las islas Fiyi, los diecisiete puntos de ancla del avioncito convienen a la muestra. Dibujarlos, aunque sea un icono sencillo, sin embargo, está enteramente fuera de los intereses de este libro,[1] en el que, como parte de la composición, no tiene interés que el texto se acomode (aquí) entre el ala y la cola, sino que conforme un bloque que podría definirse con un trazado de seis puntos y líneas rectas (resaltado al margen). Pero es un recurso valioso considerar que se ha tomado de San Francisco; una fuente que, como las que se presentarán de inmediato, incluye un amplio juego de pictogramas.

---

1   *Empleando el pensamiento visual, el avión no solo podría reducirse a un máximo de doce puntos de ancla (redondeando los cuales el resultado sería, inclusive, mejor al original), sino que podría llegarse a una versión perfectamente aproximada con un rectángulo y dos triángulos. Para obtener fidelidad absoluta, el tema del dibujo con la Pluma abarca los capítulos (literalmente) centrales del libro sobre Illustrator publicado por esta misma casa editorial.*

5. Pictogramas

riángulos, rectángulos, tal vez, el Pentágono –por razones no geométricas– y hexágonos conforman el repertorio mental de formas, junto al círculo, desde luego. Si un crucigrama lo solicitara, se puede ir más allá de ese aparente límite y escribir "heptágono" a la pregunta "polígono de siete lados", pero ¿dónde se puede señalar uno? Si a alguien se le ocurre decir que los heptágonos son un invento del gobierno para controlar a los niños y que solo existen en los textos escolares, no faltará quien lo crea. Pero cualquier persona *alfabeta* podría describir un anfiteatro como un auditorio semejante a una "C", que el perfil de alguna silla tiene forma de "h" o que el caballo de ajedrez se mueve en "L". ¿Y cómo más puede describirse el instrumento para dibujar ángulos rectos sino como regla "T"? Ya que el texto es un elemento vectorial, es un recurso inmediato valerse de la forma de las letras.

[1] ⌘O (*File > Open*). De la carpeta del capítulo, abrir el archivo "geometrc.indd". Este documento cargará de Adobe Fonts cuatro que son muy útiles porque el motor del dibujo es el pensamiento visual, al cual sirve la Pluma; de hecho, ejercitándolo, son otras herramientas más sencillas las que pueden lograr, muchas veces, un dibujo perfecto.

[2] [T]. Escribir algunas otras letras en el marco de texto visible. Se observará que la Avant Garde empleada es uno de los ejemplos más célebres de las lineales geométricas; esto es, aquellas que se definen casi perfectamente a partir de formas elementales, casi perfiladas con regla y compás: triángulos (la "A"), círculos (la "C", la "G", la "O" y la "Q") y, en general, trazos perfectamente horizontales y verticales.

[3] [F7] (*Window > Layers*). En el panel de Capas, mostrar los otros marcos de texto y repetir la prueba de geometría. En el caso de Gill Sans, la fuente disponible en

los servidores de Adobe no es idéntica a la versión 2001 de Monotype, por lo que, al igual que las demás, tiene una versión convertida a forma.

[4] *File > Revert.* Volver al archivo original.

[5] [V]. Seleccionar el marco de texto visible y ⇧⌘O (*Type > Create outlines*). Al crear contornos (convertir al texto en trazado), el contenedor original desaparece; si se revisa *Type > Find/replace font*, Avant Garde ya no aparecerá en uso y, fundamentalmente, esta letra "F" se podrá modificar, tal y como si se hubiera dibujado con la Pluma.

[6] [A]. Con la flecha blanca, clic en los cuatro puntos de ancla en el extremo derecho del trazado; en forma realmente inusual, esta "F" Avant Garde es tan geométrica que se comprueba que todos los puntos están perfectamente alineados en 92,197 mm en el eje horizontal.

[7] [P]. Colocar la Pluma sobre los dos puntos de ancla interiores en la parte superior de la "F" ([a] y [b]) y, al detectarlos (el puntero mostrará el signo de resta, ✒_), clic para eliminarlos. El trazado tiene ahora una forma aproximada de "P".

[8] Colocar el puntero a lo largo del trazado (fuera de los puntos). Complementando lo anterior, la Pluma mostrará ahora un signo de suma (✒₊) que indica –claro– la opción de añadir puntos de ancla. Ya que, en segmentos rectos, se crean puntos de esquina (*i. e.*, sin manipuladores), con frecuencia resulta más fácil editar una letra, como base, que dibujar las formas geométricas que la conforman…, incluso si se domina la Pluma. Queda claro que lo anterior es únicamente cierto para un tipo de lineales tan específico como el que se ha empleado en este documento, pero percibir las formas esenciales es un eficaz reemplazo a la realización del dibujo. Así simplificado, el trazado obtenido reemplaza a la perfección al creado con la Pluma en el primer ejercicio.[1]

[9] ⌘W (*File > Close*). Cerrar el archivo sin guardar los cambios.

[10] ⌥⌘N. Crear un documento con las opciones predeterminadas.

[11] [T]. Crear un marco de texto. Este, con las características de *[Basic paragraph]*, empleará la familia Minion.

[12] *Window > Type & tables > Glyphs*. Teniendo un marco de texto activo, es posible revisar el juego de caracteres (cfr. cap.IV.4) y, en forma más precisa, mostrar

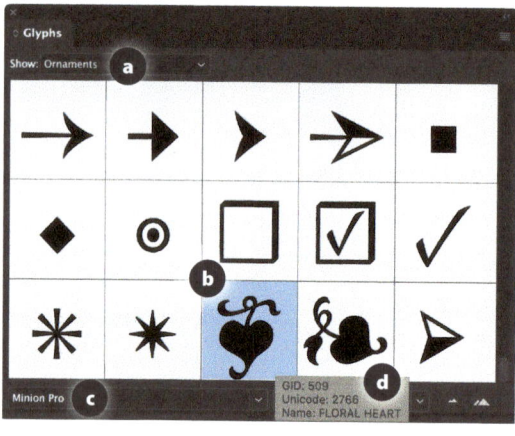

solo los ornamentos ([a]) y, entre ellos, una decena de florones (*fleurons*) o flores de imprenta. Resalta (al margen) el corazón floral ([b]) cuyo nombre aparece al detener el puntero sobre él ([d]); célebre porque, si estos signos se generalizan con el nombre de "viñetas", es porque grafican vides, hojas de parra y diferentes motivos

---

1   *Curiosamente, en el manuscrito original (datado entre 1280 y 1320 por el Museo Nacional de Holanda, que lo exhibe, https://www.rijksmuseum.nl/en), la capitular no es una "P", sino una "F" (inicial de la palabra "Factum", en latín), aunque el texto es atribuido al libro de los Reyes cuando corresponde al inicio del segundo libro de Samuel. La estética de los iluminadores tendía a unir las serifas, por lo que, por ejemplo, la "C" terminaba con el aspecto de una "D" reflejada y la base de la "M" solía presentar un trazo (casi) continuo (ꟿ).*

vegetales, empleados como decoración o simplemente relleno; esto es, una función análoga a la de los capitulares, pero con un empleo más versátil, no restringido al inicio del texto. Doble clic en sus casillas añadirá los primeros diez corazones.

[13] En el menú Familias ([c] en la página opuesta), seleccionar la familia Zapf Dingbats. El menú Mostrar ([a]) volverá a *Entire font* pues esta fuente únicamente contiene símbolos tipográficos (*dingbats*). Diseñada por Hermann Zapf en 1978, es tan antigua que incluye un teléfono de disco y el diseño original de la hoja aldina (así llamada en honor al ya citado genio renacentista Aldo Manucio). Se suman cinco corazones clásicos.

[14] En el menú Familias, recorrer las fuentes más típicas de símbolos: Symbol, Webdings y Wingdings; en Mac, Apple Symbols y EmojiOne; los siete últimos, al margen, emplean Adobe Pi, diseño original de Adobe disponible en su catálogo. Pero…

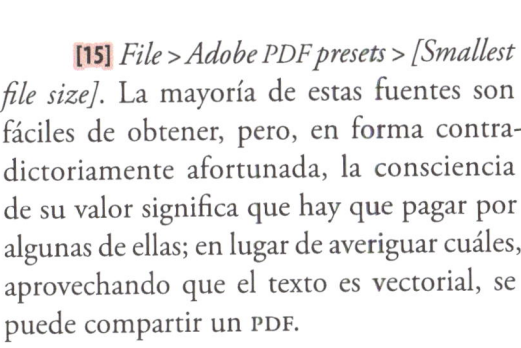

[15] *File > Adobe PDF presets > [Smallest file size]*. La mayoría de estas fuentes son fáciles de obtener, pero, en forma contradictoriamente afortunada, la consciencia de su valor significa que hay que pagar por algunas de ellas; en lugar de averiguar cuáles, aprovechando que el texto es vectorial, se puede compartir un PDF.

[16] Copiar el marco de texto (⌘V, *Edit > Copy*) y pegar una copia en el mismo lugar (⌥⇧⌘V, *Edit > Paste in place*). Considerando el espacio mínimo que ocupa, siempre debe guardarse un original antes de convertir un texto en trazados.

Id

[17] ⌘3 (*Object > Hide*). Al ocultar el objeto, se tiene una referencia oculta del texto.

[18] Seleccionar todo (⌘A, *Select > All*) y convertirlo en contornos (⇧⌘O, *Type > Create outlines*).

[19] *Type > Find/replace font.* Las fuentes, desde luego, siguen en uso, pero incluso los caracteres de aquellas que no estén disponibles en Adobe Fonts podrán verse como trazados.

[20] ⇧⌘S (*File > Save as*). Guardar el archivo con otro nombre (corazons.indd).

Uno ha visto corazones representados en miles de formas y será difícil encontrar una tan creativa como la incluida en Emoji One aunque, curiosamente, como Emoji, el corazón en negativo que forman los labios es cabalmente imposible de percibir en 32 × 32 píxeles (incluso en 128 × 128 es vago). Por tanto, una conclusión central es que, por mucho apego que pueda tenerle a los precisos diez puntos que definen la forma de mi corazón, revisar el juego de caracteres en las fuentes de símbolos es una oportunidad creativa inmediata; más importante todavía, puesto que InDesign no es un programa de dibujo; no se trata de replicar tal forma con precisión: basta y sobra con un trazado *cardioide*, que cubra la parte superior (la que interactúa con este párrafo) y, para ello, basta con la conversión a trazados de cualquiera de los cuarenta corazones que las fuentes más estandarizadas ofrecen. Es, pues, una práctica vectorial válida de los fundamentos vectoriales de InDesign emplear la Pluma; ejercer (y ejercitar) el pensamiento visual que descompone un dibujo en formas simples es esencial; hurgar en el acervo fabuloso de capitulares y hallar la forma más simple de integrarlos a un texto puede ser una aplicación mejor para la composición de página.

Capítulo XII
Estilos de objeto

El estilo final

No solo sucede que el panel de Párrafo cuenta con decenas de parámetros de configuración, sino que su menú de Opciones puede invocar una *decena de decenas* de ajustes en cuadros de diálogo; por ello, toda publicación se apoya en el empleo de estilos de párrafo para aplicar, consistentemente y con un clic, hasta un par de centenas de valores. Configurar correctamente los estilos de texto (carácter y párrafo) bien puede ser el tema individual más importante de InDesign.

Que ese texto esté dispuesto dentro de márgenes específicos (la caja), subdividido en el mismo número de columnas y demarcado por elementos repetitivos (numeración, encabezados, pies de página…), es una regularidad que se encuentra en las páginas maestras. Se suma a ellas, en tercer lugar, el empleo de muestras, de modo que las instancias de color también puedan controlarse desde una definición principal.

Así, pues, en sentido figurado, las páginas maestras son los estilos de las páginas como las muestras lo son de la aplicación de color; en sentido recto, InDesign ofrece un cuarto nivel de consistencia: los estilos de objeto. Como los de párrafo, ellos son colecciones de múltiples atributos que, en el caso concreto del texto, abren la posibilidad de crear una estructura que, vertical (número propio de columnas) y horizontalmente (rejilla de base personalizada), es independiente de la de la página.

ganancia y pérdida (a)

ganancia y pérdida (b)

ganancia y pérdida (c)

ganancia y pérdida (d)

1. Estilos necesarios

La máxima legibilidad se obtiene imprimiendo texto negro sobre papel blanco; combinación de alto contraste que, incluso si se invierte, representa una pérdida por razones técnicas: al entrar en contacto con el papel, la tinta –en su calidad de líquido– se expandirá, en lo que se llama la *ganancia de punto*. Esta expansión es más notoria cuanto más absorbente el papel, por lo que el mismo principio que, por ejemplo, da a un texto normal ([a]) la apariencia de seminegrita ([b]) en un papel periódico hace que el fondo negro adelgace el texto invariablemente (compárese [a] y [c]), y convierte la ganancia en una pérdida ([d]). Con la consciencia de ese dato, corresponde incluir una compensación, al enriquecer los atributos gráficos de los marcos de texto.

[1] ⌘O (*File > Open*). De la carpeta "upandawy", incluida en la del capítulo, abrir el archivo "textflow.indd". Para explorar las posibilidades de configuración de los marcos, se analizará cómo fue realizado este artículo, dedicado al programa Artemisa en la "Edición espacial" de *National Geographic* (octubre de 2023).

[2] ⌥⇳ (*Layout > Next spread*). Recorrer la publicación. De las veinte páginas del artículo, diez están ocupadas por fotos en todo el desplegado (50-51, 52-53 y 54-55), dos fotos que se extienden a la columna interior de la página opuesta (56 y 59) y dos páginas adicionales cubiertas con una foto cada una (64-65). De acuerdo con la calidad de los originales, un artículo puede multiplicar su extensión y las imágenes aquí son tales que, en su integridad, el cuerpo de texto podría contenerse en cuatro páginas (y sobrarían once líneas). Pero la foto más impresionante puede ser dominada por el más simple de los textos y es un excelente ejemplo de

ello observar las dos fotos al margen; en efecto, sin las leyendas, podrían entenderse como la misma imagen (el poder deslumbrante de los cohetes capaces de superar la gravedad del planeta); con las leyendas, en cambio, sabemos que la segunda es un "desensamblaje súbito no programado"[1] de un protocolo privado que no cumple con 493 criterios, más expeditivo (y peligroso). Como ejercicio, sería interesante preguntarse, antes de colocar la descripción, qué es lo que dice la foto sin ella.

[3] ⌘J (*Layout > Go to page*). Saltar a la página 52.

[4] [W] (*View > Screen mode > Normal*). En el modo de trabajo podrá apreciarse que, aunque el texto esté presentado a dos columnas (páginas 62-63 y 68-69), la estructura de la publicación emplea cuatro en la mayoría de ellas.

[5] [V]. Extender el marco de la foto a la derecha, hasta llegar a la línea de demasía. Como se ha visto (cfr. cap.IX.5), todo objeto que deba imprimirse hasta el borde de la página debe extenderse unos milímetros fuera de ella; en este caso, dado que no hay más foto, no se gana nada hacia la derecha (aunque ya hay 3 mm, lo que es aceptable), pero sí habrá ganancia al cubrir todo el desplegado.

---

1   *Tal eufemismo para "explosión" podría ser lo mejor del artículo; hace pensar que los relacionistas públicos de White Star Line pudieron haber llamado "vertiginosa inmersión submarina" o "hito histórico espontáneo" al hundimiento del Titanic.*

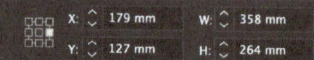

[6] [V]. Con la referencia en el centro a la derecha, dar al objeto un ancho de 358 mm y un alto de 264 mm. Con ello, se extiende el marco al que se le puede dar color en la parte que no está ocupada por la foto (el contenido).

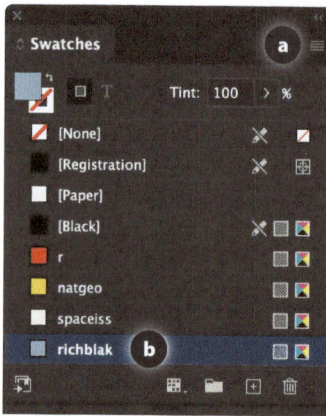

[7] [F5] (*Window > Color > Swatches*). En el menú de Opciones ([a]) crear una nueva muestra neutral que, en el paso siguiente, será un negro compuesto (*rich black*). En sus partes oscuras, cada foto emplea los cuatro componentes de color y, junto a ellas, la simple muestra *[Black]*, que solo utiliza negro, empalidecería. Por tal razón, es importante crear una muestra que, en principio, se definirá como C50 M30 Y20; una suerte de gris acero, ligeramente azulado.

[8] Doble clic en el color definido ([b]) y editarlo para incluir 100% de negro. La razón para definir este color en dos pasos es recordar la consulta técnica. Componer el negro significa que el problema que se enunció en la presentación del ejercicio se multiplicará, no solo porque tres tintas adicionales desbordarán sobre el texto blanco, sino porque, además, esos cuatro colores deben alinearse perfectamente para evitar defectos como los que se observan al margen, resaltados al 400%. Ahora bien, ¿realmente existe un problema que necesita ser examinado a tal nivel de ampliación… o es una exquisitez? Si un texto destinado a leerse es difícil de leer, está mal diseñado, sin importar su atractivo y el 400% resalta

la razón, pero, si se percibe inmediatamente la reducción de legibilidad en 24 pt, puede imaginarse en una leyenda.

[9] ⇧⌘A (*Edit > Deselect all*). Deseleccionar el marco de la foto, al que se le ha dado color.

[10] ⌘D (*File > Place*). Colocar "recortes.txt" en la mesa de trabajo. Estos textos complementan al artículo principal (leyendas de fotos, llamadas de texto, créditos finales…, todo lo que no necesariamente escribe el propio periodista).

Para todos los textos sin formato se emplea el juego de caracteres UTF-8.

[11] ⌘+F11 (*Type > Paragraph styles*). Dar al marco entero, que tiene el ancho de una columna, el estilo "leyenda1" (clic en [a]). En este artículo, en particular, todas las leyendas van sobre fondo oscuro, de modo que, según lo observado, necesita hacerse un ajuste al estilo o… ¿crear un nuevo estilo? ¿De qué depende?

[12] El marco activo, crear un nuevo estilo ([⌥]+clic en [b]) que, así, se basará en "leyenda1"; tras darle nombre (leyenda2), se pasará de *medium* a *semibold* (sección Formato básico) y se aplicará la muestra *[Paper]* al relleno (sección Color de carácter); como tercera característica, puede asignarse "entrelyn" como estilo siguiente (sección General). Aun recordar tres pasos es propender al descuido en este artículo de siete leyendas, en esta edición de cuarenta leyendas y ¿cuántas ediciones tiene la revista? Basta que un estilo evite trabajo manual, susceptible de error, para quedar justificado.

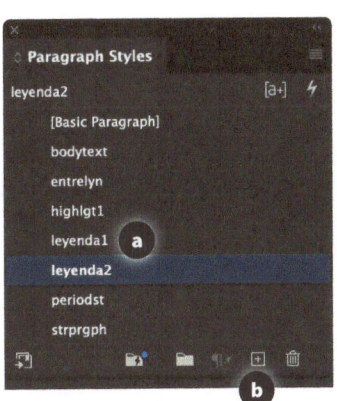

[13] Seleccionar los tres primeros párrafos (hasta los tres asteriscos colocados como separadores), cortarlos (⌘X), salir del contenedor ([⎋]) y pegarlos en un marco independiente (⌘V); la misma operación se repetirá en las leyendas de cada foto.

[14] Dar al marco el estilo "leyenda2". Luego, entrar al contenido y, con el punto de inserción en el párrafo medio (*Previous photo*), darle el estilo "entrelyn". Como se ve, el texto en él ya es blanco. ¿Por qué no existe una versión con relleno negro? No es necesaria en este artículo ni, de hecho, en toda la edición; la única razón para incluirlo en el archivo es evitar la configuración, que no es tema del capítulo.

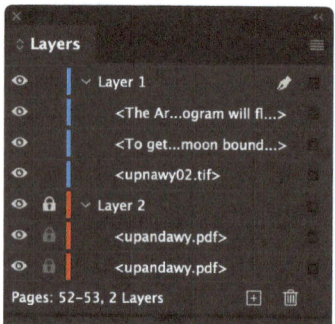

[15] [F7] (*Window > Layers*). En el panel de Capas, ocultar temporalmente la capa 1 y presentar la capa 2. En esta última están colocadas las respectivas páginas del artículo real publicado, como referencia. Evidentemente, ya que no están disponibles las fuentes originalmente seleccionadas por la revista (Geograph, Marden, Grosvenor, Turnpike, etc.), lo que se aprecia es apenas una aproximación que, con la tipografía empleada, logra que la extensión de los textos corresponda, bloque por bloque, al original.

[16] [V]. Afinar la posición del marco de leyenda. Podrá observarse que, en la pág. 52, el extremo superior del marco se ajusta a la línea de base; en otras páginas, la primera línea de la leyenda es la que se apoyará en la rejilla. En general, así como las columnas son la primera referencia para el ancho y posición horizontal de objetos, la rejilla de línea de base determina el alto y posición vertical, incluso en elementos como este, que no tienen el puntaje del cuerpo.

[17] [V]. Seleccionar y cortar (⌘X) el marco con las leyendas restantes.

[18] ⌘J (*Layout > Go to page*). Saltar a la página 54.

[19] Con la capa 2 como referencia, repetir el proceso para colocar las leyendas en bloques independientes, con

el estilo creado (leyenda2, paso [12]); la muestra de negro compuesto debe aplicarse a las fotos de las págs. 56-57 y 60-61. Los estilos y recursos presentados, en verdad, bastan para hacer corresponder las leyendas a las muestras con una línea –como máximo– de diferencia, excepto las dos citas de texto en las págs. 62 y 69 y al cierre, con los créditos (estos tres párrafos se trabajarán en el ejercicio inmediato).

[20] ⇧⌘S (*File > Save as*). Guardar el archivo con otro nombre (leyendas.indd).

compensar
Acumin medium

compensar
Acumin semibold

compensar
Acumin medium + delineado 0,5 pt

En un estilo que se emplea en forma repetitiva, incluso dos diferencias con la base (seminegrita y color) justifican crearlo y, de hecho, de no poseer la familia tipográfica una gradación sutil de peso (saltar hasta negritas sería demasiado), podría optarse por darle delineado al carácter que, aunque sea una falsa compensación, puede paliar el problema (en ese sentido, aunque sea reiterar una idea que viene desde el cuarto capítulo, no se puede enfatizar bastante la necesidad de seleccionar una familia tipográfica considerando su funcionalidad). Y, mirando el ejemplo al margen, puede redondearse una idea de su necesidad: no está en sus defectos (inevitables), sino en la posibilidad de mejora, la verdadera clave del estilo. Así, incluso si el delineado sirviera como una compensación *suficiente* a la falta de una seminegrita verdadera, evaluar lo realizado permitiría concluir que el resultado sería *mejor* aumentando el interletraje en 10‰ de espacio eme.

2. La ilusión óptica

Si se descarga de Adobe Fonts la familia Bell Centennial, se apreciará que una de las soluciones tipográficas más creativas en el último medio siglo incluye un "4" de apariencia extravagantemente sinuosa. En él, como en la mayoría de caracteres, Matthew Carter incluyó *trampas de tinta* (resaltadas en los ángulos), que, aunque son perfectamente evidentes en los 293 pt que se emplean al margen, se resolvieron en la apariencia de líneas rectas cuando el diseño se imprimió en la guía telefónica del centenario de la AT&T. Así, cuando la tinta, efectivamente, cayó en la trampa, el texto se hizo más legible en el puntaje de consulta[1] gracias a un efecto óptico como el que se percibe todo el tiempo en la línea de base, en pares especiales o en el estilo de objeto que se creará a continuación.

[1] ⌘O (*File > Open*). De la carpeta "upandawy", incluida en la del capítulo, abrir "leyendas.indd". Sobre el avance del ejercicio anterior, este archivo tiene todas las imágenes y leyendas colocadas en posición.

[2] [V]. Clic sobre el marco de la primera columna (*pretty sure*) de la pág. 62 y ocultarlo (⌘3, *Object > Hide*).

[3] [T]. Seleccionar los dos primeros párrafos del marco colocado en la mesa de trabajo (*Nothing of this scale*). Las *llamadas* son citas no textuales del artículo destinadas a incentivar la lectura; llevan, por tanto, un puntaje de guía.

---

1   *Junto con el diccionario y la Biblia, la guía telefónica solía ser uno de los ejemplos máximos de publicación masiva que no se lee, sino que se consulta; en ellas, la propia numeración, aunque existe, es secundaria y, por tanto, se sitúa típicamente en el interior de la página; en el exterior, para facilitar la navegación, va colocada la indicación alfabética o, en el caso de la Biblia, el libro y el capítulo.*

[4] ⌘+F11 (*Type > Paragraph styles*). Con los dos párrafos seleccionados, clic secundario en el nombre del estilo "highlgt2" y, en el menú emergente, clic en *Apply "highlgt2" then next style*. Este útil comando depende de haberle asignado al estilo que se está aplicando uno siguiente, lo que deja a ambos párrafos con el formato apropiado.

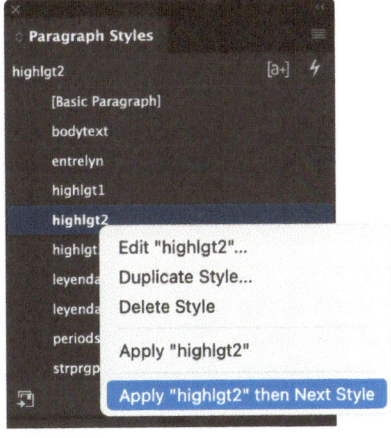

[5] Cortar los párrafos (⌘X), salir del contenedor ([↻]) y pegarlos en un marco independiente (⌘V).

[6] [V]. Con referencia arriba y a la izquierda, dar al marco una posición de -157x y 16y, dándole el ancho de una columna

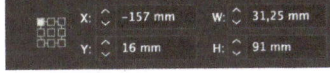

(31,25 mm) y un alto de 91 mm. Si se presenta la referencia (capa 2), además de las diferencias tipográficas, debe observarse una *importante sutileza* respecto de la puntuación.

[7] Con la flecha negra activa, ampliar sobre la primera palabra del marco. Se observará, como se resalta al margen, que los caracteres

redondeados en básicamente todas las familias, tengan o no serifas, transgreden tanto la línea de base como la altura de la "X" (la "O" y la "G"). Asimismo, para que los caracteres *parezcan* uniformemente separados, entre ciertos pares (OT) hay una distancia que es inferior a un tercio de la que existe entre otros (IN). Ojo medio y pares especiales demuestran que lo importante es la ilusión (óptica), no la realidad.

[8] *Window > Type & tables > Story*. En el panel Artículo, dar al marco de la leyenda una alineación óptica que corresponda a su tamaño (18 pt). Así, será particularmente

Id

claro que los signos de puntuación, al ocupar un espacio mínimo, serán desplazados sutilmente fuera del marco, para *aparentar* mayor uniformidad. El mismo criterio desplaza al guion, a las comas y al punto en el paso [18] de la página opuesta (como en las trescientas páginas previas de este libro), el ajuste óptico significa que, al estar desalineados en la realidad, están mejor alineados en la percepción humana.

[9] ⌥⌘W (*Window > Text wrap*). Con el icono *Jump object* (Saltar objeto, resaltado), impedir la contigüidad del texto en la columna.

[10] *Object > Show all on spread.* Al mostrarse el texto que se ocultó en el paso [2], podrá comprobarse en el panel de Control que, aunque el marco sigue teniendo 224 mm de alto, únicamente se presentará debajo de la llamada.

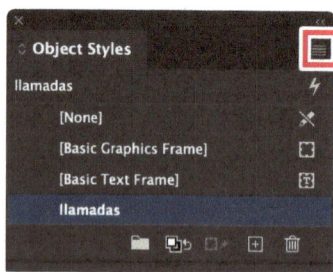

[11] Con el marco de la llamada activo, *Style > Object styles.* Tal como se ha hecho con caracteres y párrafos, para crear un estilo de objeto y configurarlo sobre la base del objeto seleccionado, se dará [⌥]+clic en el signo de suma (+) o el comando *New object style* en el menú de Opciones (resaltado).

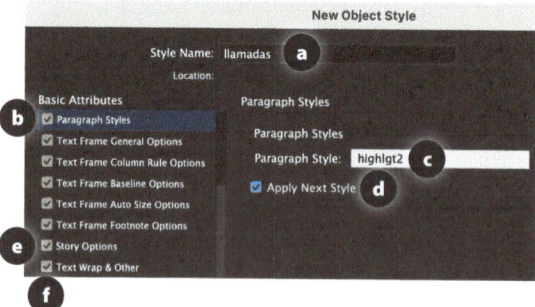

[12] En el cuadro de diálogo, dar nombre al estilo (llamadas, [a]) y, principalmente, incluir en la definición todos los (cuatro) atributos que se han empleado. En este caso, se verificará la casilla de *Paragraph styles* ([b]) para indicar que el marco debe aplicar el estilo "highlgt2" ([c]) y aplicar el estilo siguiente ([d]), así como incorporar las opciones de artículo ([e]) y las de recorrido o (ceñido) de texto ([f]).

[13] [V]. Cortar el marco de la mesa de trabajo (⌘X) y saltar a la pág. 69 (⌘J), donde se le pegará (⌘V).

[14] Repetir el paso [5] para colocar el primer párrafo que acaba de traerse (*There's nothing*) en un marco independiente, que será una nueva llamada.

[15] Repetir el paso [6], esta vez con referencia arriba a la derecha y, por tanto, valor horizontal positivo (157x).

[16] Aplicar al nuevo marco el estilo "llamadas".

[17] [T]. Con el punto de inserción en cualquier marco del artículo principal, *Window > Type & tables > Story*. Esta vez, se empleará el tamaño de cuerpo, 9,75 pt.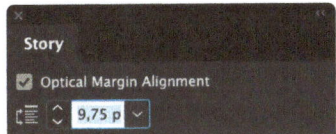

[18] ⌘D (*File > Place*). Con la capa 2 como referencia, traer de la carpeta de trabajo las fotos restantes, que son los subtítulos del artículo (texto rasterizado). La sexta es "upnawy06.tif" (pág. 58) y, siguiendo la secuencia, se colocarán la novena (pág. 62), la décima y undécima (pág. 63), así como las dos últimas (pág. 69); en ellas, tras extenderse en la rejilla de base como referencia, se repetirá el paso [9].

[19] ⌥⌘T (*Type > Paragraph*). Ajustar el interletraje de los párrafos que sean necesarios para coincidir con el original. En la muestra, apenas hizo falta un ajuste de -5‰ de espacio eme el segundo párrafo de la pág. 58. Por consistencia, el interletraje debe modificarse en párrafos enteros, no en líneas.

[20] ⇧⌘S (*File > Save as*). Guardar el archivo con otro nombre (llamadas.indd). Requiere, desde luego, una buena dosis de curiosidad emplear los recursos ya dados en el archivo para, con lo aquí realizado, equiparar al 95% el acabado de *National Geographic*; el otro 5% está en refinar el acabado, tal como se mostrará en el ejercicio inmediato.

3. **Dos metacaracteres**

Cómo será de sofisticada la alineación óptica disponible en el panel Artículo que incluso *National Geographic* –a la que sería poco calificar como una de las revistas más prestigiosas del mundo– no la utiliza en su cuerpo de texto. El trabajo con estilos, desde luego, significa que cada nueva mejora que se descubre puede incorporarse, con solo editar una definición, en todas las instancias del estilo y, mejor aún, en todos los futuros elementos de las siguientes ediciones de la publicación. De modo que, si parece perezoso crear un estilo de llamada para solo cuatro características (párrafo, párrafo siguiente, alineación óptica y recorrido de texto), se pierde de vista que los estilos de objeto pueden incorporar casi quinientos parámetros de configuración… sin contar las referidas a párrafos. De modo que, habiendo tantos cientos de opciones que escoger, *Nat Geo* no utilizará esta, pero ciertamente es modelo de muchos otros refinamientos.

Desde luego, si un texto de cuatro páginas se amplía a un reportaje gráfico de veinte, el énfasis está en las imágenes.

[1] ⌘O (*File > Open*). De la carpeta "upandawy", incluida en la del capítulo, abrir "llamadas.indd". En este archivo, ya el texto y las fotos están básicamente en su posición final, según las pautas del ejercicio anterior.

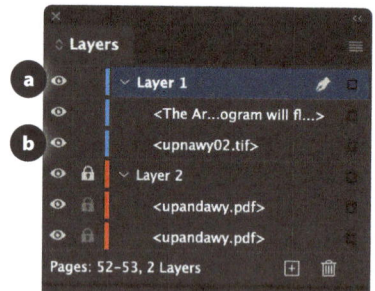

[2] [F7] (*Window > Layers*). En el panel de Capas, ocultar y mostrar las capas para compararlas. Para mayor precisión, puede desplegarse la capa 1 y, en vez de ocultarla íntegramente (clic en [a]), únicamente desactivar la visibilidad de la foto de fondo (clic en [b]); no conviene desbloquear la capa 2, para evitar editarla accidentalmente.

[3] [T]. Colocar el punto de inserción entre la "o" y la "n" de la palabras *astronauts*, en el párrafo final de la pág. 52. Si se observa la definición del estilo (leyenda2), se verá que, en él, está desactivada la división de palabras, pero, en el original, el mismo párrafo presenta tres guiones (*astro-nauts,*

Card-man y *Octo-ber*). Gracias a ellos, el margen derecho es menos "andrajoso",[1] pues, de momento, hay siete letras de diferencia entre la línea que termina en *Feustel* y la siguiente.

[4] *Type > Insert special character > Hyphens and dashes > Discretionary hyphen*. El guion discrecional es un metacarácter que, desde luego, no equivale a un simple guion estático (que podría presentar "astro-nauts" a media línea), sino que indica a InDesign que, de favorecer con ello la regularidad del párrafo, aquí puede dividirse la palabra.

[5] Insertar guiones discrecionales en los párrafos problemáticos. Es bueno el ejemplo de la pág. 56, para recordar que la división silábica depende del idioma, por lo que "habitable" no se divide como en español (*ha-bi-ta-ble*) sino *hab-it-a-ble*. De otro lado, aunque no se trata de replicar el original, bastará dividir *avion-ics* (pág. 61) y *vehi-cle* (pág. 65) para hacer que los párrafos respectivos se reduzcan en una línea, sin manipular su interletraje. *Discretionary* es doblemente válido en tanto es criterio de cada cual intentar corregir alguna irregularidad, como que se da potestad a InDesign para no colocar el guion, pese a estar autorizado.

[6] ⌘J (*Layout > Go to page*). Saltar a la página 58 y colocar el punto de inserción en el penúltimo párrafo, detrás de la coma de *October*. Puede verse en el original que esta primera frase emplea un estilo de carácter, "strprgph".

[7] ⌘↵. En Aplicación rápida, escribir las primeras letras de "strprgph". Como se aprecia al margen, esta acción presentará dos

---

1   *Se llama "texto en bandera" al que está alineado a la izquierda o a la derecha, siendo que las líneas "ondean", sin ajustarse al lado opuesto. Los estilos de leyenda en este artículo emplean una compensación que se traduce como "Equilibrar líneas irregulares" pero que, literalmente, es "balancear líneas andrajosas"* (balance ragged lines*): como si la bandera se hubiera hecho harapos. Pese a ella, si InDesign no conoce la palabra, se produce una ondulación indeseable.*

estilos: uno de párrafo (¶) y otro de carácter (A). Se empleará el primero, aunque desarme temporalmente el párrafo.

[8] *Type > Insert special character > Other > End nested style here*. Este segundo metacarácter juega con la configuración del estilo de párrafo "strprgph", que no solo elimina la sangría de primera línea, sino que, si se revisa la configuración, anida un estilo de carácter hasta que se le dé, manualmente, la orden específica de detenerse. Deja, así, a criterio del diseñador cuántas palabras tiene sentido estilizar.

[9] Con la capa 2 como referencia, aplicar el estilo "strprgph" a los cinco párrafos que dividen el artículo en secciones. Dada la inteligencia contextual de Aplicación rápida, puede bastar una letra para ubicar los comandos y, en lugar de recordar dónde está el guion discrecional, escribir "y h", "nest" para el otro metacarácter, o "st" para aplicar el estilo (el nombre sin vocales garantiza una ubicación inmediata).

[10] Saltar a la pág. 69 (⌘J) y colocar al final de la segunda columna el crédito de los periodistas, que está en la mesa de trabajo.

[11] Aplicarle al marco entero el estilo "periodst" y, luego, con la herr. Texto, seleccionar los nombres de los periodistas (Michael Greshko y Alberto Lucas López) para darles, en el panel de Carácter (⌘T), Acumin Black.

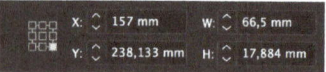

[12] Con referencia abajo y a la derecha, dar al marco una posición de 157x y 238,133y, con un ancho de dos columnas (66,5 mm) y un alto de 17,884 mm. ¿De dónde sale este valor tan caprichoso? Pues ya se ha visto hace cinco capítulos (cfr. cap. VII.2) y se ha recordado pocas páginas atrás.

[13] [\]. Activar la herramienta Línea y, presionando [⇧] para restringirla a perfecta horizontalidad, arrastrarla

desde el corondel hasta el extremo exterior
de la caja, creando un separador entre el final
del artículo y los créditos del periodista. En

la muestra, que sigue al original, esto significará que la línea
tendrá un largo de 68,5 mm (dos columnas más la mitad de
la separación entre ellas, llamada *medianil*), con su extremo
ubicado en 157x y 216,967y. ¿Está más claro ahora, cierto?

[14] En el panel de Control, darle a la línea un grosor
de 1,5 pt ([a]) y aplicarle al delineado la muestra "r" ([b]).

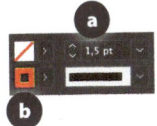

[15] ⇧⌘S (*File > Save as*). Guardar el archivo con otro
nombre (simplobjt.indd). Se podría borrar de esta versión
la capa de referencia y reducir su tamaño a la mitad…, pero
¿qué puede significar, en 2024, reducir 3 Mb al peso de un
archivo? Si se trabaja bien, una publicación con cientos de
páginas y un millar de vínculos puede ocupar 100 Mb (como
el archivo de este libro, sin ir más lejos).

Así, componer una página significa empezar por establecer márgenes, que dan la idea de cuál es el blanco con que
va a respirar el contenido; cuáles son las necesidades técnicas
de impresión y compaginación. El formato de la publicación
marca la legibilidad óptima con la tipografía que se emplee.
En la estructura que se crea no se puede colocar, o un marco
(paso [12]), o una línea (paso [13]) *así, no más*, sino que todo
debe encajar, sea en las columnas, sea en la rejilla de línea.
Todo *cuadra*. Y ese orden no solo es fácil de ver, sino que es
difícil de no ver, o, mejor todavía, una vez que se ve, casi

es imposible aceptar menos:
daño óptico irreparable. Es,
pues, un nivel de detalle que,
desde luego, resulta más que
esperable no en una de las
revistas más prestigiosas del
mundo…, sino una de las
mejores de la historia.

s. Now we're returning
climate and biodiver-
al extremism, glaring
ar between Russia and

rop, NASA astronauts
y're not just public fig-
l symbols: of explora-
tional spirit. Koch has
dle these expectations
d worked aboard the

"How awesome it is that as a species, as human-
ity, we are undertaking this right now –that we
have decided that it's that important," Koch said.
"It's because we love exploration. It's because we
believe in the power of learning."

Michael Greshko, a former staff science writer, gave
readers a tour of a well-preserved dinosaur fossil in
the August 2023 issue. For the November 2022 maga-
zine, **Alberto Lucas López** created detailed graphics
of Pharaoh Tutankhamun's layered mummy wrappings
and nested coffins.

UP AND AWAY **69**

Id

4. Cuadro sinóptico

Si uno queda varado en la antesala de un dentista, enhorabuena, con la edición espacial de *National Geographic*, podrían leerse las veinte páginas del artículo que se han trabajado en el ejercicio anterior y, aun así, no necesariamente poder responder cuándo inició Artemisa, cuánto cuesta y su número de tripulantes..., lo que, hasta cierto punto, es irrelevante si se recoge la idea esencial de los pasos que se dan para volver a la Luna, en ruta a Marte. Pero que el cohete despega a 28 000 kph, que el costo del programa supera los $93 000 millones, que voló más de 432 000 kilómetros son números bastante grandes. O pueden ahorrarse los ceros y resumir lo anterior en 6 toneladas de combustible por segundo para que 4 humanos vuelen, como máximo, 3 semanas. El punto es que las cifras indudablemente pueden incentivar a la lectura, colocadas en un cuadro sinóptico: un objeto de estructura potencialmente independiente en la publicación.

[1] ⌘O (*File > Open*). De la carpeta "sinopsss", contenida en la del capítulo, abrir "sinopsis.indd". Este documento corresponde a las págs. 54-55 del archivo anterior, aunque tiene tres estilos adicionales en curso de configuración. ¿Cuál sería la mejor posición para un cuadro que, como máximo, ocupe media página de alto?

[2] ⌘O (*File > Open*). De la misma carpeta, abrir el archivo "consalto.indd". Es esta la información que va a utilizarse en el cuadro sinóptico, ya dispuesta en párrafos que alternan categoría y dato.

Con cuádruple clic en "Orión", se verá que tres líneas (separadas por saltos forzados) conforman un solo párrafo.

[3] [V]. Seleccionar el marco (⌘A), copiarlo (⌘C), cerrar el documento (⌘W) y pegarlo (⌘V). El máximo contraste (negro sobre blanco) supone la máxima legibilidad; a falta de ello, *como punto de partida*, se colocará el marco en la media página más oscura del desplegado (la mitad inferior de la pág. 55) para emplear en ella letras blancas. En la muestra, tomando referencia abajo y a la derecha, se

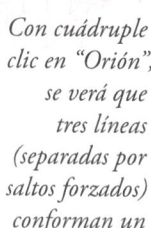

ubicó el objeto en 157x y 238,133y, con un ancho de 137 mm (cuatro columnas) y con un alto de 110,067 mm (veintiséis líneas).

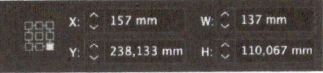

Se deduce del ejercicio anterior que el valor vertical está tomado de la línea de base (el último renglón), siendo el alto aproximadamente la mitad de la caja.

[4] ⌘B (*Object > Text frame options*). En la sección General, dividir el marco en dos columnas ([b]), con 4 mm de medianil (intercolumnado, [c]), con un espaciado interior de 12 pt arriba ([d]) y abajo ([e]), 4 mm a la izquierda ([f]) y 35,25 mm

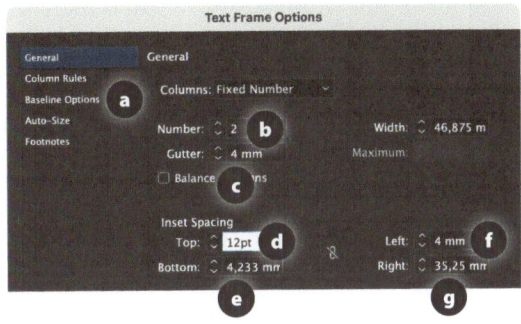

a la derecha ([g]). Estos específicos valores dicen que, solo dentro del marco, el texto fluirá en dos columnas (no en las cuatro de la publicación), pero que la segunda de estas quedará alineada con la tercera columna "general" gracias al margen derecho (31,25 mm es el ancho de la columna en la publicación, sumados a 4 mm de separación) y que, arriba y abajo, la separación con el contenido será exactamente un renglón (la frecuencia de rejilla es 12 pt, es decir, 4,233 mm).

[5] En *Baseline options* ([a] arriba), activar la rejilla personalizada ([a]), con una frecuencia de 9 pt ([d]), el interlineado que se utilizará. Pero falta hacer un cálculo.

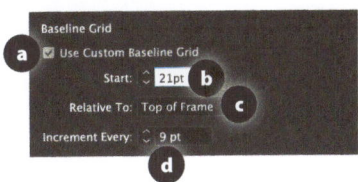

[6] Poniendo la referencia en el extremo superior del marco ([c]), colocar el primer renglón de la rejilla a 21 pt ([b]) de distancia: los 9 pt de frecuencia, sumados a los 12 pt de separación entre el borde del marco y el contenido. La conclusión es que un marco puede crear su propia estructura vertical y horizontal, con su propia división de columnas y su propia rejilla de línea de base. La precisión de los cálcu-

los tiene que ver con la creación de una estructura definida dentro de otra, aún más definida.

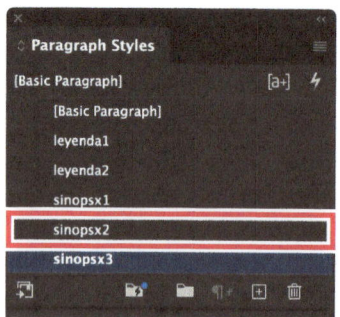

[7] ⌘+F11 (*Type > Paragraph styles*). Dar al marco entero el estilo "sinopsx3". Este estilo es la base de los tres que se necesitan en el cuadro y emplea 7,5 pt (puntaje de consulta), cuyo interlineado predeterminado es 9 pt, el valor que se ha empleado en el paso anterior.

[8] Clic secundario sobre el "sinopsx2" (resaltado) y, en el menú emergente, *Edit "sinopsx2"*. La razón para no hacer doble clic es no aplicarlo al marco (para ello, se empleará otra estrategia). A continuación, se realizarán tres cambios que reforzarán la diferencia entre las categorías (sinopsx2) y los datos (sinopsx3).

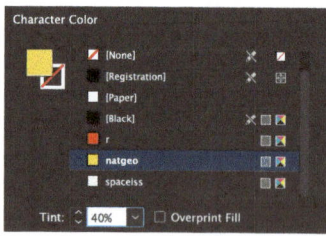

[9] En la sección Formato básico del cuadro de diálogo de configuración, utilizar Acumin negra condensada; luego, en Color de carácter, utilizar la muestra NatGeo al 40%; como tercer cambio se empleará un recurso que no ha sido utilizado en los ejercicios previos.

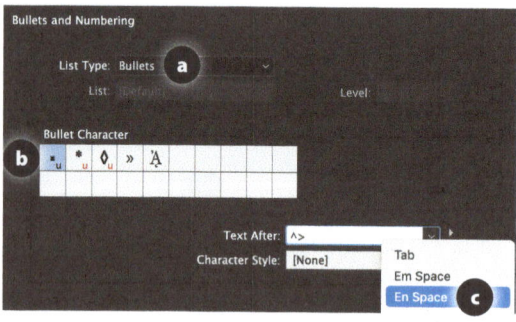

[10] En la sección *Bullets and numbering*, añadir *Bullets* (Viñetas, [a]) al inicio del párrafo y seleccionar algún carácter en el menú de la parte inferior ([b]); para que el párrafo siguiente quede alineado con el texto en este, *provisionalmente* se usará un espacio ene ([c]), en vez de la tabulación tras la viñeta. Aunque nunca debe alinearse con múltiples espacios, sino con tabulaciones, la configuración de estas requiere atención especial (cfr. cap. xv.2).

[11] Con el marco activo, clic secundario en "sinopsx2" (resaltado en la página opuesta) y, en el menú emergente, *Apply "sinopsx2" then next style*. Ya que, como se puede comprobar revisando los ajustes, "sinopsx2" tiene como estilo siguiente a "sinopsx3" y, a su vez, a "sinopsx3" lo sucede "sinopsx2", esta operación los aplica cíclicamente, dando a categorías y datos el formato *casi* apropiado. No es completamente apropiado porque, para que funcionara este paso —según se apuntó–, tres párrafos se fusionaron de antemano.

[12] Seleccionar la barra diagonal en la primera línea (entre "Programa" y "País") y [↵]. Una vez separados, la primera parte debe ir en el estilo "sinopsx1". En el marco hay tres bloques de información, por lo que el paso debe repetirse con "Historia del programa" e "Información de los vehículos".

[13] Editar el estilo "sinopsx1" y, en la sección *Indents and spacing*, colocar 9 pt de espacio anterior (es decir, exactamente una línea); ya que este estilo se basa en "sinopsx2", debe corregirse la viñeta, volviendo a la sección *Bullets and numbering* para utilizar *None* en el menú Tipo de lista ([a] en la página opuesta).

Como el estilo base (sinopsx3) ajusta las líneas a la rejilla, todo valor (debajo de 9 pt) daría igual efecto.

[14] Con referencia al extremo inferior (ya encajado en el último renglón de la rejilla), dar al marco un alto de 97,367 mm (veintitrés líneas), de modo que la tercera sección (*Información de los vehículos*) encabece la segunda columna.

[15] ⇧⌘S (*File > Save as*). Guardar el archivo con otro nombre (sinmarco.indd).

Todo elemento que se diseñe para ser repetido debe trabajarse con un estilo, de modo que, al comprobarse su diseño con diferentes contenidos, puedan aprovecharse sus mejoras en todas sus instancias. Aquí, su posición fue apenas un *punto de partida*. ¿Es realmente un cuadro sinóptico?

5. Efectos

No solamente sucede que los estilos de objeto alberguen casi quinientas opciones propias y que puedan incluir a los estilos de párrafo (esto es, doscientos valores más): es que, para que muchos de ellos cobren sentido, hace falta emplearlos en proyectos concretos. Sin embargo, de esa cuenta tan abrumadora, cabría precisar que noventa de ellos –los efectos– se presentan cuadruplicados, según se apliquen a un objeto, en su totalidad, o se especifiquen para relleno, delineado o el texto contenido. Para que el elemento que se está elaborando sea verdaderamente un cuadro sinóptico y, además, pueda utilizarse en otras páginas del artículo o la publicación, son indispensables algunos ajustes.

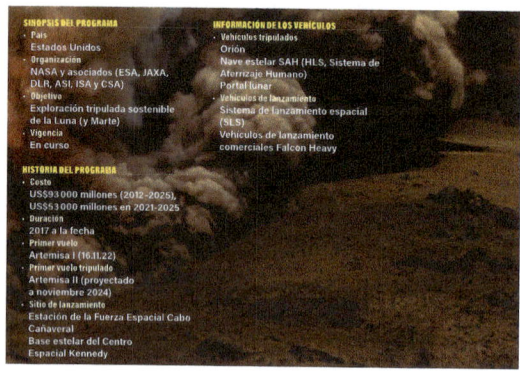

[1] ⌘O (*File > Open*). De la carpeta "sinopsss", ubicada en la del capítulo, abrir "sinmarco.indd". Este es el avance del ejercicio anterior, que oculta poco de la foto justamente porque su legibilidad no es óptima; en una imagen menos oscura, esta disposición no sería válida.

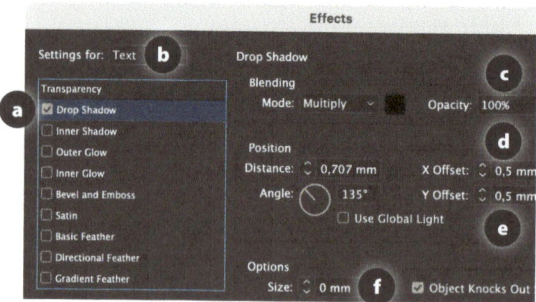

[2] [V] Activar el marco y *Object > Effects > Transparency*. No es un mero juego de palabras: los efectos más útiles son los más sutiles y, por ello, bastará seleccionar el texto ([b]) para verificarle la casilla de *Drop shadow* (Sombra paralela, [a]), con 100% de opacidad ([c]) y un tamaño de 0 mm ([f]), para que una distancia mínima, tanto horizontal ([d]) como vertical ([e]), cree la ilusión de un duplicado en negro del

texto…, un recurso sencillísimo que le da mayor legibilidad. En 0 mm, la "sombra" estará tan definida como el propio objeto; según se aumente el tamaño, habrá difuminación en ella y podrá aumentarse la distancia. Pero, de momento, [↺] para cancelar sin aplicar los cambios.

[**3**] [F5] (*Window > Color > Swatches*). Aplicar la muestra de negro (*[Black]*) al relleno y la de NatGeo al delineado.

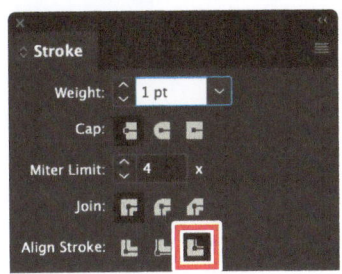

[**4**] *Window > Stroke*. Clic en el tercer icono (resaltado) para llevar el delineado al exterior del marco, sin desacomodar el texto.

[**5**] *Window > Styles > Object styles*. En el menú de Opciones del panel Estilos de objeto, *New object style*. Debe verificarse, en la parte superior de Atributos básicos ([a] abajo), que estén verificadas las casillas de todo lo empleado, menos *Paragraph styles*, que se dejará con (-). La razón de ello es que los párrafos no están aplicados en un orden estricto de alternancia, sino que hay, entre ellos, secciones con el estilo "sinopsx1"; si se verifica la opción, se podría dar a todo el objeto el estilo de datos (sinopsx3)…, pero habría que repetir el trabajo manual.

[**6**] Activar el relleno ([b]), verificar la casilla de transparencia ([c]) y dar clic en su fila ([d]) para presentar las opciones de configuración, a la derecha. En la muestra, en vez de cubrir la foto con el marco negro, se le dará una interacción mediante una opacidad del 50% ([f]) y, en este caso, el modo *Multiply* ([e]); ya que se activó el relleno, el texto conservará su opacidad total. Para aprovechar los efectos, se requiere una noción cabal de fusión y transparencia, temas del siguiente capítulo.

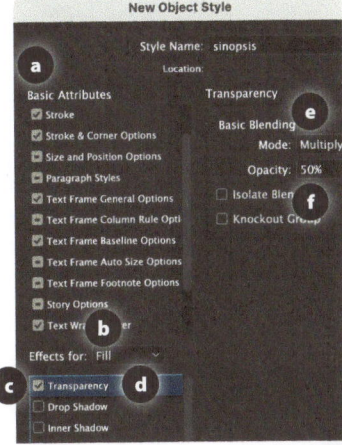

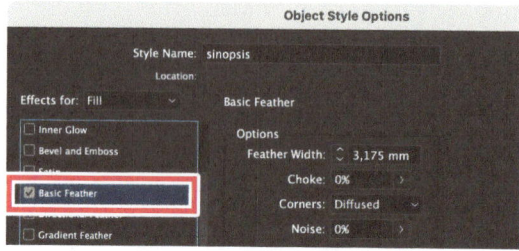

[7] ⇧⌘A (*Edit > Deselect all*). Eliminar la selección. Como se ha visto, una vez aplicado el estilo, puede experimentarse con sus instancias (sin marcos activos), simplemente editando su definición. Así, podría darse un 0% de opacidad al delineado (para ocultarlo) y probar el difuminado básico en el relleno (resaltado). La muestra mantiene el marco, que da más la personalidad de <u>cuadro</u> sinóptico.

[8] *Object > Show all on spread*. El espacio vacío a la derecha del marco tenía por objetivo presentar una foto vertical; como fondo, el logotipo del programa Artemisa.

[9] Clic secundario sobre la foto del cohete y, en el menú emergente, *Arrange > Bring to front*.

[10] ⇧⌘S (*File > Save as*). Guardar el archivo con otro nombre (snpsvert.indd).

Es desafiante diseñar un elemento tan complejo como el que se ve reducido al margen en forma tal que se pueda reproducir con un clic. Pero ¿ya es realmente así? ¿Cómo quedaría esta idea con una foto horizontal? ¿Funciona con los datos del Orión o del SLS? Al recorrer la configuración de los estilos de objeto, es importante recordar que los efectos no sirven de nada si no refuerzan la legibilidad o la jerarquía, los temas esenciales en composición de página.

Capítulo XIII
Transparencia y fusión

Percepción de contornos

Para que un logotipo –producto por excelencia de Illustrator– cumpla su función, la definición de sus contornos debe ser perfecta, tanto si se emplea en 2 cm (en una factura) como si abarca 20 m (en un cartel de la autopista). Idealmente, incluso si a partir de él se definen los colores de la institución, debe poder funcionar en blanco y negro (porque está claro que las facturas no se van a imprimir a color) y ser identificable en 2 mm (porque nada más barato que regalar lapiceros).

Para que un fotomontaje –producto por excelencia de Photoshop– cumpla con su función, lo opuesto es cierto. Visualmente, puede llegar a aceptarse una imagen que el intelecto juzga imposible, con el solo arte de fusionar gradualmente sus componentes, como muestra el célebre diapasón del diablo, al margen.

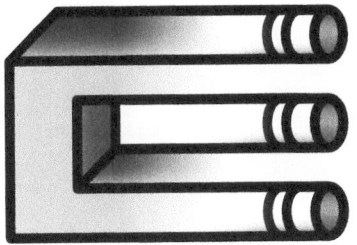

Para que una publicación –producto por excelencia de InDesign– cumpla su función, debe expresar estructura. Puede haber líneas o solo espacios en blanco entre las columnas, pero que las mismas columnas tengan el mismo ancho en todas las páginas es tan esencial en una revista como en un edificio. Lo cierto es que componer una página requiere la capacidad de perfilar o difuminar los contornos de modo que sus elementos, de variable formato, se integren mejor en ella.

1. Niveles de opacidad

Que InDesign pueda manejar un fotomontaje en forma más versátil que Photoshop suena descabellado, pero, si un mismo archivo puede colocarse de varias maneras, respetando o ignorando las visibilidad de sus capas, sus niveles de transparencia o el recorte de su contorno (cfr. cap. VIII.2), muestra que, en efecto y como demostrará el capítulo, hay ciertas composiciones de imágenes que se pueden hacer *mejor* en InDesign (programa de composición de página) que en Photoshop (programa de fotocomposición o fotomontaje). Y por "mejor", en este caso, debe entenderse, "en forma más práctica", "más rápidamente", "sin generar nuevos archivos", etc.

[1] ⌘O (*File > Open*). De la carpeta "heliconx", incluida en la del capítulo, abrir "bghmay23.indd". Como referencia, una página par de *Best Homes and Gardens*, una de las revistas de mayor tiraje en el mundo.

[2] [V]. Seleccionar la imagen principal y ⌘3 (*Object > Hide*). Puede colocarse en página una imagen que la cubra de extremo a extremo.

[3] ⌘D (*File > Place*). De la carpeta de trabajo, traer el archivo "heliconx.tif", con la casilla *Show import options* verificada. En el cuadro de diálogo, se precisará que no se aplique el trazado de recorte ([a]) y que el canal alfa se mantenga en ninguno ([b]).

[4] [V]. Con el extremo superior derecho como referencia, colocar la foto en 5x y -5y, ampliando al marco hasta la línea de demasía (238 × 286 mm). Toda imagen empleada como fondo debe extenderse unos milímetros fuera de la página; desde luego, siempre considerando qué es lo que se quiere traer de ella. Aquí, el interés es la heliconia, planta cuya llamativa flora-

ción, en efecto, despliega un muy infrecuente movimiento helicoidal sobre el tallo.

[5] Clic secundario sobre la imagen y, en el menú emergente, *Fitting > Fill frame proportionally*. Dado que la página es más cuadrada (1:1,21) que el original (1:1,33), tras dar este comando correspondería dar doble clic para encuadrarla de la mejor manera (para evaluar la legibilidad del texto, podría, asimismo, darse clic secundario sobre la foto y *Arrange > Send to back*). Pero, ¿por qué traer la imagen en su totalidad? ¿Aporta algo el segundo plano? Desde luego, una cosa es ver esta heliconia en un florero y otra, muy distinta, verla en medio de la selva.

[6] En el panel de Control, desplegar el menú de Opacidad (resaltado) y reducir la presencia de la imagen al 15%. En efecto, si se revisa la imagen con atención, se comprobará que se trata de una foto de aficionado (presente), sin trípode, con un día menos luminoso de lo esperable (pues la foto algo está movida) en que, junto a la heliconia, se encuentra algún ramaje seco y muchas hojas picadas; estas deficiencias pueden ser enmascaradas por la opacidad.

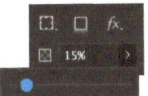

[7] [V]. Copiar el marco de la foto (⌘C, *Edit > Copy*) y pegar el duplicado exactamente en el mismo lugar (⌥⇧⌘V, *Edit > Paste in place*).

[8] Con la copia activa, repetir el paso [3]. Desde luego, se verificarán la casilla *Replace item* y *Show import options*, pues, esta vez, se aplicará el trazado de recorte, de modo que solo la heliconia sea visible.

[9] En el panel de Control, restaurar la opacidad del marco duplicado al 100%. Centrando la atención en el primer plano, la opacidad puede volver al resto un efecto, una textura, que da un contexto *natural* a la heliconia, pero cubre con un velo sus *naturales* imperfecciones.

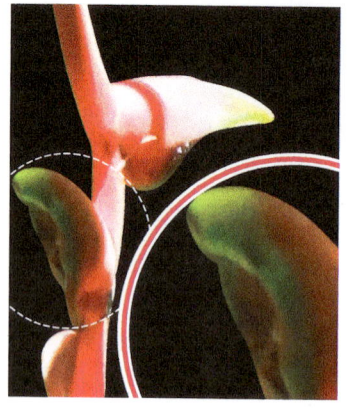

[10] En el panel de Control, asignar al relleno del marco activo la muestra *[Black]* (resaltada). Con ello, las partes transparentes, a través de las cuales se veía la selva al 15%, quedan cubiertas de negro; puesto que el fondo original era oscuro, esta muestra oculta cualquier defecto en el contorno y, si se lo recorre al 200%, además de detectar algún halo sutil en un par de tallos, se concluirá que el trazado de recorte puede dar la apariencia de una imagen mejor enfocada. Por ejemplo, si se observa el bulbo verdoso al margen, su contorno es perfecto sobre el fondo negro; sobre el tallo rojizo, es difuso.

[11] Asignar un relleno blanco. Dado que el fondo original era oscuro, reemplazarlo por blanco pone en evidencia cualquier imperfección y, de hecho, es con un fondo contrastante como debería refinarse el trazado (en Photoshop). El problema es que el trazado de recorte exige múltiples requisitos para ser empleado apropiadamente, el primero de los cuales es que la imagen esté uniformemente enfocada.

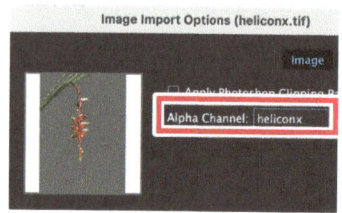

[12] Repetir el paso [3] y, esta vez, desactivar el trazado de recorte y utilizar el canal "heliconx" (resaltado). Como hará resaltar el fondo blanco, la diferencia que puede lograr un canal alfa es abismal pues, mientras que los trazados simplemente ocultan o muestran píxeles en el contorno (básicamente dos valores: negro para ocultar, blanco para mostrar), un canal alfa puede presentar transiciones, es decir, una traslucidez en que los píxeles son visibles según sean más claros o más oscuros dentro de una escala de 256 valores de gris (2^8 grises).

[13] Repetir el paso [10], para aplicar nuevamente la muestra *[None]* al relleno y ver la otra imagen, al 15%.

[14] ⌘X (*Edit > Cut*). Cortar el marco al 100%.

[15] Activar la herr. Rectángulo ([M]), restaurar los colores predeterminados ([D] de *Default*, para tener relleno transparente y delineado negro) e invertirlos (⇧X), de modo que el relleno sea negro y se elimine el delineado; esta secuencia es para dar al objeto un tamaño exacto.[1]

[16] Arrastrar el rectángulo de extremo a extremo de la línea de demasía. Se verificará en el panel de Control (como en el paso [4]), que, con la referencia arriba y a la derecha, la posición será 5x y -5y, con una medida de 238 × 286 mm.

[17] [F5] (*Window > Color > Swatches*). Crear una nueva muestra de verde… ¿hoja? Puesto que las hojas tienen todas las tonalidades verde, entre otras cosas, según la cantidad de clorofila en ellas, no existe realmente tal cosa como "verde hoja". Por eso, es excelente crear una muestra que se aplicará al rectángulo y, de momento, llevará 75% de cian y 100% de amarillo.

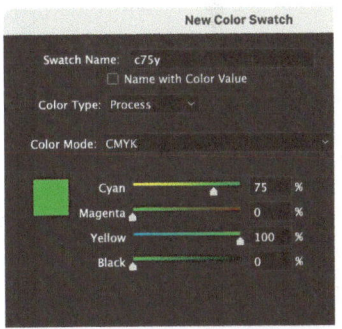

[18] *Object > Effects > Transparency*. Presentar el rectángulo verde en el modo Color, al 10%. En modo Normal, todo objeto opaco colocado sobre otro simplemente lo oculta y, si se reduce su opacidad, lo presentará en forma parcial. Pero el menú de modos de fusión es tanto un recurso operativo como creativo, pues permite que las interacciones entre el objeto superior y los que están debajo sigan, *nominalmente*, dieciséis reglas diferentes de combinación. El modo Color, uno de los más útiles, toma el objeto inferior como si fuera gris, respetando

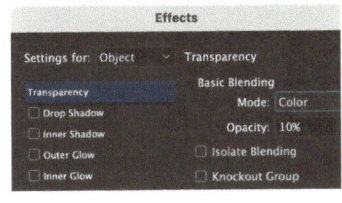

---

1   *En forma predeterminada, InDesign considera el delineado parte del tamaño del objeto, a diferencia de Illustrator (fuente de los atajos en este paso).*

únicamente su luminosidad, y le *atribuye* el matiz y la saturación del objeto superior (el rectángulo verde, en este caso).

[19] Ocultando el rectángulo (⌘3, *Object > Hide*) y deshaciendo la acción (⌘Z, *Edit > Undo*) para volver a presentarlo, puede comprobarse el aporte del modo de fusión que, incluso al 10%, le da una mayor calidez al fondo que se está tomando –debe recordarse– únicamente como una textura; al controlar su color con precisión, puede preverse la opacidad apropiada para una legibilidad óptima.

[20] ⌥⇧⌘V (*Edit > Paste in place*). Pegar la imagen al 100% (cortada en el paso [14]), exactamente en su posición original. Queda lista la parte fotográfica.

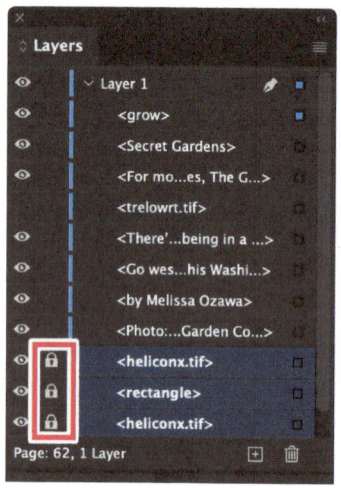

[21] [F7] (*Window > Layers*). Clic en las filas de los tres objetos superiores (las dos versiones de la heliconia y, entre ellas, el rectángulo) y arrastrarlas debajo del último texto (el crédito de la foto).

[22] Bloquear los tres objetos. Puesto que estos, en sí mismos, no están seleccionados (en el extremo derecho, el recuadro aparece inactivo, ▨), debe darse clic en las casillas vacías de la segunda columna, con lo que aparecerán candados en ellas (resaltados, 🔒); para ocultar o bloquear múltiples objetos, también puede arrastrarse sobre la columna. El orden de los objetos en la página debe ser como se muestra al margen, menos el último elemento obligatorio.

[23] ⇧⌘+clic sobre el marco en la parte superior izquierda (*Grow*). Puesto que este indica la sección, es un elemento maestro, que podría aceptarse atenuado si no fuera que una rama justamente oculta la última letra. Al desprenderse, sin embargo, queda debajo de todo.

[24] Clic secundario sobre el marco, *Arrange > Bring to front*. Ahora, estrictamente, empieza la composición.

[25] ⇧⌘S (*File > Save as*). Guardar con otro nombre (heliconx.indd). Evidentemente, una página en la que el título queda cortado por la foto principal y la "bajada" es ilegible no califica, ni de lejos, como una propuesta aceptable…, pero no es allí donde conviene fijar la atención, sino en la impensable posibilidad, que aquí se constata, de hacer una fotocomposición en InDesign mejor que en un programa especializado en ello, es decir, en Photoshop.

En efecto, InDesign puede tener dieciséis modos de fusión, pero Photoshop tiene más del doble, que funcionan con mayor precisión y están mucho mejor organizados. Pero las dos sencillas herramientas desplegadas –la reducción de transparencia y el modo Color– apenas permiten, ahora, dar un tamaño apropiado al título, decidir una ubicación adecuada para la bajada, desplazar la foto a la izquierda para colocar el texto del artículo al lado, etc. Solo después de ese ejercicio creativo, podría volverse a Photoshop para dar a la foto el tamaño final y el acabado más perfecto posible.

2. Selector de color

Lógicamente, lo *ideal* es realizar toda foto-composición en Photoshop, aprovechando la amplitud del modo RGB y, tras ello, crearle una versión en el reducido modo CMYK. Pero lo *concreto* es que existen evidentes ventajas en manipular una foto como un objeto más de la composición; luego vendrán los ajustes finos (es por eso que existe la pre-prensa). Así, resulta simplemente indispensable conocer los cuatro principales modos de fusión, al menos, de los grupos que se observan al margen (según los presenta el panel de Capas en Photoshop), entendiendo los demás como alternativas a esos representantes fundamentales; para llegar a ellos, debe empezarse por conceptos que se expresan visualmente en el Selector de color de Adobe.

[1] ⌘O (*File > Open*). De la carpeta del capítulo, abrir "pantalla.indd". A diferencia de los demás archivos de este libro, este ha sido creado para pantalla, esto es, en RGB. El nombre de este modo corresponde a sus componentes (*Red*, rojo; *Green*, verde; *Blue*, azul), cada cual con 256 valores (2^8) que dan $16\,777\,216$ combinaciones (2^{24}). Nótese que la intensidad del verde nunca se encontrará en una impresión masiva (por eso puede existir un resaltador verde fosforescente).

[2] Seleccionar todo (⌘A) y copiarlo (⌘C).

[3] ⌘N (*File > New > Document*). En la parte superior del cuadro de diálogo, clic en *Print*; con ello, se trabajará en modo CMYK, nombre también derivado de sus ya mencionados

componentes (cfr. cap. IX.1) que, aunque al variar de 0 a 100%, conforman un universo de cien millones nominales de combinaciones, en la práctica no tienen al negro para crear color sino, simplemente, para centrarse en el texto.

[4] ⌘V (*Edit > Paste*). Dado que se trata de objetos vectoriales, se les puede dar el tamaño necesario.

[5] *View > Proof colors.* Activar los Colores de prueba no cambia los valores que se han definido, pues es un comando del menú Ver o Vista (de la misma manera que utilizar *View > Zoom out* no reduce el objeto); simplemente simula el aspecto que tendría de ser impreso en cuatro tintas. Pero, puesto que la simulación se produce en pantalla, ni el cian ni el magenta ni el amarillo corresponden exactamente a lo que las tintas puras podrían producir en un papel. Por ello, la gestión de color (*color management*) intenta controlar la conversión de color entre los distintos dispositivos.

[6] [F7] (*Window > Layers*). Arrastrar la fila del grupo ([a]) al icono de la papelera ([c]) para eliminarlo. Quedarán expuestas las seis elipses a las que se han asignado muestras definidas en CMYK. Estos valores expresan, más cercanamente, lo que puede encontrarse en un papel. De hecho…

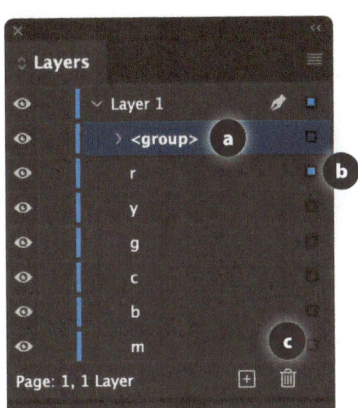

[7] Repetir el paso [5]. Aunque habrá diferencia según el comando esté activo o no, esta bien podría ser imperceptible.

[8] Clic en el recuadro de selección de la fila "r"; como se observa al margen ([b]), el círculo rojo quedará activo (■).

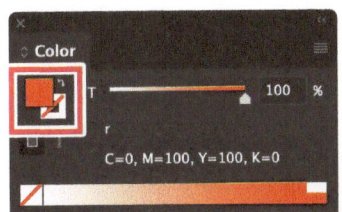

[9] [F6] (*Window > Color > Color*). Doble clic en el relleno (resaltado) que, como indica la parte inferior, contiene la muestra "r", con una equivalencia de 0% de cian, 100% de magenta, 100% de amarillo y 0% de negro.

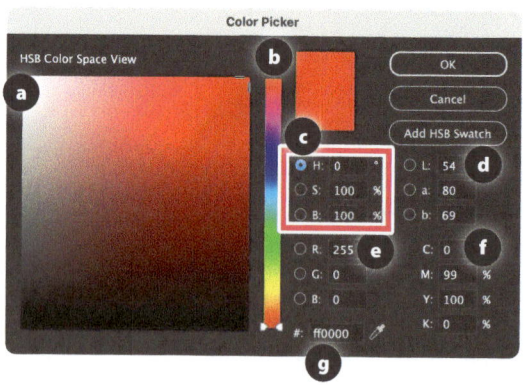

[10] En el Selector de color (*Color picker*), clic en el botón radial de Matiz (la "H" de Hue, [c]). Con ello, el matiz se tomará como eje ([b]) y el campo de color ([a]) presentará los otros dos componentes: la saturación en forma horizontal y el brillo en forma vertical. Con cada cambio, el motor cromático de Adobe (*Adobe Color Engine*, ace) presentará una conversión en rgb ([e]), en Lab ([d]) y en cmyk ([f]); el valor hexadecimal ([g]) es solo una notación de rgb.

[11] En el campo de Matiz, colocar 60 y verificar el 100% de saturación y de brillo (según se resalta en [c]). Puesto que el valor corresponde al círculo cromático, está medido en grados, en el que 60° corresponden al amarillo, 120° al verde y lo demás como se observa al margen. El matiz es el más intuitivo diferenciador de color, corresponde a la longitud de onda del mismo, su posición en el espectro de luz o el arco en el círculo cromático; pero, en su forma más efectivamente intuitiva, al hablar de "dos colores diferentes", se piensa en "dos matices diferentes", aquello que esencialmente distingue al rojo del verde o del azul.

[12] [→]. Sin activar su botón radial, que debe permanecer en el matiz, reducir la saturación al 20%, manteniendo el matiz en 60° y el brillo en el 100%. La saturación es el atributo que marca la intensidad del color, por lo que, según

se ve, convierte el amarillo en crema. Más específicamente, diferencia al color puro (en el extremo derecho del campo de color) de la tonalidad de gris (en el extremo izquierdo).

[13] [→|]. Sin activar su botón radial, que debe permanecer en el matiz, restituir la saturación al 100% y reducir el brillo al 20%, todavía con el matiz en 60°. El brillo, representado verticalmente, es el atributo que diferencia el blanco del negro por lo que, con un 0% de brillo, el resultado es negro, sin importar los otros valores; con el 0% de saturación, el resultado es una tonalidad de gris, más clara o más oscura según el brillo. Por cierto que este arco, de rojos a amarillos, es el que mejor demuestra el brillo pues, al reducirlo, se obtienen los marrones.

[14] Siempre con el botón radial de matiz presionado, activar el campo de Luminosidad ([d] en la página opuesta) y observar cómo elevar o reducir este valor tiene efecto en las otras equivalencias que ofrece el Selector. Aunque el Lab es el modo menos intuitivo, es el más amplio de todos, por lo que es empleado internamente por el motor de Adobe para crear las equivalencias. Como consecuencia, la forma más perfecta de crear un brillo a partir de cualquier color, definido en cualquier modo, es elevar la luminosidad; para obtener una sombra, bastará con reducirla (es un empobrecimiento[1] simplemente aumentar o reducir la tinta negra).

Como atajo de interfaz, [→|] avanza de campo y, junto a las flechas verticales, [⇧] modifica los valores de 10 en 10.

[15] Salir del cuadro de diálogo ([↻]) y cerrar el archivo sin cambios (⌘W). Como se verá, estos cuatro conceptos (matiz, saturación, brillo y luminosidad) hacen más fácil entender los modos de fusión… comenzando por los cuatro últimos de ellos (matiz, saturación, color y luminosidad).

---

1   Rich black *es como, originalmente, se describe en inglés al "negro compuesto" (cfr. cap. XII. 1) y significa, en forma literal, "negro rico"; ello da la idea de que, componiéndolos con otras tintas, los negros se enriquecen y, desde allí, puede concluirse que, utilizando únicamente negro para crear las sombras, se las está empobreciendo.*

3. **Cuatro grupos**

Lamentablemente, InDesign no ordena en forma apropiada los modos de fusión, como sí lo hacen Photoshop e Illustrator y, a diferencia de ellos, solo ofrece acceso inmediato a la opacidad, en el panel de Control;[1] de otro lado, ello puede leerse como un desincentivo a emplear un recurso que, de hecho, figura entre los efectos. Contextualizado de ese modo, lo más esencial de la fusión es entenderla en grupos y vislumbrar el aporte de cada uno de ellos.

[1] ⌘O (*File > Open*). De la carpeta "discobls", incluida en la del capítulo, abrir "discobls.indd". He aquí una recreación de *Sports Illustrated*, otra de las diez revistas de mayor tiraje en el mundo… con un texto que recuerda que, veinticinco siglos ha, el desnudo glorificaba el cuerpo atlético.

[2] Clic en el marco de la foto. Como puede verse, esta es más vertical que el formato de la página, por lo que queda parte del contenedor sin contenido.

[3] [I]. Activar el Cuentagotas. Puesto que el fondo es completamente sólido (esto podría corroborarse en el panel *Separations preview*, cfr. cap.xvi.5), puede llenarse el resto del marco haciendo clic en cualquier punto del fondo negro.

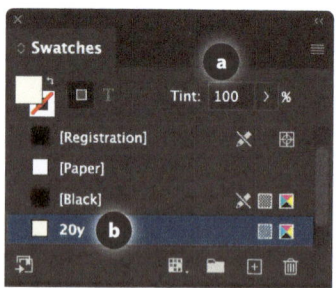

[4] *Object > Select > First object above*. Al seleccionar el primer objeto encima de la foto, se activa un rectángulo ya con las medidas exactas que cubren a la imagen, pero sin relleno ni delineado.

[5] [F5] (*Window > Color > Swatches*). Dar al marco la muestra "20y" ([b]) al 100% ([a]).

---

1   *Estrictamente, se puede acceder a ellos a través del panel de Propiedades, alternativa al panel de Control que, además de ser más aparatosa, es vertical…, raramente recomendable en InDesign, que requiere presentar páginas enfrentadas.*

[6] *Object > Effects > Transparency.* En el cuadro de diálogo, dar al rectángulo el modo *Hue* ([a]), fusión con la cual su matiz (60°) es aplicado a la estatua, que mantiene saturación y luminosidad. Así, las manchas rojizas –como si el discóbolo tuviera derma-

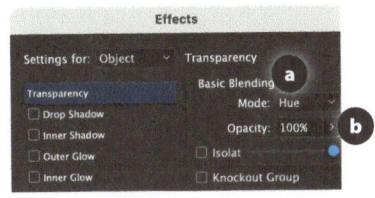

titis– pasan a ser tonalidades de crema (la muestra aplicada). Se puede comprobar, sin salir del cuadro de diálogo, redu- ciendo temporalmente la opacidad ([b]) al 0%.

[7] *Object > Show all on spread.* Se presentará un nuevo rectángulo sobre el anterior, con la muestra aplicada; si antes había manchas rojizas (zonas más intensas), ahora ellas son amarillentas, pues la saturación original se ha mantenido.

[8] Repetir el paso [4], para seleccionar el nuevo rec- tángulo, y el paso [6] para, esta vez, darle el modo Saturación. Como resultado, la baja saturación de la muestra domina a toda la estatua, en la que se aplica de manera uniforme.

[9] [F7] (*Window > Layers*). Dar clic en el extremo derecho de la fila del rectángulo superior (llamado "s" y al que se la ha aplicado la saturación, [a]) y [⇧]+clic en la fila de la foto ([c]). Es importante notar que cada objeto toma a los que están debajo como si fueran uno, de manera que el orden de apilamiento es importante; como consecuencia de ello, un efecto puede aplicarse sobre otro.

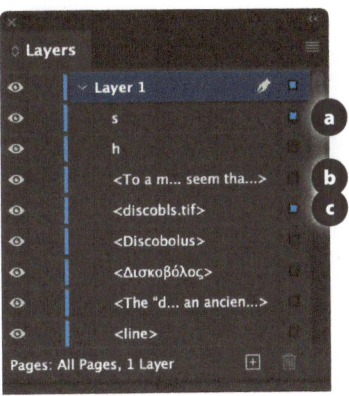

[10] Copiar los dos objetos (⌘C), crear un nuevo documento sin configurarlo (⌥⌘N) y pegarlos (⌘V).

[11] Repetir el paso [6] y darle al rectángulo el modo Color. El más útil del grupo de atribución es el que permite aplicar color, tomando al objeto inferior como si fuera gris,

327

esto es, respetando su luminosidad. Este grupo, el único que está ordenado en InDesign (los cuatro aparecen al final de la lista), se puede describir como atribución porque se están tomando los atributos de matiz y de saturación del rectángulo para aplicarlos (o atribuirlos) a la foto.

[12] Aún en el nuevo documento y, con el rectángulo seleccionado, *Object > Arrange > Send to back*. Puesto que el orden de apilamiento es clave, la foto luce normal, sin importar el efecto aplicado al rectángulo, que está debajo.

[13] Repetir el paso [4] (para seleccionar la foto) y el paso [6] para darle a la foto el modo *Luminosity*. Si Color es el modo que sirve para colorear, Luminosidad sirve para decolorar, en tanto se mantiene únicamente la información tonal del objeto superior y se toman matiz y saturación del objeto que está debajo. En otras palabras, si el objeto "colorante" está arriba, se le aplica modo Color; si está abajo, se le aplica al que está arriba el modo Luminosidad.

[14] ⌘W (*File > Close*). Cerrar sin guardar cambios.

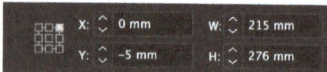

[15] [M]. Crear un nuevo rectángulo y, en el panel de Control, darle la muestra "oro" como relleno y la muestra *[None]* como delineado; luego, con referencia en el extremo superior derecho, darle 0x y -5y de posición, con dimensiones de 215 × 276 mm. Este rectángulo quedará sobre los anteriores.

[16] Repetir el paso [6] y experimentar con los modos de brillo. Aclarar (*Lighten*) es el menos útil de todos, pues solo interactúa con el objeto inferior si lo aclara; si no, produce una transición abrupta ("manchas de oro" entre las sombras). *Color dodge* es el más luminoso del grupo, pero tiene efecto en la saturación (aquí, podría aplicarse al 50% de opacidad). El modo *Screen* (Trama) es el más útil de los brillos, pues produce un resultado invariablemente más

claro que el original (salvo que se le coloque sobre blanco, caso en que no tiene efecto: no se puede aclarar el blanco puro). De hecho, con *Screen*, podría colocarse el grupo de objetos debajo del texto negro y leerlo sin dificultad. Pero esta estatua, originalmente, era de bronce, no de oro.

[17] Aplicar la muestra "bronce" al relleno del rectángulo y revisar los modos de sombra (paso [6]). Contrapartida de los tres anteriores, el modo *Darken* (Oscurecer) produce transiciones abruptas; *Color burn* es la máxima oscuridad, pero satura el color, y *Multiply*, modo predeterminado de la sombra, es el más útil del grupo y se mantendrá en la muestra.

[18] Crear un último rectángulo (paso [15]) con la muestra *[Black]* y probar ahora (paso [6]) los modos de contraste. Aunque aquí se mantendrá *Overlay* (Superponer, agrupado con *Soft light* y *Hard light*), determinar los puntos de inflexión en que es oportuno aclarar lo claro y oscurecer lo oscuro está más allá de InDesign.

[19] En el panel de Capas, seleccionar la fila de la leyenda (*To the modern*, [b] en la penúltima página) y arrastrarla sobre los rectángulos, para mantener su texto blanco, fuera del efecto de los modos de fusión.

[20] ⇧⌘S (*File > Save as*). Guardar con otro nombre (discbrnz.indd). Aun si un resultado más perfecto puede obtenerse en Photoshop, llegar a este punto, incluso como referencia, abre muchas rutas creativas.

4. **Difuminación restringida**

Los dieciséis modos de fusión de InDesign deben entenderse en seis bloques: sombras (Multiplicar), brillos (Trama), contraste (Superponer) y atribución (Color), revisados en el ejercicio anterior; a ellos se une el grupo de inversión (Diferencia y Exclusión, que se emplearán en el capítulo siguiente, cfr. cap.xiv.4) y, finalmente, el predeterminado modo Normal, en el que lo que es opaco simplemente oculta los objetos que están debajo (sin importar las propiedades de color que ellos tengan). En este "grupo de uno" es relevante la opacidad, pero el paso hacia la transparencia puede ser un desvanecimiento gradual cuyo control se especifica de múltiples maneras.

Podría decirse que, solo si el modo colocado entre paréntesis no produce el efecto deseado, cabe pasar a los otros.

[1] ⌘O (*File > Open*). De la carpeta "discobls", incluida en la del capítulo, abrir "discbrnz.indd". Hasta aquí se llegó en el ejercicio previo.

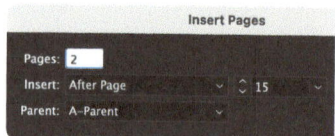

[2] *Layout > Pages > Insert pages.* Puesto que el artículo ha quedado incompleto en la pág. 15, se requerirán dos páginas más después de esta, basadas en la maestra.

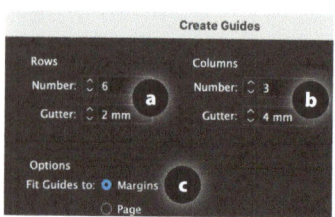

[3] *Layout > Create guides.* Tomando como referencia la asignación de espacios en la pág. 15, la 16 y la 17 serán divididas en una estructura de seis filas con 2 mm de separación ([a]), manteniendo las tres columnas con 4 mm ([b]) que tiene la página maestra, al interior de los márgenes ([c]). Si se repitiera este comando en las págs. 14-15, se vería que el título principal (*Discobolus*) abarca tres *módulos*, que está separado del resto del texto por otros tres de estos bloques y que el párrafo de apertura abarca dos.

[4] ⌘D (*File > Place*). De la carpeta de trabajo, traer el archivo "discobls.tif" y dar clic en la pág. 16 para colo-

carlo al 100%. Ya que es naturaleza de toda composición explotar al máximo la calidad de sus elementos, este original tan excelente (podría ser un afiche de 47 cm de alto) se está desperdiciando, reducido como está (al 64%) en la pág. 14.

[5] Desplazar la imagen de modo que el extremo superior izquierdo del discóbolo (el propio personaje, sin contar el fondo

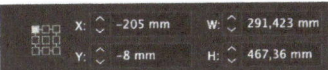

negro) toque el <u>margen</u> superior izquierdo de la página. En la muestra, -205x y -8y.

[6] Manteniendo la referencia arriba y a la izquierda, reducir el ancho a 123,667 mm y el alto a 95,333 mm.

[7] Colocar la referencia abajo y a la derecha y, ahora, reducir a 106,667 mm el ancho y a 78,333 mm el alto. El objetivo, desde luego, es que una de las partes más significativas de la escultura (el disco) se luzca, al 100%, en cuatro módulos de la página. De los dieciocho en la pág. 16, el encuadre que se observa al margen ocupa los módulos 1, 2, 4 y 5. Pero el disco se apreciaría suficientemente incluso en los módulos 1 y 2.

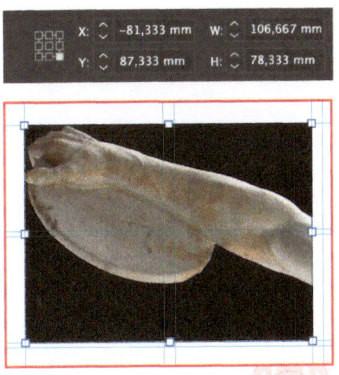

[8] ⌘D (*File > Place*). De la carpeta de trabajo, traer "resaltar.txt", que contiene dos llamadas, tomadas del artículo.

[9] ⌘+F11 (*Type > Paragraph styles*). Aplicarle al marco con las llamadas el estilo "resaltar".

[10] Seleccionar el párrafo de la primera llamada (*La maestría*), cortarlo (⌘X), salir del contenedor ([↺]) y pegarlo en un marco independiente (⌘V).

[11] [V]. Dar al nuevo marco dos módulos de ancho y uno de alto, y colocarlo en la parte inferior de la foto (esto

Todos los archivos de texto sin formato (.txt) empleados en este libro deben importarse con el juego de caracteres Unicode UTF-8.

es, en los módulos 4 y 5). En el panel de Control, podrán verificarse sus medidas (106,667 × 38,167 mm) y, principalmente, asignarle la muestra *[None]* como delineado y la de bronce como relleno.

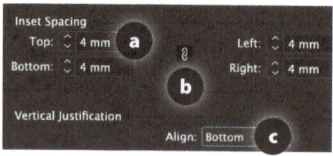

[12] ⌘B (*Object > Text frame options*). Con las proporciones encadenadas ([b]), dar al marco un margen interior de 4 mm ([a]), consistente con la separación de columnas en la página. Además, considerando que la parte interesante de la foto está arriba, se empleará una alineación vertical que disponga el texto desde abajo ([c]).

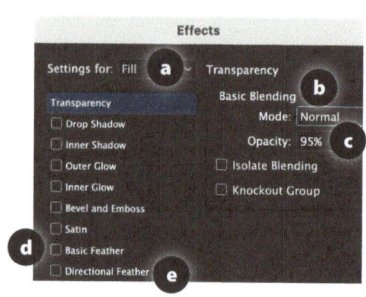

[13] *Object > Effects > Transparency.* Aplicando la configuración únicamente al relleno ([a]), reducir la opacidad al 95% ([c]). Dependiendo del color aplicado y la imagen de fondo, puede experimentarse con los modos de fusión (aquí quedará en Normal, [b]) y, si el texto fuera más corto, podría verificarse la casilla de *Basic feather* (desvanecimiento básico, [d]) que, al difuminar el marco uniformemente en todos los extremos, daría la apariencia de reducirlo (luego habría que repetir el paso anterior para compensar). Pero, en este caso, el texto corresponde a la medida.

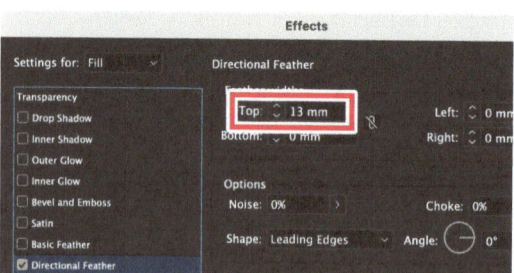

[14] Manteniendo la configuración del relleno, clic en la fila de *Directional feather* ([e]), acción que verifica la casilla y muestra las opciones; la única relevante, en este caso, es el margen superior (resaltado), que puede llegar hasta 13 mm; con ello se logra el objetivo esencial de la difuminación, que es darle legibilidad óptima a dos objetos contiguos, pues tanto se

aprecia la (casi) integridad de la foto como se lee el texto sin dificultad alguna. ¿Conviene crear un estilo de objeto? Relleno y delineado (paso [11]), dos valores de marco (paso [12]) y dos efectos (pasos [13]-[14]) podrían ameritarlo. O…

[15] [T]. Seleccionar el texto de la otra llamada, cortarlo (⌘X), salir del marco ([↺]) y eliminarlo ([⊗]).

[16] ⌘A (*Select > All*). Seleccionar todo. En el panel de Control, se confirmará que el alto de los dos objetos restantes es 78,333 mm y, si se recuerda que la separación vertical es de 2 mm, puede aprovecharse una técnica de interfaz.

[17] En la posición vertical (resaltada), escribir, al final del valor "+80,333" y, en lugar [↵], presionar ⌥↵. Puesto que [⌥] es 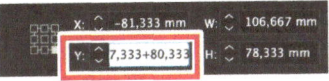 la tecla para duplicar al efectuar un movimiento, este atajo genera una copia y la coloca en la posición exacta.

[18] Seleccionar el texto en la llamada duplicada y ⇧⌘V (*Edit > Paste without formatting*). Pegar sin formato equivale a escribir el texto sobre otro que ya tiene estilo; es decir, mantiene los atributos del párrafo en que se está pegando. Así, si resulta que esta llamada solo se va utilizar una vez (o dos), no hace falta crear un estilo de objeto.

[19] Repetir el paso [14] para ajustar la difuminación en el nuevo texto, que tiene una línea más (en la muestra, 11 mm).

LA MAESTRÍA DE MIRÓN ES EVIDENTE AL CAPTURAR UNA NOCIÓN DE MOVIMIENTO CORPORAL, EN EL MOMENTO MÁXIMO DE ESPLENDOR Y TENSIÓN, QUE SE TRANSMITE EN UN MATERIAL ESTÁTICO.

[20] ⇧⌘S (*File > Save as*). Guardar con otro nombre (llamada1.indd). Como señala el artículo, el rostro del célebre Discóbolo no refleja esfuerzo, de modo que la llamada, aunque muestra un antebrazo en que se marcan las venas, podría no ser la cita ideal. Puede probarse, en el ejercicio inmediato, con otra cita y otra técnica.

Id

5. **Difuminación degradada**

Que en la pág. 333 de este libro se haya presentado por primera vez (paso [17]) la técnica de interfaz que permite desplazar y duplicar un objeto en el panel de Control es una muestra cabal de la cantidad de formas en las cuales una misma acción puede realizarse: pudo darse doble clic en la flecha (para ver el cuadro de diálogo Mover), o utilizar *Object > Transform > Move*, o arrastrar presionando ⌥⇧, para desplazar una copia restringiendo el ángulo. Concretamente, la regla es que existan distintas alternativas; la excepción es que InDesign solo ofrezca una forma de realizar un proceso (como solía ser el reinicio de preferencias). Lo cierto es que, entre todas las implementaciones que tiene Adobe para aplicar transparencia, ninguna parece tan práctica como *Gradient feather* (mal traducida como "Desvanecimiento de degradado"), que ya la quisiera prestada Illustrator, siquiera en los días de fiesta (y hasta en Photoshop sería bienvenida).

[1] ⌘O (*File > Open*). De la carpeta "discobls", incluida en la del capítulo, abrir "llamada1.indd". Quizás la cita más larga podría presentarse verticalmente.

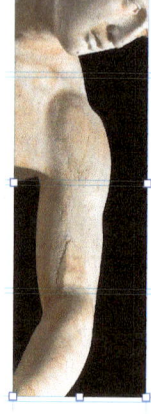

[2] ⌘D (*File > Place*). De la carpeta de trabajo, traer el archivo "discobls.tif" y dar clic para colocarlo al 100%. Luego, utilizando la estructura de módulos, crear un encuadre vertical de 1 × 4. Para la primera cita (que alude a la tensión corporal), podría seleccionarse el flanco, donde más músculos están perfilados; pero, como la segunda cita se refiere a la belleza, la muestra (al margen) ha centrado el rostro y el hombro en la mitad superior; la inferior contendrá el texto.

[3] [V]. Arrastrando con [⌥], duplicar el marco con la segunda llamada (*La obra de Mirón*). Todo duplicado se crea inmediatamente encima del original.

[4] *Object > Arrange > Bring to front*. El duplicado queda ahora delante de la nueva copia del discóbolo.

[5] [V]. Cambiar la posición y las dimensiones del marco de texto, de modo que ocupe los tres módulos inferiores de la nueva copia. En el panel de Control se verificará que el objeto tiene 51,333 × 118,5 mm.

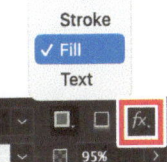

[6] En el panel de Control, clic en el menú *Apply effect* y, al desplegarlo, seleccionar *Fill*. Con ello, se verá que la muestra "bronce" ha sido aplicada al relleno y que este se presenta al 95% de opacidad. Pero, para definir la difuminación en forma visual, en el menú ***fx*** (resaltado), se utilizarán los comandos *Clear effects* y *Clear all transparency*.

[7] ⇧G. Activar la herr. *Gradient feather* y, con el marco de texto seleccionado, presionando [⇧], arrastrar desde el punto en que el relleno debe empezar a desaparecer (la parte superior de la primera línea) hasta el punto en que este debe desparecer por completo (el extremo superior del marco). Debe notarse que la herramienta actúa sobre la categoría activa en el menú *Apply effect* del paso anterior y, cuanto más largo el arrastre, más sutil la transición.

Ya que la difuminación se aplica en forma gradual, sería mejor traducción "Degradación de difuminado".

[8] Tras verificar que esté activo el relleno en el menú *Apply effect* (tiende a volver al objeto, en su integridad), desplegar el menú ***fx*** y, en él, activar *Gradient feather*, efecto que se activa automáticamente al arrastrar la herramienta:

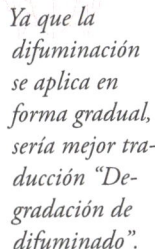
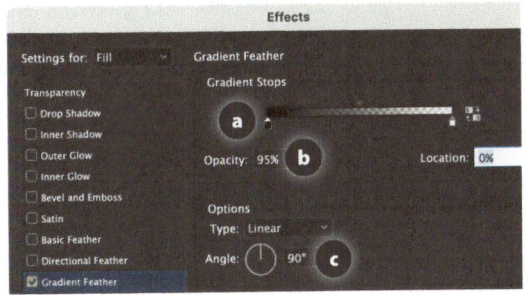

el degradado de difuminación puede aplicarse visualmente con un arrastre y refinarse con precisión, mediante un cuadro de diálogo.

[9] Clic en la detención inicial (▪ , [a]), que representa el punto en que se inició el arrastre y, en el deslizador de

LA OBRA DE MIRÓN ENCARNA LA FILOSOFÍA GRIEGA DEL DESARROLLO ARMÓNICO DE CUERPO Y MENTE, IDEA CONOCIDA COMO *KALOKAGATHIA*, EN LA QUE BELLEZA FÍSICA Y DESTREZA SE CELEBRABAN COMO COMPONENTES INTEGRALES DE UNA VIDA VIRTUOSA.

opacidad ([b]), reducir el valor a 95%; finalmente, verificar que el ángulo esté en 90° ([c]). Por cierto que este porcentaje, como se ha mencionado, varía de imagen a imagen, de método de impresión en método de impresión y, finalmente, de gusto en gusto de quien lo aplique (tomando en cuenta que lo interesante del encuadre está en la parte superior; incluso 95% podría ser mucho). En verdad, siendo tan sencilla esta poderosísima opción, no hay ninguna razón para no ampliar con más cuidado en el área de transición y repetir el arrastre, que no se puede editar en el cuadro de diálogo.

[10] ⇧⌘S (*File > Save as*). Guardar el archivo con otro nombre (llamada2.indd).

Considerando que ambos son productos del mismo fabricante, InDesign no hace nada que Photoshop no supere al 1000%, tratando con fotografías, claro está, con la misma lógica que sería absurdo esperar que Photoshop pueda tratar mejor bloques de texto o que tenga páginas maestras… aunque más fácil y más perfecto que la herramienta Degradación de difuminado es difícil de encontrar. Sin embargo, si para cada sencillo encuadre de 5 × 16 cm (de los cuales solo el 25% superior se concede plenamente a la imagen), se le va a pedir a la publicación que se las vea con un archivo de alta resolución de 29 × 47 cm, como tiene el *Discóbolo* en su totalidad, luego no podrá extrañarle a uno que la exportación o la impresión resulten problemáticas. Esa es otra noción de temas fotográficos que resulta indispensable manejar al componer una página, tal como expondrá el capítulo inmediato.

Capítulo XIV
Administrar vínculos

Cantidad y calidad

Si, a través de fotografías e ilustraciones, se ha dado atractivo visual a una publicación con decenas o centenas de páginas, típicamente se estará administrando *varias decenas o centenas* de archivos; pese a su importancia, ni los respectivos creadores (fotógrafos o ilustradores) ni el diseñador que emplee tales piezas puede saber, por anticipado, el tamaño que se les concederá en página, pues ello dependerá de la calidad que tales originales aporten.

De modo que, si se tiene un excelente reportero gráfico, se emplearán múltiples imágenes, quizás alguna a doble página; si las fotos son pobres, se empleará la más rescatable, contenida en una columna. El mismo principio se aplicará al asignar espacio al texto, a los gráficos… y al artículo mismo pues, si todo el material es excelente, el editor puede decidir ampliar el espacio destinado de dos a tres o cuatro páginas.

El problema es que, aunque virtualmente todo teléfono de la última década y toda cámara profesional puede generar archivos técnicamente aceptables en doble página, la generalidad de publicaciones apenas cederán semejante espacio a una foto por artículo, y quizás a uno o dos artículos principales por edición. Lo que significa que casi todos los archivos entre esas *varias decenas o centenas* pueden beneficiarse de una mirada adicional que equilibre la eficiencia y calidad de la publicación.

1. Cuatricromía

Si vertiera un vaso de agua cerca de algún aparato eléctrico, no utilizaría este libro para evitar que el líquido se extienda (sin importar la opinión que me merezcan sus páginas), porque el papel no es tan absorbente como el de un periódico. Ciertamente, tampoco utilizaría un catálogo de cosméticos, por efímeras que sean sus ofertas, porque, para que el esmalte color "Deseo carmesí" sea aceptado por quien lo pidió, debe lucir en la uña muy similar a como lo hace en la página, de modo que este es el tipo de publicación más cuidado que existe, en el que el papel brillante, recubierto (*couché*), es, precisamente, el que menos líquido absorbe. ¿Cómo se relaciona el papel con la calidad de la imagen?

[1] ⌘O (*File > Open*). De la carpeta del capítulo, abrir "picaflor.indd". Se observará una advertencia en la que se dará clic en *Don't update links* (No actualizar vínculos).

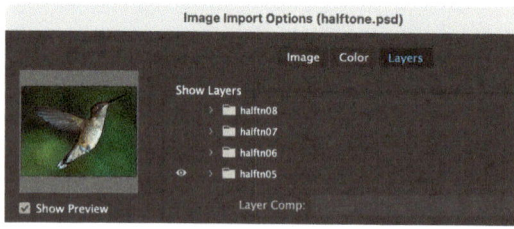

[2] ⌘D (*File > Place*). De la carpeta de trabajo, traer el archivo "halftone.psd", verificando las opciones de importación para observar que este PSD ocupa 100 Mb debido a sus múltiples capas.

Solo se mantendrá visible la carpeta "halftn05" que, de desplegarse, mostrará una capa para el cian, otra para el magenta, otra para el amarillo y otra para el negro. Se dará clic para tenerla al 100% porque observar una imagen a su tamaño real es la referencia elemental de su calidad, para descubrir si está desenfocada o movida, su profundidad de campo, etc.

[3] [V]. Con el extremo superior izquierdo como referencia, colocar la imagen en -144x y -19y. Con ello, el detalle que se comparará en el archivo, el ojo del colibrí, quedará centrado en el rectángulo negro, único otro objeto visible en página.

[4] ⌘X (*Edit > Cut*). Cortar la imagen.

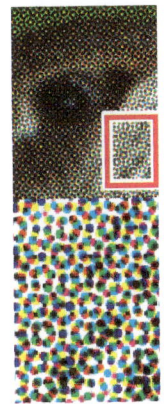

[5] [V]. Seleccionar el rectángulo negro y *Edit > Paste into*. El ojo del picaflor queda enmascarado. Por supuesto, para observar lo que sucede en el archivo, además de colocar la imagen al 100%, hay que observarla al 100% (⌘1); pero, dado el detalle, puede ampliarse más (⌘+). Se verá que, en efecto, la impresión comercial dispone cada color en una rejilla cuyos puntos, de *amplitud modulada*, dan idea de intensidad con diámetros crecientes o decrecientes. Entrecruzados en diferentes ángulos, resulta evidentemente difícil percibir los colores individuales, aunque puede percibirse con facilidad que conforman una roseta (ampliada).

[6] *Object > Show all on spread*. Con este comando se presentará el mismo archivo, colocado de forma que diferentes capas muestran, en filas independientes, la rejilla del cian (en 15°), la del magenta (en 75°), la del amarillo (en 90°) y la del negro (en 45°); las columnas dan idea de los diferentes materiales de impresión… excepto que no puede verse el detalle. En efecto, puesto que el archivo fue modificado después de haber sido colocado en página, InDesign hizo una advertencia al abrir el documento, pero, en la medida de lo posible, la actualización debe realizarse con el archivo ya abierto.

[7] ⇧⌘D (*Window > Links*). En el panel de Vínculos, desplazarse al extremo superior, clic en la fila "halftone.psd (30)" ([a], treinta indica que el archivo está colocado treinta veces) y clic en actualizar ([b]).

[8] *View > Display performance > Fast display*. Salvo que se disponga de un equipo descomunalmente poderoso, la actualización de treinta instancias de este archivo de Photoshop debe haber supuesto una espera indeseable… pues no está trabajado en forma ideal. ¿Por qué?

Id

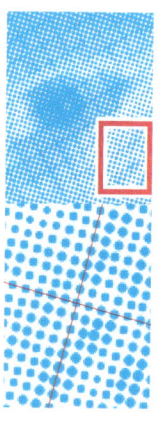

[9] Clic secundario sobre la primera imagen de la segunda fila y, en el menú contextual, *Display performance > High quality display*. Para percibir la imagen sin distorsión alguna, conviene presentarla al tamaño real o en múltiplos de 100% (200%, 300%, etc.). Aislada de los otros colores, resulta sencillo percibir la rejilla, girada en 15°, y, alejándose un poco, comparar (como al margen) cómo lo que se traduce como sombra al 100% simplemente corresponde a puntos de mayor amplitud. La rejilla es mucho más fácil de percibir en el amarillo (cuarta fila), pues está en 90°, pero la formación de la imagen se aprecia mejor en el negro.

[10] Repetir el paso anterior con el primer marco de la última fila. Del mismo modo que la tinta amarilla es la más traslúcida (y por ello la rejilla está menos escondida, como se verá en el paso [15]), la negra, siendo la más perceptible, siempre se disimula en 45°. Debe notarse que los puntos están más contraídos porque el negro es un componente complementario que participa al mínimo en la formación del color. Por cierto, aquí se tiene una metáfora esencial del tema: en Multiplicar, un color se aplica sobre otro oscureciéndolo, tal como una tinta sobre un papel; sin importar su color y las otras tintas, siempre se oscurecerá el papel.[1]

[11] Repetir el paso anterior con la última imagen de la última fila. Si la tinta es un líquido, al hacer contacto con el papel, se expandirá y, por lógica, si se expande mucho, en un papel absorbente, cada gota de tinta deberá estar más separada de las circundantes para no superponerse. En este

---

1   *De su lado, el modo* Screen *es eventualmente traducido como "Trama", lo que es una traducción aceptable, pues cualquier color cuando se trama (se descompone en una cuadrícula sobre papel) se aclarará. Sin embargo, es una mejor traducción "Pantalla" sobre la siguiente metáfora: si un proyector apunta a una pantalla, crea una imagen; si un segundo proyector apunta a la misma pantalla, sin importar la imagen que presente el primero y sin importar la imagen que él mismo proyecte, siempre hará más clara la pantalla, justamente porque proyecta luz: no hay luz que oscurezca, del mismo modo que no hay tinta que aclare un papel (la palabra* screen, *en inglés, tiene ambas acepciones).*

último recuadro hay una densidad de puntos que es inferior a la mitad de lo que ofrece la primera columna (que representa el papel menos absorbente). Ahora bien, el capítulo dedicado a los modos de fusión ya terminó, de modo que toda esta explicación –aunque sea conocimiento útil– no es la razón para presentar este documento que, así como está, no permite hacer una comparación detallada… salvo que se tenga un equipo descomunalmente poderoso.

[12] [V]. Seleccionar el último detalle de la cuarta fila; este corresponde al amarillo, en el papel más absorbente.

[13] En el panel de Control, tras ve-rificar que el marco tiene 42 mm de ancho ([b]), escribir "+42" en el campo de posición 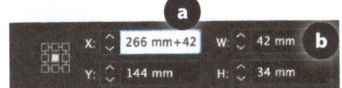 horizontal ([a]); al desplazarse a la derecha, será visible un rectángulo amarillo, que estaba exactamente debajo de él.

[14] [V]. Seleccionar el rectángulo amarillo y, en el panel de Control, asignarle la muestra *[None]* como relleno, que ya está aplicada al delineado.

[15] Con el rectángulo todavía seleccionado, traer (⌘D, *File > Place*), desde la carpeta "engrises", ubicada en la del capítulo, el archivo "grises24.tif". Este archivo, que ocupa míseros 80 016 *bytes*, 80 kb, esto es, el 0,8% del archivo de Photoshop…, contiene exactamente la misma información. De hecho, puesto que se presenta en negro, muestra de una forma más clara la rejilla de 90°.

[16] Doble clic sobre el contenedor del archivo colocado y, al activar el contenido, aplicarle al relleno la muestra "y". Puesto que las fotos en escala de grises pueden colorearse en InDesign (cfr. cap. IX. 5), esta operación puede hacerse tanto en el panel de Control como en el de Muestras.

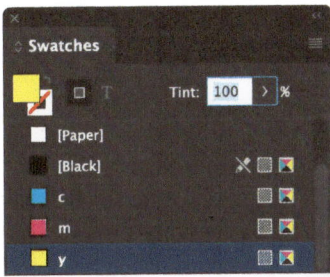

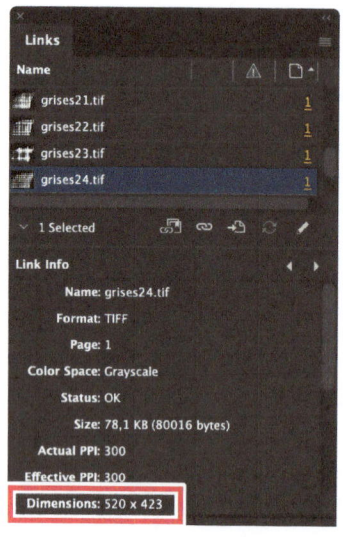

[17] En el panel de Vínculos, clic en la fila del archivo "grises24.tif". Como indica la información del archivo, para presentar todo el detalle requerido, apenas emplea 500 píxeles de ancho y 432 de alto (resaltados).

[18] ⌘W (*File > Close*). Cerrar el archivo sin guardar los cambios.

[19] ⌘O (*File > Open*). De la carpeta "engrises", parte de la del capítulo, abrir "engrises.indd". Aquí ya están colocados, en su respectiva posición, todos los detalles que, salvo la primera fila, son archivos en grises coloreados con las muestras, como se hizo en el paso [16]. Ya que todas las fotos de la carpeta, juntas, apenas pasan de 6 Mb, es fácil imaginar que el equipo más corriente y *común* –*i. e.*, sin poder *descomunal* alguno– podrá presentar la página sin problemas. Ahora sí es posible, sin recurrir a la (escasa) paciencia, revisar los detalles a discreción.

[20] ⌘A (*Select > All*). Seleccionar todo.

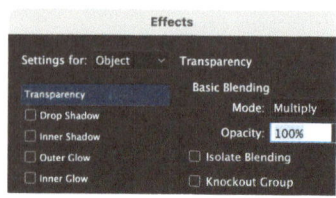

[21] *Object > Effects > Transparency*. Dar a todos los marcos el modo Multiplicar. En este modo el blanco es el *color neutral*, esto es, resultará perfectamente transparente, pues el blanco no puede oscurecer a ningún color.

[22] [V]. Con la flecha negra, crear una marquesina de selección vertical que toque a los cuatro colores de una misma columna (de la segunda a la quinta fila). Se verá el consabido marco o cuadro delimitador (caja transformadora).

[23] Sin presionar ninguna tecla modificadora, clic en el marco cian. Si se tienen múltiples elementos activos, dar nuevamente clic en alguno creará una *referencia de alineación*,

la que puede identificarse por un contorno mucho más engrosado (como se aprecia en el detalle del cian, al margen).

[24] ⇧+F7 (*Window > Align*). En el panel Alinear, clic en el icono de alineación de centros horizontales (≛) y en el de alineación de centros verticales (◧). Con ello, todos los objetos se centrarán en el objeto de referencia y, debido al modo Multiplicar, se reproduce el detalle de la primera fila.

[25] ⇧⌘S (*File > Save as*). Guardar el archivo con otro nombre (multiply.indd). En cierto modo basta entender cabalmente el que podría ser el más importante modo de fusión –Multiplicar– para, a partir de estas piezas, dar una idea de cómo se genera el color en una impresión en cuatricromía, la más típica en los grandes tirajes de periódicos y revistas. Excepto que los periódicos están en un polo de la absorción del papel y las revistas están en el otro, aquí simuladas por el filtro Medios tonos de color (*Color halftone*) de Photoshop, en las proporciones del cuadro de resoluciones que se detallará en el ejercicio inmediato.

¿Cuál es el error de base, que hace difícil de manejar el archivo "picaflor.indd"? Es práctico vincular todo a un solo PSD y escoger qué detalle, de qué color, de qué material se quiere, pero cada recuadro muestra: [1] un solo grupo de capas (no los seis); [2] un solo canal, en grises (no los cuatro, CMYK); [3] un área de 500 × 432 px (no los 3034 × 2306 originales). Como consecuencia, por descomunal que sea el equipo que se tenga, no puede esperarse igual rendimiento de un archivo correcto y de otro con 3456 veces (6 × 16 × 36) más información de lo debido. Por lo cual, como aquí, ciertas nociones de pre-prensa son críticas en un diseño eficiente, con la resolución entre las principales de ellas.

2. Resolución efectiva

En el año 2024, lo que Photoshop reconoce como *Web most common* es un área de 1366×768. Si se multiplican tales dimensiones, se obtiene algo más de un millón de píxeles (1 049 088 px), apodados "megapíxeles" y abreviados como "Mp". Esto significa que cámaras digitales de hace veinte años podían generar imágenes válidas para cubrir, en su totalidad, la más común de las pantallas de hoy (aunque, desde luego, no se podría hacer *zoom* en ellas). La disparidad se acentúa al considerar que teléfonos y cámaras fotográficas domésticas (ni mencionar las profesionales) son capaces de capturar 20 Mp y es allí donde está el origen de algunos documentos difíciles de manejar, como el que se empleó en el ejercicio anterior.

Web Most Common
1366 x 768 px @ 72 ppi

[1] ⌘O (*File > Open*). De la carpeta "discobls", ubicada en la del cap.xiii, abrir el archivo final, "llamada2.indd".

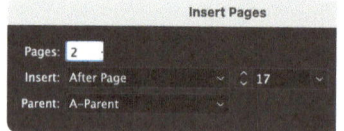

[2] *Layout > Pages > Insert pages*. Insertar dos nuevas páginas después de la pág. 17 y basadas en la maestra. ¿Qué se necesita para una doble página en una revista?

[3] ⌘D (*File > Place*). De la carpeta del capítulo, traer el archivo en formato jpeg y dar clic, sin arrastrar, en la esquina superior izquierda de la demasía (la línea roja). Esta es una magnífica captura de un colibrí de garganta roja (pero este es un "juvenil", así que su garganta todavía no está roja).

[4] En el panel de Control, verificar la medida obtenida (69×46 cm), que es la incorporada en el archivo. Evidentemente, el control de calidad en la imagen debe hacerse en Photoshop, pero InDesign puede tomar algunas referencias numéricas como criterio.

[5] ⇧⌘D (*Window > Links*). En el panel de Vínculos, clic en la fila de la foto colocada. Se comprobará en la parte inferior que la foto tiene una resolución real de 150 ppi (la que está incluida en el archivo) y que, al tamaño que tiene, la resolución efectiva coincide (resaltadas). Inmediatamente debajo se indican las dimensiones en píxeles que tiene el original (4069 × 2716), y bastaría saber que "ppi" significa "píxeles por pulgada", en inglés, para calcular mentalmente que $^{2700}/_{150}$ son unas 18 pulgadas (18,1 in), es decir, los 46 cm (45,99 cm) que se presentaron en el paso [4]. Por cierto que, debido a la disparidad de la que se habló en la presentación, el énfasis técnico debe estar en la calidad, no en la cantidad.

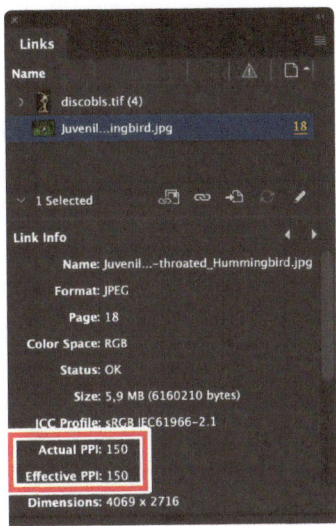

[6] Tomando el extremo superior izquierdo como referencia en el panel de Control ([a]), encadenar las proporciones de la foto ([d]), desplegar el menú de Escala vertical y seleccionar 75% ([c]). Al cambiar su escala, la imagen se reduce junto con el contenedor y se comprobará en el panel de Vínculos que, al nuevo tamaño (52 × 35 cm, [b]), la resolución efectiva sube a 200 dpi. Este valor es importante, pues significa que este original, de relativamente modestos 11 Mp (tan modestos que la cámara que los tomó captura hasta 36,3 Mp), es suficiente para cubrir la mitad superior de cualquier periódico en el mundo.[1]

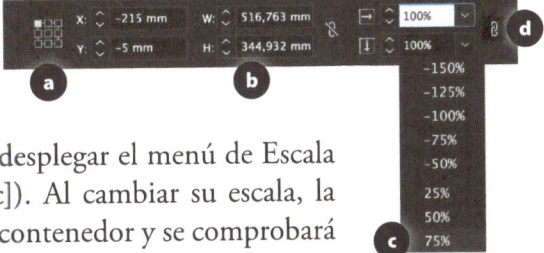

[7] Con la misma referencia, escribir en algún cuadro de escala (las proporciones están vinculadas), "20000/240"; truco que sirve para pasar de la resolución actual (200,

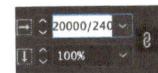

---

1   *No solo es absolutamente excepcional que un periódico supere los 52 × 70 cm (que serían necesarios para que la foto no cubra toda la mitad superior), sino que uno de los formatos más populares, el berlinés (31,5 × 47 cm), podría ser cubierto a página completa por esta misma imagen, en orientación vertical.*

multiplicada por 100 para obtener un porcentaje) a la resolución que se busca, 240, según se verificará en el panel de Vínculos. Esta corresponde al papel *bond*, favorito de impresoras y fotocopiadoras y en que, por ejemplo, algunos textos escolares son impresos; sobre este material, la misma imagen cubriría 43 × 29 cm, área cercana a un A3.

[8] Reducir la imagen al 90%. El valor de 267 dpi es un estándar aceptado para impresión de alta calidad en una diversidad de papeles, desde las cartulinas en que se hacen las portadas de libros y revistas, hasta las páginas de este libro.

[9] Reducir la imagen al 89%. 300 dpi es el estándar de impresión de alta calidad a color, utilizado por buena parte de las revistas del mundo que, para maximizar su impacto visual, emplean un papel estucado o recubierto (*coated* en inglés, "con una cubierta encima"; *couché* en francés, "que ha recibido una capa"). En este máximo valor comercial, la imagen cubre 35 × 23 cm.

[10] ⌘D (*File > Place*). De la carpeta del capítulo, colocar sin arrastrar el archivo "contorno.tif". Como sugiere su nombre, esta foto contiene el dibujo con que el colibrí ha sido extraído de su fondo; desde luego, un trazado vectorial solo es posible por la excelencia de la toma, que muestra congeladas las alas del ave con excepcional definición (excepto que no en 7 × 5 cm, como al margen, sino en 14 × 11 cm).

[11] Reducir la imagen silueteada al 85,7% (o, si se prefiere, 30000/350). El valor resultante, 350 dpi es lo que se considera el más alto estándar de calidad, válido, por ejemplo, en libros de arte, catálogos de moda entre otras publicaciones (de bienes suntuarios) cuyo elevado costo justifica una producción adicional pero que, precisamente por ello, no son de circulación masiva.

[12] [V]. Seleccionar el primer marco, puesto como fondo, y ampliarlo hasta la línea de demasía (43 × 27,6 cm).

[13] Clic secundario sobre el marco y, en el menú emergente, *Fitting > Fill frame proportionally*. El colibrí llena ahora el fondo, a doble página.

[14] En el panel de Vínculos, observar la información del JPEG. Dada la calidad del original, esta foto, a 240 dpi, sería aceptable a doble página en cualquier revista del mundo (pero requeriría edición para no ser opacada por las demás).

[15] ⇧⌘S (*File > Save as*). Guardar el archivo con otro nombre (contorno.indd).

Ahora bien, el siguiente cuadro de referencia funciona unidireccionalmente: si resulta que se tiene un original cuya resolución efectiva es inferior a la mitad del valor óptimo, puede descartarse *técnicamente* como foto principal; *periodísticamente* podría ser redimida. Pero, en los días que corren, que una foto tenga 350 o 400 dpi no garantiza que sea excelente (del mismo modo que una película, aunque tenga un presupuesto millonario, puede ser pésima). Se hará mucho más relevante, por ello, mirarla a la luz de algunos criterios técnicos que se expondrán a continuación y que, tan objetivamente como la resolución, indicarán literalmente el espacio que se le puede conceder en página.

Las filas de la tabla guardan relación con las columnas de "picaflor.indd", en la progresión del radio máximo de los puntos.

material de impresión	borrador (50% del valor óptimo)	aceptable (66% del valor óptimo)	valor óptimo (nominalmente)
periódico mínimo	65 dpi	98 dpi	130 dpi
periódico máximo	100 dpi	150 dpi	200 dpi
papel *bond*	120 dpi	180 dpi	240 dpi
papeles especiales	133 dpi	200 dpi	266 dpi
papel *couché*	150 dpi	225 dpi	300 dpi
máximo comercial	175 dpi	263 dpi	350 dpi

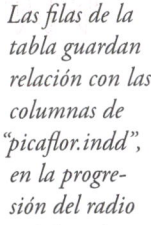

3. **Criterios de descarte**

Si alguien captura la foto de un marciano al mando del avión de Amelia Earhart en el Triángulo de las Bermudas, poco importará si se trata de un original con ocho bits de profundidad, tramado y a 50 dpi pues, pese a tal miseria técnica, podría ocupar la primera plana de la mitad de los periódicos del mundo. Pero, si bien el valor noticioso puede justificar incluir un material de menor calidad,[1] es menos probable que se le incluya en un tamaño grande, o como foto principal ni, mucho menos, en la portada de la edición. Así, fuera del criterio de la resolución, se sumará otro igualmente objetivo –la profundidad de bits–, junto a las formas en que, fotográficamente, se materializa un centro focal de atención.

[1] ⌘O (*File > Open*). De la carpeta del cap. v, abrir el archivo "explorar.indd". He aquí la muestra de mayor altura en este libro, un periódico de gran formato.

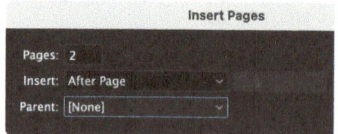

[2] *Layout > Pages > Insert pages.* Insertar dos nuevas páginas basadas en la maestra *[None]*. Puesto que InDesign no se interesa por la medida del píxel, se colocarán varias versiones de las mismas imágenes con exactamente las mismas dimensiones en píxeles, para intentar una comparación consistente.

[3] ⌘D (*File > Place*). De la carpeta "comparar", ubicada en la de este capítulo, traer el archivo "dithered.psd", que corresponde a la litografía *Catarata* de M. C. Escher. El formato apenas indica las posibilidades de la información contenida, en ningún modo su calidad; como mostrará el ejercicio, cualquier formato de imagen puede ofrecer una calidad buena, mala o regular.

---

1   *Se le descuelga la mandíbula a uno con una infografía de* National Geographic *sobre una luna de Júpiter y, en la misma edición, una "mancha" de pobre resolución… que resulta ser un superagujero negro en el centro de la Vía Láctea.*

[4] Clic sin arrastrar en la esquina superior izquierda de la primera columna en la página par. El monstruoso tamaño obtenido (1,86 × 2,22 metros) corresponde, como se puede ver en el panel de Vínculos, a la resolución de 72 dpi, que <u>hace décadas</u> era la de algunas pantallas de computadora.

[5] Con referencia en el extremo superior izquierdo, reducir las dimensiones a 399,6 × 574,6 mm (o sea, encajar el marco).

[6] Clic secundario sobre el marco y, en el menú contextual, *Fitting > Fit content proportionally*. La imagen, claramente sin retocar, tiene una resolución real de 335 dpi.

[7] Presentar la imagen al 300%. Si se mira con atención en toda el área exterior a la litografía –que debería ser blanca o, al menos,

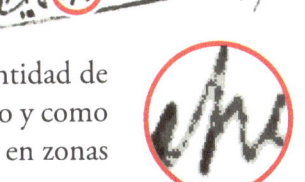

tener un color uniforme–, se verá una enorme cantidad de bloques. La firma, para poner un ejemplo concreto y como se observa en el detalle al margen, está fracturada en zonas discontinuas. Es más fácil detectarlo a color.

[8] ⌘D (*File > Place*). De la carpeta "comparar", traer "tramados.psd" a la pág. 3. Aunque, mirando la página en su integridad, podría no percibirse el problema, acercarse al 200% pondrá en evidencia que, allí donde se espera ver sombras rojizas de la flor, se tiene <u>un</u> único rojo, sobre el que se traman puntos negros. Esto se debe a que un archivo RGB, como el que típicamente entrega cualquier cámara, tiene 16,7 millones de colores (2^8 para el rojo, multiplicados por 2^8 para el verde y 2^8 para el azul, 2^{24}), mientras que una imagen en color indexado tiene, <u>como máximo</u>, 256 (2^8) colores. Lamentablemente, InDesign no detecta el color indexado.

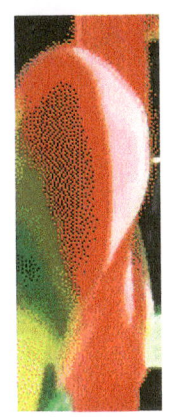

[9] [V]. Seleccionar la litografía y, activando la casilla *Replace item*, traer (⌘D) la foto "motblur5.tif". Basta deshacer (⌘Z) y rehacer la acción (⇧⌘Z) para comprobar que la nueva foto está uniformemente desenfocada, como se nota con claridad en las líneas horizontales (por ejemplo, la verja de la casa [a]). Desde el punto de vista del detalle, incluso la foto indexada (el PSD) es mejor que este archivo TIFF.

[10] Seleccionar la heliconia y reemplazarla (⌘D) por "heliconx.tif" (carpeta "heliconx", cap.XIII), ignorando el trazado de recorte para notar que hay un problema semejante, de desenfoque vertical, típico al fotografiar sin trípode.

[11] Seleccionar la litografía y reemplazarla (⌘D) por la foto "gausblr5.png" ([b]). A diferencia de la foto anterior, que estaba movida, esta versión está uniformemente borrosa. Puesto que, para publicarla en un periódico, se necesitan 200 dpi, los problemas de desenfoque, en general, pueden compensarse al reducir la imagen; una foto desenfocada no puede ampliarse, pues agravaría el problema.

[12] Manteniendo seleccionado el PNG, reemplazarlo (⌘D) por "profundx.jpg" ([c]). En primera generación, el formato JPEG ofrece una excelente relación entre el tamaño y la calidad. Por ello, es un estándar de almacenamiento de información, subrayando "almacenamiento" porque no es conveniente utilizarlo mientras el trabajo está en elaboración, únicamente cuando ya se ha concluido con él. Debe notarse que el primer plano (el edificio) luce en este archivo mucho mejor que en las versiones previas, pero el segundo plano está mucho más desenfocado: si fuera una fotografía, este sería un problema de *profundidad de campo* (asumiendo que, efectivamente quisiera verse el segundo plano).

[13] Con el JPEG seleccionado, traer como reemplazo el archivo "indexado.gif" ([d]). Aunque el trabajo en ella ha sido conservador, esta foto evidentemente está retocada. El formato GIF únicamente almacena una tabla o índice de colores, esto es, la paleta minúscula de ocho bits (2^8). ¿Cómo puede ser esta la mejor de las versiones? Al tratarse de una

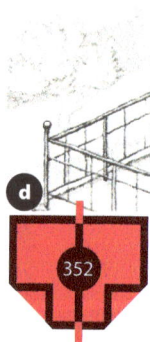

litografía en blanco y negro, el modo de Escala de grises es suficiente para conservar la información; de hecho, ya retocado, únicamente 217 tonalidades (de 256 disponibles) de gris están siendo empleadas en la imagen.

[14] [V]. Doble clic sobre el marco de la litografía y, al activar el contenido, reducir el porcentaje de ampliación de modo que se encaje lo más exactamente posible a las seis columnas centrales; en la muestra, 21,294%.

[15] ⇧⌘S (*File > Save as*). Guardar con otro nombre (comparar.indd). Antes de cerrar el archivo, conviene mirar la heliconia en detalle, ya que los teléfonos inteligentes lo son tanto que engañan a sus propios usuarios y les hacen creer que son grandes fotógrafos cuando, en muchos casos, lo que entregan ya no puede ser llamado fotografía. Las heliconias en la carpeta son, de hecho, "imágenes de alto rango dinámico" (HDR), esto es, *fotocomposiciones* de tres imágenes que apuntan a rangos distintos (una exposición para la sombra, [b]; otra para los medios tonos, y una tercera que no se deslumbra completamente con la luz que rebota en las hojas, [a]). De modo que parte de lo que se percibe como desenfoque se debe a que, incluso en el octavo de segundo que tuvo de exposición (1/120), las hojas se mueven.

Pero el propósito central del ejercicio era mostrar que puede *asumirse* que el PSD siempre entregará máximas posibilidades y que el TIFF es un estándar de compresión sin pérdida, virtudes por las que son formatos recomendables; también puede *asumirse* que el JPEG y el GIF están orientados a comunicaciones electrónicas y habrá que examinarlos muy detenidamente para verificar su utilidad. Pero lo cierto es que resulta peligroso asumir (supersticiosamente) calidad por provenir de ninguna tecnología y tanto la imagen perfecta puede ser un GIF de color indexado, aunque sea rarísimo, como una foto pésima puede encontrarse en el objeto inteligente de una imagen en bruto, con 100 Mb de peso, en PSD.

Id

4. **Modo Diferencia**

Con el GIF ha sucedido en la última década una de las veleidades informáticas más curiosas que se hayan presenciado porque, siendo ya, *a finales del milenio pasado*, un formato obsoleto, superado por el floreciente PNG, de pronto comenzó a ser aceptado por las redes sociales y los servicios de mensajería para incluir emojis y *stickers*, aprovechando que, entre sus capacidades, está la de una animación que, precisamente por primitiva, es aceptable en el menos inteligente de los dispositivos. Fuera de ese (desconcertante) contexto, el PNG es más eficiente y más versátil, dado que puede trabajar con grises y con color indexado (2^8 colores), con RGB (2^{24}) y, de hecho, incluir un canal de transparencia (2^{32}). Gracias a ello, el ejercicio anterior dejó de lado a la mejor alternativa, para actualizar la cual requiere un excepcionalmente útil (utilitario) modo de fusión.

[1] ⌘O (*File > Open*). De la carpeta "comparar", incluida en la del capítulo, abrir "comparar.indd", el paso final del ejercicio anterior.

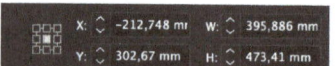

[2] [V]. Seleccionar el marco de la litografía y darle clic secundario para, en el menú emergente, emplear *Fitting > Fit frame to content* (Encajar marco a contenido). Si se observa el panel de Control, las medidas precisas a las que se reduce el contenedor dan una proporción de 1:1,1958, esto es, que –redondeando– el alto excede al ancho en un 20% (5:6).

[3] ⌘D (*File > Place*). De la carpeta de trabajo, traer el PNG de nombre "indexado", activando la casilla *Replace item*. Si la imagen retocada no corresponde a las exactas proporciones del original, se producirá un recorte o una distorsión, a cual peor. Ese cambio, aquí, se debe a la eliminación del margen blanco en el que, sin retocar, se percibe la cinta adhesiva para fijar la litografía (nótese que el PNG ocupa 17,2 Mb, esto es, el 80% del tamaño del GIF).

[4] ⌘Z (*Edit > Undo*). Al deshacer el reemplazo, inteligentemente, InDesign ofrece el puntero cargado con la imagen para colocarla en otra posición. Aquí, se le arrastrará sobre las seis columnas centrales. Ahora, en una sesión de fotos puede haber literalmente centenas de fotos, entre las cuales la diferencia es cuán entreabierto o entrecerrado está un párpado: ¿cómo saber si el contenido es igual?

[5] *Object > Effects > Transparency*. Aplicar a la imagen el modo Diferencia. Al invertir valores, un simple rectángulo blanco sobre la litografía produciría su exacto negativo. Por ello, otra versión de la misma imagen presentará negro donde estas sean 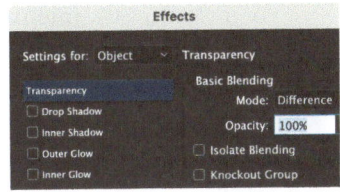 idénticas, lo que hará resaltar las diferencias (de ahí el nombre). El modo Diferencia es excepcionalmente útil, al permitir identificar cambios realizados de una versión a otra; además de las sutilezas que se producen en una sesión de fotos, debe considerarse la posibilidad que tienen las cámaras de disparar ráfagas (decenas de fotos por segundo).

[6] [V]. Ajustar la imagen exactamente a las seis columnas y, tras compararla con el original, repetir el paso anterior para 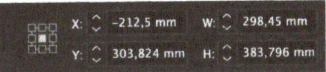 reactivar el modo Normal. En la muestra, con la referencia al centro, el marco quedará en -212,5x y 303,824y (desplazado ligeramente hacia arriba, para centrar la litografía sin contar la firma), con un tamaño de 298,45 × 383,796 mm.

[7] [V]. Seleccionar el marco de la litografía en formato GIF y eliminarlo ([⌫]).

[8] ⇧⌘D (*Window > Links*). En el panel de Vínculos, activar la fila de la imagen "indexado.png". La información del vínculo revelará que, a seis columnas, su resolución efectiva es 340 dpi, cuando, para un papel periódico como este, 200 dpi es lo óptimo.

Id

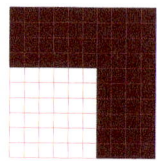

[9] [V]. Con el marco de la litografía activo, traer como reemplazo (⌘D), de la carpeta de trabajo, "almedida.tif". Este archivo corresponde milimétricamente a las dimensiones necesarias para una óptima calidad, pese a lo cual el archivo se reduce de 17,2 Mb a 7,4 Mb. En efecto, reducir la imagen de 340 a 200 dpi es aproximadamente un 60% (58,8%)…, pero, como las fotos tienen dos dimensiones, eso significa que de cada 100 píxeles se están conservando 36 (6×6), mientras se eliminan los 64 que se resaltan al margen.

[10] [V]. Doble clic en el marco de la litografía para, con el contenido activo, verificar en el panel de Control que la imagen está, efectivamente, al tamaño real. El objetivo de ello no solo es evitar que InDesign haga cálculos innecesarios si la imagen está al 99,99% o al 100,01%, sino, principalmente, comprobar que el ancho y el alto están al 100% ([a]).

[11] ⇧⌘S (*File > Save as*). Guardar con otro nombre (almedida.indd).

[12] Seleccionar el marco de la litografía y traer como reemplazo (⌘D) el archivo "200pc2px.tif" ([b]). Trabajar con el tamaño real significa que se puede explotar el filtro más importante de Photoshop, Enfoque inteligente (*Smart sharpen*), así valorado por aplicarse a todas las fotos. Evidentemente, realizada la captura, nada puede variar la distancia focal habida entre la cámara y el objeto fotográfico, pero todo paso de una tonalidad oscura a una clara (*i. e.*, todo borde), puede acentuarse: de *muy* oscuro a *muy* claro; ese mayor contraste se interpreta como enfoque.

[13] Repetir el paso anterior para comparar, esta vez, el archivo "300pc3px.tif" ([c]). Mientras que el anterior usaba valores conservadores de 200% (cuánto se exagera el contraste entre los bordes) y 2 px de radio (cuántos píxeles se consideran, efectivamente, borde), este emplea 300% y 3 px de radio. Este último valor se considera excesivo, pues

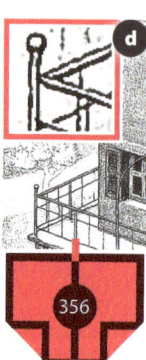

llega a formar halos claros contorneando las partes claras y halos negros contorneando las oscuras. De modo que la última muestra ([d]), con 400% y 4 px, tiene por objetivo exagerar cómo funciona el proceso. Sin embargo, qué es realmente un exceso depende de la calidad del original, del estilo gráfico que se busca y del material de impresión (lo que puede parecer suficiente en el papel de este libro podría no notarse en un papel periódico). Pero se mencionó que este filtro se emplea en todas las imágenes.

Enfocar es al mismo tiempo un filtro correctivo (captura y reproducción), como creativo (énfasis selectivo).

[14] Repetir los pasos [2]-[5] para colocar sobre el archivo sin enfoque (almedida.tif) la versión más extrema, "500pc5px.tif". Este último archivo (que no está incluido entre las muestras de la página opuesta) fue generado para poder ver lo más claramente que es posible en InDesign, cómo y dónde funciona el enfoque.

[15] ⌘W (*File > Close*). Cerrar el archivo sin guardar los cambios después del paso [11].

Para que cualquier manipulación funcione, tiene que no notarse que es una manipulación, lo que es decir que esta técnica, para ser eficiente, tiene que ser sutil; solo así puede aplicarse a todas las imágenes. Cuando se nota que la foto está editada –que tiene mucho filtro–, ya que a nadie le gusta saber que está siendo manipulado, se produce un rechazo, incluso si, como esta *Catarata* de M. C. Escher,[1] se trata de una construcción imposible en la que la corriente, que se veía fluir hacia la línea del horizonte (o sea, horizontalmente), de pronto cae sobre, verticalmente, sobre su propia fuente.

---

1   *Si su trabajo fuera simple* trompe-l'œil, *el interés por este artista se agotaría muy pronto. Recorrer su catálogo y, en particular, sus teselas (o "divisiones regulares del plano"), por el contrario, demuestra con excelencia que una estructura no solo no tiene que ser rectangular, sino* que *puede ser extraordinariamente creativa dentro de la precisión a la que está* obligada; *los escarabajos en la portada de este libro desarrollan un apunte de 1953 realizado por M. C. Escher en un cuaderno –desde luego– cuadriculado.*

5. Actualizar

Una publicación periódica es un ejemplo de trabajo colaborativo por excelencia, porque para cumplir con un cierre, con una entrega confiable a sus lectores (sobre la cual pueden ofrecer seguridad en la transmisión del mensaje a sus anunciantes), muchas personas deben trabajar coordinadamente. Una fuente cambiada, un error de título o una foto incorrecta son problemas típicos de un producto tan complejo que, a pesar de tener periodista, diseñador, corrector y editores (de página, de sección, editor general), no hace falta revisar muchas ediciones para encontrar. Para minimizarlos, antes de exportar, imprimir o compartir un archivo, debe verificarse cuidadosamente el panel de Vínculos.

[1] ⌘O (*File > Open*). De la carpeta "artemis2", incluida en la del capítulo, abrir "artemis2.indd". Uno de los archivos fue colocado desde una ubicación diferente y se recibirá una advertencia; como en casos anteriores, se dará *Don't update links*.

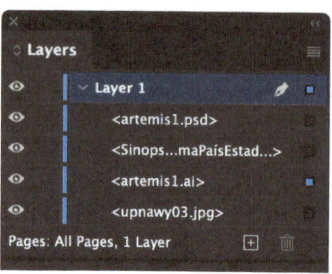

[2] [F7] (*Window > Layers*). En el extremo derecho de la fila de <artemis1.ai>, dar clic para activar el objeto (lo que será indicado con el recuadro, ∎). Este gráfico de Illustrator es el vínculo problemático.

[3] *View > Zoom in*. Al tener un objeto seleccionado, este se hace centro de la ampliación, de modo que, sobre el 200%, se notará claramente que los bordes del objeto están "mordisqueados".

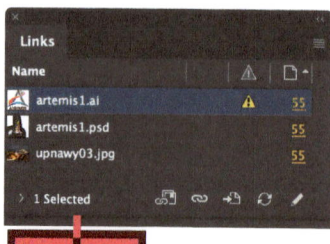

[4] ⇧⌘D (*Window > Links*). En el panel de Vínculos, doble clic en la alerta de modificación (⚠) para actualizar el vínculo. Excepto que, en este caso, InDesign especifica que el archivo colocado originalmente contaba con una diferente estructura de capas. Esto es, puesto en otras palabras, una doble alerta, que enfatiza la necesidad de consultar con una referencia de cómo fue diseñada la página, sea en papel o en PDF. Al tratarse de un error sutil, este es uno de los peores tipos, pues es difícil de detectar y, en consecuencia, de corregir.

[5] ⌘O (*File > Open*). De la carpeta "artemis2", incluida en la del capítulo, abrir "diferenc.indd", nuevamente, sin actualizar

los vínculos. Parece verse un logotipo, más bien negruzco, del programa Artemisa. Al momento de ser creado, este documento no escogió la opción de impresión (resaltada), por lo que presenta la información en RGB.

[6] Repetir el paso [4] para actualizar los vínculos. Como este documento está en RGB, ofrece la mejor posibilidad (fuera de Photoshop) de ver el modo Diferencia en acción, pues lo que parece ser <u>un</u> logotipo, en verdad, son dos versiones, una sobre otra, fusionadas en Diferencia.

[7] En el panel de Capas, ocultar alguna de las versiones del logo. Sin importar el modo que se le haya asignado, si no existe otro objeto debajo –por lógica–, no puede haber fusión. Aislados, será obvio que el aspecto negruzco originalmente percibido mostraba la identidad y que la degradación verdosa en la curva que representa la Tierra

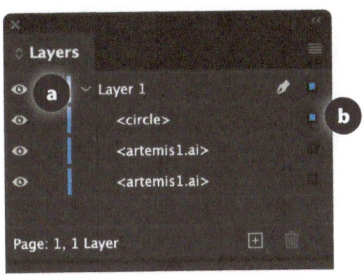

(esto es mucho más fácil de ver en RGB) se debe al canal verde, 132 niveles más intenso en su versión plana (G166) que en la versión degradada (G34). Antes de hacer visible (clic en [a]) y seleccionar el círculo (clic en [b]), colocado como objeto superior, es interesante tratar de detectar la deficiencia que, en verdad, descalifica a uno de estos logos y que no está en los colores. Lo que demore el examen hará legítima la pregunta: ¿es trabajo de un ser humano detectar fallas minúsculas o realmente es una ayuda el modo Diferencia?

[8] Con el círculo seleccionado (será el eje de ampliación), repetir el paso [3]. ¿Qué puede decir de la exploración espacial que el logotipo muestre semejante descuido? O, más precisamente, ¿qué diría de la seriedad de la información del artículo incluirlo sin <u>filtrar</u> esa falla?

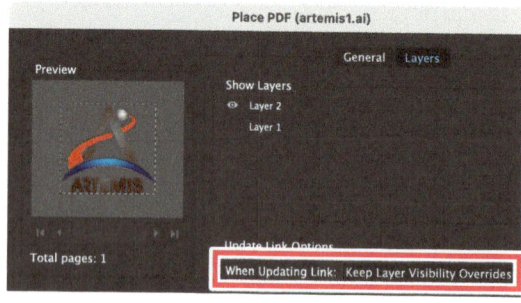

[9] Con el objeto inferior seleccionado en el panel de Capas, colocar como reemplazo (⌘D) el mismo archivo "artemis1.ai", verificando que solo debe ser visible la capa 2, la única válida. Se observará en la parte inferior (resaltado) que la actualización del archivo, en adelante, hará caso de lo que se haya dispuesto aquí, no de lo que haya sido guardado en el archivo.

[10] ⌘W (*File > Close*). Cerrar los archivos sin cambios.

El logotipo incluido en la sinopsis del programa Artemisa puede haberse tomado de la página de Wikipedia en inglés, pero quien lo publique le está dando validez (el error estaba en Wikipedia en español). Tras comparar las versiones correspondería, ahora, eliminar la capa 1 de "artemis1.ai"…, lo cual, a su vez, generaría otra duda de actualización en InDesign. Por ello, salvo un flujo de trabajo extremadamente metódico, es preferible hacer la actualización con el archivo abierto, para, al menos, prestar atención adicional a las alertas; al dirigirse a ellas, dicho sea de paso, el icono *Go to link* (resaltado) del panel de Vínculos saltará a la página en la que se encuentre la fila que se active, para facilitar su revisión. Ciertamente, los errores no pueden evitarse (por completo), pero, coordinadas debidamente las áreas que colaboran en una publicación, ellos pueden, y deben, minimizarse.

Capítulo XV
Formas de tabla

Licencia para reorganizar

Estrictamente, no existe un tipo de publicación masiva que haga uso sistemático de tablas, esto es, que incluya una en cada dos o cuatro páginas. Es posible que sean las memorias el tipo de documento en que tal recurrencia es posible, pero, aunque tengan periodicidad anual, nunca están dirigidas al público general. Así, siendo un elemento informativo y visualmente enriquecedor, su aparición infrecuente les permite amplias libertades respecto de la página en que se presentan.

En efecto, el diseño de revistas y periódicos se beneficia de emplear una estructura horizontal definida (con la rejilla de línea de base, digamos), porque, si la tiene, puede colocar avisos de media página horizontales; con la misma lógica, si emplea un número par de columnas, puede vender espacios verticales de media página. Por ello, al margen de toda propuesta estética, contar con ambos posibilita avisos de un cuarto de página.

Horizontalmente, una tabla, por ser un elemento excepcional, no tiene que ceñirse a las columnas de la publicación; como elemento de referencia, no cabe esperar que, verticalmente, se relacione con la rejilla de línea de base; su libertad es tal que pueden ocupar un espacio horizontal en una página vertical, esto es, requerir que se ponga la publicación de lado para consultarla. En síntesis, explotándolas apropiadamente, las tablas cuentan con el enorme poder de reorganizar el espacio.

1. Múltiples tabulaciones

Antes de las computadoras, ya las máquinas de escribir de IBM habían establecido un lenguaje de flechas en el que [→|] representaba Tabulación (si se presta atención, grafica "avanzar hasta un tope"). Si la información es suficientemente regular, llegar en todas las líneas a un punto determinado significa que estos van a crear una nueva verticalidad, es decir, que se van a disponer como una columna. Este elemental recurso basta para crear tablas en básicamente cualquier programa y almacenarlas en básicamente cualquier formato con limitaciones previsibles que, a veces, resultan aceptables.

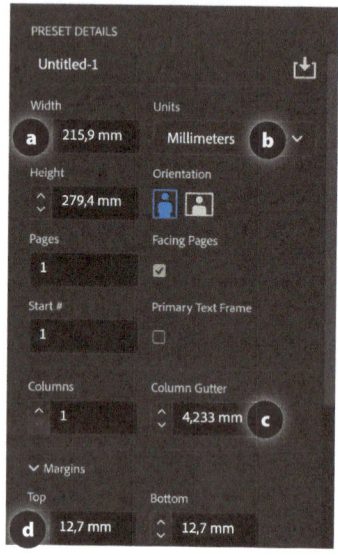

[1] ⌘N (*File > New > Document*). Crear un documento para impresión y, en el cuadro de diálogo, cambiar la unidad a pulgadas (*inches*, [b]). Aunque muestre milímetros, InDesign utiliza el sistema imperial, por lo que las medidas "arbitrarias" del papel carta (215,9 × 279,4 mm, [a]) son 8,5 × 11", del mismo modo que los márgenes predeterminados son media pulgada ([d]) y el medianil (intercolumnado) emplea un sexto de pulgada ([c]). Verificado el dato, que será relevante pasos adelante, se dará clic en *Cancel* ([↻]).

[2] ⌘O (*File > Open*). De la carpeta del capítulo, abrir el archivo "fichatcn.indd". Esta es una traducción de las leyendas colocadas en las imágenes del catálogo esbozado en el segundo capítulo (cfr. cap. II.1).

[3] ⌘+F11 (*Type > Paragraph styles*). En el panel Estilos de párrafo, verificar que se ha aplicado *[Basic paragraph]*, esto es, Minion de 12 pt (entre muchas otras características). Para respetar el estilo de la fuente bibliográfica,[1] se han manteni-

---

1   The world of M. C. Escher. *Nueva York, Abradale press (Harry N. Abrams, Inc.), 1988. 263 págs. ISBN 0-8109-8084-3.*

do las fracciones, por las que la primera obra, por ejemplo, presenta el ancho como 12 ⅝" y no como 12,625 pulgadas.

[4] [V]. Con el marco seleccionado, ⌘T (*Type > Character*) y, en el panel de Carácter, asignarle a todo el texto una familia tipográfica lineal (Myriad, [a]), reduciendo su tamaño a 9 pt ([b]), en español. Estos atributos son un apropiado punto de partida porque toda tabla es texto de consulta, que facilita comparar la información horizontal y verticalmente.

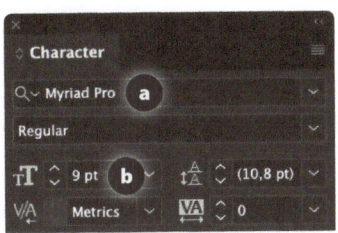

En otras palabras, nadie en su sano juicio va a *leer* esta tabla para, obra por obra, conocer estos datos técnicos; pero sería perfectamente útil, como un anexo al catálogo, pasar la mirada sobre la columna de años (*consultarla*, no *leerla*) y comprobar que las obras están presentadas cronológicamente; luego, pasar a las de técnica o dimensiones, y ver si, a lo largo del tiempo, el artista favoreció litografías o grabados, formatos grandes o pequeños, etc.

[5] ⌘R (*View > Show rulers*). Ya que las unidades son preferencias del documento, podrá verse que este ha sido configurado con pulgadas, con los márgenes predeterminados de media pulgada. Pero el texto no es muy inteligible.

Para ingresar milímetros (paso [14]), basta añadir la unidad (1 mm), que será automáticamente convertida (0,0394 in).

[6] ⌘⌴. Ampliar discrecionalmente en la mitad izquierda del texto. Puesto que la información de página ocupa menos de media columna, el nombre de las obras está perfectamente alineado a la izquierda, en la marca de 1".

[7] [T]. Colocar el punto de inserción delante de "año", en la primera línea, e insertar dos tabulaciones hasta alinearla con "1937", en la tercera fila. Puede notarse que las tabulaciones predeterminadas se separan por media pulgada.

[8] Repetir el proceso con todos los años. Como se observa, si el nombre de la obra es corto, hará falta añadir

más de una tabulación para nivelar el año con los nombres más extensos, que serán la referencia.

[9] *View > Grids & guides > Show guides*. El documento ya tiene líneas guías creadas con media pulgada de separación; con ellas –elementos no imprimibles– se facilitará notar que hay dos obras cuya técnica abarca dos pulgadas completas (*Grabado en madera, cuatro colores*), forzando a colocar tres tabulaciones en las obras cuya técnica (*litografía*) cabe en media pulgada. Las múltiples tabulaciones bastan para crear orden, pero es una solución poco elegante, a sabor de la irregularidad de los datos: aquí, en la primera línea, el encabezado "Libro 1967", es el único texto que no cabe en media pulgada.

[10] ⌘A (*Select > All*). Seleccionar todo el texto, para crear un estilo base.

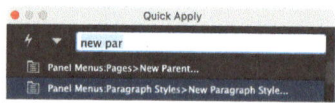

[11] ⌘↵. En Aplicación rápida, escribir los primeros caracteres de *New paragraph style*. El nuevo estilo solo recogerá los tres atributos asignados en el paso [4] puesto que, desde luego, las múltiples tabulaciones no son parte de estilo alguno. Antes de cerrar el cuadro de diálogo, darle nombre al estilo (lineal09) y verificar que se aplique a la selección.

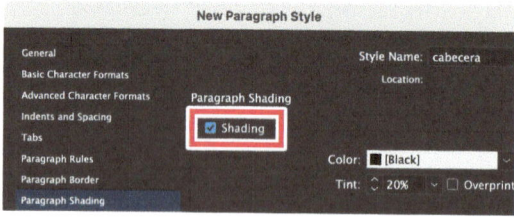

[12] [T]. Clic en la primera línea y repetir el paso [11], para crear un nuevo estilo, darle nombre (cabecera) y, en Formato básico, aplicar negrita condensada. Con ello, el encabezado de la "columna" problemática (*Libro 1967*) se ajustará a la media pulgada. Para el encabezado, en la sección *Paragraph shading*, se verificará la casilla (resaltada) que jerarquizará con un sombreado de gris al 20% toda la línea (que es un párrafo).

[13] [V]. Reducir el ancho del marco para que corresponda a lo que se estime apropiado al contenido.

[14] Editar el estilo "lineal09" y, para compensar el espacio desperdiciado horizontalmente, en la sección Sangría y espaciado, darle 1 mm de separación posterior (*Space after*). Con ello, se facilita identificar un dato en forma horizontal; si en la sección Filetes de párrafo se activa una regla inferior ([a]), con un peso de 0,5 pt ([b]), utilizando color negro ([c]) al 20% ([d]) y a 1 mm de separación ([e]), ubicar un dato podrá hacerse en forma que, incluso reducida al 55% (como se encuentra abajo), sigue siendo inequívoca.

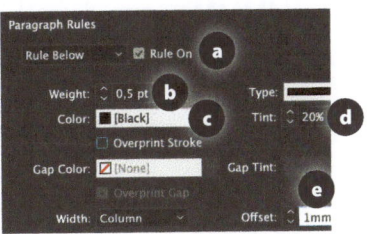

[15] ⇧⌘S (*File > Save as*). Guardar el *avance* con otro nombre (tabulacx.indd). Esta será la referencia.

pág.	nombre	año	técnica	milímetros	pulgadas	rubricado	libro 1967	catálogo 1968
76	Sueño	1935	Grabado en madera	320×240	12⅝×9½	4-'35 MCE	7	52
97	Naturaleza muerta y calle	1937	Xilografía	490×490	19¼×19¼	3-'37 MCE	–	63
121	Hormiga	1943	Litografía	181×250	7⅛×9⅞	V-'43 MCE	–	76
161	Mariposas	1950	Grabado en madera	280×260	11×10¼	VI-'50 MCE	27	–
188	Relatividad	1953	Litografía	272×293	10¾×11½	MCE VII-'53	67	106
200	Envoltura [Cáscara]	1955	Grabado en madera, cuatro colores	345×235	13⅝×9¼	V-'55 MCE	45	110
230	Belvedere	1958	Litografía	461×295	18⅛×11⅝	MCE V-'58	74	120
242	Pez y escamas	1959	Xilografía	380×380	15×15	VII-'59 MCE	26	–
243	Subiendo y bajando	1960	Litografía	350×285	13¾×11¼	III-'60 MCE	75	126
247	Límite circular IV	1960	Xilografía	417 (diámetro)	16⅜ (diámetro)	MCE VII-'60	23	127
258	Catarata	1961	Litografía	378×300	14⅞×11¾	X-'61 MCE	76	129
260	Cinta de Möbius II	1963	Grabado en madera, tres colores	455×207	17⅞×8⅛	II-'63 MCE	40	130

No estaría equivocado quien dijera (cfr. cap.x.1) que el objetivo de la composición de página es ahorrar papel. Pero que una tabla al 55% *se llegue a leer* está más cerca de desperdiciar el papel en que se la imprima que de ahorrar el papel adicional con el que hubiera sido correctamente colocada en página. Esto es, cuando se incluye al pie de un contrato que la oferta solo es válida el 29 de febrero por compras pagadas en criptomonedas, el (deshonesto) emisor confía en que la letra reducida desincentiva la lectura y solo se explica cuando la intención real es que no se lea un texto que, legalmente, debe ser incluido.

(a)
+111111
400606

(b)
+100001
495379

(c)
+100001
495379

2. Fijar y alinear

En el caso de las tablas numéricas, InDesign ofrece un recurso más sofisticado que las múltiples tabulaciones y que, de hecho, es el estilo predeterminado *tabular lining* ([c], cfr. cap. IV.4) de las cifras, que asigna a todos los dígitos el mismo ancho y el mismo alto. No es tan llamativo como los estilos antiguos (proporcional, [a] y alineado, [b]), pero, si la tercera suma al margen es más fácil de hacer mentalmente, se debe a que las otras están pidiendo un esfuerzo adicional; en caso de valerse de ese recurso OpenType, el único dato adicional sería tomar en cuenta que, entre sus doce opciones de espacios en blanco, se encuentra *Type > Insert white space > Figure space*, esto es, un espacio en blanco que tiene el mismo ancho de cualquier dígito. En todo caso, la poco elegante solución de múltiples tabulaciones está a un comando de distancia de la que se ensayará a continuación.

[1] ⌘O (*File > Open*). De la carpeta del capítulo, abrir los archivos "tabulacx.indd" (avance del ejercicio pasado) y "conguias.indd", documento con las unidades en milímetros.

[2] En "tabulacx.indd", seleccionar todo (⌘A), copiarlo (⌘C) y cerrar el archivo (⌘W).

[3] [V]. En "conguias.indd", pegar el marco tabulado (⌘V) y desplazarlo al extremo superior izquierdo de la caja, que está definida por un margen uniforme de 10 mm. Salvo un conflicto debido a nombres idénticos, los marcos se copian con los estilos que tengan aplicados; como este documento solo tiene el *[Basic paragraph]*, la copia simplificará algunos de los pasos siguientes.

[4] ⌘R (*View > Show rulers*). Presentar las reglas y ampliar el documento de modo que se vea todo el alto de la tabla (alrededor del 200% es suficiente). No es necesario verla en todo el ancho pues se irán definiendo "columnas", con la ayuda de las líneas guía.

[5] Clic sobre la regla vertical y arrastrar, sin soltar, hasta el extremo derecho de los números de página, en la primera columna; se verá que la guía inteligente indica que la posición horizontal es de 15 mm, de modo que se arrastrará 2 mm adicional para que (como se observa al margen), la indicación sea "x: 17 mm". Desde luego, hay que descontar los 10 mm de los márgenes.

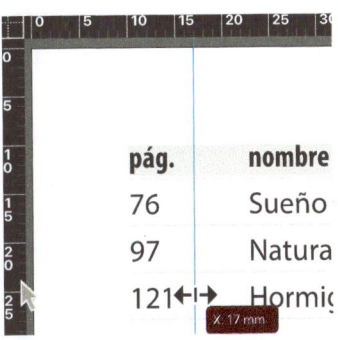

[6] ⌘+F11 (*Type > Paragraph styles*). En el panel Estilos de párrafo, clic secundario sobre "lineal09" y, en el menú emergente, *Edit "lineal09"*. De esta forma, se editará el estilo, sin aplicarlo al marco, afectando también a la cabecera, basada en él.

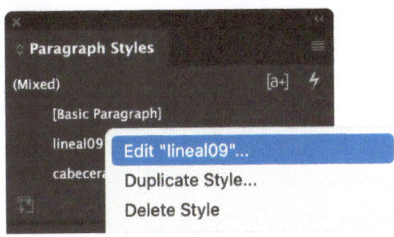

[7] En la sección de Tabulaciones, clic sobre la regla ([a]). Esta acción fijará una tabulación y no necesita ser cuidadosa, pues, inmediatamente debajo ([b]), podrá confirmarse su posición horizontal en 7 mm (esto es,

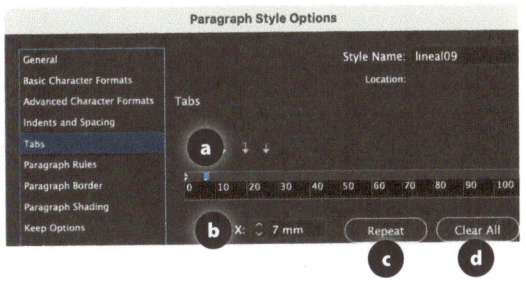

los 17 mm observados, menos los 10 mm de margen). Si únicamente se requirieran saltos ("columnas") de 7 en 7 mm, bastaría con dar clic en *Repeat* ([c]) y puede notarse que las separaciones de media pulgada –empleadas en el ejercicio anterior– están tan predeterminadas que no aparecen ni para eliminar con *Clear all* ([d]).

[8] [F7] (*Window > Layers*). Presentar la capa "guidline". Las guías no pueden verse individualmente, pero sí ubicarse en capas, estratégicamente; a partir de ello, como sucede aquí, puede mostrarse u ocultarse

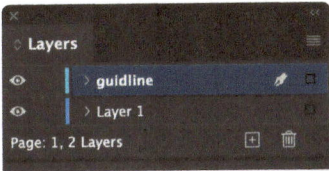

un grupo de guías según sea necesario. De hecho, ese es un empleo válido de las capas de InDesign que, en este caso, da las posiciones aproximadas de las siguientes tabulaciones. Pero hay un problema.

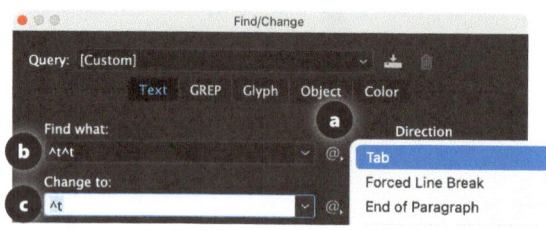

[9] *Edit > Find/Change.* En el menú de Caracteres especiales (@, [a]), seleccionar la primera opción, *Tab* dos veces consecutivas, de modo que aparezca "^t^t" en el campo de búsqueda ([b]) para ubicar las repeticiones; luego, colocar una tabulación como reemplazo ([c]) y dar clic en *Change all*. Ya que algunas "columnas" se crearon con triple tabulación, deberá darse clic en *Change all* nuevamente, de modo que se llegue a 0 reemplazos.

[10] [V]. Arrastrar sobre las guías (si no se activan, debe quitarse la verificación de *View > Grids & guides > Lock guides*) y repetir los pasos [6]-[7] observando los valores horizontales del panel de Control (desde luego, hay que restar los 10 mm de márgenes; las tabulaciones de la muestra están en 42, 51, 100, 122, 145, 162 y 175 mm).

libro 1967	catálogo 1968
7	52
–	63
–	76
27	–
67	106
45	110
74	120
26	–
75	126
23	127
76	129

[11] Ampliar la tabla sobre las últimas dos columnas y repetir el paso [6]. En contra de lo que sucede con los demás, los encabezados "libro 1967" y "catálogo 1968" ocupan un ancho mayor que el de los propios datos que presentan. Más allá de las tablas, la publicación, en general, exige conocer todos los tipos de tabulaciones; en efecto, la predeterminada (↓) coloca la información a la derecha del punto en el cual se establece; lo que estos dos campos requieren, en cambio, es volver a la sección de Tabulaciones, dar clic sobre el tope de 162 mm ([b] en la página opuesta) y, en la parte superior, cambiar a la tabulación centrada (↓, [a]); podrá observarse que tanto la etiqueta (el estilo del primer párrafo está basado en "lineal09") como la propia "columna" quedan alineados. Si se tiene buen ojímetro, la posición ([c]) que se busca se establecerá en 167,5 mm.[1]

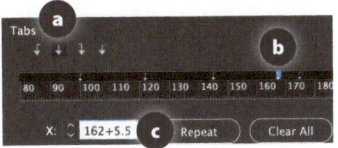

[12] Repetir el paso anterior con la última tabulación; si se calcula el ancho de la última "columna" en 15 mm, como en la muestra, corresponde añadir 7,5 mm; operación que, como se observa en la captura, puede realizarse en el propio campo de posición horizontal ([c]). Otras columnas podrían centrarse, pero antes conviene configurar la que, en general, podría ser la más útil de las otras tabulaciones.

[13] Ampliar el documento al 200%.

[14] [T]. Colocar el punto de inserción delante del "7" de "76" en la segunda línea del marco.

[15] ⇧⌘T (*Type > Tabs*). Al activar el panel de Tabulaciones, se presentará una nueva regla sobre el marco, en la que están marcadas las tabulaciones ya definidas por el estilo. Con un punto de inserción activo, solo se afecta a un párrafo particular, forma óptima de probar una configuración nueva (especialmente cuando ya se han definido ocho topes).

[16] Clic sobre los 5 mm de la regla para insertar una nueva tabulación y, en la parte superior, cambiar su alineación a la derecha (↓, [a]) y verificar su posición en 5 mm ([b]). Tras ello, cerrar el panel de Tabulación (⇧⌘T) e insertar una nueva tabulación

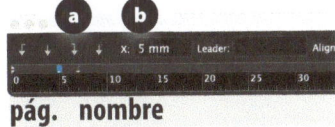

pág. nombre

76 Sueño

97 Naturaleza muerta v

---

1   *Como este libro no es muy aficionado al ojímetro, los 5,5 mm que se suman en la captura (arriba) provienen de calcular el ancho de la "columna" en 11 mm (175 de la última tabulación, menos 2 de separación, menos 162 del penúltimo tope). Curiosamente, cuando se trata de alineación y distribución, esta información puede tomarse como una base firme, pero la separación óptima entre una forma y otra está más en la percepción que en las medidas exactas (cfr. caps. VI.5, XII.2).*

delante del "7". Como se observará, el resultado será que la primera tabulación acomoda el texto a la derecha, 2 mm, después de lo cual la siguiente "columna" va a la izquierda. Si todas los párrafos estuvieran así, las unidades se alinearían con las unidades, decenas con decenas y, así, respectivamente. Pero solo se ha modificado el primer párrafo.

[17] [⊗] (*Edit > Clear*). Eliminar la tabulación que se ha insertado en forma manual. Nuevamente, ello descuadra la línea, pero –fuera de ser tedioso– repetir manualmente una operación, en todos los párrafos, es una invitación al error.

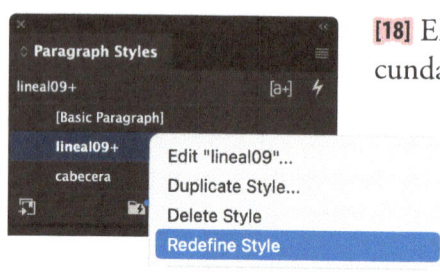

[18] En el panel Estilos de párrafo, clic secundario sobre el estilo "lineal09+" (el signo de suma aparece porque hay algo más, la tabulación) y, en el menú emergente, *Redefine style*. La mejora realizada se actualiza a todos los párrafos, descuadrando todo.

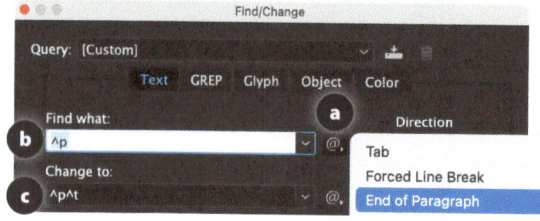

[19] Repetir el paso [9] para buscar las marcas de párrafo (aparecerán como "^p", [b]) y reemplazarlas por una marca de párrafo y tabulación (^p^t", [c]); metacaracteres que, nuevamente, han de seleccionarse en el menú de *Special characters* (@, [a]). Al dar clic en *Change all*, los doce párrafos quedan ordenados. Manipular la posición del texto sin salir de él es un recurso extraordinario que ofrecen las tabulaciones; de hecho, incluso sencillos procesadores de texto ofrecen los mismos cuatro tipos de alineación. De los que falta ver uno.

[20] ⇧⌘S (*File > Save as*). Guardar con otro nombre (ordenado.indd). Este texto está mucho mejor presentado; casi es lo más lejos que se puede lograr con tabulaciones.

[21] Ampliar la "columna" de milímetros al 200%. Tanto el panel de Tabulaciones como el de Estilos de párrafo presentan la ampliación a la que se tenga el documento.

[22] [T]. Arrastrar sobre el carácter de multiplicación (×, que no es una equis) y copiarlo (⌘C).

[23] Editar el estilo "lineal09" para, con el tope de 100 mm activo, dar clic en la tabulación decimal (↓, [a]). Como lo indica su símbolo (y según el sistema imperial), lo predeterminado es usar un punto decimal, pero en *Align on* (Alinear en, [c]) puede colocarse una coma… o, como se hará en este caso, pegar (⌘V) el signo de multi-plicación. Si todas las filas lo tuvieran, esta

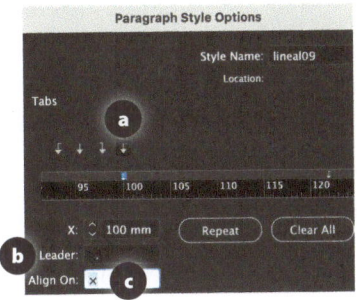

sería una modificación bienvenida, pero, lamentablemente, no es el caso (la última xilografía, circular, arruina la posibi-lidad) por lo que, antes de cancelar, se hará una prueba final.

[24] En el campo *Leader* ([b]), colocar un punto y observar cómo ese carácter rellenará toda la tabulación; para separar los puntos pueden colocarse uno o más espacios delante del punto, así como podría colocarse un guion bajo (*underscore*, "_") como separador.

[25] ⌘W (*File > Close*). Cerrar sin los cambios después del paso [20]. Mirándolo bien, ¿qué le falta a este tabulado?

pág.	nombre	año	técnica	milímetros	pulgadas	rubricado	libro 1967	catálogo 1968
76	Sueño	1935	Grabado en madera	320×240	12⅝×9½	4-'35 MCE	7	52
97	Naturaleza muerta y calle	1937	Xilografía	490×490	19¼×19¼	3-'37 MCE	–	63
121	Hormiga	1943	Litografía	181×250	7⅛×9⅞	V-'43 MCE	–	76
161	Mariposas	1950	Grabado en madera	280×260	11×10¼	VI-'50 MCE	27	–
188	Relatividad	1953	Litografía	272×293	10¾×11½	MCE VII-'53	67	106
200	Envoltura [Cáscara]	1955	Grabado en madera, cuatro colores	345×235	13⅝×9¼	V-'55 MCE	45	110
230	Belvedere	1958	Litografía	461×295	18⅛×11⅝	MCE V-'58	74	120
242	Pez y escamas	1959	Xilografía	380×380	15×15	VII-'59 MCE	26	–
243	Subiendo y bajando	1960	Litografía	350×285	13¾×11¼	III-'60 MCE	75	126
247	Límite circular IV	1960	Xilografía	417 (diámetro)	16⅜ (diámetro)	MCE VII-'60	23	127
258	Catarata	1961	Litografía	378×300	14⅞×11¾	X-'61 MCE	76	129
260	Cinta de Möbius II	1963	Grabado en madera, tres colores	455×207	17⅞×8⅛	II-'63 MCE	40	130

Id

3. Texto en tabla

Configurar apropiadamente las tabulaciones es un conocimiento esencial que, incluso si requiere algún esfuerzo las primeras veces que se emplea, tiene la amplísima compensación de poder aplicarse en múltiples programas: el tema del daño óptico irreparable (mencionado ya algunas veces) es que se puede tener o no InDesign disponible para todos los documentos, pero, si no, adquiridos algunos gustos respecto de cómo debe presentarse una página, bien compuesta, es difícil retroceder (es imposible *des-aprender*). El problema con las tabulaciones es que suponen que toda la información debe caber en una línea y ello no solo supone una pérdida potencial de espacio, sino que es directamente imposible en algunos casos: en lugar de "milímetros", por ejemplo,[1] debería decir "dimensiones (ancho por alto, en mm)", texto que supondría un desperdicio inaceptable empleando tabulaciones y exige otra técnica.

Lista que, claro, incluye a Illustrator, a procesadores de texto e, incluso, al modestísimo Editor de texto (TextEdit) de Mac.

[1] ⌘O (*File > Open*). De la carpeta del capítulo, abrir "ordenado.indd", archivo con que inició el ejercicio previo.

[2] [T]. Colocar el punto de inserción dentro del marco y ⌘A (*Select > All*).

[3] ⌘T (*Type > Character*). En el panel de Carácter, asignarle al texto, nuevamente, la familia tipográfica lineal (Myriad) de 9 pt, en español. Aunque podría importarse el estilo ya creado, debe notarse que, de las veinte características configuradas, solo tres interesa rescatar.

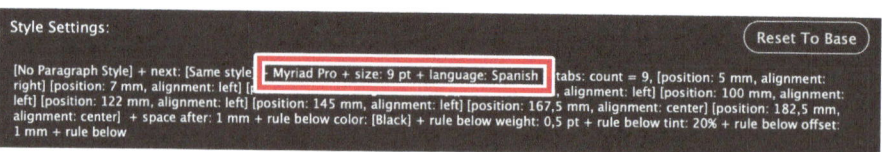

Style Settings:

Reset To Base

[No Paragraph Style] + next: [Same style] + Myriad Pro + size: 9 pt + language: Spanish + tabs: count = 9, [position: 5 mm, alignment: right] [position: 7 mm, alignment: left] [... alignment: left] [position: 100 mm, alignment: left] [position: 122 mm, alignment: left] [position: 145 mm, alignment: left] [position: 167,5 mm, alignment: center] [position: 182,5 mm, alignment: center] + space after: 1 mm + rule below color: [Black] + rule below weight: 0,5 pt + rule below tint: 20% + rule below offset: 1 mm + rule below

---

1   *El comentario vale para la "columna" de pulgadas; como el artista era holandés, en vez de "nombre", cabría colocar "nombre de la obra (traducido del inglés)"; en lugar de "rubricado", "firmado y fechado (por Maurits Cornelis Escher, MCE)".*

[4] ⌘↵. En Aplicación rápida, escribir los primeros caracteres de *New paragraph style* para recrear el estilo "lineal09" y aplicarlo.

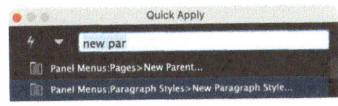

[5] Con todo el texto seleccionado, *Table > Convert text to table*. Al convertir un texto en tabla, las tabulaciones serán divisores de columnas ([a]) y las marcas de párrafo separarán filas ([b]); aquí bastará *[No table style]*, ([c]) pero este mismo comando podría crear tablas con estilo desde simples archivos de texto, separados por comas (*Comma-Separated Values*, csv).

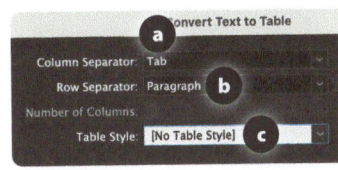

[6] ⌘K (*InDesign > Preferences*, Edición > Preferencias en pc). En la sección *Units & increments*, restablecer las unidades, tanto horizontal como vertical, a milímetros (resaltadas); este tipo de ajuste únicamente afecta a la publicación activa.

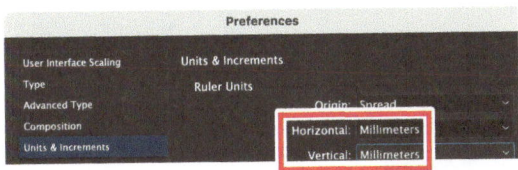

[7] Colocar el punto de inserción dentro de la tabla y *Table > Select > Table*.

[8] En el panel de Control, alinear el texto al centro horizontal ([a]) y vertical ([b]) de cada celda; luego, con las seis líneas en la muestra activas ([e]), asignarle al delineado la muestra *[None]* ([c]).

[9] Triple en cualquiera de las líneas de la representación para desactivar todo; luego, clic en la línea horizontal media para dar a los separadores horizontales un grosor de 0,5 pt ([d]). Ampliada al margen, esta representación indica con seis líneas los cuatro extremos de la tabla más los dos tipos

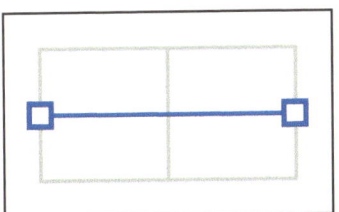

de separador; triple clic en cualquiera de las líneas activa o desactiva las seis; doble clic en alguno de los cuatro extremos hace lo mismo con todo el contorno y doble clic en uno de los separadores activa/desactiva también al otro.

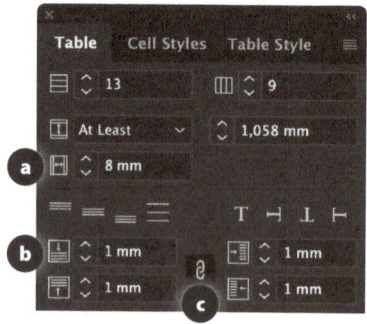

[10] ⇧+F9 (*Window > Type & tables > Table*). En el panel Tabla, verificar que los valores estén encadenados (🔗, [c]) y reducir el margen interior a 1 mm ([b]) que, equivaliendo a 3 pt, es aceptable para un texto de 9 pt, como el de esta tabla. Debe observarse que el solo redondeo de 1,411 a 1 mm significa reducir más de 10 mm al alto de la tabla, por lo que el margen interior de la celda puede aumentar o reducir centímetros a la tabla; debido a las líneas horizontales, si se exagera, podría percibirse espacio perdido, pero la tabla sería igualmente funcional.

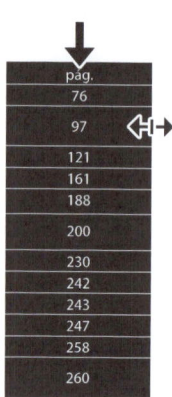

[11] Colocar el puntero ligeramente sobre la primera columna y, al obtener el cursor de selección vertical (↓), dar clic. Con ello, podrá emplearse –como punto de partida– el valor mínimo para que la información de todas las celdas sea visible; en la muestra, 8 mm para la primera columna ([a]).

[12] Colocar el puntero ligeramente a la izquierda de la primera fila y, al obtener el cursor de selección horizontal (→), dar clic. Así, el panel de Control activará los encabezados a los que, como en los ejercicios anteriores, se les dará un formato especial, utilizando el estilo de condensada negra.

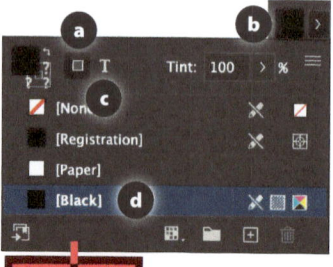

[13] En el panel de Control, desplegar el relleno ([b]) y dar al contenedor ([a]) la muestra *[Black]* ([d]); luego, activar el contenido ([c]) y emplear en el texto la muestra *[Paper]*; por cierto que, para compensar la pérdida de legibilidad (ganancia de punto, cfr. cap. XII.1), se ha empleado *black* y no *bold*.

[14] Reducir al mínimo el tamaño de todas las columnas. Si se colocara un valor demasiado pequeño, se presentará una alerta (•), por lo que la estrategia es reducir hasta que aparezca la primera y, luego, aumentar un milímetro. Puede anotarse que, si se coloca el puntero exactamente sobre un separador, es posible directamente arrastrar cuando se tenga una flecha de doble sentido (←I→), aunque, a continuación, debe considerarse que componer una página significa establecer relaciones jerárquicas; así, por ejemplo, las columnas en milímetros y en pulgadas deben tener anchos iguales, como la referencia del libro de 1967 y la del catálogo de 1968.

[15] ⇧⌘S (*File > Save as*). Guardar la tabla con otro nombre (contrast.indd).

pág.	nombre	año	técnica	milímetros	pulgadas	rubricado	libro 1967	catálogo 1968
76	Sueño	1935	Grabado en madera	320×240	12⅝×9½	4-'35 MCE	7	52
97	Naturaleza muerta y calle	1937	Xilografía	490×490	19¼×19¼	3-'37 MCE	–	63
121	Hormiga	1943	Litografía	181×250	7⅛×9⅞	V-'43 MCE	–	76
161	Mariposas	1950	Grabado en madera	280×260	11×10¼	VI-'50 MCE	27	–
188	Relatividad	1953	Litografía	272×293	10¾×11½	MCE VII-'53	67	106
200	Envoltura [Cáscara]	1955	Grabado en madera, cuatro colores	345×235	13⅝×9¼	V-'55 MCE	45	110
230	Belvedere	1958	Litografía	461×295	18⅛×11⅝	MCE V-'58	74	120
242	Pez y escamas	1959	Xilografía	380×380	15×15	VII-'59 MCE	26	–
243	Subiendo y bajando	1960	Litografía	350×285	13¾×11¼	III-'60 MCE	75	126
247	Límite circular IV	1960	Xilografía	417 (diámetro)	16⅜ (diámetro)	MCE VII-'60	23	127
258	Catarata	1961	Litografía	378×300	14⅞×11¾	X-'61 MCE	76	129
260	Cinta de Möbius II	1963	Grabado en madera, tres colores	455×207	17⅞×8⅛	II-'63 MCE	40	130

Sin ser una mejora radical respecto del tabulado previo (ambos al 63%), se tiene otro nivel de presentación con el alto contraste del encabezado, pero recurrir a las tablas no solo permite mejor alineación, sino presentar la información completa, como se realizará a continuación.

4. **Formato de contenido**

Una vez alcanzado el final de una línea, a la derecha, los ojos van en diagonal al inicio de la siguiente, a la izquierda, trazando una zeta cada dos líneas: en eso consiste el ejercicio zigzagueante de la lectura en español (en chino se lee en "N", primero arriba-abajo y luego derecha-izquierda). Pero la tabla, información de referencia –excusando el sonsonete– no es lectura; es consulta. Lo que significa que, entre los 191 × 61 mm que, de momento, tiene la tabla, alguien, fascinado por la arquitectura fantástica de la *Catarata*, podría pasar el dedo por la columna de títulos y, alcanzada la obra, completar una "L" con la mirada para saber sus dimensiones: tal como se lee un índice. De modo que, muy conservadoramente, podría reducírsele un punto a este texto; la maravilla de las tablas es que puede darse formatos diferenciados a filas y columnas casi con un solo clic.[1]

Con la tipografía apropiada, el crédito de una foto puede muy bien utilizar 5 pt (incluso menos), sin perder utilidad.

[1] ⌘O (*File > Open*). De la carpeta del capítulo, abrir los archivos "recortes.indd" y "contrast.indd". El último es el avance del ejercicio anterior, mientras que el primero contiene encabezados que, aprovechando que el texto fluye en cada celda como si fuese un marco independiente, ahora pueden ser una descripción correcta de sus columnas.

[2] En "recortes.indd", seleccionar todo (⌘A), copiarlo (⌘C) y cerrar el archivo (⌘W).

[3] En "contrast.indd", pegar el marco azul copiado (⌘V). Con el objeto, se copian, desde luego, los estilos de párrafo y de carácter aplicados.

[4] [T]. Arrastrar el puntero sobre el signo de diámetro (Ø) y cortarlo (⌘X). Cuando un solo elemento ofrece una

---

1   *Algo de lo que se hará en este ejercicio podría hacerse anidando un estilo de carácter dentro de otro de párrafo; además de la planificación…, indudablemente eso tomaría muchísimo más de un clic.*

irregularidad (una verruga en la columna), se le podría abreviar (diá.), reducirle el interletraje al mínimo (-50‰), pasar a una tipografía condensada o, en este caso, reemplazarlo por un símbolo estandarizado: la "O nórdica", presente en el juego de caracteres de Myriad y muchas otras fuentes.

[5] Arrastrar sobre "(diámetro)" y ⇧⌘V (*Edit > Paste without formatting*). El original estaba en seminegrita condensada, pero este pegado respeta los atributos del texto de destino (la palabra aparece en las dos columnas de unidad).

[6] Repetir [4]-[5] para seleccionar el primer encabezado completo (*nombre, traducido…*) y reemplazar la versión abreviada (*nombre*). Lo mismo debe hacerse con *firmado y fechado* por *rubricado*. Hará falta un paso previo para cambiar el encabezado de la columna de dimensiones.

[7] Clic sobre la palabra "milímetros" y arrastrar hacia la derecha, hasta la palabra "pulgadas". InDesign, inteligentemente, seleccionará ambas celdas, cuyo contenido se eliminará ([⌫]), pues, de hecho, como una forma de disminuir su jerarquía, se emplearán abreviaturas para las unidades.

[8] *Table > Merge cells*. Si bien el panel de Control habilita la opción de combinar las celdas seleccionadas, el menú permite dividirlas horizontal y verticalmente.

[9] Seleccionar los dos párrafos restantes en el marco azul y pegarlos en la celda fusionada. Aunque esta podría dividirse horizontalmente (creando una celda para la línea superior y otra para la línea inferior, donde están abreviadas las unidades), las celdas disponen su contenido en el centro vertical y tiene margen interior (pasos [8] y [10] del ejercicio previo), lo que habría que corregir para que este encabezado se mantuviera alineado con los demás. Pero, una vez que se ha ubicado todo el texto faltante, antes de cualquier ajuste fino, debe reconocerse la funcionalidad del texto.

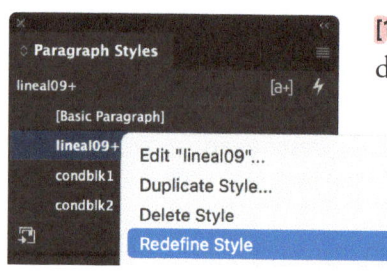

[10] Con el punto de inserción en el nombre de alguna obra, ⌘+F11 (*Type > Paragraph styles*). Detener el puntero sobre "lineal09+" dirá que el signo "+" marca el centrado añadido, mejora que se aceptará, con clic secundario, *Redefine style*; en seguida, *Edit "lineal09"*.

[11] En la sección Formato básico, según la funcionalidad comentada en la presentación, dar al texto semicondensada de 8 pt. Resulta esencial destacar el valor de contar con una familia tipográfica completa: utilizar condensadas sería excesivo; ahora pueden reducirse las columnas, menos una.

pág.	nombre (traducido del inglés)	año
76	Sueño	1935
97	Naturaleza muerta y calle	1937
121	Hormiga	1943
161	Mariposas	1950
188	Relatividad	1953
200	Envoltura [Cáscara]	1955
230	Belvedere	1958
242	Pez y escamas	1959
243	Subiendo y bajando	1960
247	Límite circular IV	1960
258	Catarata	1961
260	Cinta de Möbius II	1963

[12] Colocar el puntero ligeramente sobre la segunda columna y clic con el cursor de selección vertical (↓, [a]); luego, en el panel de Control, volver el estilo Normal; así, el texto principal recupera su debida jerarquía.

[13] Colocar el puntero ligeramente a la izquierda de la fila de encabezado y clic con el cursor de selección horizontal (→, [b]). Esta vez, en el panel Estilos de párrafos, clic secundario sobre el estilo "condbkl1" para seleccionar *Apply "condblk1", clear overrides*, lo que volverá la condensada negra al encabezado de la segunda columna.

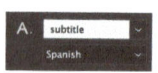

[14] [T]. En el encabezado de la segunda columna, arrastrar la herr. Texto desde la apertura de paréntesis hasta el final de la celda y, en el panel de Control, aplicarle el estilo "subtitle"; se hará lo mismo en el encabezado "dimensiones".

[15] ⇧+F9 (*Window > Type & tables > Table*). En el panel Tabla, reajustar nuevamente las columnas al mínimo.

[16] Presentar la columna de dimensiones al 200%.

[17] Dar a la segunda línea del encabezado (*mm/pulg.*) el estilo "condblk2". Con ello, los milímetros quedan alineados con el contenido… con una tabulación dentro de la tabla.

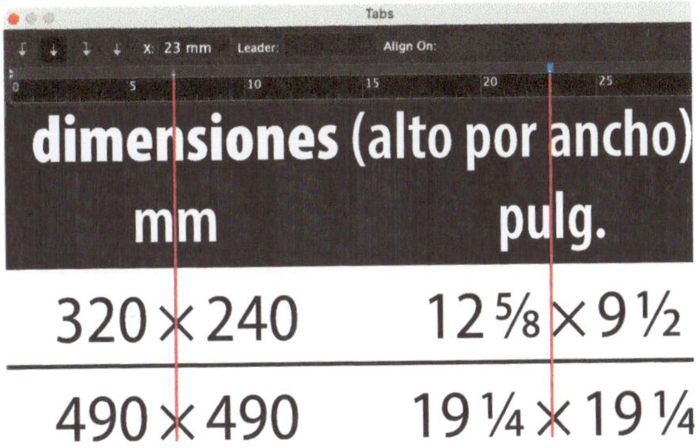

[18] *Type > Tabs*. En el panel Tabulaciones, crear una nueva tabulación centrada en 23 mm. En la muestra, las columnas de ambas unidades fueron reducidas a 16 mm, con lo que la primera tabulación, ya fijada, está en 7 mm (recuérdese que la celda tiene 1 mm de margen

interior); a la segunda tabulación, en consecuencia, se le añaden los 16 mm para centrarla, como se observa al margen.

[19] Repetir el paso [12] en la primera columna y ⇧⌘R para alinearla a la derecha.

[20] ⇧⌘S (*File > Save as*). Guardar con otro nombre (fullhead.indd). Aunque parezca una falta de respeto al trabajo invertido para llegar aquí, no es absurdo decir que, solo cuando se ha maximizado la eficiencia funcional de la tabla, puede comenzar su diseño, en su estrecha noción de "atractivo visual"; desde luego, perfeccionar tal funcionalidad es parte del diseño, en su más amplia y genuina concepción.

pág.	nombre (traducido del inglés)	año	técnica	dimensiones (alto por ancho)		firmado y fechado	libro 1967	catálogo 1968
				mm	pulg.			
76	Sueño	1935	Grabado en madera	320×240	12⅝×9½	4-'35 MCE	7	52
97	Naturaleza muerta y calle	1937	Xilografía	490×490	19¼×19¼	3-'37 MCE	–	63
121	Hormiga	1943	Litografía	181×250	7⅛×9⅞	V-'43 MCE	–	76
161	Mariposas	1950	Grabado en madera	280×260	11×10¼	VI-'50 MCE	27	–
188	Relatividad	1953	Litografía	272×293	10¾×11½	MCE VII-'53	67	106
200	Envoltura [Cáscara]	1955	Grabado en madera, cuatro colores	345×235	13⅝×9¼	V-'55 MCE	45	110
230	Belvedere	1958	Litografía	461×295	18⅛×11⅝	MCE V-'58	74	120
242	Pez y escamas	1959	Xilografía	380×380	15×15	VII-'59 MCE	26	–
243	Subiendo y bajando	1960	Litografía	350×285	13¾×11¼	III-'60 MCE	75	126
247	Límite circular IV	1960	Xilografía	417 Ø	16⅜ Ø	MCE VII-'60	23	127
258	Catarata	1961	Litografía	378×300	14⅞×11¾	X-'61 MCE	76	129
260	Cinta de Möbius II	1963	Grabado en madera, tres colores	455×207	17⅞×8⅛	II-'63 MCE	40	130

5. **Rellenos alternos**

Tratar al texto como si fuera griego (cfr. cap. IV.1) significa que los problemas de composición que presente la página se han de enfrentar utilizando herramientas de diseño; desde un punto de vista editorial, ciertamente podría decirse que la columna de año es *medio* redundante con la de firmado y fechado, o que las dimensiones tendrían que ir en una sola columna, poniendo entre paréntesis la otra unidad. Pero, salvo que se trate de un anexo, en que las tablas podrían colocarse una tras otra o alternadas con gráficas de barras, por ejemplo, es un problema cabal de InDesign integrar una tabla con otros elementos, con el cuerpo de texto, con los títulos o imágenes. En ese caso —tal como se ha hecho con las tablas de muestra en este capítulo— corresponderá que su alto ocupe un número de renglones, que use la paleta de Muestras de la publicación, idealmente que encaje en las columnas o, elementalmente…, que quepa en la página.

[1] ⌘O (*File > Open*). De la carpeta del capítulo, abrir "fullhead.indd", resultado del ejercicio anterior. No es solo un "avance" porque, como está, es perfectamente publicable… pero no en este libro, pues su ancho todavía es 156 mm.

[2] Colocar el punto de inserción dentro de la tabla y *Table > Select > Table*.

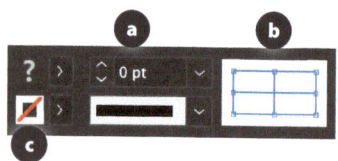

[3] Triple clic en alguno de los separadores de la representación ([b]) para, con las seis líneas activas, asignarle a la tabla 0 pt de grosor ([a]) y la muestra *[None]* al delineado ([c]).

[4] *Table > Table options > Alternating fills*. Disponiéndose de color, alternar rellenos constituye un recurso elemental para facilitar la consulta de una tabla; de hecho, sustituyen con ventaja a las líneas horizontales (eliminadas por ello en el paso anterior) y cobran más valor a mayor ancho de tabla. Aquí, una aplicación básica dará un patrón alternado fila sí,

fila no (*Every other row*, [a]), con la muestra "indesgn1" ([b]) al 15% ([c]), omitiendo las dos primeras filas ([d]). InDesign ha más de una década que se identifica entre magentas y rojos; al 15%, la muestra (copiada junto con el marco de "recortes.indd"

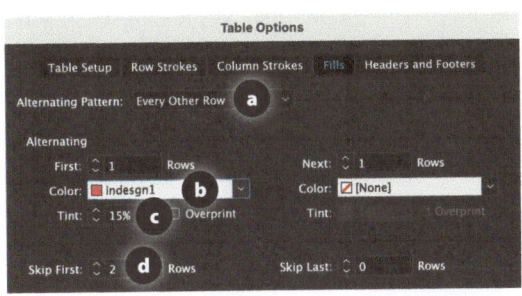

en el ejercicio previo) podría aumentarse según el tipo de impresión…, pero lo ideal es partir del mínimo perceptible, que no compita con el texto en absoluto.

[5] Con el cursor de selección horizontal (→), activar la fila de encabezado y, en el panel de Control, usar la muestra "indesgn1" ([c]) como relleno ([a]) al 100% ([b]).

[6] Doble clic en la muestra de relleno en el panel de Control ([a]) o en la caja de Herramientas. Con ello, sin alterar la definición de "indesgn1" empleada en la tabla, se comprobará que,

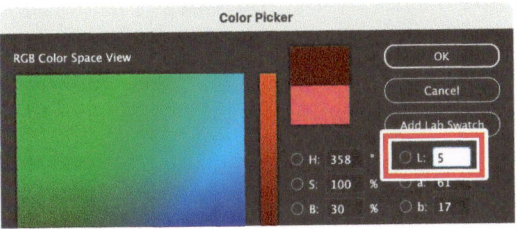

simplemente reduciendo la Luminosidad, se obtiene la sombra más fiel posible a partir de la muestra; dependiendo del color base, -20% puede ser suficiente; en este caso, al 5% (resaltado) se obtiene un color cercano a lo que es el granate, color alterno de InDesign.

[7] [V] Duplicar la tabla. Una será el original, formato, dimensiones mínimas y colores, bases de los estilos pertinentes; la otra se perfilará para la publicación de destino.

[8] En la copia, reducir el ancho de la columna de técnica a 24 mm. Si bien la tabla anterior es publicable, para

colocarla al pie de esta página (al 90%), resulta que 156 mm es demasiado y conviene un formato menos horizontal; de otro lado, el cambio hace ganar 16 mm de ancho, contra una pérdida de 6,77 de alto… que puede disimularse.

[9] Seleccionar la tabla entera y, en el panel de Tabla (⇧+F9) y, con *At least* ([a]) en el menú de alto de tabla, elevar el alto ([b]) hasta que la tabla corresponda al espacio designado (aquí, a la rejilla de línea de base). Ya que el valor del menú es *At least* (Por lo menos) y no *Exactly* (Exacto), el cambio únicamente afecta –de modo imperceptible–, en este caso, a las filas de menor alto. Así, es pertinente reiterar que la composición de página no lidia con lo idéntico, sino con lo indiferenciable, lo equivalente, pues nadie en sus cabales utilizaría una regla para ver si se le han añadido décimas de milímetro a una tabla.

[10] ⇧⌘S (*File > Save as*). Guardar las tablas con otro nombre (ajustado.indd).

¿Cómo, pues, traer a una publicación un objeto tan preciso, que no se puede reducir un milímetro sin distorsionarlo, incluso, catastróficamente? Es indispensable exportar.

pág.	nombre (traducido del inglés)	año	técnica	dimensiones (alto por ancho) mm	pulg.	firmado y fechado	libro 1967	catálogo 1968
76	Sueño	1935	Grabado en madera	320×240	12⅝×9½	4-'35 MCE	7	52
97	Naturaleza muerta y calle	1937	Xilografía	490×490	19¼×19¼	3-'37 MCE	–	63
121	Hormiga	1943	Litografía	181×250	7⅛×9⅞	V-'43 MCE	–	76
161	Mariposas	1950	Grabado en madera	280×260	11×10¼	VI-'50 MCE	27	–
188	Relatividad	1953	Litografía	272×293	10¾×11½	MCE VII-'53	67	106
200	Envoltura [Cáscara]	1955	Grabado en madera, cuatro colores	345×235	13⅝×9¼	V-'55 MCE	45	110
230	Belvedere	1958	Litografía	461×295	18⅛×11⅝	MCE V-'58	74	120
242	Pez y escamas	1959	Xilografía	380×380	15×15	VII-'59 MCE	26	–
243	Subiendo y bajando	1960	Litografía	350×285	13¾×11¼	III-'60 MCE	75	126
247	Límite circular IV	1960	Xilografía	417 Ø	16⅜ Ø	MCE VII-'60	23	127
258	Catarata	1961	Litografía	378×300	14⅞×11¾	X-'61 MCE	76	129
260	Cinta de Möbius II	1963	Grabado en madera, tres colores	455×207	17⅞×8⅛	II-'63 MCE	40	130

Capítulo XVI
De INDD a PDF

Congelar el planeta

Hace algo más de una década –antes del inicio de la identidad *Creative Cloud*, abreviada cc–, los programas de Adobe se presentaban agrupados como *Creative Suite*, a cuya abreviatura, significativamente, se le agregaba un número (el último de estos fue cs6). ¿Qué indicaba, esencialmente, ese número? Que los programas incluidos se actualizaban con una frecuencia mayor a un año, por oposición a la serie cc que, oficialmente, es cc 2020, cc 2021, etc.

En 1999, cuando surgió InDesign, el mundo informático aparentaba una estabilidad tal que los laboratorios de cómputo o equipos públicos podían *congelarse*, esto es, utilizar programas que protegían la configuración de tal manera que, de penetrar algún virus, bastaba reiniciar el equipo para hacerlo *entrar a su forma prístina*, es decir, al estado en que el área de sistemas había considerado de utilidad máxima.

Tal ilusión terminó hace mucho. Cada Navidad se presenta un nuevo teléfono (computadora, tableta) 200% más potente que el anterior, salido a medio año. Explotan las virtudes ese *hardware* nuevos sistemas operativos; hace explotar sus fallas *software* en la máxima expresión de malignidad. En ese mundo tan inestable como aquel en que estamos parados (que gira alrededor de sí mismo y del Sol, que a su vez se desplaza…), ¿cómo se llega a publicar, es decir, a fijar en el tiempo?

1. Antes de exportar

Sería injusto decir que InDesign es un programa tan incompatible que no es compatible ni consigo mismo, pero experiencias amargas lo sustentan. Cuando Adobe actualizaba por separado sus versiones para Mac y PC, una publicación trabajada en INDD 3.0.2 para Mac significaba que INDD 3.0.1 para PC no podía ni siquiera *abrirla*, experiencia que basta haber sufrido para <u>siempre</u> tomarse unos segundos adicionales y crear el bendito IDML (aunque nunca se utilice). Quien trabaje con píxeles no puede ni representarse un PSD que pierda compatibilidad a ese nivel; ciertamente, cuando los vectores aparecieron en Photoshop 6 (2001), era ilógico suponer que PS5 (1998) los aprovechara, pero el archivo abría, simplemente convirtiendo lo que no reconocía a píxeles (en teoría, haría lo mismo con un PS CC 2024). Ni hablar de Illustrator que, en 2024, todavía puede guardar como ¡Illustrator 3 (1990)! Hay que aceptar, pues, que una publicación es una estructura infinitamente más compleja que, lamentablemente, tiene (múltiples) partes móviles.

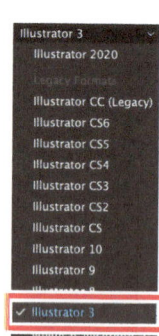

[1] ⌘O (*File > Open*). De la carpeta "xrevisar", incluida en la del capítulo, abrir "xrevisar.indd", versión demoníacamente modificada de la tabla finalizada en el capítulo anterior. ¿Qué habría que hacer si se recibe este archivo?

[2] ⇧⌘D (*Window > Links*). Un archivo INDD con vínculos y fuentes faltantes parece un problema enorme, pero ¿qué es lo que se está compartiendo? Invariablemente, todo archivo compartido debería ser acompañado de una referencia válida: un PDF o, mejor aún, su impresión en papel.

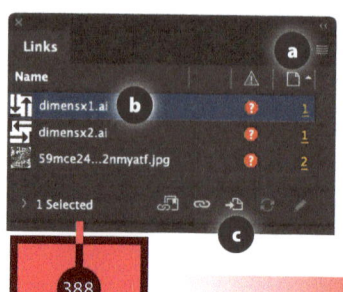

[3] Activar la fila del primero de los vínculos faltantes (dimensx1.ai, [b]) y, en la parte inferior, clic en *Go to link* (Ir a vínculo, [c]). Se presentará en pantalla el marco correspondiente que, como puede comprobarse, está fuera de la tabla. Ello es relevante en los tres vínculos pues, al confrontar el PDF de referencia (ajustada.pdf), lo que ha sido enviado apenas es la tabla. Cabe mencionar, sin embargo, que cuando se trata de formas geométricas tan simples como esta es perfectamente posible, en el menú de Opciones del panel ([a]), utilizar el comando *Embed link*, con el cual el archivo se incrustará.[1]

[4] [V]. Seleccionar el vínculo, identificado como ajeno a la tabla, y cortarlo (⌘X, *Edit > Cut*).

[5] ⌘N (*File > New > Document*). Crear un nuevo documento con idénticas dimensiones y orientación que el que acaba de abrirse; en este caso, se trata de un A4 horizontal de dos páginas, que no se presentan enfrentadas (únicos valores relevantes). Puesto que siempre deben mantenerse los originales que se reciban, guardar el archivo de trabajo ya significa un duplicado; al configurar un nuevo documento, de igual formato, puede simplemente crearse un destino para los elementos problemáticos.

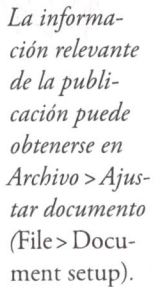

La información relevante de la publicación puede obtenerse en Archivo > Ajustar documento (File > Document setup).

[6] ⌥⇧⌘V (*Edit > Paste in place*). Dado que el vínculo cortado no forma parte de la tabla, puede ser trasladado a este documento duplicado, exactamente en su mismo lugar, lo que significa que, de ser necesario, se le podría regresar.

[7] Repetir el proceso con los otros vínculos faltantes. Al registrar las fechas de colocación y de modificación, el panel de Vínculos permite controlar las actualizaciones, por lo que son las fuentes un problema más difícil de controlar; de hecho, debería haberse detectado un grave error con ellas. Lo que suscita la pregunta válida: ¿por qué abrir, siquiera, un archivo que tiene fuentes faltantes, como estas, que no provienen de Adobe Fonts? Tal como acaba de suceder con los vínculos, puede ser que ellas apenas estén empleadas en

---

1   *De hecho, en la carpeta de trabajo hay otro archivo, "embedded.indd" que, precisamente, incrusta dos de los vínculos; su tamaño apenas aumenta en 90 kb.*

elementos que podrían simplemente eliminarse (o trasla-
darse al otro documento).

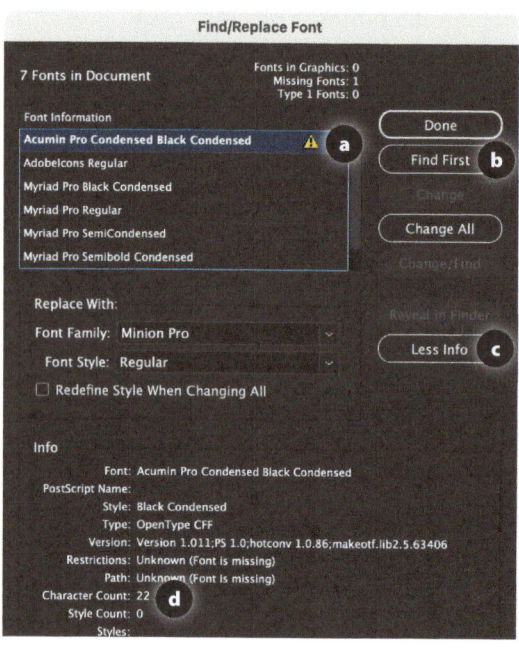

[8] *Type > Find/Replace font.*
Clic en la primera de las
fuentes faltantes ([a]). Sin
importar que se hayan instalado los noventa estilos de
Acumin, esta siempre estará
faltante… porque es variante que no existe[1] y, sin embargo, la parte inferior del
panel revela que veintidós
caracteres la emplean ([d]).
Si el cuadro de diálogo no
tiene el aspecto que se presenta al margen, debe darse
en *More info* (botón que,
con la información completa, cambia a *Less info*, [c]).

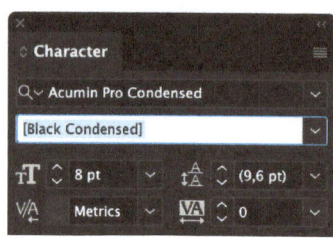

[9] Clic en *Find first* ([b]) y cerrar el cuadro
de diálogo. Puesto que todos los caracteres
problemáticos están juntos, este botón los
selecciona. En este caso, realmente no hace
falta ni mirar el PDF de referencia, pues el
estilo aplicado no existe en esta familia. Mirando el PDF, sin embargo, podría notarse
que las celdas de encabezado tienen un estilo, de manera que
el problema se resuelve en dos pasos…, pero, ciertamente,
un trabajo puede ser enteramente devuelto por un problema
de fuentes, dado que toda manipulación supone un riesgo.

---

1   *El problema, por el que fue empleado el adjetivo "demoníaco" en la presentación,
se debe a haber sustituido, mediante un estilo de carácter, la familia Myriad (que
tiene estilo de negras condensadas) por Acumin Pro Condensed (que solo tiene
estilo negra, pues toda la familia es condensada). Aquí, nuevamente, este error
puede no tener consecuencias, pero lo hace temible que sea difícil de detectar.*

[10] ⌘+F11 (*Type > Paragraph styles*).
En el panel Estilos de párrafo, clic secundario sobre el estilo aplicado y, en el menú contextual, *Apply "condblk1", clear overrides*.
Con ello, la incorrecta aplicación de la fuente Acumin queda eliminada y, si se repitiera el paso [8], ya el problema no aparecería.

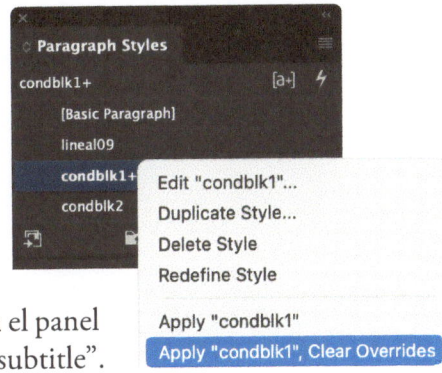

[11] ⇧⌘+F11 (*Type > Character styles*). En el panel Estilos de carácter, dar a la selección el estilo "subtitle". Y, nuevamente, ¿cuál es el error grave con respecto al PDF de referencia? Este es el peligro de las fuentes.

[12] Repetir el paso [8]. La fuente que debe revisarse (AdobeIcons) podría estar o no instalada en el sistema en que se abra, pero, en ambos casos, el problema es que, realmente, tampoco está en uso. Concretamente, la parte inferior del cuadro de diálogo mostrará que la utiliza la marca de párrafo que separa la primera línea de la segunda; justamente, en ese lugar, se consideró emplear el icono que se observa al margen.

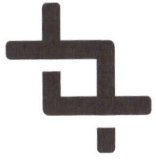

[13] Repetir el paso [9]. La marca de párrafo queda seleccionada y, con ello, repetir el paso [10], recuperará la última línea de la tabla, que por culpa de una fuente que no estaba realmente en uso, se había perdido, causando un error, si no catastrófico, definitivamente muy grave, pues la información estaba recortada. Recuperada la integridad de la tabla, todavía sería conveniente, de no tenerse instalada la familia San Francisco (cfr. cap. v.3), cortar el marco en que esta está aplicada, no solo fuera de la tabla, sino fuera de la página misma. Solo en este momento quedan efectuadas en el archivo las tres primeras verificaciones elementales: que no haya errores en vínculos, fuentes ni texto desbordado (hasta la corrección del paso previo, el marco de la tabla tenía el signo de suma, ⊞). Aunque hay que admitir que contar con el PDF de referencia ya es la cortesía mínima que permite saber si se puede, siquiera, intentar la menor manipulación.

[14] ⇧⌘S (*File > Save as*). Guardar el archivo con otro nombre (revisado.indd).

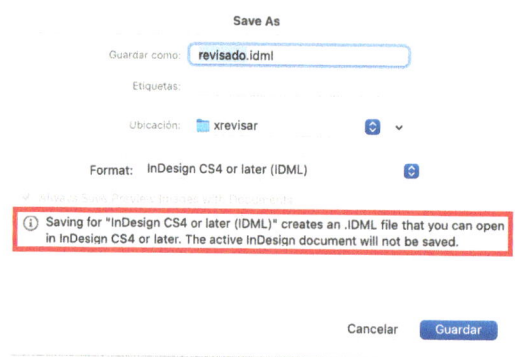

[15] ⇧⌘S (*File > Save as*). Guardar con el formato IDML (revisado.idml). Como indica el cuadro de diálogo en la parte inferior, el formato <u>garantiza</u> que podrá abrirse el archivo en la versión CS4 de InDesign, publicada el año 2008. Cuánta identidad mantenga el IDML respecto del original depende de la complejidad de la publicación, de modo que el formato IDML forma parte del protocolo de guardar, al compartir un archivo, pero, en forma ideal, no se recurrirá nunca a él (es algo así como contratar un seguro oncológico, que uno paga con la esperanza de no utilizarlo nunca y estar regalando la plata… porque la alternativa es tener cáncer).

[16] *File > Adobe PDF presets > [Smallest file size]*. Muchas editoriales e imprentas simplemente no aceptan un trabajo sin tener una muestra física (*hard copy*). Una cuestionable consciencia ecológica de ahorro de papel –pues parece razonable verificar *algunas* versiones de un material que se ve a imprimir *cientos* y *miles* de veces–, por un lado, o la internacionalización de las publicaciones, por otro, llevan a dar por válido un PDF correctamente generado. De eso trata este capítulo.

[17] ⌘O (*File > Open*). De la carpeta de trabajo, abrir "aficionx.indd". Está en este documento de InDesign colocado, a su tamaño real, el PDF de referencia (ajustada.pdf).

[18] *Object > Show all on spread*. Al presentar todos los objetos se verá un marco, idéntico al anterior, que contiene el

PDF generado en el paso [16], excepto que con el modo Diferencia que, al no resaltar nada, indica, con negro, identidad.

[19] [V]. Desplazar al mínimo posible el marco superior. Este método de comparación es un tanto aficionado, aunque utilice recursos de InDesign…, pero ni hablar de hacer esto página por página, en una publicación. Una comparación real puede hacerse con múltiples herramientas dedicadas, como el panel Comparar archivos de Adobe Acrobat que, en este caso, produjo el mensaje, hermoso por lo inusual, que se observa abajo.

Resultados de la comparación

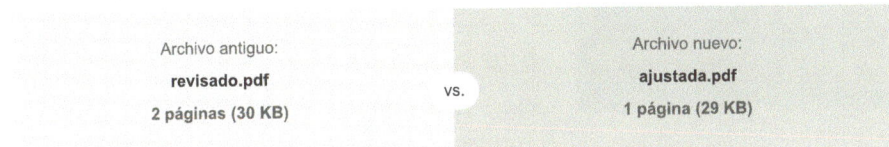

Archivo antiguo:		Archivo nuevo:
revisado.pdf	vs.	**ajustada.pdf**
2 páginas (30 KB)		1 página (29 KB)

No se ha encontrado ningún cambio.

[20] ⌘W (*File > Close*). Cerrar los archivos sin guardar cambios adicionales.

Hacer una modificación en un archivo cuyas fuentes no se tengan bien instaladas puede dañarlo irreparablemente, en tanto instalar las fuentes, después, no permitirá volver al estado que habría debido tener de abrirse correctamente. Aunque las fallas que pueden ocurrir al compartir un INDD son sistemáticas y previsibles, solucionarlas es un trabajo especializado en que una sutileza diezmilimétrica desarma una tabla, como se ha visto. De modo que aunque ese extremo (inicial) del proceso merezca atención, es indispensable enfocarse en el de la publicación, que es el formato PDF.

2.Tamaño mínimo

Como explica el más rápido razonamiento, InDesign fue creado por Adobe para afianzar el dominio que ya tenía con Acrobat, un producto que –a diferencia de Illustrator, Photoshop e InDesign– no está dirigido a un público creativo específico, sino a la más general de las clientelas: a todo aquel que quiera compartir la información que cabe en un papel o se presenta en una pantalla, es decir, a todo el mundo. En tal virtud, Acrobat es independiente de las demás *suites* de Adobe, aunque sea InDesign la aplicación con la que tiene una relación más estrecha.

[1] ⌘O (*File > Open*). De la carpeta "smallest", incluida en la del capítulo, abrir el archivo "smallest.indd" sin actualizar los vínculos. Organizando apropiadamente los marcos de texto, InDesign permite publicar en múltiples idiomas, opción especialmente válida cuando la base son imágenes.

[2] ⇧⌘D (*Window > Links*). Actualizar los vínculos, que se encuentran en la carpeta "mcescher" del cap.ıı; al revincular el primer archivo, debe verificarse la casilla *Search for missing links*, de modo que se busquen los demás en la misma carpeta. Si activa la imagen de la pág. 19 (tras lo cual [a], se puede saltar a ella con *Go to link*, [b]), la información mostrará ([c]) que la resolución efectiva es 92 ppi…, valor bajo el umbral del papel periódico más absorbente (cfr. cap.xıv.2). Este archivo, por lo tanto, solo puede generar un boceto, aunque "solo generar un boceto" es un paso clave en el proceso de publicación, que puede darse múltiples veces.

[3] *Type > Find/Replace font.* Mediante esta segunda comprobación elemental, es oportuno verificar que no hayan fuentes "fantasmalmente" empleadas, como en el ejercicio anterior y, en estos tiempos que corren, podría considerarse si pertenecen o no a Adobe Fonts. A pesar de que las fuentes son incluidas en el PDF, en este momento previo a publicar (exportar es publicar electrónicamente), podría reemplazarse una fuente que esté empleada en cuatro caracteres, como parece ser el caso de Priori Acute (los caracteres son elementos maestros, de modo que su presencia real es mucho mayor).

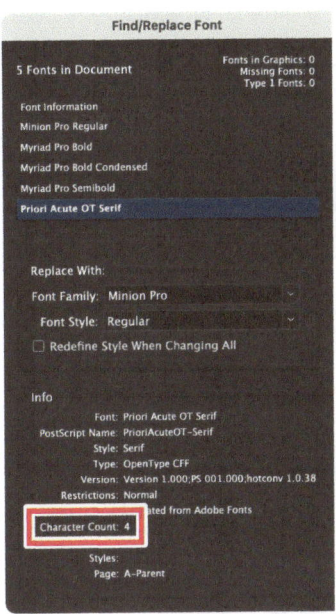

[4] ⇧⌘S (*File > Save as*). Guardar el archivo con un nombre alterno (en la muestra, "fotobaja.indd"). Exportar es un proceso de máxima exigencia que, en consecuencia, pone a prueba la estabilidad del equipo; por ello, es una recomendación fundamental proteger el documento antes de crear un PDF (cfr. cap. VIII.4).

[5] *File > Adobe PDF presets > [Smallest file size].* Siempre que se requiera un boceto rápido o el documento sea puramente vectorial, *[Tamaño de archivo más pequeño]* es un excelente punto de partida, pues su objetivo es

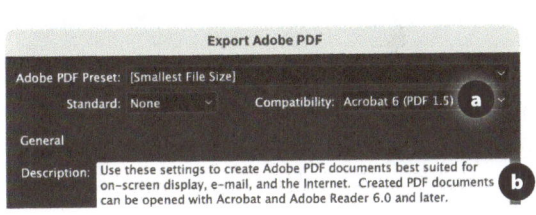

crear un PDF de tamaño mínimo. Como dice la descripción ([b]), este juego de valores está optimizado para lectura en pantalla, sea que se envíe por correo electrónico o se abra directamente en un navegador. En tal calidad, de tratarse de un documento realmente masivo (instrucciones para manejar una vacuna, por ejemplo, que debe llegar hasta los lugares más remotos), podría incluso evaluarse una compatibilidad mayor ([a]), como Acrobat 4 (PDF 1.3). Debe considerarse que este cuadro de diálogo combina noventa valores, por lo que, indudablemente, todo cambio en una preconfiguración debería ser deliberado y actualizado en la descripción.

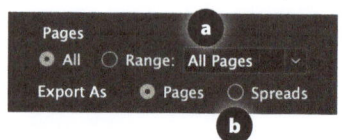

[6] Especificar las páginas que se exportarán. Probablemente este es el valor más frecuentemente modificado, pues, en efecto, no tendría sentido incluir páginas que no están terminadas; podría excluir la xilografía *Pez y escamas* activando el botón radial de rango ([a]) y escribiendo "1-14, 17-" (aquí, dos páginas consecutivas para que ninguna impar pase a ser par, desarmando el diseño). Asimismo, para un boceto es relevante la posibilidad de exportar como Desplegados ([b]) pues, como se esquematiza al margen, si una hoja A4 vertical se imprime en A5, la reducción es al 70,7%, con lo que el texto de 10 pt, por ejemplo, pasaría a tener 7,07 pt; el botón radial *Spreads* facilitaría imprimir en reducción y luego, con un anillado a la izquierda, presentar desplegadas las págs. 2-3, 4-5, etc.

[7] En las opciones, verificar *Create Acrobat layers*. Ya que este archivo tiene una capa para el texto en inglés y otra

para el español, esta casilla permitirá que un Acrobat 6 vea la útil estructura de capas que se presenta al margen (aunque, aquí, oculta un error). Asimismo, este cambio –como casi cualquier otro, con la notable excepción del paso [9]– añadirá la palabra *(modified)* al nombre de la preconfiguración, lamentablemente, sin precisar la modificación.

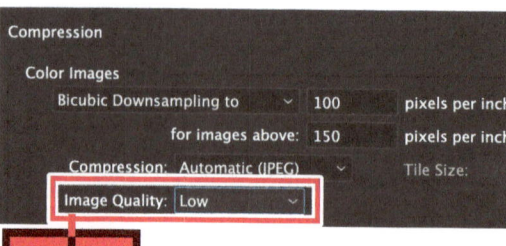

[8] Clic en la sección de Compresión. Como se ha verificado (paso [2]), las fotos son inferiores a 100 ppi, por lo que solo es preciso observar la calidad (resaltada),

en virtud de la cual la compresión que se da a las imágenes las va a empobrecer para que el archivo resultante tenga, efectivamente, un tamaño mínimo. Siempre que se incluyan imágenes, la compresión es el parámetro más relevante en la reducción del PDF y, en una publicación recargada de imágenes, los bocetos podrían aprovechar la calidad *Minimum*.

[9] Clic en la sección Seguridad. Aquí pueden establecerse dos contraseñas: una para abrir ([a]) y otra para hacer cambios en el PDF ([b]), incluyendo la calidad de impresión ([c]); puede incluso prohibirse la copia del contenido ([d]); en la muestra, las contraseñas son "abrir" y "cambiar", respectivamente.

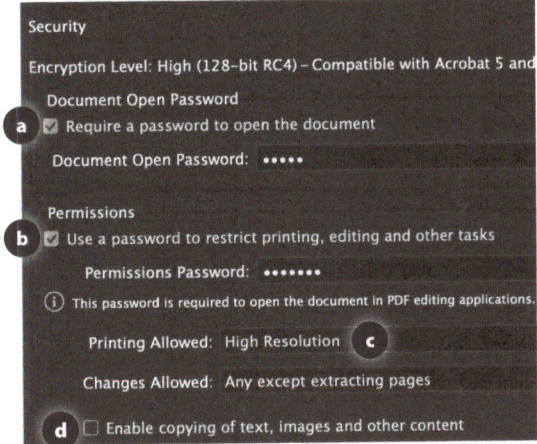

[10] ⇧⌘S (*File > Save as*). Guardar el archivo con el nombre original. Al guardar, las opciones de exportación que se hayan utilizado se integran al archivo.

Ahora bien, si se habilita la capa "es" en el archivo, repetir la exportación producirá un mensaje de error que, según se ve, ignora capas ocultas. Conocido ese dato, esta tercera[1] comprobación requeriría una exportación simulada con todas las capas activadas, solo para evitar cualquier texto desbordado.

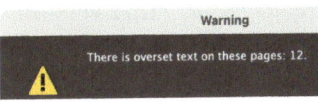

---

1   *Por contraste, el panel de Vínculos da cuenta de archivos colocados incluso en la mesa de trabajo, mientras el comando de Búsqueda y reemplazo de fuentes controla hasta el último carácter de objetos ocultos.*

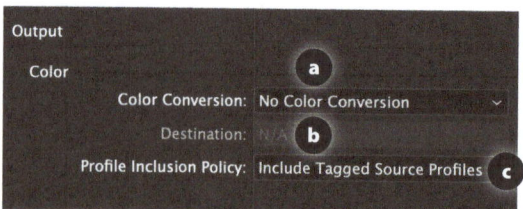

3.**Alta calidad**

Cuantitativamente, podría decirse que las preconfiguraciones llamadas Calidad de prensa (*Press quality*) e Impresión de alta calidad (*High quality print*) son parecidas en no menos del 95%, en tanto que, de los casi cien valores presentes en este complejo cuadro de diálogo, apenas difieren en que la última etiqueta el PDF (con lo que el texto puede ajustarse en plataformas móviles para una mejor legibilidad), y en que la primera, en la sección Salida (*Output*), tratará de responder a las necesidades de una pre-prensa o imprenta (especificadas en *destination*, [b]) mientras que la segunda, como se muestra al margen, no hará conversión de color ([a]) y respetará las políticas de gestión de color que se hayan coordinado ([c]) con los proveedores de servicio. Sin embargo, algunos ajustes podrían considerarse antes de, efectivamente, enviar el trabajo a su destino final.

[1] ⌘O (*File > Open*). De la carpeta "smallest", incluida en la del capítulo, abrir el archivo "fotobaja.indd", como se dejó en el ejercicio anterior.

[2] ⇧⌘S (*File > Save as*). Guardar el archivo con otro nombre (fotoalta.indd), dentro de la carpeta "highqual", contenida en la del capítulo. En esta nueva ubicación hay una versión en alta calidad de los mismos archivos, como reflejo de lo cual los vínculos llegan a los 24 Mb (en baja sumaban apenas 2,7 Mb).

[3] ⇧⌘D (*Window > Links*). Actualizar los vínculos con las nuevas versiones en esta carpeta (de idéntico nombre y el signo de suma agregado). Todo trabajo colaborativo exige orden, ya que es una pérdida de tiempo darse con dos archivos, donde debería haber uno. Sin embargo –y puesto que InDesign eventualmente se pasa de inteligente y

detecta los vínculos en las carpetas de acceso reciente–, forzar a la revinculación manual permite mencionar que, cuando un archivo se emplea más de una vez (en este catálogo todas las obras aparecen dos veces), se verá una fila adicional en la que, entre paréntesis, se indica el número de veces en uso: es en ella donde debe darse clic ([a]) antes de revincular ([b]), para que el cambio sea general. Tras ello, debe activarse la primera instancia y verificar que la resolución efectiva alcanza lo que se considera aceptable ([c], cfr. cap. xiv.2). ¿Dónde está el problema?

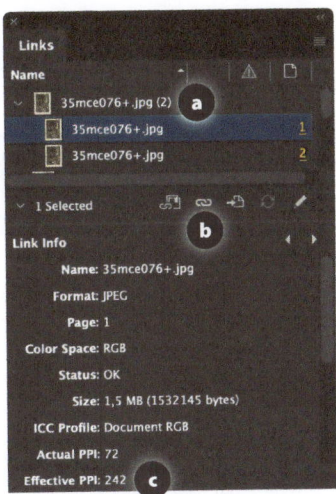

[4] ⌘J (*Layout > Go to page*). Saltar a la pág. 12; antes del nuevo problema, debe resolverse el que estaba pendiente.

[5] [V]. Activar la leyenda y, en el panel de Control, copiar el alto, 30,25 mm.

[6] [F7] (*Window > Layers*). En el panel de Capas, ocultar la capa "en" y mostrar "es", en la que a la traducción le falta una línea.

[7] [V]. Activar el marco de la leyenda en español y, con referencia en el centro del objeto, pegar el alto copiado (⌘V) en el paso [5]. En verdad, al hacer la corrección, se cumple con el objetivo de los bocetos, que es detectar errores, pero el PDF en alta se hará con una versión a la vez, sin capas.

[8] *File > File info* (Archivo > Información de archivo). Considerando que generar un PDF es publicar, es una excelente práctica utilizar este comando para darle título y otros datos al documento; estos pueden ser incluidos y exhibidos en el PDF.

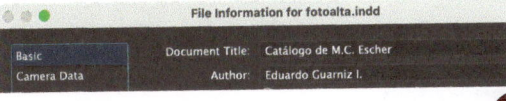

[9] ⇧⌘S (*File > Save as*). Guardar con el nombre alterno (xretocar.indd, en la muestra).

[10] *File > Adobe* PDF *presets > [High quality print]*. En la sección General, activar *Embed page thumbnails*.
Ahorrarse estas miniaturas de página tiene sentido cuando se busca el tamaño mínimo de archivo (como en los bocetos); en un archivo de alta, resulta insignificante incrustarlas.

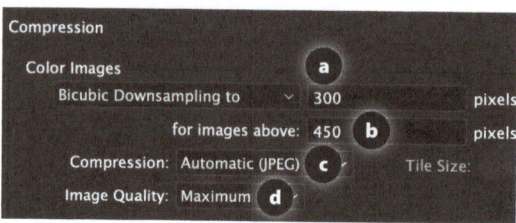

[11] En la sección de Compresión, dar a las imágenes la calidad de compresión apropiada. Estrictamente, si el archivo va a la pre-prensa o a la imprenta, siempre interesará mantener el formato JPEG ([c]) a su máxima calidad ([d]); pero estas imágenes no están retocadas, por lo que podría utilizarse la compresión sin pérdida (ZIP) y dar la posibilidad de que el retoque se haga tomando las fotos del propio PDF (cfr. cap.XVIII.4). De otro lado, sobre la imagen con mayor resolución (*Catarata* en la pág. 23, 529 ppi), irónicamente, se tendrá el menor grado de control, pues, al estar por encima de 450 ppi ([b]), será remuestreada a 300 ppi ([a]). Traspuesto al 150% el valor óptimo del papel, más información no incide en la calidad, solo ocupa sitio: es significativo que la preconfiguración de alta calidad haga este corte.[1]

[12] En la sección *Mark and bleeds*, verificar las casillas *All printer's marks* y *Use document bleed settings*. Incluso si

---

1   *Por cierto que el corte está en 450 dpi porque ya un máximo comercial llega a 350 dpi; es perfectamente imaginable que una edición de lujo de la obra completa de Leonardo, publicada por Taschen (digamos), fuera trabajada en 400 dpi; pero eso no es un estándar comercial en absoluto; el límite de 450 dpi dice, así, que semejante valor no tiene sentido.*

se envía (debidamente) una muestra física del archivo a la imprenta, es una práctica necesaria que el propio archivo determine cuáles son los límites que se han asignado a la hoja, función que cumple la primera casilla de marcas de imprenta. Sobre dichas marcas esta publicación, en particular, no se extiende, por lo que indicar que se emplee la configuración de demasía (*bleed*) del documento no tiene efecto aquí, pero lo tendrá al guardar esta preconfiguración.

[13] En la sección *Advanced*, indicar que el título del documento ([b]) debe presentarse en la barra de Título del PDF y que, para corresponder al etiquetado, su lectura debe ser en español ([a]). Si se coloca el puntero

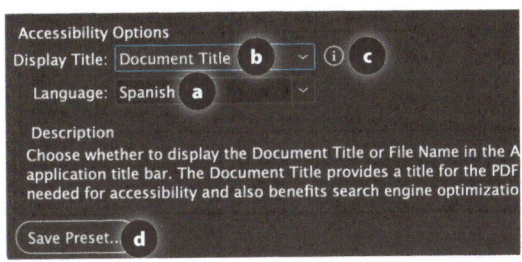

sobre el icono de información ((i), [c]), se presentará el título; de no haberse asignado uno (paso [8]), aparecerá una alerta (⚠) recordado que es oportuno, incluso, cancelar la exportación y volver cuando se haya dado nombre a la publicación. Para proteger lo avanzado, incluso si se cancelara…

[14] Clic en *Save preset* ([d]) y darle nombre a este juego de valores (en la muestra, "hqmarcas"). Dedicar un tiempo a tomar las decisiones apropiadas para exportar es el equivalente a crear un estilo de PDF, así como, en InDesign, es indispensable almacenarlos para párrafos, caracteres, objetos, etc., mejor aún si se actualiza la descripción.

[15] ⇧⌘S (*File > Save as*). Guardar con el nombre original (xretocar.indd, en la muestra) para incluir la exportación.

El archivo generado en la muestra llegó a 27,6 Mb, de los que las fotos, por sí mismas (paso [2]), ya representaban 24 Mb; siendo estas un factor tan fundamental en la calidad y peso del archivo, vale la pena darles una mirada adicional.

4. **Interpolación de imagen**

Interpolación es llenar (　　　) en la información. Ya que este es un libro de InDesign y no, digamos, de tributación, es poco sensato completar el espacio en blanco con "omisiones" o "retenciones" y sería más lógico pensar en "vacíos" o "deficiencias". En ambos casos, las respuestas se están tomando del contexto, según las posibilidades que sugiere la oración incompleta y ese análisis es crítico en InDesign, no para decidir qué píxeles se *añaden* a una imagen –como Photoshop realiza–, sino para decidir, al exportar, qué píxeles se van a *eliminar*. Todo lo cual cobra especial relevancia si se considera que, en un PDF como el último generado, 99,48% lo ocupan las imágenes, de modo que ganar algo en ellas es ganar mucho.

Auditar uso de espacio		
Resultado		
Descripción	Bytes	Porcentaje
Miniaturas	68.361	0,25 %
Imágenes	27.360.463	99,23 %
Id. lógicas de contenido	33.858	0,12 %
Fuentes	47.344	0,17 %
Datos de estructura	10.387	0,04 %
Recursos mínimos usados por el documento	24.665	0,09 %
Espacios de color	95	0,00 %
X Object Forms	9.533	0,03 %
Estado de gráfico extendido	308	0,00 %
Información de fragmentos	18.471	0,07 %
Total	27.573.485	100 %

[1] ⌘O (*File > Open*). De la carpeta "patrones", incluida en la del capítulo, abrir "patrones.indd". La imagen colocada, un TIFF con 600 dpi de resolución, está repetida en las ciento veintiocho páginas del documento, para realizar una comparación clara.

[2] ⇧⌘D (*Window > Links*). Pese a sus dimensiones (16 Mp), este es un archivo extremadamente sencillo que, debido a su contraste, se comprime muy eficientemente (1,6 Mb; en la carpeta, además, un PNG indiferenciable ocupa apenas 40% de ese tamaño).

[3] *Window > Utilities > Background tasks*. Aunque la exportación añadirá un círculo en rotación a la barra de Título de InDesign para mostrar que la exportación está en curso (al margen); este panel muestra un control del progreso; para lo siguiente, lo óptimo sería un cronómetro.

[4] *File > Adobe PDF presets > [High quality print]*. Si no se ha creado una preconfiguración con los cambios sugeridos en el ejercicio anterior (miniaturas, marcas de corte, demasía, título de documento e idioma), puede optarse por ella (como hicieron las muestras), pero, para comparar, basta con que las siguientes dos exportaciones solo cambien el muestreo.

[5] Repetir el paso anterior y, esta vez, en la sección de Compresión, utilizar el submuestreo (resaltado) en el menú de imágenes en escala de grises, que son las únicas que tiene este documento. En la muestra, el solo empleo de este parámetro redujo el tiempo de exportación a menos de la mitad. ¿Qué es lo que se ha perdido?

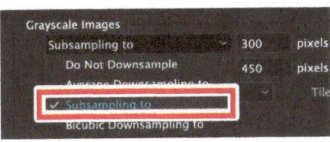

[6] Repetir el paso [4] utilizando la opción *Average downsampling* (disminución de resolución media). Esta opción, la de empleo menos probable, es un punto intermedio en calidad y en tiempo de elaboración del PDF.

[7] ⌘D (*File > Place*). De la carpeta de trabajo, colocar en página el archivo "hqbicubc.tif". Como se ha mencionado, la propia definición de píxel significa "color único", esto es, que no puede haber medio píxel negro para completar una curva (esta tiene que simularse con tonalidades de gris).

[8] ⌘D (*File > Place*). De la carpeta de trabajo, colocar en página el archivo "hqsubsmp.tif". Si se compara con el anterior, poniendo atención justamente en los bordes, se comprobará que hay una menor cantidad de grises y que la transición es más abrupta. De hecho, la mitad superior de la muestra [a] al margen corresponde al primer archivo y la mitad inferior al segundo. Reveladoramente, la ampliación al 600% ([b]) plantea la pregunta: si una deficiencia solo se percibe al 600%, ¿es realmente una deficiencia? De esta respuesta, como se ve, puede suponer un ahorro de la mitad del significativo tiempo dedicado a la exportación.

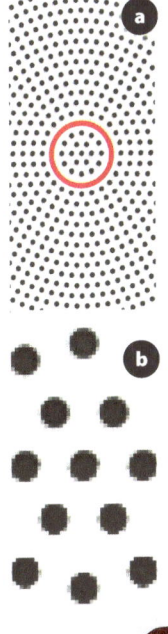

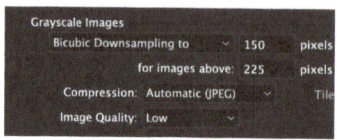

[9] *File > Adobe* PDF *presets > [Smallest file size].* Si lo anterior resultó sutil, el extremo del boceto le dará claridad. Por cierto que reducir una foto de 600 a 150 dpi significa que de cada bloque de dieciséis píxeles (4 × 4) se están eliminando quince y la interpolación bicúbica, predeterminada, tiene que hacer cálculos intensivos para que, entre semejante diezmado,[1] sobreviva realmente el mejor.

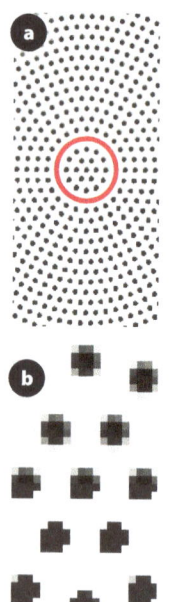

[10] Repetir la exportación, esta vez con el método de submuestreo. Para una óptima comparación, las muestras al margen están en la misma proporción que las anteriores y puede verse que la mitad superior de la muestra [a] está compuesta por lo que, sin mayor dificultad, se percibe como círculos; la mitad inferior, en cambio, en algunos casos sí y, en otros, no realmente: se ve una irregularidad que está causada por la violencia del submuestreo que hace que muchos de los círculos (todos los ampliados en [b]) tengan inconcebibles *esquinas*; en otras palabras, que no se identifique una deficiencia no significa que no se la perciba, Pero la exportación, nuevamente, dura menos de la mitad.

[11] Repetir el paso [7], esta vez colocando los archivos "ssbicubc.tif" y "sssubsmp.tif" ("hq" por *high quality* y "ss" por *smallest size*). No solo sucede que es que algunos círculos tengan esquinas, sino que muchos de ellos tienen cuatro; son formas imposibles de interpretar como círculos.

[12] Utilizando la preconfiguración de *[Smallest file size]*, repetir la exportación con otros archivos que contengan fotos de alta resolución, superiores a 450 dpi; en este libro, "robins21.indd" (cap.II) y "discbrnz.indd" (cap.XIII), por ejemplo. Hace falta un dato para llegar a una conclusión.

---

1   *Si una tropa romana se amotinaba, el diezmado consistía en que uno era ejecutado por los otros nueve, al azar (la víctima podía ser el jefe). Aquí, no se están diezmando los píxeles, sino "quincedieciseisándolos".*

[13] Con el archivo "patrones.indd" activo, repetir la exportación en alta calidad y, esta vez, se colocará *Do not downsample* (No disminuir resolución, [a]) en el menú de método y se le aplicará compresión en ZIP ([b]).

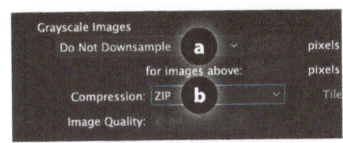

Aunque el archivo se producirá en un tiempo menor que el primero generado (se han ahorrado los cálculos de interpolación), su peso es 50% mayor que él. ¿Es mejor?

[14] Repetir el paso [7], ahora con "lossless.tif". Sin importar cuánto se amplíe, este archivo, extraído de la exportación realizada en el paso anterior, es 100% idéntico a "promedio.tif", el originalmente colocado en el documento; si un PDF se exporta sin remuestreo y comprimiendo en ZIP, contiene la exacta información original. Por lógica, el archivo resultante es más pesado, pero, ya que Photoshop tiene la capacidad de tomar las imágenes de un PDF (cfr. cap.XVIII.4), un flujo de trabajo puede crearse a partir de este solo ajuste.

[15] ⌘W (*File > Close*). Cerrar los archivos sin guardar los cambios realizados.

Ahora bien, deficiencias que resaltan al 600% llaman a un juicio subjetivo, pero el cronómetro es objetivo. Así, si en el flujo de trabajo hay que generar múltiples veces bocetos de documentos gigantescos con fotos en alta para una impresora multifuncional que ahorra tóner como una fotocopiadora, es imposible no considerar una alternativa que puede ahorrar más de la mitad del tiempo; el mismo criterio que invalida absolutamente el submuestreo para un trabajo de calidad, lo hace una alternativa a tomar en cuenta para un boceto; aun al exportar un JPEG de calidad mínima, las preconfiguraciones de Adobe usan lentos cálculos bicúbicos.

En la carpeta de trabajo, el final del nombre en cada PDF indica los segundos requeridos; submuestrear fue 37-43% de la interpolación bicúbica.

negro
compue~
negro
compuest~

5. **Dos pequeños apuntes**

A lo largo de este libro, se ha utilizado repetidas veces la preconfiguración de tamaño mínimo como una alternativa rápida en casos en los que la información era puramente vectorial. Pero [Smallest file size] solo es útil si el PDF va a ser presentado *únicamente* en pantalla, pues, optimizado para ella, se produce una conversión de color con la que el negro, de reenviarse a la imprenta, se compondría innecesariamente en los cuatro colores, causando el innecesario problema que se resalta al margen y ya se ha detallado (cfr. cap. XII.1). Este capítulo no puede, pues, terminar sin dos pequeños apuntes: uno, que corrija la composición del negro en archivos vectoriales, y otro, llamado estándar por Acrobat, que represente un punto medio entre el boceto y la alta calidad.

[1] ⌘O (*File > Open*). De la carpeta "xrevisar", incluida en la del capítulo, abrir "aficionx.indd". Es visible en este documento el archivo "ajustada.pdf", generado con la preconfiguración de tamaño mínimo.

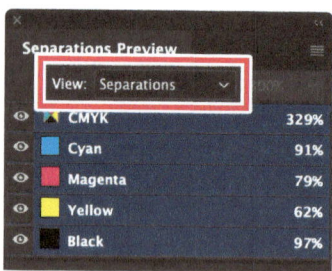

[2] *Window > Output > Separations preview.* Al activar la vista de Separaciones (resaltada), puede colocarse el puntero sobre cualquier texto negro sobre fondo blanco y comprobar que este está componiéndose en las cuatro tintas; lo mismo sucedería con cualquier línea negra como separador.

[3] ⌘O (*File > Open*). De la carpeta del cap. XV, abrir el archivo original, "ajustada.indd". Si se repite el paso anterior, se comprobará que el texto únicamente está en color negro (excepto en las filas que tienen fondo, lo que significa que el color *sobreimprime*, lo que es un atributo deseable porque,

mientras que el negro compuesto exigiría una impresión perfectamente alineada de las tintas individuales para no percibirse, sobreimprimir el negro escondería cualquier falla de alineación).

[4] *File > Adobe PDF presets > [Smallest file]*. Tras leer un capítulo dedicado a la exportación…, esta podría ser la última vez que se utilice esta preconfiguración.

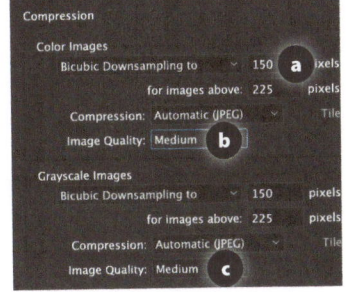

[5] En la sección Compresión, aumentar la resolución a 150 para las imágenes a color ([a]) y cambiar la calidad de compresión a calidad media, tanto en las imágenes a color ([b]) como en las de grises ([c]). Siendo la definición de las pantallas un área en continuo progreso (que, en buena parte de dispositivos móviles, es superior a la del papel impreso), este límite, ya adoptado por Acrobat, parece más prudente.

[6] En la sección de *Output* (Salida), seleccionar la primera opción en el menú de conversión de color, *No color conversion* ([a]) y, como política de inclusión de perfiles,

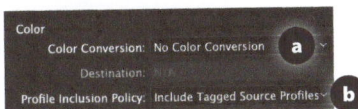

Include tagged source profiles ([b]); estos dos valores, por cierto, son los que utiliza la preconfiguración de alta calidad, que respeta lo que se haya definido en el documento particular. Estos sencillos cambios pueden evitar trabajo manual (cfr. cap.XVII.1) de imprimirse el PDF; dicho en otras palabras, si existe la *posibilidad* de impresión para un documento, es preferible exportarlo sin aplicarle una conversión de color. Y, desde luego, antes de exportar…

[7] Clic en *Save preset* para guardar la preconfiguración y utilizarla en todos los casos semejantes. De hecho, si no hay imágenes en la publicación, ni la resolución ni la calidad de compresión (paso [5]) afectan en absoluto a la exportación, a pesar de lo cual la versión aquí generada (ajustada+.pdf)

resulta ser más pequeña que la contenida originalmente en la carpeta "xrevisar" (ajustada.pdf).

[8] Añadirle una nueva página al documento (⇧⌘P, *Layout > Pages > Add page*) y colocar (⌘D, *File > Place*) el archivo exportado.

[9] Repetir el paso [2] para comprobar que el texto ha sido generado correctamente.

[10] ⌘W (*File > Close*). Cerrar los archivos sin guardar los cambios realizados.

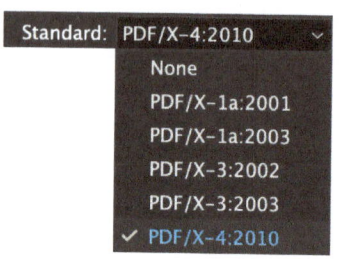

Todas las aplicaciones que tienen comando Imprimir pueden generar un PDF y el éxito del formato es que, con un solo clic, lo mismo que llegaría a la impresora pueda "congelarse" en un punto, desde el cual puede ahorrarse el papel o continuar hacia la impresora. Ciertamente se trata de un estándar internacional tal que el nombre completo del PDF/X-4 es ISO PDF/X-4, donde "iso" significa Organización Internacional de Estándares; por tanto, un PDF (cumplidas ciertas normas internacionales) tendría que producir la misma impresión en todo el mundo (certificadas tales normas). Así, los cambios más dramáticos en una preconfiguración serán aquellos que requieran los proveedores, típicamente, la conversión que perfile la pre-prensa, el estándar que requiera la imprenta; pero, exactamente como los estilos, las páginas maestras o las muestras, raramente se trata de cambios *realmente* dramáticos y sí, de un continuo refinamiento con la información que se vaya recibiendo a lo largo del tiempo.

Capítulo XVII
Nube vectorial

Con una ayudita de mis amigos

Desde su primera versión, Illustrator trabajaba con píxeles y, de hecho, considerando los conjuntos reducidos de ellos que podía ofrecer un escáner en 1987 (el acceso limitado a ellos, su costo prohibitivo), era una proposición mayúscula la de tomarlos como plantilla y crear objetos ilimitados en tamaño y en posibilidades de perfeccionamiento. Fue, sin duda, una de esas ideas millonarias sobre las cuales se puede fundar, como sucedió, un imperio.

Una clave de la expansión de la Corporación Adobe ha sido que sus productos están diseñados para complementarse y –aunque compartan muchos recursos y muchísimo de su lógica– no se sustituyen. De otro lado, el modelo de negocios impuesto por la serie Nube Creativa establece una diferencia irrelevante entre acceder a un solo producto y acceder a grandes conjuntos de ellos.

Mientras tal modelo no cambie, no hay razón para "ponerse creativo" y tratar de hacer en InDesign lo que debería hacerse en Illustrator o en Photoshop (aunque *frecuentemente* pueda encontrarse un camino para ello). Así, explotando el arsenal que puede ofrecer una misma suscripción y, aún más, la identidad entre estas aplicaciones creativas, se recorrerá un primer grupo de necesidades editoriales que, de momento, se satisfacen más eficientemente fuera de InDesign.

1. **InDesign puede**

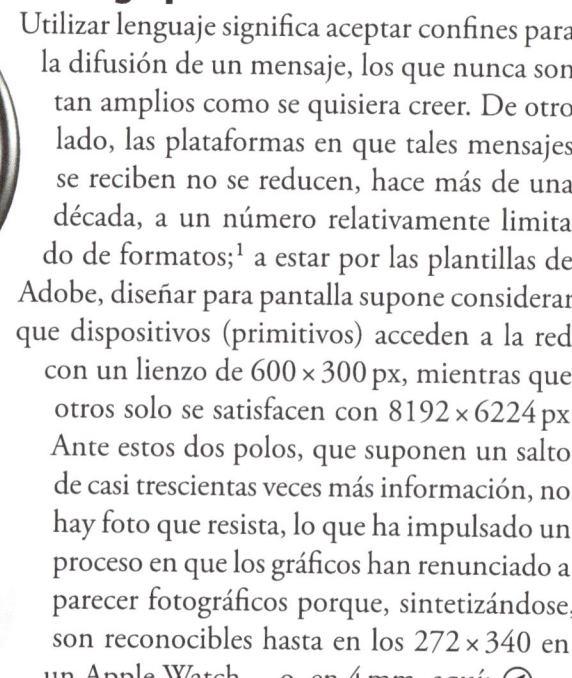

Utilizar lenguaje significa aceptar confines para la difusión de un mensaje, los que nunca son tan amplios como se quisiera creer. De otro lado, las plataformas en que tales mensajes se reciben no se reducen, hace más de una década, a un número relativamente limitado de formatos;[1] a estar por las plantillas de Adobe, diseñar para pantalla supone considerar que dispositivos (primitivos) acceden a la red con un lienzo de 600×300 px, mientras que otros solo se satisfacen con 8192×6224 px. Ante estos dos polos, que suponen un salto de casi trescientas veces más información, no hay foto que resista, lo que ha impulsado un proceso en que los gráficos han renunciado a parecer fotográficos porque, sintetizándose, son reconocibles hasta en los 272×340 en un Apple Watch… o, en 4 mm, aquí: ⊘.

[1] ⌘O (*File > Open*). De la carpeta "safarstr", ubicada en la del capítulo, abrir "safarstr.indd". Un artículo limpio, con un generoso empleo de elemento blanco (y dedicado a un navegador), se presta muy bien al empleo de iconos.

[2] ⌘D (*File > Place*). De la carpeta de trabajo, traer "noun-save-3776479.svg". El formato svg, estándar vectorial centrado en la red, disponible en múltiples bibliotecas y librerías,[2] presentará el problema del negro compuesto (cfr. cap.xii.1)… que requiere la participación de Illustrator.

---

1   *Como cuando un sitio en la red, hace dos décadas, presentaba un mensaje anunciando "Este sitio está optimizado para 1024×768 píxeles".*

2   *Aunque "library", incorrectamente, se traduce de estas dos maneras, la primera hace alusión a recursos como Wikimedia Commons, que comparten gratuitamente sus recursos (como tomar prestados los libros de una biblioteca); las librerías, evidentemente, venden su material. En buena parte de sitios, habrá una parte de archivos ofrecidos gratuitamente y otros con alguna fórmula comercial.*

[3] En Illustrator, ⌘O (*File > Open*) y abrir el mismo archivo. Este es un icono que, por alguna razón, pese a que han pasado décadas desde la última vez que se utilizó el último disquete, sigue representando al comando Guardar (con lo que este icono ha pasado a ser un símbolo).

[4] *File > Document color mode > CMYK color*. Con este cambio, el negro puede definirse como corresponde.

[5] ⌘A (*Select > All*). Seleccionar todo.

[6] [F6] (*Window > Color*). Con igual atajo (heredado a InDesign), el mismo panel de Color ofrece idéntica funcionalidad; por tanto, con los trazados seleccionados, debe colocarse el relleno en primer plano ([a]) y dar clic en la muestra de negro ([b]) para reemplazar la composición de las cuatro tintas, por únicamente 100% de negro ([c]).

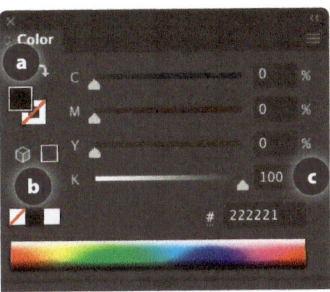

[7] ⇧⌘S (*File > Save as*). Guardar el archivo con formato de Illustrator. En el cuadro de diálogo de opciones, será necesario verificar la versión 2020 ([a]), así como las casillas de compatibilidad con PDF ([b]) y de compresión ([c]), tres opciones que son las predeterminadas. Es de resaltar que los cuatro atajos empleados en Illustrator son idénticos a los vistos en InDesign (y también son válidos en Photoshop). Pero, ya estando aquí, puede verse un caso algo más complejo.

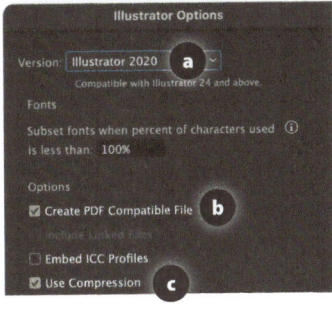

[8] ⌘O (*File > Open*). De la carpeta "xrevisar" (cap.XVI), abrir "ajustada.pdf". Aunque no tenga las capacidades de Acrobat, Illustrator es un excelente editor de PDF, con la ventaja –recién comprobada– de parecerse a InDesign; así, pese a ser la aplicación especializada para editar un PDF, Acrobat es muy distinta (por ejemplo, no tiene panel de Color).

413

Id

[9] Repetir el paso [4]. Puesto que este documento fue generado para pantalla, tiene el mismo problema que el svg.

[10] [A]. Con la flecha blanca, tocar cualquier texto negro. Igual que en InDesign, esta herramienta se llama "Selección directa" porque seleccionará directamente el objeto o el punto de ancla que toque, sin importar dentro de cuántos grupos y subgrupos esté anidado.

[11] *Select > Same > Fill & stroke*. Al apuntar a los atributos que tenga en común el objeto activo con los demás (aquí, relleno y delineado), según la veintena de opciones en el menú, este útil comando de Illustrator hace menos relevante el empleo de muestras. Luego, bastaría repetir el paso [6] para solucionar el problema. De hecho…

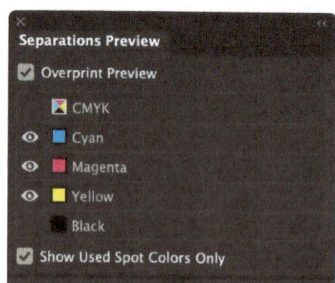

[12] *Window > Separations preview*. Con el mismo panel ya utilizado en el capítulo anterior (cfr. cap.xvi.5), activar o desactivar el icono de visibilidad en el color negro (👁), acción con la que puede corroborarse su correcta configuración. Si la ilustración presentara delineados con negro compuesto, bastaría tocar cualquiera de las líneas problemáticas y repetir el paso anterior con *Same > Stroke color*. Pero no hace falta guardar este cambio antes de volver a InDesign.

[13] En InDesign, traer (⌘D) de la carpeta de trabajo, "forecast.ai" como reemplazo del disquete. Esta es la versión ya editada de "smock_forecast_18_n.svg", de la biblioteca de Adobe Spectrum. El svg es de una eficiencia tan espectacular que hace parecer pesados a todos los demás formatos gráficos, basados en píxeles o en vectores; el png o el gif podrían llegar a representar esta bola de cristal en tamaños ínfimos (inferiores a 1k) como lo hace el svg, pero ya a los 20 mm que tiene al margen se nota que las curvas no son perfectas;

por dramática oposición, el mismo dibujo, delineado, cubre todo el fondo de esta página.

[14] [V]. Ampliar el marco de modo que la base de la bola de cristal quede ajustada en las tres columnas interiores de la pág. 15; deberá resaltar lo principal del artículo en su interior; su exterior debe ser recorrido por el cuerpo de texto.

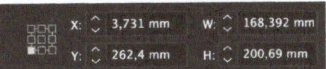

[15] ⌥⌘W (*Window* > *Text wrap*). Dar al objeto un recorrido basado en la detección de bordes. El problema, típico en esta técnica, es que el color debe ser lo suficientemente claro para que el texto sobre él se lea sin dificultad, pero, si lo es, InDesign (al menos, ID19.3) no detecta nada; el resultado es aceptable con *Select subject*, pero se dejará el objeto en *No text wrap* y, antes de solucionar el problema, se verá cómo <u>no</u> solucionarlo.

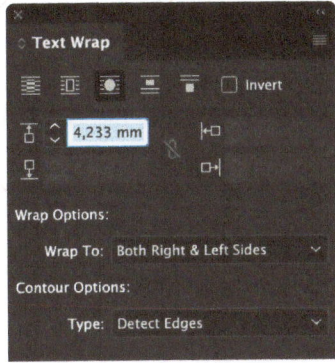

[16] ⌘O (*File* > *Open*). De la carpeta de trabajo, abrir el archivo "triangle.indd". Según se ha expuesto (cfr. cap.XI.5), el recorrido de texto no necesita la Pluma, sino el pensamiento visual; con este, se descompone la bola de cristal en dos polígonos (un triángulo y una estrella) y un círculo (que ya está dibujado por no tener ninguna dificultad su creación). ¿Cuánto se *puede* hacer en InDesign?

[17] En la caja de Herramientas (undécima casilla), desplegar el grupo del Rectángulo y activar la herr. Polígono.

[18] Restaurar los colores predeterminados ([D]) e invertirlos (⇧X). Se observará en la caja de Herramientas (o en el panel de Muestras) que el polígono que se creará a continuación tendrá la muestra *[Black]* como relleno y la muestra *[None]* como delineado, lo que permitirá trabajar con medidas exactas.

Id

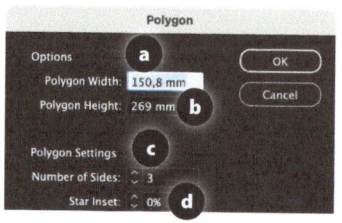

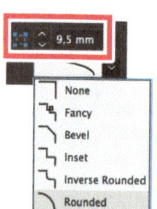

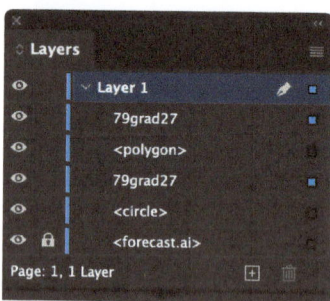

[19] Clic sin arrastrar y, en el cuadro de diálogo, dar al polígono un ancho de 150,8 mm ([a]), un alto de 269 mm ([b]), con tres lados ([c]) que se plegarán en 0% ([d]); esta es la forma de crear el triángulo que se necesita; con la indentación de estrella en 0%, arrastrar con [⇧] produce polígonos regulares (tres lados para un triángulo equilátero, cuatro para un cuadrado, cinco para pentágonos regulares, etc.).

[20] En el panel de Control, desplegar las opciones de vértice, seleccionar *Rounded* (redondeado) y darle 9,5 mm de radio (resaltado). Con ello, se le puede poner en posición.

[21] [F7] (*Window > Layers*). En el panel de Capas, clic en la primera columna del objeto "79grad27" (para hacerlo visible) y clic en su extremo derecho (para seleccionarlo). Ya colocada en posición, se presenta la estrella (que se obtendría repitiendo el paso [19], un polígono de cuatro lados con 55% de indentado y 50 × 50 mm).

[22] En el panel de Control, ubicar la referencia en el centro del objeto y dar a la estrella una rotación de 79,27°.

[23] ⌘C (*Edit > Copy*). Copiar la estrella rotada.

[24] Repetir el paso [20] para dar a la estrella 7 mm de redondez en los vértices.

[25] ⌥⇧⌘V (*Edit > Paste in place*). Pegar la estrella original exactamente en su lugar.

[26] [V]. Seleccionar ambas versiones de la estrella. Esta operación podría ser más sencilla dando [⇧]+clic en el extremo derecho de sus filas, en el panel de Capas.

[27] *Object > Pathfinder > Add.* La clave de un dibujo es el pensamiento visual que, para concretarse, no tiene mejor recurso que el Buscatrazos (*Pathfinder*); esto equivale a decir que la raíz etimológica de "diseñar" puede ser "dibujar", pero, para diseñar, es indispensable reconocer cuándo no dibujar; con la Pluma, incluso un resultado imperfecto, tomaría mucho más trabajo: la redondez de las cuatro esquinas interiores de la estrella, por ejemplo, solo puede ser idéntica porque se ha creado sin realizar arrastre alguno.

En este orden de ideas, componer páginas, crearles diagramas o maquetas es "designar" (espacios).

[28] Seleccionar todo (⌘A) y repetir el paso anterior. Puesto que la plantilla está bloqueada, se obtiene el contorno que se necesitaba para el recorrido de texto.

[29] Repetir el paso [15]. Como no podría ser diferente, incluso si el objeto fuera completamente transparente (relleno y delineado), el texto recorrería el contorno vectorial a la perfección.

[30] ⇧⌘S (*File > Save as*). Guardar con otro nombre el archivo del triángulo (contorno.indd) y el del artículo (sincapas.indd).

Desde luego, este ejercicio ha satisfecho múltiples temas pendientes en este libro, relacionados con objetos vectoriales, desde crear un simple triángulo o redondear vértices hasta aprovechar las bibliotecas en svg y presentar el Buscatrazos. Todo esto es útil, pero, en general, aunque lo *pueda* hacer InDesign, muy raramente *debe* hacerse en él, pues Illustrator simplemente lo hace mejor. De hecho, salvo que fuera una base para una mejora, poco sentido tendría tomar un dibujo vectorial... como plantilla para hacer un dibujo vectorial. Simplemente tiene que haber otro camino.

2. InDesign debe

En InDesign, el funcionamiento de las guías inteligentes puede precisarse en las preferencias, junto con la configuración de las guías y la mesa de trabajo, con cuatro casillas que, verificadas de fábrica, detectan centro y bordes de los objetos, así como dimensiones y espacio que hay entre los que existen en la página. Ya que la propia página, sus márgenes y su subdivisión en columnas también son considerados como objetos, esta excepcional característica ayuda a crear rápidamente fotos que ocupan una columna, marcos de texto que ocupan dos, dibujar líneas que ubican exactamente el centro del medianil o un fondo de color que se extienda hasta la demasía; todo lo cual resulta esencial en composición y, en buena cuenta, brilla por ausencia en Illustrator, que no tiene márgenes ni columnas ni medianiles…, pero cuyas guías inteligentes detectan los puntos de ancla que conforman los objetos, los segmentos que se extienden entre ellos e incluso los que forman los textos (sin convertirlos a formas). Por eso es tan superior al dibujar.

[1] ⌘O (*File > Open*). De la carpeta "safarstr", incluida en la del capítulo, abrir "sincapas.indd", avance del ejercicio anterior. Ahora se solucionará el problema en Illustrator.

[2] [⌥]+doble clic en el marco de la bola de cristal. Con ello, se abre la aplicación original, Illustrator.

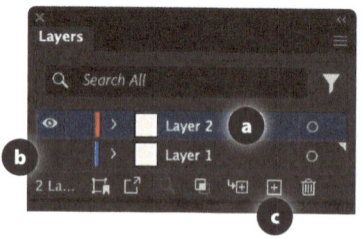

[3] [F7] (*Window > Layers*). En el panel Capas, arrastrar la fila "Layer 1" al icono de nueva capa (⊞, [c]) para duplicarla; por orden, conviene darle doble clic al espacio vacío a la derecha de la fila ([a]) para cambiarle nombre (*layer 2*) y color (rojo claro).

[4] Clic en el icono de visibilidad de *Layer 1*, para ocultarla ([b]). Dado que InDesign puede establecer qué capas de un archivo importará como visibles (cfr. cap. VIII.3), este

es un cambio que facilita la edición, igual que el anterior (y los cuatro siguientes), idéntico a lo que se hace en InDesign.

[5] ⌘A (*Select > All*). Seleccionar todos los objetos de la capa 2, la única visible.

[6] [F6] (*Window > Color*). En el panel de Color, dar a los objetos relleno negro.

[7] En el panel de Capas, ocultar la capa 2 y presentar la capa 1, que es el estado (teóricamente) final del dibujo.

[8] ⌘W (*File > Close*). Cerrar el archivo guardando los cambios; en este caso, es importante conservar el mismo nombre (por lo que la carpeta de trabajo tiene un duplicado del archivo original "Copia de forecast.ai").

[9] Nuevamente en InDesign (donde parece no haber pasado nada), copiar el objeto (⌘C, *Edit > Copy*).

[10] ⌥⇧⌘V (*Edit > Paste in place*). Pegar la copia en el mismo lugar. De momento, ambas versiones comparten la opción normal de recorrido, *No text wrap*.

[11] ⌘D (*File > Place*). De la carpeta de trabajo, colocar nuevamente el archivo "forecast.ai" verificando las casillas *Show import options* y *Replace selected item*; en el cuadro de diálogo, ocultar la capa 1 (la que tiene los colores) y presentar la capa 2

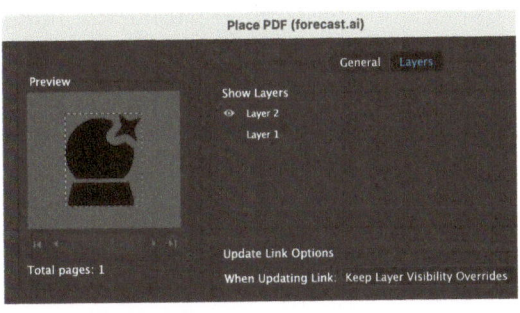

(la copia en negro): una capa contrastada de una ilustración funciona como un canal alfa en una fotografía, permitiendo un recorrido de texto perfecto (como se comprobará a continuación).

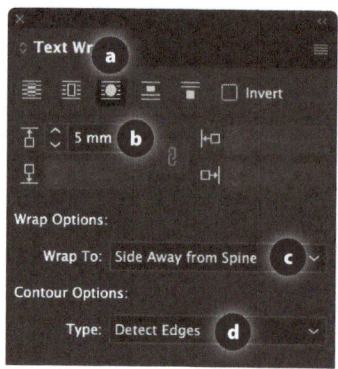

[12] ⌥⌘W (*Window > Text wrap*). Clic en recorrer la forma del objeto ([a]), con 5 mm de separación ([b]), disponiendo el texto únicamente en el exterior de la página (es decir, en el lado opuesto al lomo, [c]) con el criterio de la detección de bordes ([d]) que, en blanco y negro, no tiene cómo fallar.

[13] ⌘3 (*Object > Hide*). Ocultar el objeto que da el recorrido. El texto sigue en su lugar.

[14] [V]. Presionando [⌘], clic sobre la tercera columna de la pág. 15 (de la cual algunas palabras se cuelan entre la bola y los otros dos elementos del dibujo) y [⌫] (*Edit > Clear*). Cuando dos o más elementos comparten la misma ubicación, se puede pasar de seleccionar el superior a los que están debajo con [⌘]+clic. Así, dar clic en la zona más oscura al margen, seleccionaría el triángulo (que está delante); [⌘]+clic, el círculo (al medio); [⌘]+clic nuevamente, el rectángulo (detrás); [⌘]+clic, volvería al triángulo; etc.

[15] ⇧⌘S (*File > Save as*). Guardar el archivo con otro nombre (forecast.indd). Ahora bien, no puede cerrarse el ejercicio mencionando apenas un ejemplo tan sencillo que hasta pudo redibujarse íntegramente en InDesign.

[16] De vuelta en Illustrator, abrir (⌘O, *File > Open*), de la carpeta en curso, "Modern-day Venus.ai". Citando nuevamente a Botticelli (cfr. cap. VIII.3), este archivo fue otro de los homenajes a los veinticinco años de Illustrator (2012) y, esperablemente, una suerte de "ostentación" técnica de 142 565 trazados, que totalizan 1 186 693 de puntos de ancla. Cuando una ilustración tiene tal complejidad que supera los 10 Mb, suele ser preferible rasterizarla (cfr. cap. XVIII.4), pues, incluso como una foto de 450 dpi, no pasaría de 16 Mb; frente a ello, hasta imaginarse cuánto tardaría enviar más de un millón de puntos de ancla a impresión… resulta ocioso.

[17] [A]. Presionando [⌥], clic en el objeto "marino" de la esquina inferior derecha. Sin compatibilidad con PDF, este archivo ocupa 60 Mb, de modo que duplicarlo todo (como se hizo con la bola de cristal) sería un disparate. [⌥]+clic selecciona un trazado en su integridad, sin importar en qué parte de él se haga clic, y solo lo selecciona a él, sin importar en cuántos grupos y subgrupos esté anidado.

[18] Presionando [⇧] para añadirlo a la selección, [⌥]+clic en el rectángulo ubicado inmediatamente a la izquierda de la forma activa. Así, ⌥⇧+clic en cada objeto del contorno permitiría únicamente duplicar las formas indispensables. Pero la vida es demasiado corta.

[19] En el menú de Selección (*Select*), activar el último comando "contorno". Este comando únicamente existe en este archivo gracias a que, en forma espectacular, Illustrator permite guardar las selecciones; en este caso…, la que se acaba de activar incluye casi mil objetos.

[20] Copiar los objetos (⌘C), crear una nueva capa y pegar en ella los objetos copiados (*Edit > Paste in front*). Tras ello, se les podrá dar relleno negro y, mientras estén aislados en una capa, utilizarlos como guía para el recorrido de texto…

Una editorial no es un ejército, sino una orquesta, por lo que quien la dirige –hasta donde se tiene noticia– no es el que ha matado o mandado matar a más gente, sino quien, sin necesariamente saber tocar el clarinete, sabe cómo debe sonar y cuándo debe entrar, y cómo la pieza que se está ejecutando requiere que ese viento acompañe mejor, digamos, a las cuerdas. Este ejercicio puede, pues, retomarse unos pasos más adelante, porque no es indispensable dominar Illustrator, sino, simplemente, saber qué pedirle a una ilustración para componerla con los demás elementos en página. InDesign debe, así, apoyarse en sus compañeros de la *suite*.

Id

3. **Contornear trazado**

La clave para tomar un archivo de casi 60 Mb y extraer de él los 80 kb que se necesitan para recorrer su contorno (es decir, el 0,14%) bien puede residir en un sencillo comando cuya falta, si bien InDesign puede compensar (al menos, mientras manipule con cuidado objetos delineados al cambiar su tamaño), es bastante importante como para no *arriesgarse* a compartir dibujos, aunque parezcan sencillos (y ni pensar en logotipos, incluso sin son verdaderamente sencillos). Pero, si el primer ejercicio del capítulo mostraba que InDesign *puede* complicarse (y no limitarse a dibujos básicos) y el segundo que InDesign *debe* centrarse en lo que hace mejor (y dejar toda complejidad a Illustrator), aquí se verá que hay límites que un programa de composición de página no está diseñado para superar.

[1] ⌘O (*File > Open*). De la carpeta "lgeomtry", parte de la del capítulo, abrir "lgeomtry.indd". LG muestra que, como en una página, frecuentemente el atractivo de un logo es la combinación creativa de simples formas geométricas.

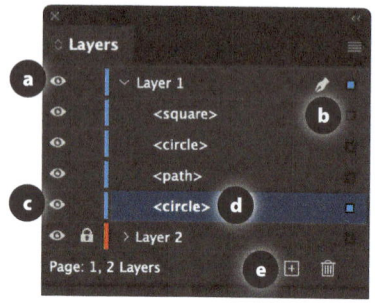

[2] [F7] (*Window > Layers*). En el panel de Capas, ocultar la capa 1 (clic en [a]) para ver la plantilla o, como alternativa, ocultar el círculo (clic en [c]), para ver los objetos, según se editen, colocados sobre dicha plantilla (que es, por cierto, el svg tomado del sitio de LG); esta acción se hará y deshará según facilite el dibujo.

[3] [A]. Con la flecha blanca, clic en el punto superior derecho del rectángulo para activarlo y [⌫] (*Edit > Clear*). Queda creada la "L", cuyo extremo derecho —es importante advertir— está alineado con el extremo interior de la "G".

[4] En el panel de Control, copiar el valor del delineado (18,104 pt), que se empleará en dos pasos siguientes.

[5] En el panel Capas, arrastrar la fila de círculo rojo ([d] en la página opuesta) al icono de nueva capa (➕ , [e]) para duplicarlo; luego, ocultar la copia y activar el original.

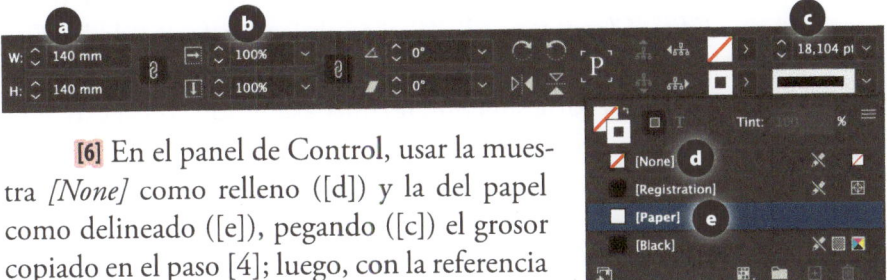

[6] En el panel de Control, usar la muestra *[None]* como relleno ([d]) y la del papel como delineado ([e]), pegando ([c]) el grosor copiado en el paso [4]; luego, con la referencia al centro, dar al círculo superior un diámetro de 140 mm ([a]). Ahora bien, a diferencia de *escalar* el objeto ([b]), el cambio del ancho o alto no guarda proporcionalidad con el delineado en InDesign.

[7] Con el círculo activo, [⇧]+clic en el extremo derecho de la fila del cuadrado, en el panel de Capas ([b] en la página opuesta). El recuadro azulino (■) indicará que ambos objetos están seleccionados, el cuadrado sobre el círculo.

[8] *Object > Pathfinder > Subtract*. Esta operación de Buscatrazos resta el objeto superior al inferior, con lo que el círculo queda aproximadamente convertido en la "G" y, desde luego, queda alineado con la "L".

[9] [W]. Pasar al modo de trabajo para ver la línea guía que se ha colocado en el extremo derecho de la "L", allí donde debe acabar la "G".

[10] [P]. Colocar la herramienta Pluma sobre el trazado de la "G" (de momento, es una forma como ¾ de círculo, ◔) y, con el puntero de añadir punto de ancla (✒+), dar clic en el cruce de la línea guía con el trazo horizontal de la "G".

[11] [A]. Con la flecha blanca, clic en alguna área vacía de la página (para desactivar todo); luego, clic en algún lugar

Id

de la curva en que no haya punto de ancla (para activar el trazado, que mostrará todos sus puntos como recuadros vacíos, ▢) y, luego, clic en el punto de ancla central; cuando este se muestra con un recuadro relleno (■), eliminarlo ([⊗], *Edit > Clear*). Con ello, *casi* se obtiene la forma de la "G", pero, si se observa con cuidado, el extremo derecho de la "G", en la parte superior, no queda alineado con el extremo derecho del trazo vertical de la "L".

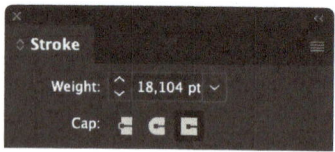

[12] *Window > Stroke*. En el panel de Trazo, dar a la curva el extremo *Projecting cap* (resaltado). Con él, la parte superior de la curva se proyecta como un cuadrado, lo que, aunque corrige el problema observado en el paso anterior, crea el problema de romper la alineación que se había establecido sobre la línea guía.

[13] [A]. Tras verificar que las guías estén bloqueadas (*View > Grids & guides > Lock guides*), clic con la flecha blanca en el punto creado sobre ella en el paso [10]. Su exactísima posición horizontal debe ser 169,391 mm.

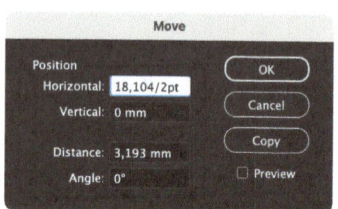

[14] Doble clic en el icono de la flecha blanca. Al estar seleccionado únicamente un punto, el movimiento solo lo afectará a él; se recuperará, así, la alineación, pegando el valor del delineado (18,104 pt) dividido entre dos. Queda *armado* el logotipo.

[15] ⇧⌘S (*File > Save as*). Guardar con otro nombre (lgarmado.indd). Lamentablemente, InDesign no está preparado para respetar la delicada geometría de un logotipo, pues bastaría cambiar el ancho o el alto para desalinear los delineados y su proporción respecto del relleno.

[16] En Illustrator, abrir (⌘O, *File > Open*) de la carpeta de trabajo el archivo "lgeomtry.ai".

424

[17] ⌘A (*Select > All*). Seleccionar todo.

[18] *Object > Path > Outline stroke*. Sin importar cómo se cambie el tamaño, al contornear el trazado, la relación entre lo que era delineado y el relleno queda fijada.

[19] ⇧⌘S (*File > Save as*). Guardar con otro nombre (delinear.ai). Ahora cerrará Illustrator lo que dejó pendiente.

[20] ⌘O (*File > Open*). De la carpeta "safarstr", parte de la del capítulo, abrir "dhoganho.ai". Estos son los mil objetos pintados de negro al final del ejercicio anterior.

[21] Repetir los pasos [17] y [18]. Sin contornear los delineados, las operaciones de combinación no funcionan apropiadamente (las líneas serían ignoradas).

[22] *Window > Pathfinder*. En el panel Buscatrazos, clic en el primer icono *Unite* (resaltado), equivalente al comando *Add* de InDesign, empleado en el primer ejercicio del capítulo (paso [27]). Los mil objetos se convierten en un grupo… impuro.

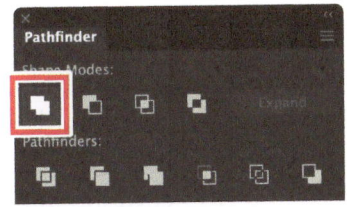

[23] [A]. Presionando ⌥⇧, clic con la flecha blanca en el contorno exterior principal y en el de la luna, para deseleccionarlos. Quedarán activas múltiples formas minúsculas, que daban el acabado de "pinceles" a la ilustración.

[24] [⌫] (*Edit > Clear*). Eliminar la selección.

[25] ⇧⌘S (*File > Save as*). Guardar con otro nombre (depurado.ai). En la muestra, el archivo resultante, con solo 86 kb, cumple el mismo propósito que el duplicado colocado, en el ejercicio anterior, sobre la bola de cristal; además, al ser archivos de tamaño idéntico, ni siquiera hace falta unirlos, simplemente colocarlos con idéntica configuración.

4. Depurar vectores

Para dar el efecto de una pincelada real, Photoshop es capaz de registrar el ángulo y la presión con que un lápiz óptico (digamos, un Apple Pencil) se desliza sobre una superficie sensible (sea un iPad o una tableta Wacom); Illustrator, en cambio, disemina pequeños trazados (léase, "manchas") alrededor de, por ejemplo, la treintena de líneas simples (ciento ochenta puntos) que se observa abajo, lo que las convierte en trescientos objetos con casi nueve mil puntos de ancla: es así como supera el millón de trazados. Con todo el amor, casi afrodisíaco, que haya requerido la ilustración de Afrodita, la exportación de Venus termina siendo un problema muy serio…, casi venéreo.[1]

[1] ⌘O (*File > Open*). De la carpeta "exterior", incluida en la del capítulo, abrir "exterior.indd". De ser necesario, revincular la foto, puesta como colofón, con el original en la carpeta "genesis1" del cap.x. La ilustración de apertura corresponde a la Venus de ejercicios previos, ya guardada como un PDF de tamaño mínimo.

[2] [V]. Seleccionar la foto, al pie de la tercera columna, y ⌥⌘C (*Object > Fitting > Fit frame to content*). Al expandir el marco, puede verse la foto más grande de las incluidas entre las muestras de este libro, con casi 66 Mp, que representan suntuosos 188 Mb de información (datos sin comprimir) de calidad excelente como para cubrir 58 × 81 cm. Sin embargo, puede emplearse una porción muy pequeña de una foto gigantesca sin efecto alguno en la exportación, como

---

1   *Desde luego, Venus es el nombre latino que le fue dado a la diosa griega Afrodita, excepto que el derivado de la griega tiene una marca más bien positiva, mientras que el genitivo de Venus (*veneris*)… suena muy, pero muy distinto.*

los 6 × 1,5 cm que, según se esquematizan al margen, equivalen al 1% de la foto; desde luego, sería ilógico suponer que el retoque de cualquier imagen fuera tan minucioso como prestarle la misma atención a cada (centésimo) componente.

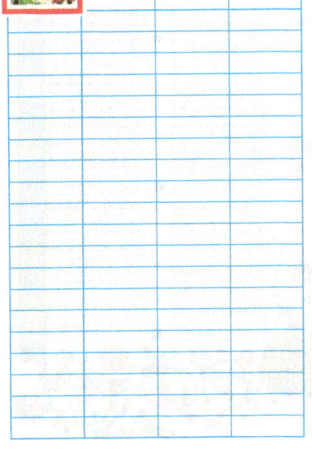

[3] ⌘Z (*Edit* > *Undo*). Volver el marco a su encuadre original.

[4] Repetir los pasos [2] y [3] con el marco de la ilustración. Podrá verse que, aunque apenas se está tomando la cima triangular de la torre del reloj (1⁄36 del total), el penoso millón doscientos mil puntos de ancla está presente: será interesante compararlos, en la exportación, con sesenta y seis millones de píxeles.

[5] *File* > *Adobe PDF presets* > *[Smallest file size]*. Exportar como archivo de tamaño mínimo no impidió, en la muestra, que el PDF resultante (exterior.pdf) fuera casi tan pesado como el archivo de la ilustración, en su conjunto, 15,2 Mb. ¿Qué parte de ese problema se debe a la foto que, comprimida en JPEG, pesa 30 Mb?

[6] [V]. Seleccionar la foto y eliminarla ([⌫], *Edit* > *Clear*). Se comprobará el efecto de este componente, literalmente, por descarte.

[7] Repetir la exportación (paso [5]). Será infor-

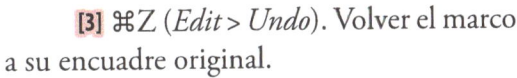

mativo; sin embargo, antes de dar clic en *Export*, observar, en la sección de Compresión, que todas las preconfiguraciones recortan las imágenes a lo contenido en el marco (*Crop image data to frames*), después de ver lo cual no puede sorprender que el nuevo archivo exportado en la muestra (sincolfn.pdf) sea virtualmente idéntico al anterior (4325 *bytes* menos).

[8] En Illustrator, abrir el primer PDF exportado. Bastará emplear el comando *View > Outline*, una suerte de visión de rayos X que presenta la estructura (los "huesos") del archivo, para ver que el marco de InDesign enmascara la integridad de la ilustración que, sin embargo, está allí, ocupando un peso enorme, especialmente en un PDF mínimo. Pero no hay, para los vectores, el equivalente de recorte automático que tienen los píxeles. ¿Seleccionar manualmente todo lo que está afuera? Se ha visto que es intensivamente manual.

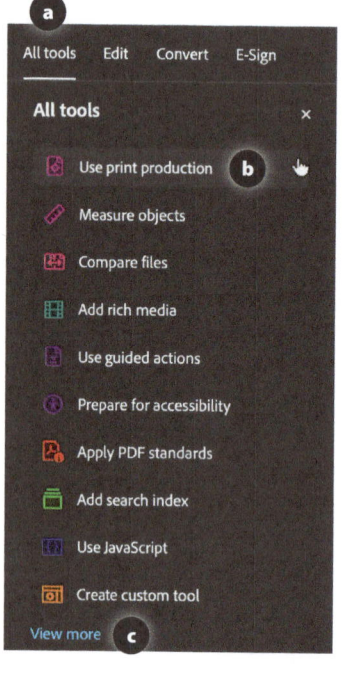

[9] En Adobe Acrobat, abrir el primer archivo exportado (exterior.pdf). De más está decir que es Acrobat la aplicación especializada en editar archivos PDF, pero su diferencia con las aplicaciones gráficas de Adobe es clara, desde la propia interfaz. De hecho, al hacer clic en Todas las herramientas (*All tools*, [a]), se presentará una larga lista de tareas que en nada recuerdan a la caja de Herramientas de los otros tres programas.

[10] Desplazarse hasta el extremo inferior de la lista y dar clic en el botón Ver más (*View more*, [c]) para ubicar la opción requerida.

[11] Clic en Usar la producción de impresión (*Use print production*, [b]).

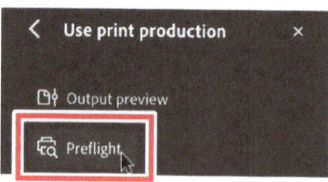

[12] Clic en Comprobaciones (*Preflight*, resaltado). Para quien maneje Illustrator, podría ser menos tedioso realizar la selección con la flecha blanca que estar navegando entre listados de texto (que, luego, hace falta recordar). La verdadera moraleja del ejercicio podría ser que aprender InDesign significa la posibilidad de aplicar los conocimientos en Illustrator casi sin "traducción" (y Photoshop tampoco es tan distinto).

[13] Clic en el icono de Seleccionar reparaciones individuales (*Select single fixups*, [a]), desplegar en la parte inferior la última categoría de Páginas (*Pages*, [b]) y verificar la fundamental casilla de Quitar objetos situados totalmente fuera del área de recorte (*Remove page objects which are completely outside*, [c]).

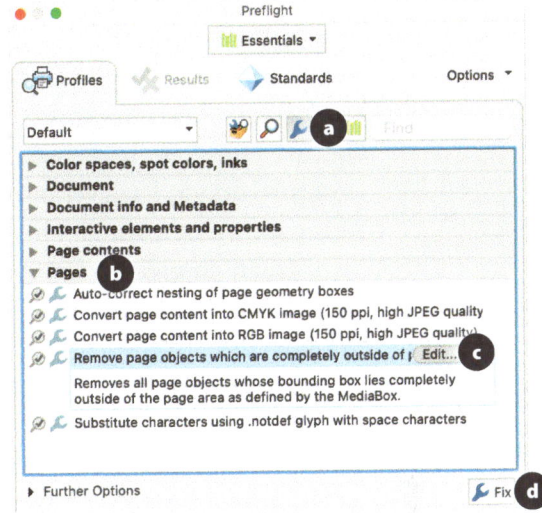

[14] Clic en Reparar (*Fix*, [d]) y dar nombre al nuevo archivo que se creará (en la muestra, reparado.pdf).

[15] Nuevamente en Illustrator, abrir el archivo, ya depurado de lo que no era visible (reparado.pdf). Se entiende perfectamente por qué su tamaño es 358 kb.

Estos seis pasos en Acrobat demuestran fehacientemente que se trata de otro tipo complemente distinto de programa en el que satisfacer una necesidad como esta, que no es frecuente, significa memorizar los pasos; desde luego, si la memoria garantiza convertir archivos de 15,2 Mb en 358 kb (2% del tamaño), la justificación es clarísima.

En todo caso, si la *suite* de la Nube Creativa es una orquesta, el Acrobat es claramente un solista, que toca múltiples géneros y, en esa medida, tiene que aceptarse como un hecho su identidad particular y aprovechar la amplitud de su repertorio. De este, otra pieza destacada se encuentra en el ejercicio que cerrará el capítulo.

5. Optimizar y auditar

Al decir que "el papel aguanta todo", se descalifica, evidentemente, la calidad de la información que se está leyendo, de modo semejante a la frase "Hablan porque tienen boca". Cabe referirse a ello considerando que el formato PSB fue lanzado hace veinte años porque 900 Mp comenzó a ser un *límite* para algunos proyectos que, en efecto, ya se medían en gigapíxeles; esto es, millones de millones de píxeles, no metafórica sino literalmente. De otro lado, un arquitecto podría colocar el plano de un centro comercial en un documento con, también literalmente, miles de miles de líneas o textos, como se ha visto, potencialmente tan o más difíciles de manejar que los propios gigapíxeles. Y bien: por contrapartida de su universalidad, el problema es que el PDF aguanta todo y no puede sorprender que –generados por un número ilimitado de aplicaciones– algunos archivos hagan la página impublicable.

El límite del formato PSD es de 30 000 píxeles en ancho o alto, es decir, un máximo de 900 megapíxeles.

[1] ⌘O (*File > Open*). De la carpeta "exterior", incluida en la del capítulo, abrir "nocomprs.indd". En una situación que no es precisamente inusual, la carpeta incluye un dudoso PDF de 22 Mb (para ser una sola página) y este archivo de InDesign, en el que no está el vínculo. ¿Cómo corregirlo?

[2] En Adobe Acrobat, abrir el archivo exportado del documento abierto en el paso previo (nocomprs.pdf). Si constara únicamente de vectores, podría abrirse en Illustrator; si contuviera únicamente imágenes, se editaría en Photoshop; habiendo texto, sin embargo, la situación es distinta pues modificarlo les pediría a las dos aplicaciones tener instaladas las exactas fuentes empleadas; sin embargo, Acrobat puede hacer modificaciones en un PDF utilizando las fuentes incrustadas en el propio archivo.

[3] *File > Save as other > Optimized PDF* (Archivo > Guardar como otro > PDF optimizado). Esta puede ser una modalidad ideal de optimizar, ya que presenta un cuadro

de diálogo de configuración, semejante al que se ha visto al exportar (cfr. cap. XVI). Es interesante, sin embargo, empezar por *Audit space usage* ([b]) en el que, como se vio en un ejemplo anterior (cfr. cap. XVI.4), impresiona cuán próximo al 100% (99,76%) está el espacio ocupado por las imágenes.

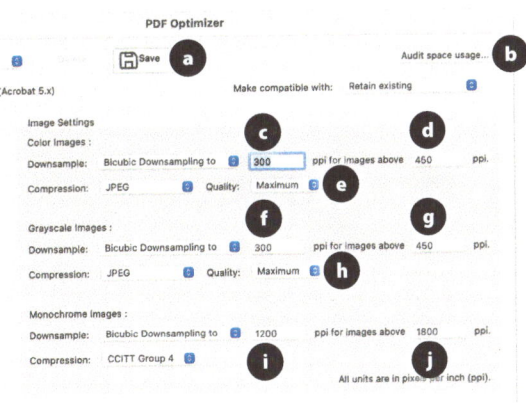

[4] En el campo de resolución, tanto para imágenes a color ([c]) como para imágenes en grises ([f]), colocar 300 ppi, esto es, el valor que corresponde a la exportación de alta calidad en InDesign (cfr. cap. XVI.3); con el mismo criterio automático, el corte pasará a 450 ppi ([d] y [g]).

[5] Establecer la calidad máxima de compresión para las imágenes a color ([e]) y en grises ([h]).

[6] Aunque no estén empleadas en este caso, dar a las imágenes monocromáticas una resolución de 1200 ppi ([i]), lo que, nuevamente, marcará un límite automático de 150% de tal valor ([j]).

[7] Clic en *Save* (Guardar, [a]) para poder optimizar, como archivo de alta calidad, cualquier futuro archivo sospechoso. Ahora bien, ¿qué se puede calificar de sospechoso? La compresión depende de múltiples factores, pero un JPEG A4 de 450 dpi difícilmente ocupará 10 Mb, lo que da una referencia básica (con la foto en toda la página, con una textura fuerte, un degradado continuo de color y en alta calidad).

[8] Clic en *Ok* (Aceptar) para generar el nuevo archivo y, en el cuadro de diálogo, darle nombre ("hquality.pdf" en la muestra); pese a que este nuevo documento contiene una

información visualmente indiferenciable a la del PDF original, su tamaño es de apenas 2,5 Mb. De hecho…

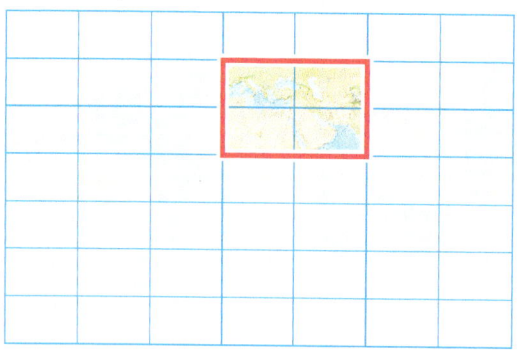

[9] En Illustrator, abrir el PDF exportado. Se comprobará en la vista esquemática (*View > Outline*) que la parte de la imagen que el PDF realmente usa es, aproximadamente, $\frac{1}{7}$ de lo que contiene. En cálculo rápido, el archivo debería quedar en unos 350 kb.

[10] Repetir el paso [3], utilizando la configuración (Estándar). Con esta referencia fueron establecidos los valores para la creación de un PDF balanceado, digamos, entre la alta calidad y el tamaño mínimo (cfr. cap. XVI.5). En la muestra, el archivo resultante apenas ocupó 656 kb.

Toda optimización es una negociación entre la calidad que se obtiene y el tiempo que requiere obtenerla y, por ello, ahorrar 50% (sin importar 50% de qué) en un clic es fantástico; ahorrar 75% con un proceso de diez pasos puede serlo o no, según el contexto. En todo caso, de los datos que ofrece este archivo hay dos conclusiones: la primera, acertijo planteado en el cap. II, es que, mirando cuán amarillento es el mapa físico alrededor de Jerusalén y Bagdad, no es de extrañar que el Paraíso sea un jardín, si tres de las religiones más extendidas del planeta –cristiana, musulmana y judía– surgieron del desierto; la segunda conclusión, caprichosamente relacionada con la anterior, es que, si el Paraíso es aquello que nos falta, el Edén del diseño editorial estará lleno de páginas en las que las fotos –que pueden tomar 99% del espacio lógico de nuestras publicaciones– estén impecablemente trabajadas.

Capítulo XVIII
Nube de píxeles

Cientos de palabras

Hace poco más de cien años, un publicista tuvo la idea peregrina de atribuirle a un filósofo japonés –que no mencionó– una sentencia lo suficientemente poderosa como para haber llegado al imaginario colectivo: "Una imagen vale más que mil palabras". Su sólida argumentación estribaba en el efecto que podía tener un (inimaginable) aviso publicitario de mil palabras, frente a la apetitosa fotografía de un postre para acompañar a la cual, como texto, bastaba un *slogan*.

Ciertamente, ha tendido a universalizarse el acuerdo sobre la elocuencia que se le atribuye a la imagen y, como consecuencia de él, se limita el espacio de creatividad para otros recursos gráficos: bien puede presentarse una composición simple, una tipografía convencional y una ilustración subordinada mientras el protagonismo lo retenga una foto de (cada vez más) alta resolución.

Y, como de un afiche de película, se espera la foto de los protagonistas, las portadas de las revistas están hacinadas de modelos que, fuera de haber sufrido un superadelgazamiento y un superblanqueamiento –como dijera Edna Mode–, no tienen nada de "súper". Inevitablemente, un siglo después, quizás las imágenes valgan solo cientos, no miles, de palabras. Pero, si ya es discutible repletar una publicación de *imágenes sin imaginación*, lo es más emplear fotos devaluadas… o devaluándolas.

1. Adobe Bridge

Para nueve días, la misión Apolo 11 llevó tres cámaras Hasselblad de 70 mm que realizaron 1359 tomas; en el medio siglo transcurrido, es un desafío imaginarse cuántos *minutos* necesitan ciertas (autodenominadas) celebridades para descartar 1358 intentos y compartir <u>un</u> selfi. Lo cierto es que, si el costo material de una foto digital tiende a cero, tanto el narcisismo individual como el perfeccionismo profesional solo tienen el costo inmaterial del tiempo…: el de los personajes retratados, el del fotógrafo y el de la que fácilmente puede ser una decena de manos involucradas entre la captura y la publicación. Todo el cual se multiplica si no se prevé una pausa en que todo ese caudal de tomas sea organizado, para no llegar al vertiginoso punto en que la foto que se busca se vuelve una aguja, hacinada en el proverbial pajar. Es ahí donde es indispensable Adobe Bridge.

[1] En el sistema operativo, duplicar del cap. xvi la carpeta "highqual" en el Escritorio, situación análoga a la de recibir imágenes para un artículo, cuyo remitente conservará los originales; siendo una copia, puede y <u>debe</u> organizarse.

[2] Abrir Adobe Bridge y *Window > Workspace > Essentials*. Bridge es un programa centrado en la administración de archivos, cuyo espacio "Esencial" presenta dos barras (Aplicaciones, [a], y Ruta, [b]), cuatro paneles secundarios (Carpetas, [c]; Previsualizar, [e]); Filtro, [f] y Metadatos, [g]) y, en medio de ellos, el panel principal, de Contenido ([d]).

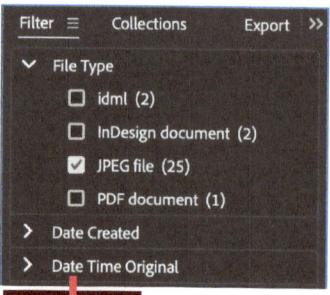

[3] En el panel de Filtro, mostrar exclusivamente las imágenes, en todos los formatos disponibles. En esta carpeta, únicamente se tienen archivos en jpeg, pero el número de opciones no solo abarca a tiff y psd (formatos favorecidos en este libro), sino que, válidamente, puede incluir png y gif (en imágenes en grises), psb, eps y webp… y,

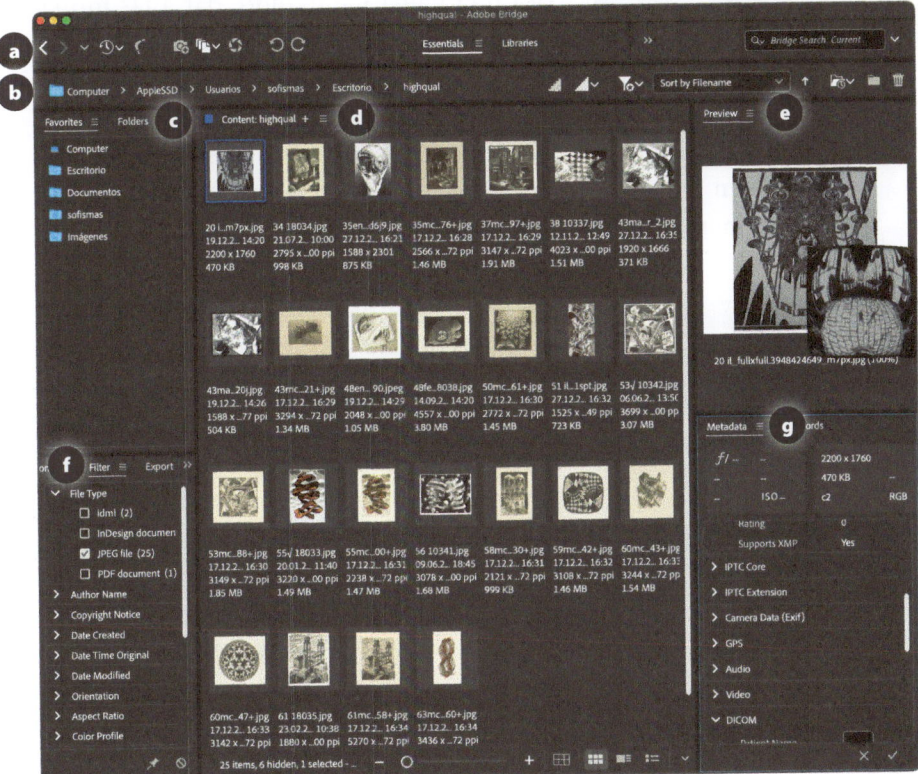

lamentablemente, unas decenas de formatos en bruto (RAW), como DNG (de Adobe), NEF y NRW (de Nikon), CRW, CR2 y CR3 (de Canon), etc. *Afortunadamente*, como compensación, Bridge accede al módulo ACR, que se actualiza cada pocos meses expandiendo el soporte que ya da a más de mil cámaras de cuarenta fabricantes distintos.

[4] En el extremo derecho de la barra de Ruta, ordenar los archivos por nombre (resaltado) y verificar que la flecha contigua

apunte hacia arriba (no la que despliega el menú, ⌄; sino ↑), de modo que se tenga un orden alfabético (ascendente). En este caso, todos los archivos tienen un nombre que empieza con un número, el cual identifica el año en que la obra fue publicada. Excepto que esta codificación es hostil.

[5] En el panel Contenido, dar a las miniaturas el tamaño apropiado para presentarlas todas en simultáneo; debajo de ellas, pueden presentarse las dimensiones en píxeles del archivo, la fecha de modificación y el tamaño, entre otras opciones configurables en la sección Miniaturas (*Thumbnails*) de las preferencias (activadas con ⌘K, como en los otros tres programas).

[6] Clic en la primera imagen, cuyo nombre empieza con "20". Al activar un archivo, este se ampliará en el panel de Previsualizar. Si desplaza el puntero sobre tal ampliación, este tomará forma de Lupa (🔍) y, haciendo clic con esta, la imagen se presentará en un pequeño recuadro, al 100%. Puesto que M. C. Escher nació en 1898, *casi* puede verse que, a los veintidós años, no solo le atrajo dibujar un candelabro de la basílica de San Bavón, sino que en la esfera central se representó a sí mismo mirándola, junto a su atril…, pero ¿hay información suficiente para notarlo?

[7] [␣] (*View > Full screen preview*). Haciendo las veces de interruptor, la barra espaciadora permite aislar la imagen en pantalla completa o volver de ella. Si se presiona la tecla con el signo de suma (⌤), se podrá ampliar al 100% y luego al 200% (lógicamente, la escala de regreso es con ⌹). En este original, lamentablemente, no parece haber píxeles suficientes para notar el genio de esta primera obra del catálogo de Escher, que necesitaría una captura con más píxeles. Si un retrato está bien enfocado, tendrá pestañas, pero sin suficientes píxeles no puede haberlas y, en este caso, Escher y su atril ocupan 50 × 50 px, buenos para 4 × 4 mm.

[8] ⌘3 (*Label > ★★★*). En tanto una imagen esté activa, la tecla de Comando ([CTRL] en pc) sumada a los cinco primeros números le asigna una calificación en estrellas; ⌘0 elimina cualquier calificación existente.

[9] [▶]. Pasar a la siguiente imagen. Las flechas horizontales permiten circular entre el contenido (al avanzar desde la última se vuelva a la primera); si se compara esta segunda foto con la anterior ([◀]), el 100% permite tanto evaluar la calidad de imagen como su tamaño, pues esta segunda ocupará más píxeles en la pantalla; a pesar de ello, claramente su calidad es inferior.

[10] [⌷]. De vuelta a la vista normal, se comprobará objetivamente que esta segunda imagen tiene más del doble de píxeles que la primera en el panel de Metadatos y, sin duda, la calidad de compresión de un JPEG puede hacer que un original excelente se convierta

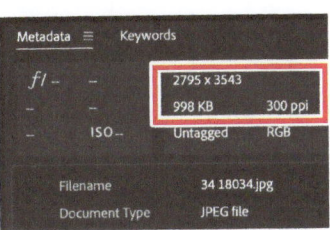

en un archivo que reduce mucho su tamaño… a costa de hacer lo mismo con su calidad (cfr. cap.XVI.4).

[11] Calificar las imágenes, únicamente considerando su calidad técnica (luego podrá seleccionarse entre las mejores). Pero hay varios duplicados.

[12] En el panel de Contenido, clic sobre la segunda foto de 1943 (el nombre empieza con "43marzo il_1588") y [⊗], para eliminarla. Pese a que esta foto es mucho mejor que la otra en cuanto a definición y contraste, su encuadre está recortado. Si se comparan las dos obras de 1953, se notará que la primera ("53√"), aun estando centrada en la litografía, tiene mayor tamaño (será la que se conservará). Es esencial recordar que el tamaño puede asignarse en Photoshop; la calidad del original parte del acto fotográfico: así, si se comparan las opciones de 1955, la primera imagen ("55√"), aunque es mucho más grande, no tiene el detalle que, en la otra, permite leer al cabo de la envoltura "v-55" (al margen). También será eliminado "61 18035.jpg" que, como los dos anteriores, es de gran calidad (es la ventaja de trabajar con una copia de la carpeta), pero inferior a la alternativa. Quedan, así, veintiún archivos.

[13] ⌘A (*Select > All*). Seleccionar todo.

[14] ⇧⌘R (*Tools > Batch rename*). Entre otras complementarias, la principal función de Bridge es cambiar el nombre, en bloque, a *decenas de decenas* de fotos, pues, evidentemente, tratar con códigos es propio de computadoras.

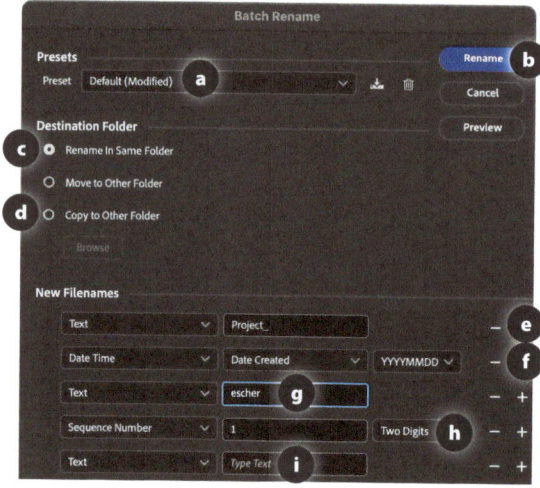

[15] En el cuadro de diálogo, utilizar como base la preconfiguración predeterminada (*Default*, [a]), lo que, para empezar, dará nuevos nombres a los archivos en la misma carpeta ([c]), ya que se les podría duplicar en otra carpeta si estos archivos fueran los originales ([d]); luego, debe seleccionarse un número secuencial que, teniendo más de nueve y menos de cien, tendrá dos dígitos ([h]); en texto, se identificará a los archivos, antes ([g]) o después ([i]), según se prefiera "escher01.jpg" o "01escher.jpg" (aparecerá una muestra al pie del cuadro de diálogo); pueden, finalmente, añadirse otros textos o la fecha, pero, aquí, se dará clic en los signos de resta ([e] y [f]) para eliminar dichos campos y, así, concluir con *Rename* ([b]).

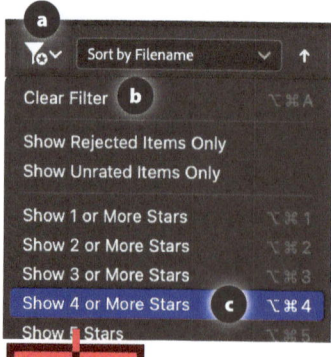

[16] En el extremo derecho de la barra de Ruta, clic en Filtrar por calificación ([a]) y, según lo realizado en el paso [11], fijar un límite; *Show 4 or more stars* (Mostrar cuatro o más estrellas, [c]) es una primera opción.

[17] Desplegar el mismo icono de Filtro y seleccionar *Clear filter* ([b]). Nuevamente están los veintiún archivos.

[18] En el panel de Filtro, navegar hasta ubicar la orientación. Puesto que este vistazo a Bridge corresponde a las necesidades de un programa de composición, tan o más importante que la calidad de la imagen es que satisfaga las necesidades de la página; por ejemplo, para el catálogo (iniciado en el cap. II) se verificaría la casilla para ver las verticales (*portrait* o retrato), como en otros podría preferirse ver las horizontales (*landscape* o apaisadas) o las cuadradas (*square*); luego, podría precisarse que ellas deben tener cuatro o más estrellas en la parte superior del panel. De hecho…

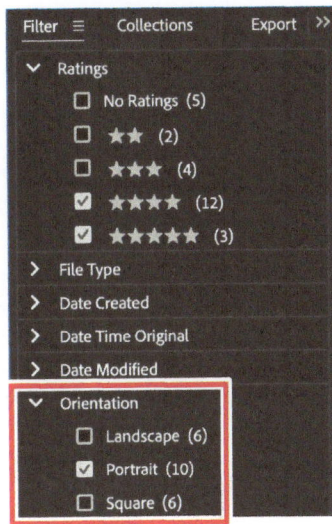

[19] En el panel de Carpetas (*Folders*), ubicar la carpeta entera de los archivos de este libro.

[20] *View > Show items from subfolders*. Con este comando, como si se tratara de un buscador, pueden presentarse todos los archivos a la vez, con la posibilidad de, a continuación, mediante los filtros, refinar los resultados por tipo de archivo, estrellas, orientación, etc. Específicamente, las categorías mostradas al margen apenas son seis de las treinta que pueden utilizarse, susceptibles de ser activadas o desactivadas en el menú de Opciones, las tres líneas a la derecha del nombre del panel (≡).

Lo cierto es que es imposible trabajar si todos los archivos reciben el nombre automático que les dan sus dispositivos de origen y, puesto que a InDesign, lamentablemente, le basta con que los archivos tengan las mismas proporciones, esta tarea, sin duda, es tan penosa como indispensable.

2.Camera Raw

Fácilmente, la misma impresionante foto de la pirámide de Micerino podría emplearse para acompañar artículos sobre civilización antigua, Egipto, Guiza, Historia o maravillas (del mundo antiguo), pero la presencia incidental de personas haría el mismo original apropiado para hablar de la caída del turismo… o de su reactivación. Tal vez por ese efecto de "vaso medio lleno/vacío", creía Henri Cartier-Bresson, uno de los fotógrafos más influyentes de la historia, que las leyendas debía escribirlas el fotógrafo (el testigo de los hechos) y que el encuadre debía hacerse al fotografiar, no al componer la página.[1] Los últimos veinte años, en todo caso, han proporcionado un formato fotográfico que garantiza acceso al original, al margen de cualquier (error de) interpretación.

[1] Abrir Adobe Bridge y, en el panel de Carpetas, navegar hasta la que contiene los archivos del capítulo.

[2] En el panel de Filtro, verificar la casilla de imágenes DNG. La extensión *Digital Negative* es un estándar que Adobe promueve para las imágenes en bruto (*camera raw*): las que se presentan tal como las captura el sensor de la cámara, único dispositivo capaz de guardar en tal formato. Tanto la idea de "negativo" como la de "raw" (que significa "crudo") indican que la edición fotográfica equivale a un "revelado" o una "cocción", mientras que, como se verá, aquí se mantienen los píxeles como un ingrediente puro.

---

1   *Puesto que las cámaras profesionales fotografían en 3:2 y las domésticas en 4:3, cualquier imagen cuyo ancho no sea 50 o 33% mayor que el alto, respectivamente, ha sido recortada. En general, hasta la foto mejor puede perfeccionarse eliminando cualquier objeto recortado en alguno de sus extremos, de modo que la atención no tenga distracciones para ir directamente al centro de la toma.*

[3] Clic secundario sobre "stanford.dng" y, en el menú emergente, *Open in Camera raw*. Abreviado ACR, el conector (*plug-in*) de Camera Raw es un espacio de trabajo común entre Bridge, Photoshop, Lightroom y After Effects.

[4] Desplegar el panel Color (clic en la flecha, >, a la izquierda del nombre para ver los parámetros, [a]) y, en el menú Balance de blanco ([b]), aplicar diferentes temperaturas. Mientras que al fotografiar en JPEG, por ejemplo, el balance de blanco queda fijado (y la toma será más amarillenta si se intenta compensar un foco incandescente y más azulada si se trabaja con luz fluorescente), la imagen en bruto permite cambiar estos parámetros libremente y, de haberse configurado mal en el instante de la captura, pueden corregirse tan dramáticamente como aquí. Pero, hablando de dramático…

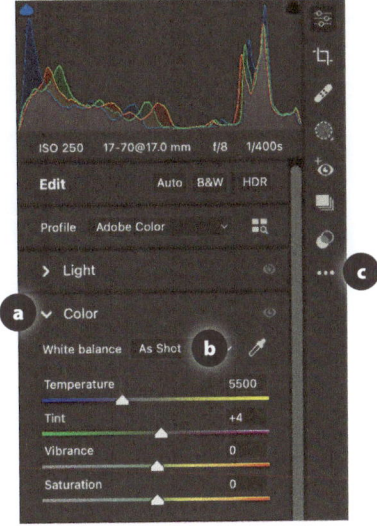

[5] Clic en el icono de puntos suspensivos (*More image settings*, [c]) y, en el menú emergente, *Load settings*. Este comando permite traer parámetros que modificarán el aspecto de la imagen en bruto, cuya prístina pureza está garantizada por el formato. Así, en el cuadro de diálogo, se buscará el archivo "elizarov.xmp", que contiene los ajustes creados por el propio fotógrafo (Viktor Elizarov) para esta imagen. Puede verse aquí, claramente, que el revelado podría hacer que esta imagen acompañe el artículo "La decadencia de Stanford" o, por el contrario "El apogeo de Stanford". Pero sea cual fuere el revelado que se reciba, acceder al original permitirá expresar al máximo la opción que corresponda.

[6] En la esquina superior derecha de la ventana de Camera Raw, clic en *Convert and save image* (). Las imágenes en bruto no pueden ser colocadas directamente en InDesign, por lo que se debe generar un formato intermedio.

443

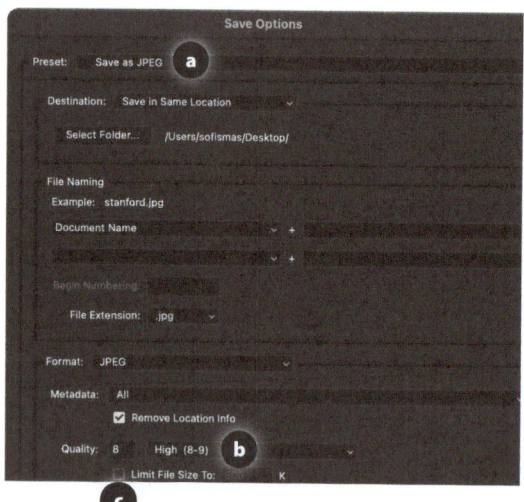

[7] En el cuadro de diálogo, seleccionar la preconfiguración *Save as JPEG* ([a]). Este es un excelente punto de partida que creará una copia en alta calidad ([b]) del archivo, con la posibilidad de establecer un tamaño máximo ([c]). Probablemente el principal ajuste que considerar sería la casilla *Resize to fit*, pues, por ejemplo, los 19 Mp de esta cámara podrían cubrir la doble página central de cualquier publicación del mundo; si el tamaño típico de las imágenes es, digamos, 15 × 10 cm, habría que reducirla (recuérdese, además, que esta es una copia; el original es intangible). Tras ello, cerrar ACR con clic en *Done*.

[8] En Adobe Bridge, clic secundario sobre el archivo "desarmar.dng" y, en el menú emergente, *Open in Camera raw*. La anterior foto pudo dar la impresión de comparar la foto sin retocar con la foto retocada. Esta representará más cumplidamente lo que es el "revelado" digital.

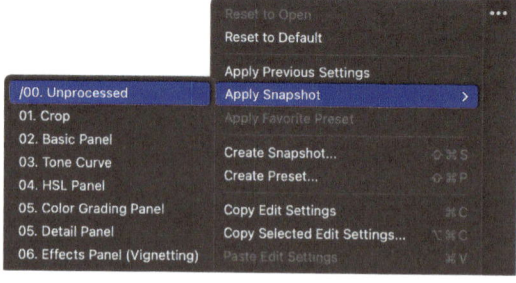

[9] Clic en el icono de puntos suspensivos (*More image settings*) y, en el menú emergente, desplegar *Apply snapshots* (Aplicar instantáneas). En este submenú, al antiguo estilo de Photoshop se pueden presentar puntos intermedios de la edición que, en este caso, darán una idea cabal de los procesos realizados; para poder experimentar con total libertad, toda técnica debe cumplir un único requisito: ser no destructiva;

dado que el formato en bruto solo lo puede generar la cámara, jugar con el par de cientos de parámetros que ofrece este espacio de trabajo… resulta tan complejo que, en verdad, bien puede decidirse no ingresar a él. Basta constatar las cuatro estaciones que pueden sacarse del mismo original para saber que el formato en bruto ofrece posibilidades de edición superiores a cualquier otro, por lo que justifican cualquier trabajo adicional requerido. Más específicamente, sacar el absoluto máximo del elemento que, con frecuencia, es el central de la página exige rediseñar un flujo de trabajo que incorpore este potencial, en la captura fotográfica, en la composición de página y en el retoque: no por nada, hasta los teléfonos capturan imágenes en bruto. Para terminar, *Done*.

[10] En Bridge, *File > Export to > Custom export*. La primera preconfiguración, *Custom export*, permite exportar el o los archivos seleccionados en el formato JPEG, en forma análoga a lo revisado en el paso [7].

En el momento en que las cámaras profesionales alcanzaron los 8 Mp, hoy esperables en cualquier teléfono (incluso en sus cámaras frontales), técnicamente, se empezó a tener lo suficiente para abarcar portadas en cualquier lugar del mundo, y no es coincidencia que en ese momento apareciera el formato en bruto; en el propio momento de la captura, la cámara puede configurar que la copia en JPEG se genere junto al original. Así, los dispositivos actuales están más que capacitados para satisfacer las necesidades cuantitativas de publicación; el formato RAW tiene que ver con la enormidad de sus posibilidades cualitativas.

3. Recortar

En 1878, para demostrar que el caballo "volaba",[1] Eadweard Muybridge tenía por objetivo incluir claramente tanto las cuatro líneas horizontales que separan las patas treinta centímetros del suelo como las dieciséis verticales que indican que el ciclo de cabalgata se completa cada once metros. Pero, fuera de ese experimento pionero, representar la silueta de un caballo muestra lo que significa la edición fotográfica, en la que el más probable acto inicial, irrecuperablemente destructivo, eliminaría de este original ([a]) el 60% del área capturada ([b]), para luego, con el ajuste de color, de las 256 tonalidades de gris, librarse del 99,72%, es decir, 254 grises; tras retener solo el blanco y el negro ([c]), herramientas de pintura limpiarán todo vestigio de la arcaica "electrofotografía automática" ([d]). Dicho en (repetidas) palabras, la edición fotográfica significa irrenunciablemente depuración, sacar lo que sobra, excepto que, como en la idea de "quintaesencia", recoger lo esencial en el encuadre es indispensable para buscar lo esencial del color.

[1] ⌘O (*File > Open*). De la carpeta del capítulo, abrir "contrast.indd". Se necesita, para el primer desplegado, una imagen que muestre la luz crepuscular. En la colocada, correctamente expuesta, no hay mayor transición en el cielo (que, por otra parte, tiene apenas detalle) y, aún más grave, el texto se lee con dificultad.

---

1   *Entre los once tiempos del galope, el segundo y tercero (el fotograma al margen) tienen las cuatro patas en el aire; en otros siete tiempos, solo se apoya una pata. Las líneas horizontales están separadas cuatro pulgadas (10 cm) del suelo y las verticales, veintisiete (69 cm), entre sí.*

[2] [V]. Seleccionar el marco de la foto y, de la carpeta del capítulo, traer (⌘D, *File > Place*), con la casilla de *Replace item* verificada, el archivo "expuesto.tif". Con el reemplazo, se soluciona el problema de la legibilidad; el aspecto del crepúsculo puede simularse, incluso, con medios de InDesign, pero que el cielo esté "pelado", no.

[3] En Bridge, clic secundario en la foto "montreal.dng" y, en el menú emergente, *Open in Camera raw*.

[4] Clic en el icono de puntos suspensivos (*More image settings*) y, en el menú *Apply snapshots*, buscar "01. Crop". Podrá notarse que se ha dado una correcta exposición a la imagen, centrándola en el muelle. Pero se ha traído a página únicamente para mostrar el cielo que, exponiendo correctamente la escena general, queda subexpuesto.

[5] [C]. Activar la herr. Recortar (*Crop*), con el atajo o dando clic en el tercer icono (⌷.), contando desde el extremo superior derecho de la ventana de Camera Raw. Se presentará un panel en que se aprecia el ángulo de corrección, 2,43°, aplicado a la imagen; más relevante es notar que el encuadre se centra en el muelle… que, aquí, carece de interés.

[6] Repetir el paso [4]. Aunque puede apreciarse que, como mínimo, el tercio inferior de la imagen debe ser eliminado, puede volverse al encuadre enderezado para observar un dato central respecto del color, dada la insuficiente información

en el cielo, y es que el rango dinámico de una imagen en bruto es mucho más amplio que el de la foto procesada.

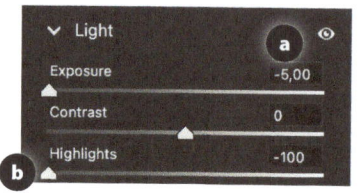

[7] Clic en el segundo icono de la parte superior derecha (⚏) y, en el panel de Luz, llevar el deslizador *Highlights* ([b]) hasta el extremo izquierdo. Con ello, la información de los brillos especulares en el cielo es reconstruida y aparece una textura de nubes en lo que antes era blanco puro…, resultado imposible a partir del archivo colocado en página (ya "revelado" o "cocinado").

[8] Desplazar la exposición ([a]) a valores negativos. Este radical cambio subexpone la escena, en su integridad, pero literalmente "revela" una amplísima gama tonal en el cielo, la parte de la foto que le interesa a la página en composición. Asimismo, de colocar el deslizador en +2, se tendría una noción[1] de lo que hubiera sido una exposición dos *stops* encima del valor óptimo (*i. e.*, una sobreexposición a la luz).

[9] Repetir el paso [4] y, en el menú *Apply snapshots*, seleccionar "03. Tone curve". Si se revisa nuevamente el panel de Luz, se observará que, en este caso, es el deslizador de Sombras (*Shadows*) el que ha sido llevado al máximo para rescatar toda la textura que ofrece el follaje.

[10] Clic en *Cancel* para salir de Camera Raw sin guardar los cambios, que ya han sido expresados en archivos. Incluso en una escena improvisada, lo lógico es realizar múltiples tomas, y es en la colección donde ACR sobresale: el mismo archivo de ajustes que se realice para esta imagen tendrá una validez casi total con todas las que se hayan realizado en condiciones similares.

[11] Repetir el paso [2] y, esta vez, colocar el archivo "subexpst.tif". Se aprecia, pues, perfectamente el texto y el

---

1   *Desde luego, el resultado no es equivalente a que esta exposición de ¹⁄₂₀ de segundo muestre lo que hubiera sido ¹⁄₅ de segundo ya que, por ejemplo, el movimiento de las hojas, el agua y hasta las nubes se reflejaría diferentemente en la captura.*

cielo presenta la correspondiente degradación crepuscular. Aunque la cita de texto habla de tonos rojizos.

[12] *Object > Show all on spread*. El sencillo rectángulo rojo que aparece tiene aplicado el modo Superponer al 60%, lo que acerca la imagen a la gama mencionada; cierto que Camera Raw o Photoshop podrían hacerlo mejor, pero, para "el rojo opaco" que menciona Conrad, este recurso basta.

[13] ⌥⇳ (*Layout > Next spread*). Presentar las págs. 4-5.

[14] Repetir el paso [2] y colocar "sobrexps.tif". No solo es que el texto sea ilegible, sino que ni siquiera se nota que está allí con el archivo original, "expuesto.tif". Realizado el reemplazo, clic en el botón Reflejo horizontal (resaltado) del panel de Control, con referencia en el centro del objeto.

[15] ⇧⌘S (*File > Save as*). Guardar el archivo con otro nombre (revelad2.indd).

Desde luego, el rango dinámico es un argumento más a favor del formato RAW, pero más importante es considerar que el ajuste de color correcto para una imagen depende indudablemente de la forma en la que esta se emplee. Resulta ilustrativo comprobar cómo la imagen inicial, correctamente trabajada, como una totalidad, resulta inapropiada si el interés se centra en algún extremo de su rango tonal. En todo caso, dado que el módulo ACR opera en forma no destructiva, lo que se haga en él en nada perjudica a un nivel superior de edición, como el que, lógicamente, proporciona Photoshop.

4. **Crear y extraer píxeles**

Un PDF puede generarse en tantos millones de contextos (miles de aplicaciones y versiones, centenas de miles de fuentes, etc.) que no es de extrañar que ocurran eventuales errores de interpretación. Sin ir más lejos, al generar el PDF mínimo para la Venus de nuestros días (Modern-day Venus.ai), entre la transparencia, los modos de fusión y –pequeño detalle– el millón de puntos de ancla incluidos, el propio Illustrator terminó dando un error exquisito. Conociendo el programa, puede corregirse, pero ¿y si la aplicación original hubiera sido Adobe PageMaker 6? Hasta podría decirse que esa fue una de las imposibilidades por las que InDesign existe.[1] Ciertamente, hay caminos alternativos.

[1] En Photoshop, de la carpeta "exterior" (cap.xvii), abrir "Modern-day Venus.pdf". Photoshop puede ser el más absoluto intérprete de un PDF problemático con esta lógica: si se presenta bien en pantalla, puede traducirse a píxeles.

[2] En el cuadro de diálogo, activar el botón radial de Página ([a]) y ajustar la elegida a la vista previa (*Fit page*, [g]). Luego, indicar el área del PDF ([b]) que sea desee *rasterizar* (esto es, convertir a píxeles) e indicar la resolución de 600 dpi ([e]) que, como se ha visto, es mucho más de lo que una impresión de altísima calidad podría

---

1   *Con FreeHand, PageMaker fue un pionero creado por la empresa Aldus. Tras absorberla, Adobe decidió que PageMaker era inactualizable y se requería una solución propia (InDesign). <u>Aldus</u> PM5 llegó hasta <u>Adobe</u> PM7 y fue abandonado.*

requerir (cfr. cap. XIV.2) y mantener el modo original del archivo, sea este grises, RGB o CMYK ([f]). Ahora bien, para ahorrar tiempo, si se decide que solo quiere emplearse la cabeza de Venus en 7 cm (como en la pág. 426 de este libro), podría hacerse un pequeño cálculo directamente en los campos de dimensión; para este ejemplo, basta con una reducción al 55%, razón por la cual basta añadir ",55" ([c]) al final del ancho o alto (con las proporciones encadenadas, [d]), para obtener, básicamente, el cuádruple de píxeles que se requiere (600 dpi es el cuádruple de 300 dpi).

[3] ⌘S (*File > Save*). Guardar el archivo. Se comprobará que, aunque este archivo ha sido convertido a píxeles (que, por tanto, están al margen los errores de interpretación), su tamaño es de 10,8 Mb. Pero no el de la carpeta del capítulo.

Para máxima eficiencia, Layer > Flatten image.

[4] ⌘O (*File > Open*). De la carpeta del capítulo, abrir "Modern-day Venus.tif". Su peso sube a 11,7 Mb, porque hay una selección almacenada como canal alfa (recurso con el que puede ser leída como transparencia en InDesign).

[5] *Select > Load selection*. En el cuadro de diálogo, cargar el canal "contorno" ([a]) como una selección nueva ([b]). Con ello, exactamente la parte que se necesita queda activa y podría copiarse para, por ejemplo, pegarse sobre un fondo transparente.

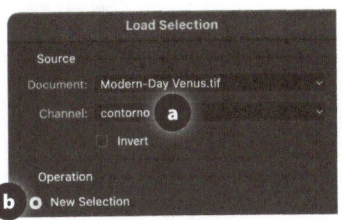

[6] [C]. Activar la herr. Recortar (activada con el mismo atajo que en Bridge, o las Tijeras en InDesign) y, a continuación, [↵]. Partiendo de la selección activa, la herramienta creará el encuadre exacto para contenerla, corte que se aceptará con Retorno (*Enter*).

[7] ⇧⌘S (*File > Save as*). Guardar con otro nombre (dhoganho.tif). El archivo resultante (qué linda la palabra "hogaño") ocupa apenas 930 kb. Pensemos un segundo. El

mismo archivo de 59,8 Mb ([a]), irracionalmente problemático hasta para el propio Illustrator…, ¿puede reducirse a 930 kb ([b])? ¿Al 1,55 %? La gracia del dibujo vectorial es que le puede cambiar el tamaño y retener su perfección, pero, ==fijado el tamaño final, la perfección se puede alcanzar en píxeles con más facilidad.==

[8] ⌘O (*File > Open*). De la carpeta del capítulo, abrir "claro35g.pdf". Ya se ha dicho que un PDF de una página que ocupe más de 10 Mb básicamente es sospechoso, y el formato de corte aquí es, incluso, menor (205 × 275 mm). De hecho, si se repitiera el paso [2], a 600 dpi, el archivo ocuparía 10 Mb. ¿Cómo puede llegar a 32,7 Mb?

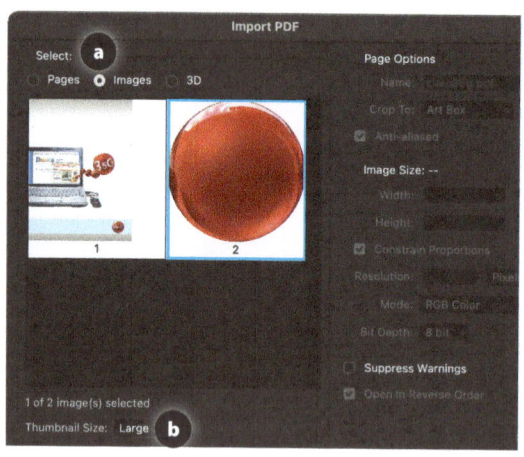

[9] En el cuadro de diálogo de importación, clic en imágenes ([a]). Asumiendo que el PDF no tenga contraseña (puesta la cual, la edición se restringe según lo dispuesto por el creador), este botón radial permite extraer la información de píxeles tal cual se encuentre contenida en el archivo, siendo relevante la posibilidad de darle a las miniaturas un tamaño apropiado ([b]) y la de seleccionar con [⇧] múltiples imágenes, si estas son contiguas, y con [⌘], si no lo son. Las dos aquí contenidas tienen interés.

[10] Con la imagen de la esfera activa, *Image > Image size*. No se necesita el comando para notar que esta imagen

de 5555 × 5555 píxeles está muy por encima de lo necesario, aunque 1786 dpi (si 600 es el cuádruple) significa que hay casi treinta y seis veces más información de lo necesario.[1]

[11] Con la casilla de Remuestreo verificada ([d]), las proporciones encadenadas ([b]) y el método *Bicubic smooth* activo ([e]), reducir la resolución a los 300 dpi ([c]) que le corresponden; acción que, en la parte superior ([a]), reflejará una reducción de lo que eran 117,7 Mb de datos a 3,32 Mb.

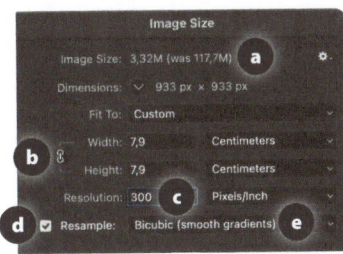

[12] ⌘W (*File > Close*). Cerrar el archivo sin cambios.

[13] [Z]. Ampliar el logotipo de Claro en la otra imagen. Donde debería lucir mejor que en ninguna otra parte, ¿hay color indexado? ¿Qué lección se recibe de ello?

[14] Repetir el paso [9] con el archivo "clarohiq.pdf". La información necesaria para la esfera en máxima calidad no requiere más que 1,2 Mb de datos.

[15] ⌘W (*File > Close*). Cerrar el archivo sin cambios.

Alguien podría haber pensado al enviar un archivo de 1786 dpi que esa esfera iba a lucir en el máximo esplendor concebible en papel. Pero, en verdad, si el archivo da cualquier tipo de problema, Acrobat (cfr. cap. xvii. 5) bien puede amputar todo lo que quede encima de 450 dpi. Los efectos especiales envejecen con una rapidez despiadada: no deja de ser una lección el abuso de píxeles que se ponía en 2009 para vender una conexión 3,5 G; conforme aumenta la resolución de las cámaras, más claro debe ser que la búsqueda en las imágenes no puede ser únicamente cuantitativa.

---

1   *Puesto que la resolución es una medida lineal, 600 dpi es el doble en una dimensión, pero los píxeles tienen dos; 1786 dpi es casi el séxtuple.*

5. Identificar fuentes

La palabra "colofón" designa al pequeño párrafo que, al final de un libro, hace constar la imprenta, la ciudad y la fecha, principalmente, en que tal ejemplar ha sido concluido (*Se terminó de imprimir…*). En ciertas obras incluso consta el número de ejemplares impresos y, aunque sea el caso menos típico, se encuentra, eventualmente, una mención de las familias tipográficas empleadas…; dato que, francamente y, en general, parece el de menor utilidad. Pero, para el interés particular de quien realiza composición de página o, mejor, de quien admira cómo una publicación ha sido compuesta, (re)conocer la tipografía podría revelar una de las claves por las que ciertas páginas merecen admiración.

[1] ⌘O (*File > Open*). De la carpeta del capítulo, abrir en Photoshop el archivo "matching.psd". Tras los capítulos dedicados a la definición de los estilos fundamentales de una publicación (cfr. caps. IV-VI), deberían asociarse algunas de estas muestras con categorías de cuerpo de texto o con títulos. Identificar las familias, propiamente hablando, ya requiere un interés más especializado.

ABcdefG
EB Garamond, regular

[2] *Select > All layers*. Se activa la capa "cubierta" que, de momento, oculta las "respuestas".

ABcdefG
Garamond premier pro, regular

[3] [⌫] (*Edit > Clear*). Las respuestas exactas son ocho, pero las respuestas correctas, más importantes, son treinta. Así, en la segunda fila de la primera columna figura "Garamond" como "respuesta", pero "veneciana", "garalda" y "estilo antiguo" (*old-style*) serían igualmente válidas; de hecho, el entrecomillado para "respuesta" es porque realmente correcto sería Adobe Garamond, que es una de las interpretaciones digitales de un dibujo que se hizo más de una vez, hace más de cinco siglos y no precisamente en Illustrator.

ABcdefG
Cormorant Garamond, semibold

ABcdefG
Adobe Garamond, regular

ABcdefG
Adobe Jenson, light

De modo que nadie puede arrogarse la titularidad de una versión absolutamente fiel y, por ello, también "Jenson" sería una respuesta válida; considerando, pues, la página opuesta, es más importante detectar ojo medio bajo, remates triangulares, contraste medio que recordar el nombre exacto de la fuente…, principalmente si eso lo puede hacer un programa.

[4] *Type > Match font.* De momento, hay, al menos, una razón *y media* para realizar esta tarea en Photoshop.

[5] Con el cuadro de diálogo en primer plano, modificar –de ser necesario– la selección. Mientras que algunos caracteres son muy similares (la "B"), algunos son realmente distintivos (como la "A" de EB Garamond o la "e" de Jenson, que es el mayor diferenciador entre las siete letras).

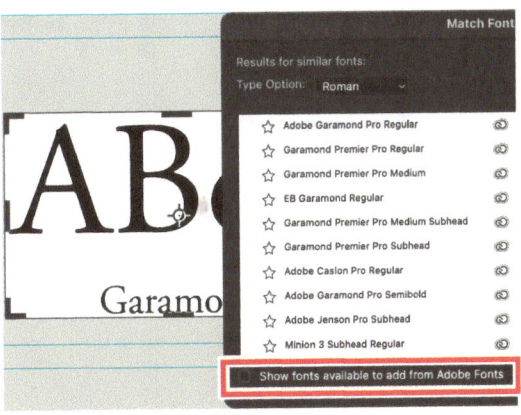

[6] Verificar la casilla *Show fonts available from Adobe Fonts.* Esta acción incluirá opciones que pueden descargarse.

[7] Directamente en el cuadro de diálogo, clic en el icono de descarga para instalar fuentes que no se encuentren en el sistema. Así, si el cuadro de diálogo anterior recordó la similitud de Arno o Minion con Garamond, este invitaría a probar Sabon (diseñada por Jan Tschichold) o Goudy old style, familias de enorme prestigio. Pero digamos que se busca un resultado más preciso…; por ejemplo, la Apple Garamond, familia corporativa en Cupertino por décadas.

[8] ⇧⌘S (*File > Save as*). Guardar el archivo con formato PNG (matching.png), para darle máxima compatibilidad a la búsqueda.

[9] *Type* > *More from Adobe Fonts.* La clasificación de familias que presenta el panel de Carácter (cfr. cap. IV.2) en InDesign se mostrará expandida a la izquierda en el área de propiedades ([b]).

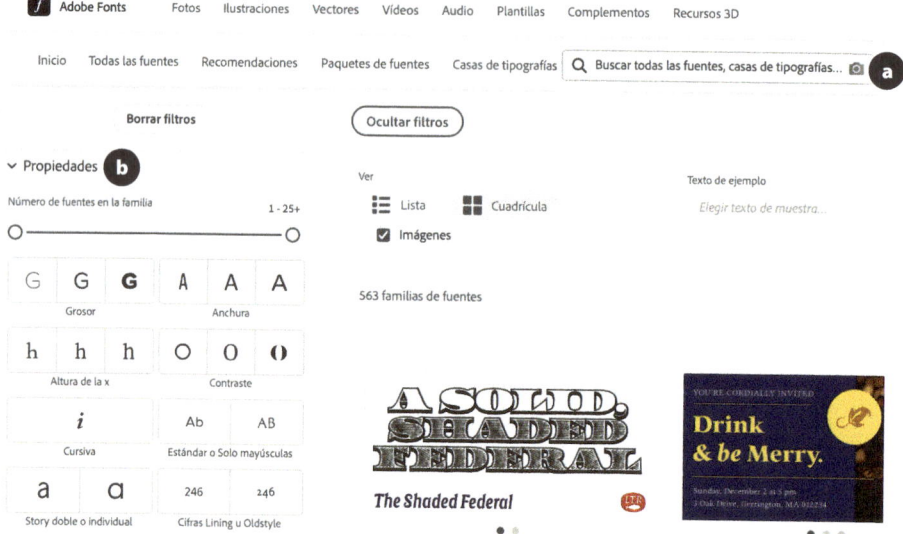

[10] Clic en el icono de la cámara ([a]), en el extremo superior derecho de la ventana. La misma foto guardada en el paso [8] puede emplearse para múltiples búsquedas.

Desde luego, Adobe Fonts no es el único servicio que puede hacer la búsqueda a partir de una foto, lo que es una razón completa para trabajar en Photoshop (donde puede precisarse la captura). Si se le presenta como "media" razón, es porque buscar en los servidores de Adobe significa fuentes profesionales, pero incluidas en la suscripción a InDesign; buscar fuera de ellos, salvo que se presupueste pagar por esas alternativas, significa esperar de fuentes gratuitas atributos en los que, en buena parte, se basa la calidad de la publicación.

Capítulo XIX
Proyectos propios

Modelos para armar

Presentados en pasos, los ejercicios de este libro incurren en el pecado capital de avanzar en línea recta, cuando es público y notorio que hasta preparar un pan con queso decente requiere una dosis de ensayo y error –para saber qué pan y a qué precio combina con qué clase de queso y en qué cantidad–. Qué será con una publicación que no tiene dos, sino *decenas de decenas* de ingredientes o, si se quiere, cuánta experimentación y cuánto error son necesarios.

Cualquier proceso real supone muchos meandros, dudar, desandar y, sobre todo, tropezarse, por lo que se han favorecido las técnicas que permiten rectificar los errores o, en palabras más elegantes, perfeccionar el trabajo. Pero los estilos de párrafo, ejemplarmente, resultan tortuosos como tema, porque el único medio de conocer el valor de un parámetro (y recordarlo) suele ser la necesidad de aplicarlo en <u>un</u> proyecto concreto.

Por suerte, para realizar composición de página, no es necesario dominar doscientos parámetros que, en esa línea de pensamiento, podrían exigir doscientas publicaciones; pero –se desprende de lo anterior–, si el eficiente manejo de InDesign supusiera algunas docenas de valores, este será difícil de alcanzar sin haber realizado una buena docena de proyectos. Por tanto, el capítulo final dará pautas para desarrollar algunas ideas que apenas se han esbozado en páginas anteriores.

1. Sobrecubiertas

En "la escala mayor de la historia", los peruanos tenemos tanto derecho como nuestros primos brasileños de utilizar la palabra "alfarrabio", pues es una herencia de ocho siglos de invasión de nuestros (comunes) bisabuelos árabes: Abū Naṣr Muḥammad ibn al-Faraj al-Fārābī fue un filósofo tan célebre que era llamado "El segundo maestro" (Aristóteles, a quien glosó, era el primero), en los albores de una Edad de Oro islámica que, precisamente, los trajo a la península ibérica. *Alfarrábio*, contradictoriamente, es aquel libro devaluado por su vetustez y, al mismo tiempo, aquella obra valiosa por antigua. Así, para quien sepa valorarlo, todo libro antiguo podría ser un alfarrabio en el segundo sentido y, si se da uno –entre los alfarrabios, en el primer sentido– con un ejemplar de verdadero valor, qué mejor que revalorarlo.

[1] ⌘O (*File > Open*). De la carpeta "alfarrab", incluida en la del capítulo, abrir "alfarrab.indd". El cuerpo de texto utiliza una familia, News 701, que no se encuentra en Adobe Fonts; reemplazarla sería uno de los propósitos de hacer este trabajo en InDesign. "Tereza Batista", cuya carátula se observa aquí, fue publicada –cien mil ejemplares– en 1972.

La segunda edición (cincuenta mil ejemplares) salió al mes; la tercera (con igual tiraje), a los cinco meses.

[2] ⌥⇟ (*Layout > Next spread*). Aunque la carátula, que se percibe por sí sola, con el libro cerrado, es típico trabajo de Illustrator, toda pieza gráfica que incluya masas de texto obtendrá mejor tratamiento en InDesign; el texto de las solapas, de hecho, es un estilo basado en el cuerpo de texto.

[3] ⌥⇟ (*Layout > Next spread*). En la pág. 4, se observa el logotipo de la editorial (librería Martins editora) en su versión completa. En el lomo (que es la pág. 5), aparece únicamente en su versión mínima (lme) mientras que en la carátula aparece abreviado a "Martins". Aunque haya sido recreado en forma más estructurada de lo necesario, no hay real necesidad de alinear estas dos "abreviaturas". Los dos elementos obligatorios son dar atributos consistentes al

texto en las solapas: aunque todo el libro las esté separando, se leerán como si estuvieran una al lado de la otra (como en este archivo), y que el fondo de color azul y acero esté alineado entre las cinco partes que conforman este pliego (de izquierda a derecha, solapa de contracubierta, contracubierta, lomo, cubierta y solapa de cubierta).

[4] ⌘O (*File* > *Open*). De la carpeta de trabajo, abrir el archivo "imposicx.indd". Exportado el archivo anterior como PDF de alta calidad, se han colocado las dos páginas más "fáciles" en su posición.

[5] Seleccionar todo (⌘A), copiarlo (⌘C) y pegarlo en su posición exacta (⌥⇧⌘V). Así, los dos marcos (carátula y contracarátula) quedan duplicados en su sitio.

[6] [V]. Seleccionar el marco de contracubierta y, con las casillas *Replace item* y *Show import options* verificadas, traer (⌘D) el archivo "alfarrab.pdf". En el cuadro de diálogo, se seleccionará la pág. 3 ([a]), recortada hasta

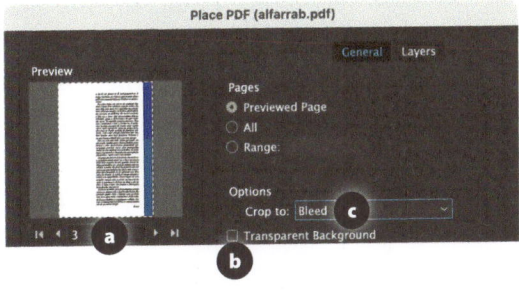

incluir el sangrado (demasía, [c]) y desactivando la transparencia del fondo ([b]). Queda cubierta temporalmente la contracarátula con su solapa, que está en la posición correcta, pero tiene un tamaño excesivo.

[7] Con la referencia al extremo interior (esto es, a la derecha, pues el lomo siempre es la referencia), dar al marco con

100 mm de posición horizontal y de ancho; en efecto, la solapa de contracubierta se extiende desde los 0 mm (no tiene demasía, es fondo blanco) hasta los 100 mm, que es precisamente el ancho asignado. Debe verificarse la alineación obligatoria de los fondos de color.

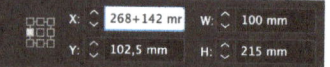

[8] Con el marco de la carátula seleccionado, repetir los pasos [6] y [7], esta vez trayendo la pág. 2 del archivo y colocando el extremo izquierdo (que, ahora, es el interior) como referencia. Además de utilizar las líneas guía, este tipo de imposición, hecho manualmente, se beneficia de la aritmética simple que se puede hacer en los tres programas de Adobe; así, si se escribe "+142" en la posición horizontal, el marco se desplazará a su lugar debido, 410 mm.

[9] *Object > Show all on spread*. Mostrar el objeto oculto, que es un marco vacío con la medida exacta del lomo.

[10] [V]. Con el marco central activo, repetir el paso [6] para traer la pág. 5, que podrá medir 142 mm, como las demás, pero, mientras su contenido esté centrado, se acomodará exactamente a su posición.

[11] ⇧⌘S (*File > Save as*). Guardar el archivo con otro nombre (verificx.indd).

[12] *File > Adobe PDF presets > [High quality print]*. Exportar el archivo en alta calidad, verificando, en la sección *Marks and bleeds*, que se emplee el sangrado definido en el documento (*Use document bleed settings*). Este archivo debería imprimirse, probarse que se ajusta exactamente al libro y, principalmente, corregirse. Por atenta que haya sido la medición y la revisión, tener la prueba física en la mano da información que no se puede percibir en la pantalla.

[13] Guardar el archivo con el nombre alternativo (⇧⌘S, *File > Save as*) y cerrarlo (⌘W, *File > Close*). Este paso, como se ha mencionado, busca incluir las opciones de exportación, que no corresponden 100% a la preconfiguración.

[14] ⌘O (*File > Open*). Abrir el archivo que acaba de guardarse, pero, en el cuadro de diálogo, clic en *Open copy*

(resaltada); botón que genera un duplicado sin nombre, simplemente para hacer una prueba de actualización, que no se guardará (*v. gr.*, podría editarse la muestra de color acero para que sea más grisácea o más azulada). Pero puede probarse algo radical.

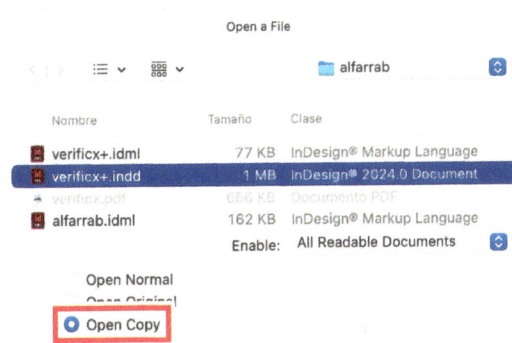

[15] ⇧⌘D (*Window* > *Links*). Con el nombre del PDF seleccionado (esto es, la fila superior donde indica "alfarrab.pdf (5)", pues cinco páginas se han tomado del mismo archivo, [a]), clic en *Relink* ([b]). Con ello, se podrá revincular la totalidad del documento, con el solo requisito de que el reemplazo

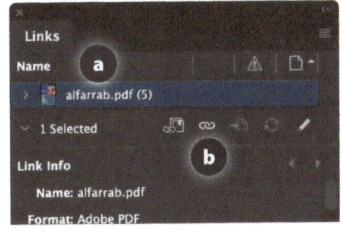

(borrador.pdf, que es una versión en español) tenga el mismo número de páginas y el mismo formato (debe desactivarse la casilla *Show import options*).

De este libro se editaron cientos de miles de copias hace medio siglo, en Brasil; preguntar por él ahora, fuera de Brasil, es un desfase temporal y espacial (cuando lo conseguí, ya no preguntaba por la obra ni por el autor, apenas por literatura en portugués). Ahora bien, en el ejemplo, las solapas, por el texto, toman 20 de 51 cm; pero, en general,

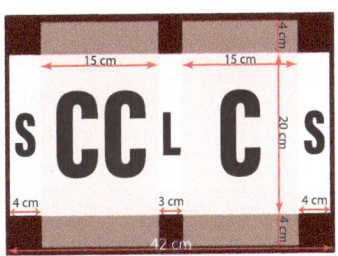

muchísimos libros de trescientas y aun cuatrocientas páginas tendrán ancho menor a 3 cm de lomo (L), por lo que solapas (S) de 4 cm, una cubierta (C) y una contracubierta (CC) de 15 cm (hasta 28 cm de alto) cabrán en una hoja A3; poniendo en práctica el conocimiento de InDesign, literalmente *monedas* alcanzan para imprimir una sobrecubierta e, incluso, plastificarla, para proteger, revalorar y personalizar cualquiera de los libros que uno considere joyas.

2. Cancioneros

Un verso bueno, según Jorge Luis Borges, exige ser expresado en voz alta, declamado: nunca se contenta con la lectura silenciosa. La propia noción de musicalidad en la poesía fortalece la sabiduría de tal sentencia, pero hace notar que muchos de los textos más profundamente arraigados en la memoria, curiosamente, nunca fueron recogidos en papel, sino que llegaron *entonados* por algún cantante. Lamentablemente, en la oralidad no existen pausas comparables a la separación entre las palabras escritas y, en cierto modo, una oración fácilmente puede ser una sola onda continua en la que es el diccionario mental el que detecta, muchas veces erróneamente,[1] las unidades de sentido. En los tiempos que corren, basta con entender algunas de esas palabras, ir a un buscador y, con suerte, saber en el sitio oficial del cantante qué es lo que quiso decir (y si difiere de lo que se entendió).

[1] ⌘O (*File > Open*). De la carpeta "whitelbm", abrir "whitelbm+.indd", archivo que quedó "como tarea" al final del cap. VIII. Recomponer el cancionero en quince páginas exigía replantear toda la publicación. En matemáticas, usualmente cada problema tiene una única solución, pero es una tremenda riqueza del diseño editorial que siempre pueda plantearse una nueva opción creativa, que se sume a las que fueron planteadas. He aquí una propuesta.

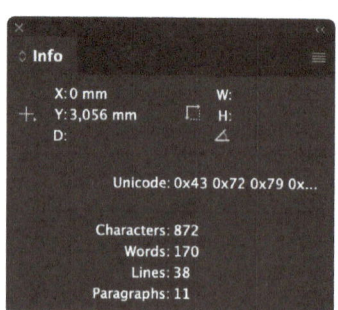

[2] ⌘J (*Layout > Go to page*). Saltar a la pág. 15 y clic en el signo de suma de la última columna (⊞) para cargar el texto desbordado.

[3] ⇧⌘P (*Layout > Pages > Add page*). Añadir una página en blanco y colocar el texto faltante. Tanto si se usa el panel de Información ([F8]) como si se cuenta, se verá que

---

1   *Por ejemplo, la naranja llegó a Europa desde España, por lo que lo que originalmente era "a norange" fue reinterpretado como "an orange".*

hay casi cincuenta líneas por colocar (38 versos y 10 líneas que separan las once estrofas que los agrupan). Teniendo catorce páginas interiores (la carátula no cuenta), significa que deben acomodarse cuatro líneas adicionales en cada página, o sea, la columna tiene que crecer en dos líneas. ¿De dónde pueden salir?

[4] [V]. Activar cualquier columna para verificar, en el panel de Control, que su alto es de 104 mm. Al mismo tiempo, del conteo anterior puede verificarse que cada columna aloja 34 líneas, que deben pasar a 35… es válido tomarse un minuto para deducir el interlineado apropiado para ello.

[5] ⌘Z (*Edit > Undo*). Deshacer la colocación del texto y la página añadida; para poder modificarla, debe poder reconocerse y entenderse la estructura de la publicación.

[6] ⌘K (*InDesign > Preferences*, Edición > Preferencias en pc). En la sección *Grids*, colocar como frecuencia de rejilla "104/35mm", es decir, el alto de la columna dividido entre el número de líneas necesario, especificado en milímetros, de modo que el valor resultante, 2,97 mm, se traduzca a 8,423 pt; este valor debe copiarse del mismo campo (resaltado).

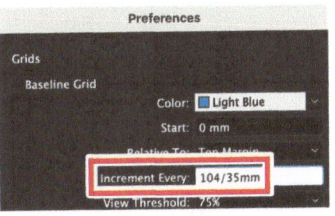

[7] ⌘+F11 (*Type > Paragraph styles*). En el panel Estilos de párrafo, editar el estilo "bodytext" y, en la sección *Basic character formats*, pegar el valor copiado en el paso anterior tanto en interlineado (*leading*, [b]) como en separación posterior (*space after*) en la sección *Indents and spacing*. Eventualmente, para funcionar, el valor debe ser reducido a 8,422 pt, lo que hace suponer que el grado de precisión en InDesign es superior a las milésimas de punto (0,00035 mm, o 0,35 micras). ¿Es esto suficiente para 8 pt ([a])?

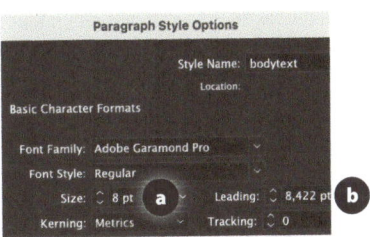

[8] ⌘J (*Layout > Go to page*). Escribir "a" para saltar a la página maestra y, con la flecha negra, seleccionar los cuatro marcos y las dos líneas de separación.

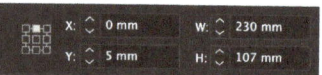

[9] Con la referencia en el extremo superior, ampliar el alto de la selección de 104 a 107 mm. En el paso [6] se determinó que el alto de una línea es 2,97 mm de modo que, al añadir 3 mm, se gana la otra línea que hacía falta. Pero…, respondiendo a la pregunta planteada en el paso [7], este interlineado no es el ideal para 8 pt.

[10] ⌘O (*File > Open*). De la carpeta "blanco14", incluida en la del capítulo, abrir "blanco14.indd". En este archivo ya está dispuesto todo el texto en catorce páginas. Además de recomponer para reducir una página, el segundo desafío de esta publicación era reducir 1 mm a cada una de las "interiores" (cfr. cap. VIII.5), con lo que el último panel (págs. 13/15) debía medir apenas 113 mm. De hecho, el punto en que el trabajo quedó encargado era tan importante como los pasos anteriores para esta propuesta.

Flew in from Miami Beach BOAC,
didn't get to bed last night;
on the way the paper bag was on my knee…
man, I had a dreadful flight.

Flew in from Miami Beach BOAC,
didn't get to bed last night;
on the way the paper bag was on my knee
man, I had a dreadful flight.

Garamond 8pt
Flew in from Miar
Kepler 7,5pt

[11] ⌘J (*Layout > Go to page*). Saltar a la pág. 2 y seleccionar el primer párrafo de la primera canción (*Flew in from Miami*). Para una familia con serifas, la Kepler activa posee un realmente inusual estilo semicondensado que, como se observa al margen, compensa efectivamente el hecho de presentar el mismo texto en columnas que se han reducido 3,5 mm. De otro lado, como puede apreciarse claramente en el detalle resaltado al 400%, la Kepler de 7,5 pt da una apariencia de mayor tamaño por tener un ojo medio más alto que la Garamond de 8 pt originalmente empleada. Se comprueba nuevamente que una elección tipográfica adecuada es la base de toda publicación y, de hecho, esta familia Kepler es tan rica que, si el estilo aplicado resulta excesivamente conden-

sado para el gusto personal, se puede pasar a *semicondensed caption* (cfr. cap. v.4), aunque ello supondrá algún trabajo manual de reducir interletraje en algunos párrafos.

[12] ⌘O (*File > Open*). De la carpeta "blanco14", abrir el archivo "keplsemi.indd". Esta es la compaginación con la que el cancionero entero puede imprimirse como una tira, en la que cada panel es 1 mm más reducido que el anterior, para plegarse con facilidad (podría considerarse 0,5 mm, pero *El álbum blanco* tendría que imprimirse en un papel *especialmente* blanco, de cierto grosor). Solo falta la página 15.

[13] [V]. Seleccionar el marco de la pág. 2 (la equis indica contenedor vacío) y traer (⌘D) "blanco14.pdf" mostrando las opciones para, en el cuadro de diálogo, buscar la pág. 15 ([a]) y recortarla al tamaño del papel (*crop to media*, [b]). Como el

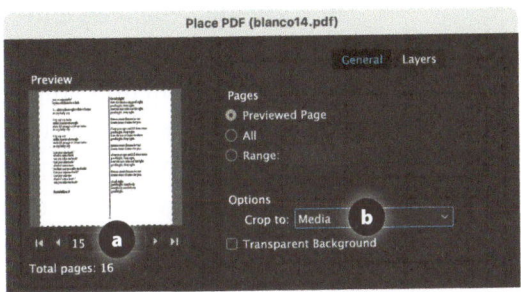

marco es 7 mm más angosto que la página, será necesario dar doble clic para desplazar el contenido 3,5 mm a la izquierda.

[14] ⇧⌘S (*File > Save as*). Guardar el archivo con otro nombre (whitroll.indd).

[15] *File > Adobe PDF presets > [High quality print]*.

Es insólito un cancionero enrollado…, lo que basta y sobra para hacer la prueba. Lo esencial es captar que, mientras programas especializados realizan imposiciones típicas, InDesign puede hacer la que uno quiera. Las letras están en línea y, sin importar formato físico (vinilo, compacto, lo que fuere) que acompañen, extensión de canciones o compaginación, aplicar los fundamentos de diseño editorial puede hacer una publicación impecable de estos textos entrañables.

No hace falta guardar, pues esta es la pre-configuración sin modifica-ciones (no hay demasía en las páginas).

3.Artículos de revista

Basta con tener un libro favorito o antiguo para aplicar el proyecto de sobrecubierta; si se quiere ejercitar la imaginación, se podría escoger alguna portada fatalmente ilustrada (como la de *El mandarín*,[1] al margen) para hacerle una versión, como quien le pone exlibris a los ejemplares de su biblioteca…, un ejercicio recreativo (re-crear sobre algo que existe). Con total libertad se cuenta al editar un cancionero con la música que más se estime y, salvo que se opte por garaldas en óperas de Vivaldi, no hay grandes vínculos entre familias tipográficas y estilos musicales; es un ejercicio puramente creativo de elección tipográfica, formato y compaginación. Sin embargo, nunca llega uno a una editorial a rediseñarle las publicaciones y puede decirse que el ejercicio más típico de InDesign no es creación ni recreación, sino la aplicación (creativa) de estilos que, muchas veces, se mantienen por años.

[1] ⌘O (*File > Open*). De la carpeta "amazonas", ubicada en la del capítulo, abrir "brianmay.indd". Es casi inverosímil que uno de los mejores guitarristas de la historia sea, también, Ph.D. en Astrofísica y consultor de la NASA.

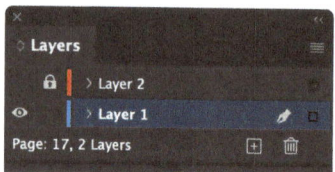

[2] [F7] (*Window > Layers*). En el panel de Capas, activar la capa 1 y ocultar la capa 2 (la muestra de *National Geographic*), con lo que se revela una recreación hecha con aproximaciones tipográficas de Adobe Fonts… que no puede ser demasiado precisa, pues, si se abre en Acrobat el vínculo (brianmay.pdf), nueve de las catorce

---

1   *En este fantástico capricho literario de Eça de Queiroz, Teodoro es invitado a llamar a la bienaventuranza (como quien llama a un criado), tocando una campanilla, posada sobre un diccionario; en portugués,* campainha *también significa "timbre" y, aparentemente, ni el ilustrador ni nadie en la editorial leyó siquiera hasta la pág. 6 para no perpetrar un timbre en la portada (arriba).*

fuentes son estilos de la familia institucional. Ahora bien, pese a que el testimonio de entrevistados –*v. gr.*, investigadores pioneros– es fuente privilegiada en la revista, se puede hojear muchas ediciones sin entrevistas así, preguntas y respuestas (real tratamiento de "estrella de *rock*" a Brian May).

Propiedades del documento

Descripción   Seguridad   Fuentes   Vista inicial

Fuentes utilizadas en el documento

> Earle-Book (Subconjunto incrustado)
> Geograph-Black (Subconjunto incrustado)
> Geograph-Bold (Subconjunto incrustado)
> Geograph-Regular (Subconjunto incrustado)
> GeographEdit-Black (Subconjunto incrustado)
> GeographEdit-Bold (Subconjunto incrustado)
> GeographEdit-BoldItalic (Subconjunto incrustado)
> GeographEdit-Medium (Subconjunto incrustado)
> GeographEdit-MediumItalic (Subconjunto incrustado)
> GeographEdit-Regular (Subconjunto incrustado)
> GrosvenorBook-Medium (Subconjunto incrustado)
> GrosvenorBook-Regular (Subconjunto incrustado)
> Marden-Medium (Subconjunto incrustado)

[3] ⌘D (*File > Place*). De la carpeta de trabajo, traer "amazonas.txt" y colocarlo en la mesa de trabajo. Esta es una entrevista a Zaniel Novoa, quien fuera coordinador científico de la expedición que descubrió el origen verdadero del Amazonas. Dado que semejante hallazgo es más que digno de esta publicación, se irán tomando los bloques (separados por asteriscos) del texto importado, para reemplazar los artículos originales ("artículos" en el sentido de InDesign, es decir, textos colocados en marcos vinculados). Un atajo será fundamental para hacer esto con rapidez.

[4] [T]. Cuádruple clic para seleccionar el primer párrafo importado (*"El río Amazonas"*) y cortarlo (⌘X). Si resulta más práctico, puede simplemente arrastrarse la herramienta de texto sobre lo que se desee cortar.

[5] Clic dentro del marco de título (*Interview with*), seleccionar todo (⌘A) y pegar sin formato (⇧⌘V). Cuando, al componer las páginas de una revista, no se tiene familiaridad con los estilos que ella emplea…, es indispensable adquirir rápidamente familiaridad con ellos. No hay alternativa *real*. Pero incluso publicaciones sencillas, correctamente trabajadas, pueden tener decenas de estilos de párrafo, por lo que no es *realista* familiarizarse con todo ello antes de empezar a producir. Por tanto, una alternativa temporal es la que se está tomando aquí, la de simplemente escoger el elemento con formato que se quiere replicar y pegar, sin formato, el nuevo texto de reemplazo.

Id

[6] []. Activar la flecha negra y ajustar el alto del marco para que presente las tres líneas que ahora tiene.

[7] Repetir los pasos [4] y [5] para colocar el siguiente texto importado (*Entrevista a Zaniel*) sobre el segundo bloque (*Brian May –cofounder*). Sin embargo, el reemplazo es corto para el marco; debería ser reescrito (por otra persona, designada para ello…, nunca el diseñador), pero puede intentarse resolver creativamente esa deficiencia.

El texto se ha tomado sin modificaciones del semanario original; solo se han añadido, entre corchetes, tres párrafos de apertura.

[8] ⌘+F11 (*Type > Paragraph styles*). Crear un nuevo estilo (entrevst) y aplicarlo. Se aprovechará el cuadro de diálogo para, sección *Indents and spacing*, pasar la alineación al centro (que disimula el texto que falta) y balancear las líneas; luego, en *hyphenation*, desactivar la división de palabras.

[9] Repetir [4] y [5] para reemplazar a la autora del artículo (*By Nadia*) con "por Neo PUCP". Debe notarse que, al no haber estilos para estos elementos que no se repiten, la selección debe hacerse exactamente hasta el último carácter, pues seleccionar uno de más, aunque se trate de un espacio, haría perder el formato. Se detallará en el paso [14].

[10] Activar el marco con el texto importado, seleccionarlo todo (⌘A) y cortarlo (⌘X).

[11] Clic en el marco en que inicia el cuerpo de texto, seleccionarlo todo (⌘A) y pegar sin formato (⇧⌘V). El texto entero pasa al estilo "respuest", el del último párrafo. Pero este estilo, a diferencia de los demás, sí tiene división de palabras. Establecer el idioma correcto es fundamental para la colocación de guiones, la que, a su vez, es indispensable en columnas estrechas; debe corregirse el estilo base.

[12] Clic secundario sobre el estilo "bodytext" (que es la base de los estilos de pregunta y respuesta) y, en la sección de Formato avanzado, utilizar español.

[13] Repetir [4] y [5] para seleccionar la llamada (*Los avances permiten*) que ahora está en la pág. 20 (la cuarta del archivo), y reemplazar el primer marco de la pág. 18 (*I basically trawl*). Se hará lo mismo con la reseña del entrevistado (*Zaniel Novoa* por *Guitarist Brian May*) y los créditos de las fotos (*Fotos: María Paz* por *Photos: Stuffish* en la pág. 19 y por *Photo: Brian May* en la pág. 20). Al pegar sin formato, se pierde el atributo de idioma, pero este solo es realmente relevante para los guiones, que estos marcos no llevan.

[14] [T]. Seleccionar el bloque final (*En línea*), cortarlo y dar clic en el último marco de la pág. 20 (*Flyby music*). Como aquí hay tres atributos tipográficos distintos, en vez de seleccionarlo todo, se arrastrará el puntero desde la primera línea bajo el título

Flyby Music

Brian May not only collaborated with NASA on its New Horizons mission to Pluto but also created a rock anthem and video to honor the spacecraft (right), which in 2019 logged the most distant flyby in history—and is still going. Watch May's video at *natgeo.com/NewHorizons*.

(*Brian May not*) hasta donde el texto se mantiene idéntico (*video at*), como se aprecia al margen; luego de pegar sin formato (⇧⌘V), será más fácil volver a cortar los textos sobrantes y pegarlos en su lugar (*En línea* sobre *Flyby Music*) y una página sobre otra (*www.pucp.edu.pe* sobre *natgeo.com*). Pero este bloque tiene otra dirección, a medio párrafo.

[15] [T]. Seleccionar la otra dirección (*https://ciga…*) y, en la antepenúltima casilla de las Herramientas, activar el Cuentagotas. Como se recuerda (cfr. cap. IX.1), ello "absorberá" los atributos tipográficos del texto sobre el que se dé clic y, de esta manera, queda todo el texto distribuido y con formato… y se puede ver que falta aproximadamente media columna, antes de colocar las imágenes.

[16] [V]. Seleccionar el marco principal que abarca las págs. 18-19 (de momento, con la foto "rockstr1.tif") y, con la casilla de *Replace item* verificada, traer (⌘D) el archivo "amazon07+.ai". El espacio que se concede a un elemento va de acuerdo con su calidad; gráficamente, ello podría significar las fotos de mejor resolución, pero, periodísticamente, podría significar la peor foto si ella es la más informativa; aquí, de lo que ofrece la carpeta, parece lógico utilizar un mapa para ilustrar el origen preciso del Amazonas.

[17] Colocar la foto del entrevistado (amazon10.tif por rockstr2.tif). Aunque la resolución es deficiente, primero deberá llenarse el marco (clic secundario, *Fitting* > *Fill frame proportionally*); luego, encuadrar (doble clic y desplazar con flechas) y, finalmente, reflejar (con referencia en el centro, clic en el icono *Flip horizontal* del panel de Control).

[18] [V]. Reemplazar la foto final (rockstr3.tif) con la foto del grupo (amazon01.tif), que aparece, justamente, en el video anunciado por el vínculo del texto adjunto.

[19] [V]. Seleccionar el marco de texto (vacío) en la segunda columna de la pág. 20, cortarlo (⌘X) y pegarlo en el mismo lugar (⌥⇧⌘V). Con esta operación, este marco se desvincula del artículo y puede usarse como contenedor.

[20] [V]. En el marco que acaba de desvincularse, colocar (⌘D) la foto "amazon12.tif". Al ser vertical, esta foto se acomoda perfectamente al espacio disponible; de otro lado, como se comprueba en otra página de esta misma edición (desgnwomn.pdf), el estilo de *National Geographic* acepta esta composición, aunque la foto deberá reflejarse. ¿Por qué? Orientar la mirada de un personaje hacia el texto es una manera de validar el contenido, más aún si es su propia entrevista; que mirara hacia la pág. 21, sin importar lo que en ella se coloque, podría suscitar una interpretación indeseable.

[21] [T]. Clic en el final del texto para colocar allí el punto de inserción; volver a la pág. 18 (⌥⇞, *Layout* > *Previous spread*) y [⇧]+clic delante del párrafo que inicia con "Neo PUCP". Con ello, queda seleccionada toda la entrevista que, afortunadamente, tiene un párrafo de pregunta por cada párrafo de respuesta.

[22] En el panel Estilos de párrafo, clic secundario sobre el estilo "pregunta" y, en el menú contextual, *Apply "pregunta" then next*. Dado que "pregunta" tiene como siguiente al estilo "respuest", y este, a su vez, es seguido por "pregunta", la aplicación cíclica es perfecta (cfr. cap. xii.4). En cierto modo, colocado el contenido, aquí empezaría la composición, pero, al *casi* haberse usado una plantilla, solo falta un ajuste.

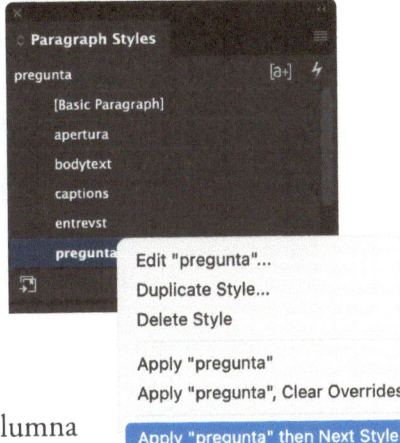

[23] [V]. Activar el marco en primera columna de la pág. 18 y, con referencia abajo, reducir el alto a 159,911 mm (las líneas que le faltan al marco final).

[24] [T]. Seleccionar el párrafo de la tercera respuesta (*Cuando se organizó*) y, en el panel de Carácter, ampliar su interletraje a +25‰. Con ello, se impide que la última línea de un párrafo de once quede aislada al inicio de un columna, lo que se conoce como línea "viuda" ("huérfana" es cuando la línea inicial se queda aislada al final de una columna).

[25] ⇧⌘S (*File > Save as*). Guardar el archivo con otro nombre (freelanz.indd).

Desde luego, con la referencia del original se podrían hacer afinar algunos detalles menores; más importante es pensar que, fuera del texto (que solo puede modificar el editor), las tres imágenes podrían pasar a cuatro, bajar a dos, modificarse el gráfico para ver el recorrido entero del Amazonas… entre infinitas variantes. De ellas, la más interesante sería: ¿qué otro tema científico sería digno de esta revista? Parte de la credibilidad de la publicación más prestigiosa del mundo es la forma y la calidad con que está presentada y, así, como se desprende de esta entrevista, cuando *National Geographic* dice que el Amazonas se origina en el nevado Mismi, pasan décadas y se sigue creyendo en ese error.

El capitular, el formato de la línea inicial, tres textos en cursivas, el cierre y los elementos maestros en inglés.

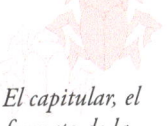

4. **Cuentos para niños**

El célebre lema de Patek Philippe dice que uno nunca es poseedor de uno de esos lujosos relojes suizos: uno simplemente se los cuida a la siguiente generación. No deja de ser una simetría poética la pretensión de que la tecnología para medir el tiempo haya logrado tal desarrollo que sus instrumentos queden al margen del tiempo. Pero lo cierto es que las publicaciones aspiran a esa marginalidad, aunque, probablemente, para compartir esa idea, debe amarse la lectura. Y, tal vez, para ello, alguien nos tuvo que enseñar, de pequeños, que en dos docenas de letras cabe toda idea que el genio de nuestra especie preserva (o, quizás, solo hace falta ver que alguien querido disfruta de la lectura). Por eso, editar un libro para niños es, desde mi punto de vista, uno de los trabajos más nobles y que más noblemente puede hacerse.

[1] ⌘O (*File > Open*). De la carpeta "motilobo", contenida en la del capítulo, abrir "motilobo.indd". El formato de esta publicación tiene los márgenes amplísimos de un cuento para niños, con poco texto, como poco texto tendría un libro de arte. Este poema permite ambas posibilidades.

[2] [T]. Clic en el marco de texto, seleccionarlo todo (⌘A) y observar el total de líneas en el panel de Información ([F8]). El poema tiene 160 líneas y se le distribuirá en quince desplegados (desde las págs. 4-5 hasta la 32), esto es, algo más de diez líneas por página (10,6). Establecido el formato, elegir la tipografía determina un público: si a una hoja A4 se le pone texto de 10 pt, no es para niños pequeños; si a una hoja A5 se le pone 18 pt, da un aspecto infantil. Jenson, debido a su ojo medio reducido, es una opción intermedia.

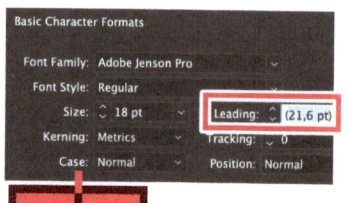

[3] ⌘+F11 (*Type > Paragraph styles*). En el panel Estilos de párrafo, doble clic en "bodytext" (lo que eliminará el puntaje reducido) y, en el cuadro de diálogo, utilizar 18 pt en la sección Formato básico. Así, el interletraje pasará al predeterminado 21,6 pt (120% del puntaje); valor que debe copiarse, sin paréntesis, para pegarlo como separación posterior (*Space after* en la sección *Indents and spacing*).

[4] ⌘K (*InDesign > Preferences*, Edición > Preferencias en PC). Establecido el interlineado, el paso siguiente es pegarlo para rejilla de línea de base ([a]). Ahora bien, puesto que estas páginas estarán cubiertas por imágenes de fondo, puede dejarse en blanco la casilla *Grids in back* ([b]), sin la cual la atracción a la rejilla funcionaría, pero solo se vería en las partes vacías de la página (la rejilla simplemente facilitará la alineación, dado el reducido número de elementos).

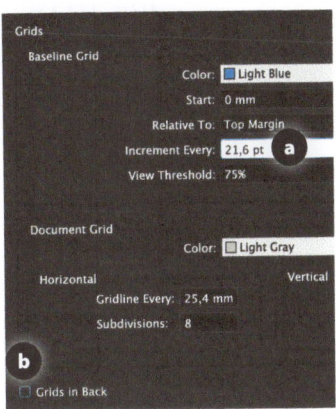

[5] Seleccionar todo el texto (⌘A), que, ahora, está en un marco de cuatro columnas, cortarlo (⌘X), salir del contenedor ([↻]) y eliminarlo ([⌫]). Mientras se edita la página maestra, se debe ser cuidadoso con elementos de más (el archivo se abrió en la maestra).

[6] [T]. Crear un nuevo marco de texto en la página maestra impar, que ocupe todo el ancho de la caja y tenga un alto de doce renglones (12 × 21,6 pt = 259,2 pt = 91,44 mm), una línea adicional a lo que debe ser la extensión media.

[7] Saltar a la pág. 5 (⌘J) y desprender el marco de texto que acaba de crearse en la página maestra (⇧⌘+clic), entrar a él (doble clic) y pegar el poema (⌘V).

[8] Clic en el signo de suma para cargar el texto desbordado (⊞), pasar a la siguiente página (⌥↕) y, presionando [⇧] (con lo que el puntero indicará flujo automático, ↷), vaciar el texto en el marco maestro (creado en el paso [6]). Pero, de momento, la división es arbitraria.

Id

[9] [V]. Ajustar los marcos de modo que el poema quede cortado según el sentido. En la muestra, el primer marco se redujo hasta *el terrible lobo* (pág. 5), luego hasta *corderillos* (pág. 7), *¡Está bien, hermano Francisco!* (9), *Luzbel o Belial* (11), *iban a cazar* (13), *hermano Francisco de Asís* (15), *como un cordero* (17), *con Francisco de Asís al convento* (19), *un manso galgo* (21), *de Moloch y de Satanás* (23), *halló a la alimaña* (25), *manso comía* (27), *hermanos gusanos* (29) y *tu santidad* (31); se creó un marco con el final para la pág. 32. La idea es dividir el poema en escenas que puedan ilustrarse.

[10] Saltar a la página maestra, activar las reglas (⌘R) y arrastrar una guía vertical hasta -10x (página par) y otra hasta 10x (página impar). Las imágenes a doble página deben respetar los milímetros interiores, que pueden perderse (aunque esta publicación sí debe poder desplegarse por completo).

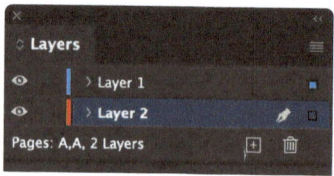

[11] [F7] (*Window > Layers*). Crear una nueva capa, colocarla debajo de la capa 1 y activarla. Entre otras razones, aislar las imágenes en una capa inferior permitirá mantenerlas siempre como fondo de la composición.

[12] [M]. Con la capa 2 activa, arrastrar la herramienta Rectángulo en toda la extensión de la demasía (delimitada en rojo), de modo que el objeto resultante tenga 420 × 280 mm; luego, en el panel de Control, darle color gris; como consecuencia, si se asume que las fotos serán predominantemente oscuras, el texto deberá recibir dos ajustes.

[13] Editar el estilo "bodytext", utilizar el estilo *semibold subhead* y el color del papel. Según el puntaje, la variante que corresponde es la de subtítulo (*subhead*), que, debido al fondo oscuro, ganará legibilidad con una seminegrita.

[14] ⇧⌘+F11 (*Type > Character styles*). En el panel Estilos de carácter, editar el estilo "cursivas". En vez de las comi-

llas, los textos se resaltarán con este estilo que, de momento, no tiene ningún atributo; en el cuadro de diálogo, se le dará seminegrita cursiva para subtítulo (*semibold italic subhead*).[1]

[15] Saltar a la pág. 5 (⌘J) y aplicar a la primera línea el estilo de título. Ya que el puntaje aumentará a 36 pt, será necesario ampliar el marco para tener los mismos siete versos que se asignaron a este primer desplegado. En la composición de esta sencilla página, solo hace falta añadir los créditos de las obras (pinturas, esculturas, etc.) que se colocarán.

[16] [V]. Saltar a la página maestra (⌘J), activar el marco del número y, en el panel de Control, darle la muestra *[Paper]*. Los valores se establecen en forma relativa: aunque 12 pt no es tamaño de consulta, es jerárquicamente adecuado para un cuerpo de 18; se mantendrá para el elemento faltante.

[17] Presionando [⌥], arrastrar el *folio* (el marco con el número de página) hasta el margen interior; de modo que, con referen-

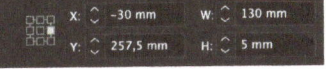

cia a la derecha, quede duplicado en -30x. Luego, ampliar su ancho hasta hacerlo coincidir con la caja (130 mm).

[18] [T]. Reemplazar el número con "Crédito de obra–Autor" (obviamente, es un *placeholder*, cfr. cap. iii.4).

[19] Seleccionar todo (⌘A) y crear un nuevo estilo de párrafo (obrautor), que utilizará únicamente seminegrita ([a]) pero en caja de mayúsculas ([c]), reducido a 10 pt ([b]). De hecho, la razón principal para crear un estilo es que no se puede anticipar la

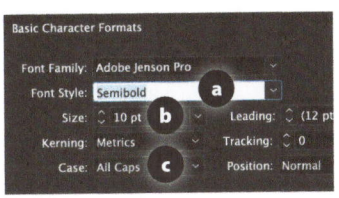

extensión del contenido en este marco (podría hacer falta reducir a 9 pt o utilizar una semicondensada, por ejemplo).

---

1   *Son poquísimas las familias tipográficas que tienen un estilo tan refinado como este; si se cambia de familia, probablemente será necesario emplear* italic.

[20] ⇧⌘S (*File > Save as*). Guardar con otro nombre (sinfotos.indd). Este es un punto relevante del trabajo. Como cuento para niños, lo ideal serían ilustraciones hechas a medida, con un único estilo (opción de alto costo). Pero, como libro de arte, san Francisco, una de las figuras más veneradas de la cristiandad, ha inspirado a todas las Bellas Artes[1] por ocho siglos, acervo imposible de ignorar (pese al cual, Rubén Darío se las arregló para decir algo radicalmente nuevo).

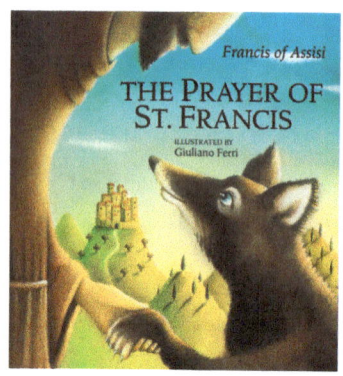

[21] [V]. Saltar a la pág. 1 (⌘J), desprender el marco (⇧⌘+clic) y, de la carpeta de trabajo, traer el archivo (⌘D) cuyo nombre comienza con "71Dg". En esta edición, para niños de 4-8 años, cuarenta páginas únicamente presentan la famosa oración atribuida a san Francisco (*Hazme, Señor, instrumento de tu paz; / donde haya odio, lleve yo amor*). San Francisco luce casi como Cristo y el lobo casi es de peluche; esta es una referencia posible.

[22] [V]. Con referencia al extremo derecho, dar al marco 215 mm de ancho y, luego, clic secundario y *Fitting > Fill frame proportionally*. Esta página podría ir solo con el texto, pero esta ilustración es un extremo visual del tratamiento para la publicación; también por ello, este marco puede desplazarse sobre la imagen: en las demás páginas, la imagen debe ser compuesta de tal modo que mantenga perfecta la legibilidad de los versos colocados. Con todo el atractivo que se le añada, lo central es el texto (si se hace un catálogo de Velázquez, cada pintura sería lo principal y tendría que aparecer íntegra; uno de estos versos podría utilizarse para adornar su *San Francisco en oración*).

---

1   *En nombre de san Francisco de Asís, efectivamente, además de las obras maestras de literatura, pintura y escultura presentadas como opciones en la carpeta, se han erigido innumerables edificaciones religiosas, compuesto infinidad de piezas musicales (entre ellas, el* ballet Nobilissima visione*) e, incluso, realizado más de una película.*

[23] Saltar a la pág. 2 (⌘J), desprender el marco de la leyenda (⇧⌘+clic) y escribir "Página anterior: Ilustración de Giuliano Ferri".

[24] Repetir los pasos anteriores para colocar en la pág. 32 el archivo "Diego Rodríguez…" (la leyenda será "San Francisco en oración – Diego Velázquez").

[25] ⇧⌘S (*File > Save as*). Guardar con otro nombre (dosfotos.indd). Queda claro que, para que el texto pueda leerse debidamente, además del encuadre (que, en esta pintura, podría asemejarse a lo que se observa al margen), sería indispensable dar a las imágenes el contraste apropiado en Photoshop, tanto en los versos como en las leyendas; ello requeriría, desde luego, obtener los originales de calidad suficiente como para emplearse en este formato.

En todo caso, por si hacía falta una prueba final, tal como hay múltiples formas de narrar una historia, infinitas composiciones son posibles con similares elementos. Editora Abril publicó en 1973 una colección de mitología grecorromana en que, con breves textos, presentaba grandes obras de arte alusivas; entre ellas, en formato grande y excelente calidad, páginas consecutivas traían a una paleta histórica de Afroditas.[1] Como en esta propuesta, completamente opuesta a la de ilustraciones hechas a la medida con un único estilo, se podría, con el principal criterio de su mérito artístico, incluir a Franciscos de veinte, treinta o cuarenta años, al lado de lobos blancos, grises o negros.

---

1 *Solo por mencionar nombres célebres, el fascículo dedicado a Venus incluye, junto a obras de tiempos remotos, el busto de Afrodita de Praxíteles; la Venus de Milo, sin brazos (junto a la parodia de Dalí, con cajones); la del Veronés, corto tocado castaño; la de Botticelli, ricitos de oro hasta la rodilla; la de Velázquez, con cabellos oscuros en un rodete.*

5. Elogio a la relectura

Dos siglos antes de nuestra era, ya Plauto pensaba al hombre como lobo para el hombre (*Homo hominis lupus*) y, de su vida y milagros, lo que más cautiva de Francisco de Asís es que se invistiera del poder divino para razonar con *la bestia fiera*. Pero ese no es el poema de Rubén Darío. Contra lo narrado por *Las florecillas de san Francisco*, el lobo de Gubbia retoma, a palos, su *ser montaraz*. El poeta sintió, quizás, traduciendo la derrota ante sus propios demonios, que hasta para el lobo el hombre es un lobo, que el animal feroz ve nuestra "civilización" y piensa: "¡Qué salvajes!".

Contra la cita de El principito, *"domesticar" no es "crear lazos", sino "integrar al domus [casa]".*

Unas décadas después y dos años después de Pavlova, pienso que no era necesario el poder divino para domesticar a un lobo. Los perros existen precisamente porque los hombres llevamos a los lobos a nuestras casas; no fueron presentados a Adán en el Génesis. La *border collie* que tengo ni siquiera existía, como raza, hace cien años. Nosotros modelamos a los perros a nuestra imagen y semejanza.

Pero esa reflexión es posible al releer. Con las posibilidades fantásticas de consultar en línea, es natural que se haya impreso la última guía telefónica aunque apene perder la autoridad de grandes diccionarios o enciclopedias. Es concebible la idea de leer un buen artículo en pantalla (intercalado con avisos de casinos y apuestas), pero los medios electrónicos son *streaming*, son cabalmente ese río de Heráclito en que nadie se baña dos veces. ¿Cómo releer lo que siempre está fluyendo? Si la amenaza cae en el artículo con chismes de espectáculo y la biografía efímera de una efímera *celebridad*, a buena hora. El buen periodismo es tan esencial para la sociedad como la literatura para el ser humano y tampoco nunca es uno dueño de una joya bibliográfica; solo se la cuida a la siguiente generación. Pueda, así, arduo lector, alguna idea de este libro servirle de ayuda para componer o –¿por qué no?– escribir alguna de esas páginas que el viento, que arrasa con palabras y con hojas, no se lleve.